熊十力 著

读经示要

十力丛书

05

上海古籍出版社

"十力丛书"出版缘起

大约在 2006 年,我动念想出版熊十力先生的书,遂与熊先生后人联系。其时我不过是初入出版界的资浅编辑,没想到万承厚女士欣然慨允,给予我极大的信任。万女士为此事咨询王元化先生,元化先生又委托时任上海书店出版社社长的王为松先生主持出版事宜,事情很快落实,由当时我所在的世纪文景公司与上海书店出版社联合出版。

熊十力先生的曾孙女熊明心博士参与了丛书的编校工作,现代新儒家的传人罗义俊先生担任丛书的学术顾问。罗先生不顾久病体弱,亲自参与审稿或复校。王元化先生则将旧文中有关熊先生的片段连缀成《读熊十力札记》以代丛书序,并在前面写了一段引言,据说这是王先生亲撰的最后文字。丛书自 2007 年 8 月起陆续出版,历时两年,而王先生于 2008 年 5 月去世,未及见到丛书出齐。

转眼间十多年过去了,万女士也于今年仙逝。今由上海古籍出版社联合上海书店出版社再版"十力丛书",因记其始末。新版"十力丛书"改正了不少初版未校出的错讹和不当的标点,将初版遗漏的《论六经》与《中国历史讲话》《中国哲学与西洋科学》等合为一册,《熊十力论学书札》增补了若干新发现的书信,"十力丛书"庶几完备焉。

当时为初版所撰"出版说明",仍录于下:

1947 年门人刘虎生、周通旦等于熊先生家乡谋印先生著作,名之曰"十力丛书"。盖先生亲定名焉。丛书原拟印先生前期主要著作,因

1

赀力不继,仅印出《新唯识论》语体本及《十力语要》各千部。先生晚年自筹付印《与友人论张江陵》《原儒》《体用论》《乾坤衍》诸书,亦以十力丛书为名,显见先生续成之意。然亦止成数百部以便保存而已。今汇集出版先生前后期主要著作,成为一完整系列,仍决定沿用"十力丛书"之名,亦为完成先生夙愿云。

本丛书编辑体例如下:

一、采用简体横排,以广流传。

二、以原始或原校较精之版本为底本,并参考其他版本点校。

三、依熊先生原文之句读,重施标点。通假字保留;异体字酌改为通行字;凡显系手民误植者,径改不出校记。

四、引文约引、节引或文字与出典稍有出入处,一般保持原貌;与出典差异较大者,予以说明。引文或正文少数缺略的内容有必要补出者,补入文字加〔 〕。原版个别无法辨识的文字以□示之。

补记:《新唯识论》立"翕闢成变"之义,系熊十力哲学的重要概念,为尊重故,丛书中与此相关的"闢"字不简化成"辟",而写作"闢"。另外适当照顾作者的用字习惯,如"执著"之"著"熊先生习惯写成"着",古印度论师世亲之兄,熊先生也写作"无着",今亦仍其旧。

刘海滨

2018 年 12 月 5 日

目录

读经示要

题　记

　　《读经示要》为作者最重要的著作之一，曾于一九四五年十二月由重庆南方印书馆出版。此次以一九四九年上海正中书局三卷三册线装本为底本，并参照其他版本点校。

读经示要印行记

此书于三十四年冬,由中国哲学会编入"哲学丛书"甲集,交重庆南方印书馆,印数百部,防稿本散失。值战后纷扰,久未流通。去年乡邦谋印先生丛书,仅印出《新论》语体本及《语要》各千部。而赀力不继,此书复置。窃念此书关系今后思想界之趋向,至为重大,因商诸吴俊昇先生,付正中书局印行,以待来者知所向焉。方今群言淆乱,得此书出,挥鲁阳之戈,以反慧日,负太行之石,用截横流,岂曰小补之哉?中华民国三十七年六月一日,门人徐复观见心谨记。

自　序

　　读经问题，民初以来，常起伏于一般人之脑际，而纷无定论。余虽念此问题之重要，而无暇及此。且世既如斯，言之无益，不如其已。去年责及门诸子读经，诸子兴难。余为笔语答之，惧口说易忘也。初提笔时，只欲作一短文，不意写来感触渐多，遂成一书。六经究万有之原，而言天道。天道真常，在人为性，此克就人言之耳。在物为命。此言命者有二义：一、流行曰命。言天道流行，至健而无息也；二、物所受曰命。物裏天道而生，即一一物皆天道呈显。不可说天道超脱万有而独在也。此中言物，亦摄人。言命，亦即性。命以所受言，性谓人物所以生之理。言异而其实一也。性命之理明，而人生不陷于虚妄矣。第一讲首释道。顺常道而起治化，则群变万端，毕竟不失贞常。通万变而不可易者，仁也。知变而不知常，人类无宁日也。今世列强，社会与政治上之改革，与机械之发明，可谓变动不居矣。然人类日习于凶残狡诈，强者吞弱，智者侵愚。杀机日炽，将有人类自毁之忧。而昏乱之群，复不思自存自立之道，且以其私图，而自伤同气，尤为可悯。盖今之人，皆习于不仁，即失其所以为人之常道，宜其相残无已也。第一讲以九义明治化，通万变而贞于大常，实六经之撮要。《大学》三纲八目，总括群经。三纲八目，范围天地之化而不过，曲成万物而不遗，此为常道不可易。《儒行》十有五儒，归本仁道。行不一，而同于仁。仁，常道

4

也。凡此，皆为第一讲所提揭。经为常道，庶几无疑。夫常道者，万变所自出也。本书道字，略有二义：一、谓宇宙本体，乃万化之原也；二、谓凡事理之当然，通古今中外而无可或易者，亦名常道。如《大学》三纲八目，立内圣外王之极则。由此而体道，由此而修学，由此而致治，由此而位天地、育万物、赞化育，此便是当然。不可异此而别有道。天下言道者，或有从事明明德，而不务新民与止至善，是佛家小乘也。大乘誓度众生，而以人间世为生死海，只求度脱，而无齐治平之盛业，吾儒之外道也。致知而疏于格物，宋明学有遗憾也。格物而不务致良知，即难言诚正，西学未立大本也。《大学》为常道无可疑。又如《儒行》十五，总不外己立立人，己达达人，此亦是当然。若不务立达，使自暴自弃，而不可为人矣。又如革故创新，必行之以至公至明至诚至信，是变动之必本常道也。不能公明诚信，而言革新，则失常道，自取乱亡而已。略举三例，余可推知，然道字之义虽有二，而第二义实依第一义以立，究竟无二也。**天地密移矣**，天地大物也，世俗见为恒存。其实，诸天与员舆，刻刻移其故而新生。参看《新唯识论》。而所以成其清宁者，未有改移也。老子云："天得一以清，地得一以宁。"一者，绝对义，谓常道也。天曰清，地曰宁，皆以其德性言也。天地由道而成，道则真常而无可改移也。**人事屡迁矣**，群变万端，不可胜穷。而干济必本公诚焉，无可苟渝也。当变革之任，而不公不诚，未有能立事而不乱亡者。公诚，常道也。事势万变，而事之成，必由常道。一国之事如此，国际尤然。**死生诚大变矣**，而存顺殁宁之理，谁云可变。人皆禀道而为性命。其存也，必顺保性命之正，而无或罔。其殁也，乃全其性命，而无余憾。故张子云："存顺殁宁。"是故学术千途万辙，必会归常道，而后为至。**知不极乎知常**，知常亦云见道。只是知识，而不足言一切智智。一切智智，借用佛典名词。若泛释之，亦可云最高的智慧。老氏曰："不知常，妄作凶。"不见道者，徇私欲而灭天理，所作皆迷妄，故凶。斯笃论也。夫不悟常道，则万物何由始，人极何由立，万事何由贞，皆其智之所不及也。学不究其原，理不穷其至，知不会其通，则未能立大本以宰百为，体大常而御万变。则未能三字，一气贯下。欲免于妄作之凶，其可得乎？第一讲直明经为常道，以经明示常道故，遂言经为常道。无时可离，无地可离，无人可离。奈何吾国后生，自弃宝物，不肯是究。嗟尔

5

违常，云胡不思。第二讲言治经态度。必远流俗，必戒孤陋。尚志以立基，砭名以固志。持以三畏，然后志定而足以希圣。圣者道全德备，而大通无碍。故读经希圣，非可专固自封也。今当融贯中西，平章汉宋。上下数千年学术源流得失，略加论定。由是寻晚周之遗轨，辟当代之弘基，定将来之趋向，庶几经术可明，而大道其昌矣。第三讲略说六经大义。仲尼祖述尧舜，宪章文武，其发明内圣外王之道，莫妙于《大易》《春秋》。《诗》《书》《礼》《乐》，皆与二经相羽翼。此讲特详二经。二经通，而余经亦可通也。议者或谓余实以《新论》说经，《新论》，具云《新唯识论》。是固然矣。夫《易》《春秋》虽并称，而汉人相传，《易》为五经之源，比《春秋》尤尊矣。惜乎汉师乱以术数，宋儒略于思辨。宋学注重体认，于人生日用践履间，修养工夫最紧切。修养深，而私欲尽，真体现，即真理不待外索，而炯然自识。孔子谓之默识，宋儒说为体认，佛氏亦云自证。余尝谓先哲尚体认，而西哲精思辨。体认自是哲学之极诣，然若忽略思辨，则不得无病。宋学终不免拘滞偏枯等病，由于忽略思辨工夫，而其道未宏也。《易》道晦塞，二千余年。余造《新论》，自信于羲皇神悟之画，尼山幽赞之文，冥搜密察，远承玄旨。真理昭然天地间。悟者同悟，迷者自迷。余非敢以己意说经，实以所悟，证之于经而无不合。岂忍自陷诬经谤圣之罪哉？如上三讲，结集成书。肇始于六十揽揆之辰，毕事于寇迫桂黔之日。甲申正初起草，迄秋冬之际而毕。念罔极而哀凄，痛生人之迷乱。空山夜雨，悲来辄不可抑；斗室晨风，兴至恒有所悟。上天以斯文属余，遭时屯难，余忍无述？呜呼！作人不易，为学实难。吾衰矣，有志三代之英，恨未登乎大道。言未能登斯世于大道也。用顾宁人语。不忘百姓之病，徒自托于空言。天下后世读是书者，其有怜余之志，而补吾不逮者乎？

中华民国三十四年乙酉六月望日黄冈熊十力识于陪都北碚火焰山麓中国哲学研究所筹备处

读经示要卷一

第一讲　经为常道不可不读

国难入蜀，栖止北碚。旧日从游诸子，掌教勉仁中学。颇以课余，相从问学。余喟然曰：汝曹顾可不读经欤？诸子请曰："六经古籍也，恐非今日所急需。且吾侪出身学校，不曾诵习经书，即有稍事浏览者，亦茫然不知所入。六经浩如烟海，学者难得津梁。西汉去圣未远，而太史氏之睿敏，犹不见宗庙百官之美富。遂至讥儒者劳而无功，博而寡要。则经旨难识，已可见矣。且二千年来，诸儒治经，其态度颇不一致。略陈流别，则汉、宋门户之分，其间得失，既非小子所悉。即难自定趣向，而莫知所用力矣。总之，经籍是否为吾人今日所必须读？一问。如其须读，又应持如何态度以读之？二问。且六经大义，可否略为提揭，使初学得有准绳，以便进而求之？三问。诸所疑问，愿先生一一示其要。"余曰：善哉问也！二三子必求信诸心而后从事，是即为学不苟之精神，而立德之基也。今当以次酬答如后。

清末，西学输入渐盛。维新派之思想，初尚依经义，以援引西学。

7

如《易传》之尚名数与制器尚象，及《荀子》之制天思想，资以吸收科学。《周官》有许多大义，用以比附当时所期望之宪政。而《孟子》有民贵之论。又言舜为天子，其父杀人，只有窃负而逃，不得以天子之父而枉法。又言民治，必始于民有恒产，而后有恒心。甚多精辟之论，足与远西学说相融会。当时士大夫称述经义以为西学张目者，其征引甚多，此不具举。然此中消息，极不可忽者，则尔时据经义以宣扬西学者之心理，并非谓经学足以融摄西学，亦不谓经学与西学有相得益彰之雅。而且于经学之根本精神，与其义蕴之大全，或思想体系，实无所探究，无有精思力践。精思力践四字吃紧。思之精，自必践之力。浮乱之思，不足言践履也。先儒用功，只是精思力践而已。其于西学，虽闻天算、物理、化学等等学术之精究，与夫政治法纪之整肃，而于其学理，实一无所知晓。但震于西人之船坚炮利，而怖其声威，思慕效之已耳。然以朝野大多数仍是守旧，自恃数千年文化之高，礼义之隆，不曾驰域外大观。虽屡经挫败，犹以华夏自居，夷狄西洋。故奉圣经贤传为无上至宝，不肯以夏变夷。此等气习，正未易转。于是维新人士，将欲吸引西学，不得不择取经文中有可以类通之语句，而为之比附张皇。使守旧之徒，乐闻而不为峻拒。此其用心甚苦。然此等心理，实由震慑西洋之威势，而想慕其学术，欲与之亦步亦趋。其隐微之地，盖早已失其对于经籍之信仰。而二千余年来，为吾民族精神所由陶养成熟，与为吾国思想界甚深根底之经典，将频于废绝，固造端于此矣。

是时南皮张氏独戒履霜之渐，乃著《劝学篇》，主张中学为体，西学为用。当时士子，于中西学既两无所知，故于南皮之说，亦无甚感觉。夫南皮所云中学，似不专指经学。本文各处所用经学一词，与清儒所标榜之经学一词，不必同意，容后另谈。然中土学术，依过去情形言，可分义理、经济、考据、辞章四科。湘乡曾氏，颇主此说，可谓允当。儒家关于哲理方面，固称义理之学。而诸子学，亦合入义理一科。即佛学亦当属此。

经济,则儒家之言,最深远广博,而诸子中,如法墨道诸家,亦各有其经济理论。法家如商君等之农业政策,墨家之交相利,是其经济原则。道家崇俭,亦其经济思想。考据,则治语言文字、治经、治子、治史、治集部者,其流甚广,其分工最密,大抵出儒家。词章,则今所云文学也。其要旨原本风雅。四科之说,就吾国学术界过去情形而言,不可谓之不当。四科之学,无一不原本六经。如义理一科,自两汉经师之言礼,迄宋明诸师言心性,皆宗六经不待言。老庄言道,亦《易》之别派。略见《新唯识论》语体文本及《十力语要》。《墨子·天志》,则从《诗》《书》中敬天与昭事上帝之观念而来。兼爱兼利,亦自《春秋》太平大同,与《论语》泛爱众之义而出。法家谈法治,其说不涉及义理,然其崇法之观念,实本《春秋》。但《春秋》不徒恃法,而本于仁,依于礼,以法为辅,以德为归,所以为人道之极也。法家狭小,乃欲偏尚法以为治,则不善学《春秋》之过。要其为说,未尝不本于经。故诸子之学,其根底皆在经也。

印度传来之佛学,虽不本于吾之六经,而实吾经学之所可含摄。其短长得失,亦当本经义以为折衷。如明乎《大易》变易与不易二义,则说真如只是无为,却不悟无为而无不为。说心物诸行,只是生灭流行,却不曾于流行洞识无为实体,是犹析体用为二,其由趣寂一念,差毫厘而谬千里,断可识矣。夫至极之真,万物之本,不待向外穷索,返求之于心而自识,《大学》所云"明明德"是也。离身家国天下、心意知物,无所谓涅槃。即诚正格致、修齐治平,便是证涅槃。斯不亦致广大,尽精微,极高明,道中庸乎?故佛法须断以经义也。则举经学而足以含摄佛氏,非奢言已。

经济一科,汉以来儒者,多依《尚书》,而为经制之研究。史志著作较精,皆有裨实用。关于土地问题,则有均田、限田等说,亦《周官》《大学》之遗意。《周官》与《大学》言经济,皆以均平为原则。道、墨二家,并反对剥削与侵略,深得六经之旨。法家则主裕民以益国,而官吏中饱,在所必禁，犹不违经也。

考据，本儒生之业。名物度数之甄详，贵乎实事求是。若其旁及经史小学以外者，皆为博闻之事。此本经生之绪余，后来衍而益广耳。

词章家者，其原出于三百篇。不离于经，又何待言。

是故言中学，则四科摄尽。四科之繁，可以六经摄尽。南皮所云中学，若据宗本以言，即经学耳。对西学言，则泛称中学，亦无不宜。中学在昔，虽不妨析以四科，然义理之科，特为主脑。义理一科，虽亦含摄诸子余家，余家谓佛法。即今治西洋哲学者，亦可摄属此科。要以六经为归。天人之蕴，天，谓宇宙本体。人，谓人生真性，其实一也。神化之妙，与夫人生日用之当然，六经之所发明，寓极玄于极近，穷幽微于甚显，体至精于至粗，融形上形下而一贯，至矣尽矣，高矣美矣，无得而称矣。诸子百家之学，一断以六经之义理，其得失可知也。习六经之义理，而自得于躬行之际，则经济诸科之学，乃有根依。根者根据，依者依归。夫经济不本于义理，则流为功利，甚者习险诈，以凶于国，害于家。旧言经济一词，为经国济民之义。虽今云经济学，亦在所含之中，而义不止此。通常所谓社会科学与政治学，及政治家之本领等等，皆概括于经济一词之中。历史上奸雄盗国柄者，非无些子本领，但不闻义理，卒为鸟兽之归，以祸世者自祸。可叹也！考据不本于义理，则唯务支离破碎，而绝无安心立命之地。甚者于有价值之问题，不知留心考索，其思想日益卑陋。词章不本于义理，则性情失其所养，神解无由启发，何足表现人生？只习为雕虫小技而已。故四科之学，义理居宗，而义理又必以六经为宗。此则前已言之矣。南皮说中学为体，西学为用，其意甚是，而立辞似欠妥。盖自其辞言之，则中学有体而无用，将何以解于中学亦自有经济考据诸学耶？西学为有用而无体，将何以解于西人本其科学哲学文艺宗教之见地与信念亦自有其人生观、宇宙观？理解所至，竭力赴之，彼自有其所追求与向往之深远理境，非止限于实用之知识技能耶！西学为三字，至此作长句。且无用之体，

10

与无体之用,两相搭合,又如何可能耶?故南皮立辞未妥也。乃若其用意,则有不可厚非者。南皮所云中学,实非泛泛无所宗主,其意本谓经学耳。前辈无有舍经而言学者,百家之说,必折衷于经。后儒之论,必根据于经。经之为言,常道也。南皮谓中学为体者,其中学一词,即谓经学,决非空泛无所实主之词。经所明者常道,故不可舍失也。南皮之意只如此。其曰西学为用者,亦谓吾人今日当吸收西学以自广耳。

经学包含万象,学者传习,已渐分为四科。义理之科,自两宋以来,已吸收印度佛学。今日自当参究西洋哲学。经济之科,自宋陆子静兄弟及邓牧,并有民治思想。黄梨洲《原君》全本邓牧。子静兄弟之思想,《十力语要》已言及之。迄晚明王船山、顾亭林、黄梨洲、颜习斋诸儒,则其持论益恢宏。足以上追孔孟,而下与西洋相接纳矣。至于典章度制,民生利病之搜考,自杜佑辈而后,迄晚明诸子,所究亦精博。然则西洋政治思想、社会科学,皆非与吾人脑袋扞格不相入者,当采西人之长,以收明辨笃行之效,谁复于斯而怀犹豫?考据之科,其操术本尚客观,今所谓科学方法者近之。然仅限于文献或故事等等之探讨,则不足以成科学。今若更易其研究之对象与领域,即注意于大自然及社会,则西人以科学导于前,吾可接踵而起矣。文学所以表现人生,如读二《南》,而深味其勤勉和乐之趣。贵能发扬时代精神,读《兔罝》之诗,野人足为干城之寄,可见西周之盛。三百篇之所长在是也。《楚骚》以降,此风日以渺然。今若参究西洋文学,当可为发明《诗经》之助,而救晚世衰颓也。综上所言,吸收西学,在今日固为理势之必然,而反之吾数千年来所奉为常道之六经。则西洋各种学术之端绪,吾未始不具,只未发展耳。夫西洋科学之成功,何以不见于吾国?西学之端绪,吾虽有之,而前此竟不获发展,此其故何在?将为崇圣经、守常道,而即物穷理之智不启欤?经义本自宏通,岂任此咎。将为广漠之国土,自秦一统以后,除乱世可勿计外，每当平世，则人皆安于田野，而风物怡和之趣多，理智追求之用少。陶诗所谓："山气日夕佳，飞鸟相与还。此中有真意，欲辨已忘言。"吾国学人，乐冥悟而忽思维，尚默契而轻实测，往往如此。科学所由不发达软？后之一说，颇可研寻。环境影响，不容忽视。然而西学在吾，既非绝无端绪，则因人之成功，而强起力追，固可事半功倍。南皮欲采西学，其意自是。惜其以中西学，判为一体一用，未免语病耳。中学既具其体，即有其用，而用有所未尽者，则取诸人以自广可也。若中学果为有体无用之学，则尚安用此死体为哉？南皮下语，既不能无病，而其深意，在当时又不为人所察，于是吾国人日趋入完全毁弃自己之路。

自庚子乱后，吾国见挫于西人，即在朝在野守旧之徒，畴昔自信自大之念，已一旦丧失无余。是时思想界，一方面倾向排满革命，欲移植西方之民主制度于吾国；一方面根本诋毁固有学术思想。不独六经束高阁，且有烧经之说。见皮锡瑞《经学历史》。而章炳麟作论文，甚至侮孔子以政客。诸名士所以导引青年学子者如是，天下纵有一二有识者为之寒心，顾莫可如何。辛亥之役，武昌一呼，而清廷崩溃。虽国体更新，而士习学风，一切如逊清之旧，且其坏习日益加甚，旧学既已弃置，新知无所追求，袁氏方以凶狙盗魁柄，以威劫利诱之术，弱天下之骨，而消生人之气，以遏旦夕之志，而不为子孙谋，不为种类存亡计。诸名士多依袁氏，走方镇，招朋党，当时所谓政党，实朋党耳。活动于市朝，学校徒有虚名，并无讲习之事。人亦无重视学校者。昔汉氏方兴，四皓抗高节于穷山，高帝礼聘不至，而不敢迫也，所以全士大夫之节，而培学脉，存国命也。其意念深远矣！继以文武明章，表章经术，终两汉之世，经学昌明。诸大师讲舍遍郡国，一师之门，弟子著录，多至千万人。汉治之隆，至今为历史辉光，岂偶然哉？民国肇建，上无礼，下无学，识者已忧开基甚坏。时民党人颇有劝章太炎聚徒说经者。太炎喜通电谈政,卒不听。然太炎博雅能文章,经学实非其所深究也。

民五,大盗既倾,绍兴蔡公始长北庠。蔡公以含宏之量,有伊尹之任,怀伯夷之清,孜孜以讲学育才为务,天下属望甚殷。惜乎新旧并容之说,虽持是以延揽师资,而当时旧学家,真有宏识孤怀、峻节伟度、博学不倦、温故知新、可负继往开来之任者,盖已绝不可得。则其所尽量罗致者,无非记诵与文辞,在俗中较胜而已。新人皆年少,于外学又不必深研,而勇于破坏,轻于宣唱。浮气乘之,浮名中之,末俗尘嚣,号召甚利,声价既高,亦不复能竭才而虚怀所学矣。世人论北庠功罪,或咎蔡公提倡之非。实则当时海内新旧人物,只有此数。蔡公虽欲舍是,顾亦不可得也。呜呼!学之绝,才之衰,俗之敝,何遽至是?吾幽居深念,未尝不太息隐憾于清儒之自负讲明经学者,实所以亡经学也。夫清儒治经,正音读,通训诂,考制度,辨名物,其功已博矣!若其辑佚书,征考古义,精校勘,订正伪误,深究语言文字之学,而使之成为独立之学科,其嘉惠后学固不浅。吾于清儒长处,何可否认?然而责以亡经学者,此必有故矣。清儒所从事者,多为治经之工具,而非即此可云经学也。音读正、训诂通,可以读书。而书不尽言,言不尽意,夫子系《易》,已自言之。或疑《易传》,非夫子所授者。此大误,容当别论。学者求圣人之意,要当于文言之外,自下困功。所谓为仁由己,与仁者先难而后获是也。必真积力久,庶几于道有悟,而遥契圣心。否则只是读书,毕竟不闻圣学。颜习斋曰:"以书为道,其距万里也。以读书为求道,其距千里也。"孰有智人,疑于斯言。而戴震曰:"经之至者道也。所以明道者,其辞也。所以成辞者,字也。必由字以通其辞,由辞以通其道,乃可得之。"固哉斯言!恶有识字通辞,而即可得道乎?字与辞,佛氏所云敲门砖子也。恶有持砖子而不知敲门者,可以升堂入室乎?若乃考制度者,贵乎深察群变,而辨制度之得失,一以利于民群与否以为断。《易》云"开物成务",云"吉凶与民同患"。大哉圣言,所以为万世开太

13

平也。若只是钻故纸、集释故事而已，以如是之用心，而考制度，则何取于是耶？辨名物者，此心与万物相流通，物不离心而独在，心亦不离物而独在。参看吾著《新唯识论》。不可杜聪塞明，废此心之大用。《易》言"智周万物"，义深远矣。今若不务仰观俯察，近取诸身，远取诸物，以通其神明，第束缚于书册之中，搜考虽勤，亦不出纸上所已有者。且莫识自然之趣，而心思则已陷于小知间间，不得超脱。程子所讥"玩物丧志"，正谓此辈。岂云格物可废哉！经生之所为，诚无与于格物耳。上稽宋明，濂溪、康节，言"棹依地上，地依空中"一段话，似已知引力之理。伊川语录中已发见下意识及变态心理。此在西洋心理学上为极重大之发明，而伊川言之特早。互助论，亦首由伊川创发，见《易传·比卦》。横渠知地动非静，朱子于地质有创见。明儒宋应星《天工开物》一书，为今治科学者所盛称。略举数事，可见宋明儒治经，不陷琐碎。虽于经书名物，不无失考，而其自所创获，亦已多矣。夫所贵乎通经者，在能明其道，扩其所未及发也。若只限于经籍文字而为考核，岂得为通经耶？向者余杭章氏，谓清儒当异族专横，莫可自发抒，宁锢智慧于无用，聊以卒岁。迹清儒所为，诚有类是者。夫志不弘毅，气则销尽，宛转偷生于故纸中，力不足尚，智不足称。其初但隐忍为此，及其徒相习成风，转以汉学高自诳耀。章实斋当其世，已甚不满。尝曰："尊汉学，尚郑、许，今之风尚如此。此乃学古，非即古学也。居然唾弃一切，若隐有所恃。"又曰："王公之仆圉，未必贵于士大夫之亲介也。而是仆圉也，出入朱门甲第，诩然负异而骄士大夫曰：'吾门大。'不知士大夫者，固得叱而萦之，以请治于王公。王公亦必挞而楚之，以谢闲家之不饬也。学问不求有得，而矜所托以为高，王公仆圉之类也。"观实斋所讽刺，则当日学风之敝，已可概见。迄至今日，学不务实，但矜所托以为高。此种气习，流衍弥甚。昔托郑、许，今更托西洋。而汉学之帜，则且托科学方法以益固，此固实斋所不见，而清儒为厉之阶，可谓深矣。

14

夫标榜甚者,内力弱之征也。内力弱,则无以自树立。无以自树立,则益思有托于外。由清儒之风,而必至于今日,浮偷无可自立,盖无可挽之势也。夫有清二百余年之学术,不过拘束于偏枯之考据。于六经之全体大用,毫无所窥。其量既狭碍,其识不宏通。其气则浮虚,其力则退缩。及清之末世,外患交迫。国中学子,虽激而思变,然识者已忧其不为春笋生长,将为细糜潜滋。盖学绝道丧之余,欲得一二敦大宽博、朴实雄厚、真知实见之儒,以导引新兴之社会,而端其趣,定其向,使无盲人瞎马、夜半深池之患,是固不可得也。夫草木之生也,必水深土厚以养之,而后其生蕃焉。人而欲为成德之人也,岂可恃肤杂知识,以成其为人哉!非含茹于经义者至深至远,而可以开其神智,坚其德性,涵养其立我烝民之愿力者,吾未之敢信也。清世经学已亡。士之慧敏者,或以考核名专家,或以文辞称巨子,而大儒竟不可得。国学建而无师,乃必然之势也。世或咎蔡公喜奖新进浮士,则岂平情之论哉!

经学既衰绝,古人成己成物之体要,不复可窥见。于是后生游海外者,以短少之日力,与不由深造自得之肤泛知见,又当本国政治与社会之衰敝,而情有所激,乃妄为一切破坏之谈。则首受攻击者,厥为经籍与孔子。北庠诸青年教授及学生,始掀动新潮,而以打倒孔家店,号召一世。六经本弃置已久,至此又剥死体。然是时胡适之等提倡科学方法,亦不无功。独惜胡氏不专注此,而随便之议论太多耳。自兹以后,学子视六经,殆如古代之器物。而其考核及之者,亦如西洋考古家,考察灭亡蕃族之遗物已耳。呜呼!自清儒讲经而经亡。清之末世,迄于民初,其始也,假经说以吸引西学。及西学之焰渐炽,而经学乃日见废弃,甚至剥死体。然则,经籍果为先王已陈刍狗,在吾侪今日,与今后人类,将永远唾弃经籍,无有服膺其义者乎?抑剥极必复,待时而将昌明乎?此诚一大问题。吾前已云,经者常道也。夫常道者,包天地,通古今,无时而不然也。无地而可易也。以其恒常,不可变改，故曰常道。夫此之所宗，而彼无是理，则非常道。经之道不如是也。古之传说，而今可遮拨，则非常道。经之道不如是也。戴东原曰："经之至者道也。"此语却是。但东原实未见道，而妄相猜拟，以诬孟子，而薄程朱，则非是。此当别论。按道字，或云天道，或单名曰道。今略举《论语》《大易》《大戴礼》《中庸》互相证明，则道之为恒常义，自可见。

《论语》："子贡曰：'夫子之言性与天道，不可得而闻也。'"此中"性"与"天道"，是一非二。孟子言知性则知天，是其征也。孟子后孔子不过百年，且善学孔子，必无误会。道者，由义。王辅嗣《老子》注："万物所由之而成，曰道。"六经与《老》《庄》书中道字皆同此训。《老》《庄》本《易》家之别派，儒氏之旁支，老非孔师，见《十力语要》。故皆以万物之本体名为道也。天者，无待之称。道体本无待，故有时用一天字，有时合用天道为复词。性则克就此道在人而言。人之生也，道生之，故说此道为吾人所以生之理，而别名为性。性与道非二也。因从言异路，而有二名耳。王船山妄驳二氏同人于天，遂以性与天道，强分层级，此乃以褊心而误解圣言，不可从。

附识：王辅嗣《老子》注："道者由义，言其为万物所由之而成。"此明道即万物之本体也。万物由道而成，譬如众沤由大海水而成，学者于此深心体玩，则知王船山以天道与性命分层级与大小之说，其为戏论不待言。船山平生痛诋姚江，以为淫于二氏。其实姚江于本原处确有悟，船山反之，适以自蔽耳。船山弟子唐端笏，字须竹，一字躬园，衡阳人。尝得《白沙集》《阳明传习录》，读之而嗜。迎船山住驳阁岩，为剖析源流，知后来心学之谬。船山示以《思问录内外篇》《周易内外传》。据此，则船山晚年，与躬园讨论白沙与姚江之学，只谓后来心学渐谬，非姚江之失也。据船山《易传序》,《内外传》皆其晚年之作。其以此示躬园,故是晚年事。惜船山前此各书,谈本体之失,皆不及改定。船山《惜余鬖赋·跋》有云:"虽然,余情何足言者,历四十五年,马齿七十有三。粥饭在盂,阿谁操匕箸引之入口?力按当知有主人公在。阳明云:"身之主宰是心。"心非灵魂之谓,勿误会。是何国粳秫。力按:万物皆备于我矣,岂待外求。余情何足言者。"据此,船山晚岁,颇有禅家风趣。躬园于师,潜移之者深矣。

《易》曰:"一阴一阳之谓道。"阴阳者,道体之发用,而道体不即是阴阳。从来误解者,直谓阴阳即道,而忽视两一字。程子曰:"阴阳非道也,其所以一阴一阳者,道也。"此为得之。细玩两一字,则明道体之成变化,而显为一阴一阳,故于此而谓之道。盖道体浑然绝待,岂是阴阳二物之合。但其成变化,则显为一阴一阳。譬如一大海水,其成变化,则显为各各沤波也。道体不即是阴阳,然不可离一阴一阳而觅道体。故曰一阴一阳之谓道。犹之大海水,不即是各各沤波,而不可离各各沤波,以觅大海水。乃即于各各沤波,而名大海水也。《新论》云:"即用显体者",即此义。《新唯识论》省称《新论》,后均仿此。大用流行,即是真体呈现。是故变易即不易,而体用不二。《新论》全部,不外发挥此旨。由体成用,说不易即是变易。从用见体,说变易即是不易。又变易以流行言,不易谓流行中有主宰。哲学家或计本体是变易的,而不知变易即不易;或计本体是恒常不易的,而不知不易即变易。此皆以臆想测至道,故堕偏执也。子贡叹性与天道不可得而闻,则既闻之矣。然《论语》所记,特详人伦日用,则天道之谈,在《大易》可知。《记》曰:"善言天者,必有验于人。"夫人伦日用,皆天道之著也。《论语》所载孔子之生活,即其体天道之实。此中体字,非本体之体,乃动词。谓其实现天道于日用践履之间。《易》《论语》可互证。

《大戴礼》曰:"大道者,所以变化而凝成万物者也。"见《哀公问》第四十。道者万物之本体,此语说得最明白。又云:"公哀公曰:'敢问君,君下《小戴记》有子字。何贵乎天道也?'孔子对曰:'贵其不已,郑君曰:已犹止也。如日月西东相从而不已也,是天道也。按此以日月西东相从而不已,显天道之不已。即《大易》取象意也。但学者切忌泥象作解。若以日月西东相从,误计循环,便大误。天道之运,新新而不守其故。才起便灭,是始即成终。才灭即起,是终则有始。始无端而终无尽,故云不已。云不已者,《易》所云"行健"也。不闭孔广森曰:不闭,不穷也。其久也,是天道也。按此中久不与暂对。久,恒也。不已故恒。无为物成,是天道也。无为者,非如上帝有作意故。物成者,神妙不测而有变化,物故以之成。已成而明,是天道也。'"道体幽微,无形无象,及其已化而成物,则万象明著。详此所云,本即《易传》之旨,较以《论语》,义复相通。《论语》:"子曰:'天何言哉! 天非神帝之称,乃本体或道之异名。何言者,叹其冲寂无为也。四时行焉,百物生焉。时行生物者,言冲寂之体,神变无穷,而万物由之以成也。天何言哉!'"重言之,深赞其无为而无不为之妙也。子在川上喟然叹曰:"逝者如斯乎! 不舍昼夜。"此亦幽赞道妙之辞。逝者如斯,悟变化之神也。不舍昼夜,则于变而知常也。昼夜恒如斯而不已,可知本体、真常,故万变而无竭耳。形容道体,莫如川上之叹,含藏不尽,极妙极美,非识《大易》全部秘密意趣,不堪了此。《大戴礼》与《易》《论语》皆可互证。从来哲学家,或窥见变化,而不悟变化之本体,元自恒常。此不能于用识体,故成大过。譬如大海水,变现为众沤,是谓变化,此可喻用。而大海水湿性恒自若,无增减,无改易,是谓恒常,此可喻体。若于众沤,而知其即是大海水,是犹于变化而悟恒常,于用而识体。然众沤与大海水喻,期人易晓,却不可缘譬喻而生执着,误将道体作实物想。所以用此喻者:一、克就众沤言,沤本无实自体,唯是生灭灭生,刹那不住,故可喻变化;二、克就大海水言,则大海水举其自身遍现作一一沤,故非立于一一沤之背后,而别为一世界,亦非超越于一一沤之上而独在,如所谓上帝，故可喻本体或道；三、每一沤皆揽大海水全量，以为其本体，故可喻物物各具道体之全。朱子所谓一物各具一太极，即此意；四、大海水虽变现为众沤，而水性不变，故可喻本体或道具恒常性。《新论》谈体用，屡用此喻，学者宜知。又或悟本体真常，而不许于体上说变化，此则以变化界与本体不相干涉，即体用截成二片。如佛家谈真如，只说是无为及不生灭，岂容于真如上着得变化等词。佛典每以虚空喻真如，《新论》中卷及附录，曾详辨之。正是其差谬处。然则，于变易而见恒常，于恒常而知变易，即通变易与恒常为一，是谓体用不二。变易或变化，即谓之用。吾六经其至矣！上来引《礼》与《易》《论语》互证，学者所宜切玩。

《中庸》曰："天命之谓性，率性之谓道。"《中庸》为说《易》之书，清焦循亦言之。然循于天命性道，卒未之知也。若会阳明之意，则天、命、性、道，只是一事。但从言异路，故有多名耳。无声无臭曰天，以其为万物之统体而言也。流行曰命，从其赋物而言也。流行即是体显为用，即起变化，而成万物也。自其成物言之，则此体便分赋一一物。但分字不可误会，非谓物物各得道体之一分也，却是物物皆得道体之全。譬如一月，分印万川，在万川固各具月之全。民之秉彝曰性，天命流行，至善者也，至美者也。人皆秉此善美以成性，故曰秉彝。依其在人而言也。率性而无违失，全其所固有。日用无非本原呈露，斯曰道。故道即性也，亦即命也，亦即天也。非可为本支之别，或层级之判也。如其立天为最上之本源，以命为天之发用，而不即是天，譬如人有种种作用者然。作用自人而生，作用不即是人。性，则人所得于天之发用，而以有其生。道，则人之功修，而不即是性。功修，犹先儒所谓工夫。率性之率，便是工夫。如此说者，则天命性道，便有本支之别，层级之判。而所谓天者，将与宗教家之上帝无别矣。按之经文，且不可通。经文置"之谓"二字，正显即义。如韩愈《原道》云："博爱之谓仁。"明博爱即仁也。岂谓仁与博爱当分本支或层级耶？六经言天，除《诗》《书》间有类似宗教意义外，《书》，古史也。《诗》，先民作品也。孔子虽寓新义，而不得改易其文。《易》《春秋》《礼记》，皆孔子微言大义，而七十子后学展转传述，其言天，皆无神道思想。此不可不知者。天非具有人格之神，无形体，无方相。故言天者，亦只合于发用或流行处置词，其流行不已，发用无穷者，即天也。离发用流行而言天，天果何物乎？夫人也，固离其举动与行事种种作用，而有人之身可言。天则不可以拟人，离发用流行，而无天之形体可得矣。是故孔子每以"天命"二字合用为复词。《论语》"五十而知天命"，与《中庸》首章"天命"词同。意深远哉！《新论》明体用不二，正申经旨。人禀天命而生，即从其在人而言，别谓之性。实则，性即天命也。天命遍成万物，即说天命为万物之本性，万物，喻如众沤。万物之本性，喻如大海水。而一人一物之得乎天命者，莫不得其全。易言之，即一人之性，是天命全体。自人之形言之，则有分矣。自人之性言之，则人人各得此天命全体，而实无可分。如前举大海水与众沤喻。而谓每一沤，皆揽全大海水为体，即显此义。"率性之谓道"者，谓率由乎性，即性已显。率由者，谓日用操存之际，一切皆顺性之发，而不至拘于形骸以妨碍其性也。有一毫私欲，便是拘形骸所致，非其性然也。"操存"义见《孟子》。率性工夫，亦只是操存。操存者，保任本心而不放失。即念念之间，莫非真性流行。人不率性，则将如阳明所云"顺躯壳起念"，而成顽然一物，乃失其本性矣。率性率字，固是工夫。然工夫即本体，故谓之道。无此工夫，即本体不显，是失其道。前述《论语》《大易》《戴记》诸"道"字，皆为本体之别名。《中庸》言道，却于率性工夫上说，似义不一贯，其实，非不一贯也。率性之谓道，言工夫即本体也。工夫即本体，虽明儒之言，而实千圣相承密意，详《新论·明心章》。后文容当说及。理见极时，横说竖说皆得，阳明语。此之谓也。

问曰："公言焦循不解《中庸》何耶？"答曰：焦循之学宗戴震，震拼命攻击程朱者，根本不识一"理"字。程子曰："吾学虽有所受，而天理二字，确是自家体认出来。"此语切不可忽。程子所言理者，理字可单用，亦或用天理及实理等字。他处准知。乃本体之目，非由意见安立，以为行为之规范也。非字至此为句。本体元是万理俱备，其始万化，肇万物，成万事者，自是固有此理。非无能生有也。程子说个理字，与六经中道字，可互相发明。戴震不悟此，乃疑程朱以己意安立一个理，以为人生行为作规范。其所攻击，与程朱本旨全不相干。夫本体之理，实则本体即是理。而云本体之理者，立辞须有主语故。其在人，而发现于日用云为之际也，只是随其所应，恰到好处。《中庸》所云"中节"是也。岂有一定规范？注意"一定"二字。随事中节，即随所应，无非规范。然不可云有一定规范。如其一定，则不足以应万变而皆贞也。理岂死物耶？如以孝言，父母小杖则受，大杖则走。恐伤重，使父母后悔，且受恶名。此乃天理自然中节处。若申生之死，陷父于大恶。《传》称其恭，而犹不许以孝。当其蹈死时，只是立意去顺从严父，却不悟将以此陷父于巨恶。如此，便有未窥见天理处。须知天理是大公的，于一身之外，要顾及他人，才是天理。此处切忌作寻常话看。又如以节义论。夫妇既以义合，不忍以存没异心，此乃天理也。其或迫于生事而再嫁，终不能道此是理之至正。然宁再嫁，而不至更陷于污贱之行。则他人对之，犹哀矜而不忍非难。此在他人，亦是天理合如此不苛责也。程子令其侄妇再嫁，何曾持天理以桎梏人耶？戴震本不识程朱所谓理，而以私见横议，吾于此不及深论。焦循承其学，核其书中所言，实于至道，未之能闻也。

综前所说，《论语》《大易》《大戴礼》《中庸》之言道，互相证明。而《春秋》之元，亦同此旨。夫道，生生也。《易经》曰：生生之谓易。此云易者，变易义，而变易之实体即道，故曰道生生也。生天生地生人，只是此道。孟子曰："夫道，一而已矣。"一者，绝待也。无所待而然。故老氏谓之自然。自然略有二义：有以言道体者，即此所说；有以言气化，或物界之演变者，则与此异。吾国佛徒，妄以老庄言自然，拟之印度自然外道。大谬。自然者，其德恒常，不可改易。故谓之常道。恒常者，言其德也。非谓道体是兀然坚住、无有变化的东西。

此宜细心体会。尧舜以来，历圣相承，逮于孔子皆从人生日用中敦笃践履，而后旷然默喻于斯。至哉道也！生生不息，真常维极。《孟子》曰："诚者，天之道也。"诚，即真常义。《论语》天道合用为复词。而孟曰"天之道"者，对下文思诚工夫而言人之道，则此曰天之道。实则，天即道，而道即天。非谓道外有天，而道为天之所有也。读者勿以辞害意。维极者，极即至义。道者，万物之大本，是为至极。反己自识，则万化在我，万物同体，道者，吾人禀之以有生，万物禀之而成形，故人与万物同体，无二本故也。仁覆天下，而我无功名。附说。本性自足，而脱然离系。体道者，则大生广生之实，官天地、府万物之富有，反之自性而得矣。得性分之乐者，则遗内外，而向外盲驰之妄息，故云离系。宣圣所以欣夕死于朝闻，颜子叹欲从而末由，其励人向道之意，真切已至，世无悟者，岂不惜哉！

　　附说：天下皆吾同体，故不以我宰天下，亦不见有天下待吾之治。吾与天下休戚相关，若痛痒之在一身。百骸五脏，无麻木不相喻者。仁恩遍注，而谁尸其功名。经旨所存，有道之世，其治如是。夫不见道，则张己以宰物，将仁天下，而天下早被其毒。功名之徒，所以为世祸也。其流至于今之德国希特勒氏，驱其民以毒天下，外侵而内亦残。则其去功名又远矣。况乎贪权怙势，专己以毙群黎而不惜者乎？斯亦不足论已。道之不明也，治日益下，人类其绝矣，可胜忧哉！

　　夫经之所明者，常道也。常道如何可废？《中庸》曰："道不远人。人之为道而远人，不可以为道。"大哉圣言，为万世准绳。夫耽空者务超生，玄奘言："印度九十六道，并务超生。师承有滞，致沦诸有。"见《慈恩传》。超生，谓超脱生死。诸有，谓三界，即众生生处，亦即生死海也。奘意惟佛法乃示超生之了义，外道犹不免沦溺三界，则师承有误耳。其失也鬼。盖尝言之：佛家全副精神力量，只求拔出生死而已。此处不认真，而自命为佛氏信徒者，则自诬且诬佛者也。吾每谓：佛家毕竟是反人生的，故曰其失也鬼。鬼者，归也。陶诗所谓"毕竟归空无"也。此船山评佛之辞，未为诬也。或难余曰："小乘有主灰身灭智者，诚如公言。大乘之为道也，不住生死，亦不住涅槃。以生死涅槃，两无住着，乃名无住涅槃。公固究心大乘者，奈何以耽空妄诋耶？"答曰：厌生死，欣涅槃，小乘所以未宏也。不住生死，不住涅槃。大之异小固在是。然复须知，不住涅槃，正为不住生死者说。若未能不住生死，则不住涅槃之言，无可进矣。故佛家为生死发心，遍征大小一切经论，皆可见其精神所在。《论语》曰："人之生也直。"《大易》直从乾德刚健，显示万物各正性命。故子路问死，子曰："未知生，焉知死？"故佛氏所谓生死，六经所不言。孔子着眼不在是也。孔子所谓知生之生，谓人所以生之理，即性也。非佛氏生死之生。生死之生，是惑乱之生。非性也。参考吾著《佛家名相通释》部甲，十二缘生义。知生者，盖言反识自性耳。孟子言性善，亦此旨。直从性上立定根基，则尽性而形色皆真，自不见有生死苦。无生死可厌故，自不至舍现前而更起追求，以谓别有寂静常乐之境，名涅槃也。夫以生死为此岸，涅槃为彼岸，欲舍此岸，到彼岸，而犹未免系于彼岸也。则又广之曰，生死涅槃两不住着，此可以融两岸而荡然无碍乎？其发心之初，既分两岸，后虽欲融之，而何可得耶？孰若儒者，知性，尽性。正其本，万事理。不见有生死，不见有涅槃，两岸不分，欣厌俱泯。不言无住，而乃真无住乎。夫揭无住以为名，共言若圆融无碍，而骨子里毕竟与圣人参赞位育，裁成辅相之道不类。盖佛氏从其所谓生死处着眼，则希求出世，欲勿耽空而不得也。此须旷怀体会佛家整个意思，《新论》中卷可参看。

执有者尚创新，其失也物。夫肯定有外在世界，不于人生作厌患想，佛氏呵为执有。而西洋思想，则宁可执有者也。吾《易》言大有。有而大者，富有而日新。此与西洋似同而实不同。夫人之所茂者神明也,神明独运,如日之升,光辉盛大,是谓生命创新。若夫资生之具,人生不可或无,则备物致用尚焉。求丰于神而不惜绝物,少数人以是孤修则可。率群众为之,则贫于物者,将累其神。吾《易》已知此,而以制器尚象,则物用不匮,而群生亦得有开通神智之余裕。《易》之言大有者,崇神而备物。物备,则众人之神得伸,故备物所以全神也。惜后儒未能衍其绪耳。西洋人大抵向外发展之念重,努力于物质与社会等方面生活资具之创新,其神明全外驰。夫人之神明,炯然不昧,卓尔无倚,儒者所谓独体是也。今一意向外驰求,而不务凝然内敛,默然自识,以泯绝外驰之纷,而不至此为句。则神明恒与物对,而不获伸。即失其卓尔无倚之独体。是则驰外之所获者虽多,如自然界之所发见,及一切创造。而神明毕竟物化。神明亦成为一物也。人生不得离有对而人无待,故曰其失也物,此西洋人所不自知其失者也。然则外驰之用可废乎?曰:否,否。人生不能离万物而生活。申言之,人生有实际生活,即不能不设定有外界。而对于外界之了解,与改造之希求,自为所不容已者。云何可废外驰之用?夫外驰而不迷于物则者,斯亦神明遍照之功也。又何可废?然必有象山所谓"先立乎其大"一段工夫,使独体呈露,自尔随机通感,智周万物,毕竟左右逢源。如此,乃为极则。

其失也鬼,是远人以为道也。其失也物,又得不谓之远人以为道乎!是故通六经之旨,体道以立人极,体道者,谓实现之也。人之生也,道生之。已生,则或拘于形,而丧其所以生。故必有自克之功,方能实现其所以生之道。而后人极立。失道,则不成乎人。官天地,府万物。人者,道生之。天地万物,亦皆道之所成。本非与吾人异体。但人如不能体道,则自私用智,而斥天地万物为外。人能体道,则彻悟天地为自性所现,是官天地也。万物皆备于我,是府万物也。成天下之大业。万化万事,皆道之流行散著。极富有以无穷,恒日新而不用其故,何假趣寂以近于鬼,自逆性真为哉!道得于己之谓德,则备万物,而非为物役,本无物化之患,斯无往而不逍遥矣。庄生之"逍遥",即《论语》"坦荡荡"

意思。是故究其玄，则极于无声无臭，未尝不空。然与耽空者毕竟殊趣。显诸用，则曲成万物而不遗，未尝不有。然非执有者所可托。至哉六经之道！大中至正。遍诸天，历万劫，而斯道无可易也。

或有问言："六经之言大道者，既得闻矣。若夫群变屡迁，治制泥其旧，则失时宜。六经之言治术也，则先王已陈刍狗，何可执古以御今？然则读经者，宜知慎所择欤？"答曰：子不闻大道耳。大道者，常道也。常道无往而不存，治术可离于常道哉！综群经之言治也，无过下述诸义。

一曰仁以为体。天地万物之体原，谓之道，亦谓之仁。仁者，言其生生不息也。道者由义，言其为天地万物所由之而成也。圣人言治，必根于仁。易言之，即仁是治之体也。本仁以立治体，则宏天地万物一体之量，可以节物竞之私，游互助之宇。塞利害之门，建中和之极。行之一群而群固，行之一国而国治，行之天下而天下大同。若不由此，将顺其欲，因缘利害，同利共害，则合力以争其所欲得，与所欲去。利害之反乎此者，其自护亦如是。纵此起彼伏，伪定一时，而人生不自识性真，则私欲之端，千条万绪，无由自克。终非从事社会改造者，可以获得合理生活。然则，化民以仁，使之反识自性，兴其物我同体，自然恻怛不容已之几，而后有真治可言。人类前途之希望，实在乎是。若夫群品犹低，惟赖秉钧者以宽仁育天下，使人得自发舒，而日进于善。如其以猜诈惨酷，视百姓如犬羊，而鞭笞之，束缚之，无所不至。此桓谭所以致慨于亡秦，千古之殷鉴也。

二曰格物为用。《大学》格物，当从朱注。夫立治之体必以仁，而格物则用也。化民以仁，动其民胞物与之怀，如是而治功成乎？《孟子》固云，"徒善不足以为政"，则格物其要矣。社会组织与习俗等等之形成，政治上度制与权威等等之建立，其初容有不得不然。及久而弊生，甚至不可终日。而乘权处势者，犹自视为固然，受其毒者，呻吟于困楚中,亦自视若定分而不可或易。人类所以幸福少而痛苦多,职此之由也。是故格物之学兴,而后人知即物穷理。则其于人事之得失利弊,必随在加以探究。审于得失者,必知天下之势,不可偏重,而求执其中也。明于利弊者,必知天下之利,不可私专,而求协于公也。知之明,乃以处之当。则本仁心以行仁政,而治功成矣。王阳明《大学问》,发明仁体,罗念庵称其切要是也。而反对程朱《大学格物补传》,则有体而无用,甚违经旨,其末流成为禅学,为世诟病,有以哉! 夫禅学于存心之功,非无可与吾儒相通者,然其差毫厘而谬千里处,则不可以不慎择也,此中不及论。

三曰诚恕均平为经。六经言为治之大经,不外诚也,恕也,均平也。夫政之言正,治者所以止乱。不诚则猜诈,以猜险骗诈为治,有虚言而无诚信者,行之国内则自亡,行之国际则祸他国,而亦自毙其国者也。不恕则自私,私其国而侵他国,私其族而侵异族,杀伐之气,盈于大宇。最下,则于一国之内,而私其身家爪牙。皮之不存,毛将焉附?此又可哀之甚者也。不均平,则弱者鱼肉,而强者垄断,横肆侵剥。资本家与帝国主义者,皆天下之穷凶极恶也。最下,则一国之内,官纪败坏,以亿兆脂膏,供贪污中饱,不平之祸,极于国破家亡而后已。前世衰亡,靡不如此。昔王荆公谓“半部《周官》,均言理财”。而近人严又陵则云“《周官》言治之要,不外均平二字”。《论语》“不患寡而患不均”,《大学》以理财归之平天下。而官吏不许与民争利,《礼》有明文,不独防商贾垄断而已。《易》之损、益二卦,明两利为真利。损己益人,非利也。损人益己,亦非利。损上益下,非利也。损下益上,亦非利。国家与人民之利益,必斟酌以得其平。一国与他国之利益,必斟酌以得其平,此损益之宏旨。通古今万国,经济学说,经济政策,格以吾群经均平之大义,而其得失可知也。夫学术思想,随事变迁流,而推征愈密,条理愈繁固也。若其握天枢以立不易之公则,奉至正以御万有不齐之诡变,则经义于是乎坚立而不可摇。末学肤受,侈小知而薄圣言,岂不哀哉?

夫均平之治,非恕不可实行。恕者,推己及人,即于己之所欲,而知人之所欲亦如己,必须兼顾。己所不欲,勿施于人。所恶于左,无以交于右。所恶于右,无以交于左。人人能推此心,而天下之人,各得其所,天地位,万物育。曾子曰:"夫子之道,忠恕而已矣。"孟子曰:"强恕而行,求仁莫近焉。"《大学》言平天下,本之絜矩。絜矩,恕也。言恕,而以天下为量。《华严》普贤行愿,广摄无量世界,无量众生,庶几近此。今世号为文明强国之人,其重公德,守秩序,似有近于恕。然其胸量所摄,至广不过一国家,一民族。其行恕之范围即止于此,过此,则弗能推也。其于异国异族,则横行兼并侵吞,将使之万劫不复而后快。吾《大学》之言恕,则由修之身者,以行于家,而家齐。由家以推之一国,则恕道行乎国。使国人各尽所能,各得分愿,而国治。又必由国以推之天下。人之在天下也,当有天地万物为一体之怀抱。天下之人,犹吾一国一家也,何独不能以恕道行之,而忍纵虎狼之欲,率天下以共趋人类自毁之途乎?是故《大学》言恕,必以天下为量。所以为天地立心,为生民立命,为万世开太平也。恕道不能推之天下,而求人类有至治之休,是犹缘木求鱼也。至哉《大学》之道!洋洋乎发育万物,峻极于天,无得而称矣。<small>中国人于小节,或不甚措意。而物我无间之雅量,则高于西洋人远矣,容当别论。</small>

恕本于诚,不诚而能恕者,未之有也。诚者,忠信之谓。忠信,是真实无妄义,诚亦真实无妄义。《易》曰:"忠信所以进德也。"《论语》言主忠信,忠信是工夫,亦即是本体。天地万物,元从一个真实无妄的至道发现,即此至道,名为万物本体。<small>言万物,而人与天地在其中也。</small>吾人能持忠信于日用践履之间,即日用践履,莫非真实无妄至道之昭著,故曰工夫即本体。孔子在《论语》及《易》言忠信,而于《中庸》演《易》之旨,则言诚,其义一也。今后生或谓《中庸》汉儒作,无关孔子,此妄见也。

大小《戴礼》与《周官》皆孔子微言大义。七十子后学，传授不绝。秦汉间儒者，容有增窜耳。《礼经》为孔门六艺之一，《中庸》则《礼经》之一篇，而谓与孔子无关哉?《中庸》曰:"诚者天之道也。诚之者，人之道也。"上句克就本体言，下句约工夫言。尽人所以合天，合天即超越小己，而会万物为一体。何以知然? 未能合天，则执形而昧其性。即有小己与万物对立。能合天矣，即澈悟万物与我同性。故不见有小己，而万物皆吾一体。见性，则亡形碍故也。然则，离有对而入无待者，其至诚之谓欤? 游无待者，无有我与物对。无有物与我对，彻体真实，灵通无间，是以成己成物，己立立人，己达达人，无有一物在己性外故也，故曰恕本于诚。诚则同己于物，故能推。不诚即物我对峙，未有能推者也。凡人在社会生活中，尝有类似推己及人之行为，而实由服习于社会无形之制约使然，或出于尊己而不肯自轻蔑则然，非真能推也。真能推者，必出于诚。诚乃透悟本体，即自识真性。其推己及人，本于一体之通感，自有不容已也。凡人亦非无此境，但有之而不能常耳。如齐宣王不忍牛之觳觫，正是以己之欲生，推及于牛，此乃一体自然之推及，非有所为也。齐王不忍于一牛，而不能盛推此心以保四海者，其推及于牛，则其所得于天道之诚，未尝无自然之流露也，其不能更推者，则素乏诚之之工夫，本体未得全显故也。

总之，治道以均平为极则，而均平必由于恕道，恕道必出于诚。故诚恕均平，同为经纶天下之大经，而其间自有相因之序，不可不察也。夫政者正也，治者止乱也，必人人各自率由于诚恕均平之中。万群品未进，未足语此。则有导群之责者，非勉于诚想，厉行均平，则未有不自取祸败，以遗害人群者矣。夫西人言治者，大抵因人之欲，而为之法纪度制以调节之，将使人得各遂所欲而已。然欲，则向外追逐无厮，非可自外调节者也。故其驰逐，卒成滔天之势。资本家之专利，帝国主义者之横暴，皆欲壑难填，而罔恤其他。甚至颠狂之独裁，束其国人如机械，而用之以狼奔虎逐于天下，恣其凶噬。遂使坤舆之内，鸟毙于空，鱼烂于泽，腥闻于天，帝阍难诉，则人道至此而穷矣。吾六经之言治，未尝主绝欲也。然要在反识性真。性真者，谓吾人与万物所同具之本体也。亲其一本，则群生并育而不害。游于无待，则聪明睿虑，虽行于色声香味等等物尘之中，要自随缘作主，无所迷乱，而性分之乐，恒超然自得矣。夫人受于道而成性，以有生。既生，则不能无欲，欲与生俱，而生原于性，则欲不可绝，甚明。惟见性，则有主于中，斯欲无泛滥之患。孟子云"可欲之谓善"。欲其所可，而无欲其所不可。"临财无苟得，临难无苟免"。所欲有甚于生者，宁舍生而取义，何至纵欲以残同类哉！夫欲之所可当理者，唯见性而后能耳。性者，生之本然，纯粹至善者也，通天地万物而一焉者也。欲与生俱，生则成形，而有分。故俗每滞于分形，而昧其至一。滞分形而昧至一，即成乎不善。故欲不必顺其生之本然也。唯见性，而后邪欲不得乘权，即欲皆当理，而欲亦即性。《中庸》所谓"中节之和"是也。

或问："云何见性？"答曰：性真之流行，而为吾人一身之主者，便名本心。《管子·心术》云："心之在体，君之位也。"此即谓本心。本心之自明自了，是谓见性。非别有一心来见本心，方云见性也。恒时保任此本心，无令放失。则一切动念发虑处，是便知是，非便知非。当恻隐时，自知恻隐。当羞恶时，自知羞恶。当辞让时，自知辞让。万善之端，百虑之所自出，皆以本心为其源。本心者，内在固有之权度也。欲念萌时，权度自在。吾人如能保任此权度，则邪欲不得横流。譬如主人持权，群仆效命，群仆所为作，皆主人之为作也。欲从心而不逾矩，即欲成为性之欲，亦同此譬。千圣相传，内圣外王之道，其根极在此。尧舜执中，执此而已。孔门求仁，孟子求放心，求此而已。程子存天理，阳明致良知，致此存此而已。夫六经之言治，德治也。《论语》云"为政以德"，云"道之以德，齐之以礼"是也。其异于西人言法治者，则不

29

从欲上立基，而直从性上立基，此其判以天壤也。率性，则欲皆中节，而欲亦成性。则与绝欲之教，固根本不同，所以为贞常不易之道也。《春秋》言治，天下之大，人类之众，将使人人有士君子之行。士君子之行者，即能自得于性分之内，而其见之躬行，不至纵欲败度。所以为成德之人，而名为士君子之行也。苟非人人有此行，而徒进之以知能，则诈伪日多，乱将滋甚。纳之于法纪，齐之以度制，行之一国，犹可苟安，要非至计，而人类全体，决非法度可以维系之，此稍有识者所可知。呜呼！人类将终古如斯昏暗而不反也，则德治乃上圣之迂谈，谁将是究。如曰不当卑视群生也，则虽长劫颠倒，而试设想无量之未来，即此长劫颠倒，犹刹那间事耳。一旦猛觉，其有不遥获圣心者哉！是故诚恕均平，为致治之常经，以其为人人之所可反诸自性而实践者也。

附识：有问："公以忠信与诚为同义，恐未妥。诚义深远，见《中庸》及《孟子》者可玩。忠信，似较诚义为浅。且忠与信，又当有别也。云何？"答曰：忠信者，德体是一。虽有时分言之，然无碍于其体之本一也。忠信义，见《春秋左氏》者多处。今略举之。其分言忠者，如曰："公家之利，知无不为，忠也。"《僖九年》荀息语。曰："弃事不忠。"《闵二年》羊舌语。曰："以私害公，非忠也。"《文六年》臾骈语。曰："上思利民，忠也。"《桓六年》季梁语。曰："临患不忘国，忠也。"《昭元年》赵孟语。其分言信者，如曰："信以守礼。"《僖二十八年》竖侯獳语。曰："信以守器。"《成二年》仲尼语。曰："信以守物。"《成十六年》申叔时语。曰："患难不越官，信也。"《昭元年》赵孟语。曰："君人执信。"《襄二十二年》晏平仲语。曰："民未知信，未宣其用。"《僖二十七年》子犯语。曰："信，国之宝也。民之所庇也。"《僖二十五年》晋文语。曰："名以出信。"《成二年》仲尼语，此义甚精。今国际间标揭种种名义,均不由信出。衰世之风也。若夫一国之内政,虚尚宣传,而实与名反,其国尤危。曰:"己则无信,而杀人以逞,不亦难乎?"《襄五年》。今之务侵略者,其凶狡终必败。详上所述,虽忠信分言,而详其义界,则信者,以其所执守者真实而坚固言。忠者,以其公以体物,立事不偷言。体物者,如在国则视国事为己事,在天下则视天下事为己事,是通万物为一体也。汉以来儒者言忠只谓忠君,于是夷狄与盗贼为君者,皆忠事之,甚违古义。合言之,则一诚而已矣。信之为执守真实,忠之为公以体物,皆诚也。故曰德体是一也。夫忠信之义深矣,而子以为浅,其未之究乎?如范文子曰:"无私,忠也。"《成九年》。无私,是彻上彻下语。诚者,天之道,只是无私而已。叔孙昭子曰:"忠为令德。"《昭十年》。令德犹云秉彝。则指性体言之也。子服惠伯曰:"外强内温,忠也。"《昭十二年》。此语深邃已极,非见性者不能道。强者,充实而无惰慢之谓。外强内温,正显仁体,即诚也。温和在中,则见于外者自无惰慢。温和即是仁,亦即是诚。子展曰:"信者,善之主也。"《襄九年》。主字宜深玩。信为万善所自出,非本心耶?非诚耶?子服惠伯曰:"和以率贞,信也。"《昭十二年》。此与前以外强内温为忠一条可参看。惠伯之学,已彻心源。叶公曰:"周仁之谓信。"《哀十六年》。此亦洞见性体之辞。子木曰:"信以立志。"《襄二十七年》。语极深切。又《襄三十年》左氏引"君子曰:《诗》云:'文王陟降,在帝左右。'信之谓也。"孟子上下与天地同流,庄生独与天地精神往来,其旨皆近此。如上所述,春秋时人言忠信,皆义旨深远,非的然见性者不能道。岂止作寻常德目谈耶?《中庸》、孟子之言诚,确与忠信同旨,无深浅之别,学者宜知。虽然,非真解明儒工夫即本体一语,则于此等意义,终作经生家训诂说去。梨洲所云,毕竟于座下无与也。呜乎!斯学难言矣。孟子谓孔子集大成,盖深知学术源流者。即就《左传》而征,春秋时卿大夫士,无不深于儒学者。惟古籍散亡,罕可考耳。

四曰随时更化为权。夫道有经有权，经立大常，权应万变。变体其常。就宇宙论言，变非凭空幻起，必有真常之道，为其实体。故可于变而知常。参看《新论》。权本于经，守贞常而不穷于变。故权行，而后见经之所以称常道者，正以其为众妙之门耳。夫天地万物，日徂而不反，唯有新新，都无故故。详《新论》。人事万端，动而愈出，亦无故之可守。自茹毛饮血，迄耕稼陶渔，乃至工商大盛之世，随时更化，不守故常。略言其概。如社会范围，始自男子劫女，有二人居室之事，其范围至狭。渐扩而为家庭，又扩而为部落，以至为民族，为国家，为国际联系，将来更进而为世界大同，又属可知之事。社会范围，代更而代扩，如是其烈也。若乃经济制度、学术思想、道德信条、俗尚惯习与政制法令，及凡一切牵天系地之事，皆在变动不居之中。无待深论。是故《大易》立随卦与鼎革二卦，明随时革故取新之义。随卦曰："随时之义大矣哉。"《杂卦》曰："革，去故也；鼎，取新也。"《春秋》张三世，通万岁之变，而为大齐之数以明之，此经之示人以权也。权之义为衡，而用在应变。暗于持权者，世已变，而犹贪执故常，不悟变之不可御。违天不祥，天者，自然之理，必至之势，谓变也。其祸卒中于人群，可不戒哉！《礼记·礼器》曰："礼，时为大，主随时更化也，不失其权也。"夫群变屡迁，而诚恕均平之大经，则历万变而不可易。经者，常道。权者，趣时应变，无往而可离于经也。

五曰利用厚生，本之正德。正德、利用、厚生诸义，见《左传·文公七年》，郤缺引《夏书》。杜预注系逸书。《伪古文尚书》杂引入《大禹谟》中。虽词不尽同，而为《书经》古义，则《左传》可据。近世列强之治，皆以利用厚生为本。吾先哲经义，何尝不注重于此。然有根本不同者，则利用厚生，必以正德为本也。《周官》一经，于民生、物用，计虑周详，可谓大无不包，细无不入。然其敷教以立治本，则在以乡三物教万民。乡三物者，六德六行六艺是也。六艺皆实用之学，其在今日，相当于科学知识。利用厚生必讲求科学，而后可期。此固近代思想所专注，而经义实已包举之。然经以六德六行居六艺之先,则仍以正德为本。会群经之通旨,亦无往不是归本德治。所以立人极而臻上理者,诚无逾于此。夫道国宁人,要在使人各自得于性分之内。贤者知至乐之在内,则其视外物也轻,而羡欲之累绝。不肖者,渐之以仁,摩之以义,使知道德律之庄严,如星象之灿烂于天空。则仰企之情,自不容已。六经所示,太和雍治之治,唯是德化所致。人类如不长期自甘堕落,经训岂堪忽视。若唯以利用厚生为本,则率亿兆之众,共趋功利之途,而竞富强之效。行之一国,纵可遂志,然已使其国人唯嗜欲之殉,乐杀尚斗以为能,则生人之理已绝矣。且功利之习大开,富强之图过甚,必求逞志于他国,其终必毙人以自毙,断然无疑矣。若夫积弱之国,上下不务德,而唐慕外人之富强功利,则其危尤甚,此又不可不知。虽然,经义昭明,不曾谓利用厚生非急务也,但必以正德为本。譬如植树,粪土以厚其根,而风日以养其枝叶,无可偏废。然根拔,则枝叶憔悴。则培其根为本图矣。

六曰道政齐刑,归于礼让。《论语》曰:"道之以政,按《正义》曰:"道,如道国之道,谓教之也。"皇氏作导引,亦通。政谓政治。如宪章、度制、政策、政令及一切措施,通名为政。齐之以刑,齐,整齐之也。刑,谓法律及禁罚等。民免而无耻。按孔曰:"免,苟免。"谓苟免于刑戮,而无耻心。道之以德,按包曰:"德,谓道德。"殊无所明。德者,得也。人之所以得成为人者也。谓通于大道,而知人生职分所当为。如一切善美之行,乃本于性真而不得不然者。能实践之,方得成为人,故谓之德。齐之以礼,附说。有耻且格。"按有耻,谓民以作恶为耻,而不肯为也。格,《正义》引郑注"来也","谓来归于善也"。亦是。人有所不为也,而后可以有为。耻恶,则勇于为善矣。详此章之旨,所谓政刑者,在今即专尚法治者是。法治极隆时,其民于养欲给求,粗得自遂,颇有欢跃之象。然耽情嗜欲之中,其蓄骗诈、挟机械,蕴烦闷者,丑恶万端。而免于法网者,但苟脱耳。此征之今世强国之民,圣言已信而有征。夫治道而使人类堕落,不得全其固有之生理,此真释迦氏所叹,众生无始时来,恒处长夜者。漆园之圣亦曰:"人之生也,固若是芒乎? 其我独芒,而人亦有不芒者乎?"观古今万国治道,其不以芒导芒者鲜矣。吾不信人类终古自安下劣也。共将救法治之弊,而隆礼让之风乎? 宣圣既曰:"道以德,齐以礼。"而又曰:"能以礼让为国乎? 何有。何有者,言不难。不能以礼让为国,如礼何?"按包曰:"如礼何者,言不能用礼。"未妥。盖叹词也,叹失礼也。夫言德,必见之于礼。礼便是德之形见处。而礼之大,莫如让。《左襄十三年传》:"君子曰:'让,礼之主也。若弗贵让,则何礼之有?'"子路言志于夫子之前,夫子哂之。门人以问,子曰:"为国以礼,其言不让,是故哂之。"夫子路有为邦之略,夫子未尝不许也。但辞气间不无失之急遽。其果于自负之情,亦微露而不觉。夫子即哂其不让,可见礼让为导国之本。若失此意,便不可以为治。

附说:朱子曰:"礼者,天理之节文,人事之仪则也。"义极精审。天理谓本心。此心应物,元有许多品节条文。如事父母,便是孝。执事便是敬,交友便是信,遇群众便是泛爱之类。从其节文,名以天理。理只是节文的意义。而曰天者,此理是自然合该如此,不可更诘所由,故云天理。人事之仪则一语,赅摄无边。自一身及家国天下,乃至天地万物,互相涉入,莫不有至当之仪则显于其间。然此仪则,却非纯依外面建立,乃吾心之天理,于其所交涉处,自然泛应曲当。曲当者,犹云凡事各因其相关之分际,而赋予一个当然之序也。即此曲当,在心名天理节文,而发于外,名人事仪则。礼主序,朱子深得此意。荀卿未闻道。其言礼,却从养欲给求处,见得须有一种礼制以调节之。却不悟礼者元是天理,便只从外面安立,已近于法治,此其差谬。然作用处,亦不甚悖于圣人。刘宝楠《论语正义》只纂集材料,有可贵者,而于真实义理处，完全没分晓。此章德礼两字，何等紧要。刘于礼字，不引朱注。于德字，引郑玄注《周官·大司徒》"乡三物"之六德。其实，郑玄注六德，甚细碎浮泛，不见本根。如言："智明于事。"试问，如何而得明于事耶？"仁，爱人以及物。"试问，此爱缘何发出？岂是无本做得来。"圣，通而先识。"试问，如何而得通？向下诸注，无一字不空泛。余以为，若识孟子性善与王阳明良知意旨，六德只是一事，但分六方面显示之耳。容当别说。或问："公于此释德，指出性真为本，是也。但恐人将性真一词作名言索解，却又茫然。"答曰：如此辈，也没奈何。若是真切人，他反而求之，自识性真。

或有问言："有生之类，莫不争存。达尔文物竞之论，毕竟不因互助论出而全失据。贵让，固圣人之冲德，究非导国所先。公奈何守经而失时宜？"答曰：达氏之论，非全无据。则亦不完全可据，吾子已知之矣。且夫万物殊形，其性一也。万物之生，同以道为其本体。故物形虽殊，其性则一。让之为德，出于性真。性真或亦云真性。盖于己之外，而知有人。抑私以全公，即通物我为一体，所谓称性玄同。物利，而我无不利者也。争竞之祸，则由有生各拘于形，而迷其性。其势不能不相倾。然动物心灵作用发达较高者，即其性真亦已流露于不识不知之中，常能超乎个体分限之形，而合群以营互助生活。于是多助者存，寡助者亡，乃为动物界之公例。灵秀拔出之人类，则此例之行尤著，无须深论。伊川《易传》释比卦之义曰："万物莫不互相比助而生。"叔子齐圣，发明斯义，功亦巨哉。夫有生不能不互相比助，而互助精神，只是一让字。让之反曰争，恶乎互助？夫让者，本于性分之公。以己度人，而伸人即以伸己，大遂全体之生成。全体者，就性分言，吾人与天地万物本一体，是为全体。故让非退德而已，退德，犹云消极的道德。乃以退为进者也。进犹云积极。夫事父母，能竭其力，而不忍自私以薄亲者，是对于亲之让也。

然必如此，而后亲为吾亲，否则是弃其亲于吾性分之外，犹肢体被截，非吾身之有也，乃至草木方春不折，鸟兽不伤其胎孕，是对于草木鸟兽之让也。然必如此，而后物皆吾与。否则是弃万物于吾性分之外，犹肢体被截，非吾身之有也。故曰大遂全体之生成，本乎礼让也。夫植物心灵未著，即其性不得显，故拘于形而相倾。如丛生之草，不能并育，必有萎者。物竞之说，于此可施。动物与人，则心灵以渐发达，即性真自然流露。其生活乃为全体性，而超越个体之形限，故互助兴而礼让生焉，此则生命创进，其德盛而不容已也。愚者不见自性，乃贵争而废让。猥同人道于草木，岂不悲哉？此中生命一词，与世俗习用者不必同义。详见《新唯识论》。

且夫导国而废礼让，则人间世不可一日而得治也。庶人不让，此中庶人，犹言一般人，与旧以对君上言者不必同。故有地主者流，而擅广土之利。资本家者流，而侵夺众人之财富。又如执政者，其所行甚不便于民，而绝不自反。异党水火，其在野者亦不甘退守，而一切与在朝之党为仇雠，不惜阻挠国家大计。如此等者，但有其一，而其国难治。是故吾古昔圣帝明王，以礼让化民，使人皆知议而无相侵。其有不率教者，则又本礼让之意以制法。故豪强占田多者有禁。均田限田之议，不绝于士大夫之口。工商垄断货利者有禁。自周、汉以来，历世承此政策。又以行法自在位始。《春秋》之义，君子不尽利以遗民。君子谓在位者。谓人君与百官，不得自享其利，而遗人民之利也。《诗》云："彼有遗秉，此有不敛穧，伊寡妇之利。"遗秉与穧，收获之余，寡妇所取。富者不应夺之也。故君子仕则不稼。仕而食禄，则不可与农人争耕稼之利。田则不渔。古者仕有田禄，不可争渔人之利。食时不力珍。食不求珍，所以守俭。俭者不夺人，故能行礼让也。大夫不坐羊。大夫之家不畜羊，避与民争利也。士不坐犬。天不重与。天之生物，不重与以利。有角不得有上齿。与以角之利，则上齿之利，不重与之。故已有大者，不得有小者，天数也。如有奉禄，已是大利。而又与民众争小利，是违天也。故圣明象天所为。为制度,使诸有大奉禄,亦皆不得兼小利,与民争利业,乃天理也。《春秋繁露》卷八《度制篇》。《荀子·大略篇》曰:"天子不言多少,诸侯不言利害,大夫不言得丧,士不通货财。从士以上,皆羞利而不与民争业。乐分施而耻积藏,以故民不困财,贫窭者有所窜其手。《周语》芮良夫曰:'夫利,百物之所生也,天地之所载也。而或专之,其害多矣。天地百物,皆将取焉,胡可专也? 所怒甚多,而不备大难。'"言专利则怒之者多,而大难将至。利不足以备难,必身受其害。详此所云,则以礼让废而争利者众。将欲天下之民,皆行礼让而无专利也,则必自有导民之责者,以身守法始。礼让敦于上,而后民知慕化,此治道之要也。晚世居位者,不闻礼让,天下之利,尽归中饱。民弱者死,强者为奸利,为寇盗。元及明季,其覆辙一也。经训之亡也久矣哉。古者明王,化未孚于百姓,则反而罪己。《传》曰:"禹、汤罪己,兴也勃焉。桀、纣罪人,亡也忽焉。"以唐德宗之猜庸,而兴元罪己之诏一发,犹悔过任贤,得拯一时之祸,而延嗣者数世,此礼让之效也。今民主之国,执政者所持之政策,如不见信用于国人,则洁身而退。两党主张不同,而敌党在位,则在野者尽力赞襄,以成其治。此皆有合于圣经礼让之义。礼失而求诸野,其谓是哉? 野者,西人之治,格以吾圣经之义,犹夷狄之道也。上来就一国之治言,不可废礼让而为治。若乃国际间互相维系,而蕲进大同至治之休,则礼让其本根矣。吾先哲所谓中国一人,言中国之大,人虽至多,而互相亲让,犹如一人也。天下一家,言世界至广,而全人类互相亲让,犹如一家也。此岂法制约束所可及哉! 要在人人互循礼让,齐畅于性分之内,就性分言,万物一体。礼让,则亡形碍,而齐畅于性分者也。共释其形限之累不见性,则累于形限,而起争心。见性自相让,亡形碍故也。然后争乱息,而万物莫不毕同。《春秋》太平之治,其道在此也。今世西人为治,专务争夺。其于弱小国家,弱小民族,种种侵略之术,无所不用其极,直令死灰不可复燃。倭人尤而效之,其御侵占地,如吾台湾、琉球及鲜国同胞，惨酷尤甚。总之，今世所谓文明国者，其为治也，绝不知治道在使群生咸畅其性，咸遂其生。绝不知，一气贯下读之。绝不知人类生活内容实超越形限而为全体性，常创新而富有，扩大而深厚，决非如草木之拘碍于蕞尔之顽形。绝不知，至此为句。申言之，西人唯拘于七尺之形，而不获自识性分之至足至乐。故私其七尺，而向外争夺不已。今战祸既烈，识者亦凛然知人类自毁之可忧。则反之礼让，此其时矣。夫礼让之治，据德而不回，德字，注见前。不回者，无回邪。今列强之于国际交涉，专尚回邪，而不务德。吾东方之倭，效尤西方之强，更无人理。由义以建利，《左·成十六年》，申叔时曰："义以建利。"富哉斯言！今之列强，贪利而不由义，率天下而食人。食人者，人亦食之。敦信以守度，度字义宽。国内一切法纪，与国际盟约，皆度也。今列强外交，习行狡诈。朝不逮夕，则已离合万变。言不由衷，盟无益也。人而无信，不知所宁，乱可已乎？明耻以有立，《中庸》曰："知耻近乎勇。"盖言知耻，则自尊自贵，不肯为污贱之行，而后能勇于为善也。顾亭林曰："自一身，至于家、国、天下，皆有耻之事。"今所谓文明国之人，于日常小节处，唯恐失礼，而于国交上，则自私自利，狡变万端，卑劣至极。是以为天下事可以无耻行之也。何其与亭林之言反耶！正名以干事，附说。尽己以体物。《论语》曰："仁者己欲立而立人，己欲达而达人。"《中庸》云："尽己性以尽物性。"夫己立己达，与尽己性，皆尽己之谓也。立人达人，及尽物性，则浑然与万物同体之谓也。此人道之极则也。人道不至此，难言礼让。是故礼议之治，高矣美矣，人类如蕲向太平大同，舍礼让其奚由哉？

　　附说：《礼·祭法》曰："黄帝正名百物。"《论语》曰："名不正，则言不顺；言不顺，则事不成。"《春秋繁露》，"《春秋》辨物之理，以正其名。名物如其真，不失秋毫之末"云云。夫名学者，本为研究思想轨范，与论议律则之学。而施诸有政，则正名甚为切要。名不正，而可以立事者，古及今未尝有也。今世狂乱之独裁，悍然毁弃人道与正义，及破坏文物而无可持之名。倭寇效之，其卑尤甚。

譬彼疯�，毙可立待。夫《周官》与《春秋》相表里，其明礼让之治，期于人人各得分愿。群有其纪，非涣不相属。故一切度制之名正，而人知奉公。一切职业之名正，而人无偷惰。一切德教之名正，而人莫敢犯。晚世，法度朝夕屡更，其名无常。而人亦薄于信守。人之侥幸谋奸利者众。职业之名不立矣。德教全丧，尤无可正之名。如孝弟在清末，尚为最尊严之德名。今人视父兄甚泛泛，故孝弟之名，已无形消灭。人之薄于父兄，社会上无有持孝弟之名，以相责者。其他各种德教之名，皆不得立。人之敢于为恶，亦有以也。若乃列强在其国内之治，尚未至尽悖于圣人正名之旨。但于国际，则尚无组织，即无共同崇奉之名。《春秋》之天王，实非指东周之王也。盖亦寓国际最高机构之意。而忠、恕、信、义等等德名，尤为国际间所决不可忽视者。如国际上此类德名，建立不起，各国以违犯之为不足耻，则礼让已不行，而人类之悲剧，无可挽也。

或有难曰："公之诟法治也甚矣。其扬礼治也已至矣。然礼治非可一蹴几也。且人群不能无组织。有组织，即度制立矣。岂一切无资于法治者乎？"答曰：以礼治之精神，而参用法治之组织，《周官》与管仲、荀卿二子之书，皆此物此志也。《管子》书，非管仲作，然必管氏之后学所作。管氏不纯为法家，实深于儒术。《周官》创制严密。就此种意义言，可云参用法治，但绝不类商、韩诸家也。《周官》之地方组织，与各种职业之联系，皆为今后言法度者所当斟酌采用。《周官》之政，为多元主义，不取独裁。其言学校与社会教育，以含养德性与增进知能并重。其计划极周遍，无荒懈。方正学、王阳明皆深见及此，而慨然以为王道可行。管、荀二书中，亦有可与《周官》通者，此不及详。神而明之，存乎其人。孰谓经义高远，不周世用哉？《家语·刑政篇》："仲弓问于孔子曰：'雍闻至刑无所用政，桀、纣之世是也。至政无所用刑，成、康之世是也，信乎?'孔子曰：'圣人治化，必刑政相参焉。太上以德教民，而以礼齐之。其次以政导民，而以刑禁之。化之弗变，导之弗从，伤义以败俗，于是乎用刑矣。'"《家语》伪书，其言似谓德礼穷，而后继以政刑。夫德礼为本，则政刑皆本德礼之义，以运用之。其精神与作用，自与专尚政刑者不同。故德礼中，自有政刑，非穷而后有之也。若夫德礼之治，底于极隆，万物各正。则刑措不用，行所无事，而政刑之名不立矣，此《春秋》之所谓太平世欤!

七曰始乎以人治人。《中庸》言"以人治人，改而止"，朱注谓"以其人之道，还治其人之身"，期于改过而止。此义深远，总括六经之要最。盖德礼之治，所与法治根本不同者。法治，则从一人与他人，或团体之关系上，而为之法制约束，责以必从，使之惯习若自然。此乃自外制之者也。如穿牛鼻，络马颈，岂顺牛马之性哉? 人以强力从而穿之络之而已。若夫道民以德者，则因人之自性所固有而导之，使其自知自觉者也。世儒性恶及善恶混之论，则误以材性为天命之性，而不悟大道者也。参考《新唯识论》附录。知道即知性，知性即知德，德之为人自性所固有，灼然不容疑。小人闲居为不善，见君子而赧然，掩其不善。此赧然欲掩之情，则其自性之流露也。其平日为不善，则拘于形，以殉没于物欲之中，而违其性也。参考《新论·功能》及《明心》诸章。不善，如客尘。本性，如明鉴。客尘虽盛，而明鉴之体不受损。遇拂拭等胜缘，则明体便显。不善习深，而本性无减。小人遇君子为胜缘，而触发其固有之善性，则知不善为可耻矣。道之以德者，则因人固有之善，而触之以令其自兴也。夫人性本善，但形生神发之后，周子曰："形既生矣，神发知矣。"则易役于形，而失其性。性本无失也。但人役于形，而其性不得显发，便谓之失。故欲触人之善几，而使之复其性者，则莫如用礼。道德齐礼二语，元是一意。欲道民以德，正在以礼齐之。礼，便是德之形见处。德虽民性所固有,若不齐以礼,则无以触其善几,即无以成其德也。是故男女之际,而正夫妇之礼。匹偶有别,夫义妇贞,远于禽兽,则邪僻不作,而性命正,人道尊,天德于此显矣。天谓性。日用饮食之际,而正勤动取与等礼,必一毫不苟。勤动者,民自狩猎田渔以至今日,操作有度,分工有序,皆礼意所存。《诗》曰:"彼君子兮,不素餐兮。"此礼之始也。取与之礼,所包至广,所关至巨。自六经以逮后儒,发挥至精至密。蔡子民先生曰:"必人人有一介不苟取与之操,而后可行共产。"此深于礼之言也。操业及取与悉有礼,则贪嗔痴不现行,而性命正,人道尊,天德于此显矣。又自日常生活言,视听言动,一皆远于非礼。极乎"毋不敬,俨若思,安定辞,安民哉"。《曲礼》开端之辞,可谓包括三礼大义。亦摄尽东土学术无遗。毋不敬三字广大悉备,天德王道一以贯之。俨若者,恪恭貌,无倒妄貌。俨若之思,非世智虚妄分别,乃圣智证量境界。佛家荡一切执,而得一切智智,义与此会。安定辞者,圣人无舍敬之时,即常在定中。思常俨若,故出辞常安定,无有躁妄。安民者,修己以敬,而天下化之。圣人自修,而无宰物之心。物各畅其性,而兴于善。所谓君子笃恭而天下平也。不敬者,妄以法令,箝束生民,驱策群众,将以逞其所欲,而天下之民无得安者。能敬者反是。夫礼主乎敬,人常守礼,则一切惑染悉尽而性命正,人道尊,天德于此显矣。又自有夫妇而后有父子,自是以往,人伦日繁。于是由家而推之国与天下,以及天地万物。一切酬酢处,无在不有至当之礼行乎其间。家庭有孝慈等礼意,固不待言。社会乃至万物,无不由礼为之凝成。如《礼记·大学篇》曰:"与国人交,止于信。"《论语》曰:"泛爱众,而亲仁。"此亲、爱、信,乃是通行乎家庭、社会,以至天地万物而一贯之礼意。礼意二字,本《庄子》。礼仪,是随时变酌定,而礼意却是不变的。《礼经》,言祭天地山川等礼为最详。非以其为神灵也,只是酬其覆载资生之恩,此意甚好。直引发人一体相亲之意。荀卿主张勘天而胜之,制天而用之。便与西洋科学思想所谓征服自然及利用之者同，此则别是一义。至对动植诸物，《礼经》所言，其礼颇详。如方春不折之类皆是。夫礼者弥纶万有，人常率由之，则通物我为一。而性命正，人道尊，天德于此显矣。总之，礼者，因乎人性所固有之德，而称其情，以为之仪则。此中情字义宽。德，具乎性。本无差别，是所固有故。固有者，只是一味平等，以绝待故。情，则缘形感物而生，不能无差别，是后起故。情是后起，即其自身是不实在的，故不可说情与性对立为二元。但若将情与性看作无别，便大谬，此意难言。性体冲寂，而资情以流行。常帅情，而救其不及。如自性言，则爱人之父母与己之亲，不当有别。万物同体故也。自情言，则厚己之亲，而薄人之亲。乃因形气之感，而必至之势也。故情常不及乎性，然性终为情之帅，而常救情之不及。所谓老吾老，以及人之老，正是性德所以救情之不及处。举此一例，可概其余。但亦不能拂情太过，致碍流行之几。佛氏言大悲矣，亦必先从父母及亲属与诸有缘者度去，实亦不能外于吾六经之道。否则至亲切处，已置之性分之外，更何从推及一切众生。是自绝其性德流行之几也。故性本无差别，及其缘情而发为万德，则于无差别中而现似差别。如事父母之孝，与养天下老者，虽同出于性所固有之爱德，而爱己亲，与爱人之亲，其间仍有差殊。则性之缘情而发，有不能过拂于情者在。但性毕竟不任情之偏私，而于人之亲，要不驰其爱。此则一体之不容已处。学者于此宜深切体认而涵养之。若任情灭性，则人道息矣。缘情而有差别，究非性之固然。礼仪三百，威仪三千，则本性以称情而为之者也。本性以称情五字吃紧。三千三百，言其分殊耳，非谓有定数。故《中庸》言礼治，是以其人所固有者，还以治其人之身，非从外制之，非有所约束勉强。盖从其性情，而为仪则。即由仪则，复引发其性情之贞，而生生不已，日新而不用其故，非若尚法制者驱人以习成机械也。呜呼！六经之旨，圣人之全体大用，天德王道之极至，尽于以人治人四字。学者深思而自得之，不亦乐哉！

或有问曰:"从其性情,而为仪则,吾知之矣。即由仪则,复引发其性情之真云云,窃所未喻。"答曰:如正衣冠,便是日常起居之一种礼,易言之,便是一种仪则。《左·僖二十四年》"君子曰:'服之不衷,身之灾也。'"可见仪则之重要。仪则存,而性以凝,情毋放逸,所以养其性情之贞也。仪则废,则情荡而性失矣。《周语》单子论晋侯事曰:"步言视听,必皆无谪,则可以知德矣。步言视听四者,人生日用万事,皆自此肇端。四者必谨于仪则,始免过谪,而全其德。视远,日绝其义;视取其平,此仪则也。礼也。平,则令心收敛,而无失义之愆。视远者心浮,即情荡而失性,则处事必失其宜,故云日绝其义。常见僧徒习禅定者皆平视,合于古礼。足高,日弃其德;足容重,此仪则也,礼也。高则轻,所谓举趾高,心不固者是也。言爽,日反其信。言取其信,此仪则也,礼也。爽则失之易,而难信。听淫,日离其名。(附说)夫目以处义,足以践德,口以庇信,耳以听名,故不可不慎也。"单子此论,极精微,亦可见仪则,所以导养性情之贞,而学者无有毫发处可违于礼也。

附说:名者,名言。一切义理,为然为否,为是为非;一切人情,为贞为邪,为好为丑,皆名言所宣也。听接乎名,而道贵反。反者,听之仪则也,礼。反谓反之于心,即心常虚明,不至缘名而起妄情分别。是以听无所干犯于心,只是不离于名而已。听淫者,不能反之谓也。不反,即听乃不止乎名,而直令内心缘名起妄。即其听时,便以名役心,将使心失其正名之用,而为名之奴役。是听离其名,而有役心之患。若听时能反求诸心而不乱,则听止于名,而不至以名役其心也,是谓听不淫。故听时以反为仪则,此礼之大者也。学者致谨乎此,则古今一切学术上无量之名,皆止于听。而不足以乱吾心之明,岂不乐哉!是以君子贵知礼也。

或复问曰:"仪则之不可废于身心间也,既闻命矣。夫礼之大者,

莫如经国,若一切度制,皆道国之仪则也,亦所以养性情之贞乎?"曰:
奚为而不然也? 如有私人侵夺多数人之权利,则一国之民,其情冤滞,
而不得畅其性。则必群起而去其侵夺者,以更新度制。即是本性以称
情,创立新仪则,乃使国之人皆有养性陶情之乐,此治化之妙用也。或
曰:"仪则无固定欤?"曰:仪则不当有固定性。其所以为仪则之意,则
本性以称情,乃无可变者也。如男女不亲授受,是仪则也。嫂溺则援
之以手,此时仪则当变易。但仪则虽易,而在叔嫂之伦理上,其本性以
称情,自有不可褒者,则历万变而未之有易,是以庄生贵知礼意也。即
此一端,余可类准。然仪则既成,人每循其迹,而或不究其原。及时移
势异,已不足为养性陶情之具,而人犹怙之以为当然,此古今改制之所
以难。而人生限于形气,有狃习故常之惰性,为可慨也。老聃所以薄
礼,盖有见于此。然礼果可薄乎哉? 仪则可更,而不可使无也。五帝
不沿乐,三王不袭礼,故礼可更也。礼义廉耻,国之四维。四维不张,
国乃灭亡。故礼不可无也。老氏之为道曰"致虚极,守静笃"。守之致
之之功,即仪则也,即礼也。此心如有一念,沦于非礼,便无虚静,何可
废礼以为道乎? 老之言治,曰清净自正,故不以己宰物。夫不以己宰
物者,固六经之旨,圣人之志也。然老氏则貌同而心异。老之不宰,殆
旷然无所事事。圣人之不宰,则不以一己私意制驭万物。乃本乎人之
性,以称其情,而为之仪则或制度,使人得以陶情复性,而善其生。所
谓以人治人是也。《论语》曰:"人之生也直。"又曰:"斯民也,三代之所
以直道而行也。"此圣人尽己性,以尽人性,故知之明也。《韩诗外传》言
圣人善度人情。曰:"己恶饥寒焉,则知天下之欲衣食也;己恶劳苦焉,
则知天下之欲安佚也;己恶衰乏焉,则知天下之欲富足也。"圣人唯本
乎人之情,以称其情,而为之仪则度制,使其适情,而不至于淫。乃全
其本直之性,而无忝所生。凡所以经纶大业,敷扬至治者,皆为导养斯
人性情之贞。故其异于法治者,非谓无政刑也。政制,法意,一本于性

情之正,而要归于率性以陶情,此则与法治根本殊途也。呜乎!治道
必归于性情。此天之经,地之义,人之极也。今所谓文明国之治,尚斗
而奖欲。则性被戕贼,而情失其贞,亦不成乎人之情,即情被戕贼矣。
生民何辜,罹此惨毒。将万劫而不反,不亦悲乎!众人皆醉,而我独
醒,吾益不能无悲也。炎暑之晨,清秋之夕,神思悠然,有怀斯世,悲不
可抑,则假庄生之达言以自解,曰:"知其无可奈何,而安之若命也。"然
而,吾固非庄生之徒也,吾终不容已于悲也。王夫之之诗曰:"六经责
我开生面。"吾将持此以授世人,庶几塞吾悲乎?

　　讲至此,有问:"先生言礼,可谓尽矣。而不及乐,何耶?"曰:礼乐
之原,一也。一者,道也。此道在人曰性。性者,序也,和也。何以言
之?性者,生生也。生生者无滞碍,恒亨畅故,说之为和。生生者,非
迷乱,具条理故,说之为序。问:"和义易知,序义云何?"曰:礼者,天
理之节文。天理谓性,节文犹云条理。即显性是生生而条理。若夫人
事之仪则,只此条理显发于外,自身心之律范,乃至天下一切度制,亦
皆是仪则。如仪则,都是本性以出之,即皆合乎生生条理。而与法治
国之所以为度制者,根本异质。惟性之为序且和也,故情命于性,性为
情之帅,即情受命于性也。从性而序。情不从性,则失序,而有盲动之患。从性而
和。情不从性,则失和,而有横溢之患。《论语》言"从心所欲不逾距",《中庸》
言"中节"皆是也。节便是性,中节者,则情也。矩是性,不逾者,情也。戴震反对程
朱言天理,而曰欲当即为理。却不思欲如何而得当耶?若非自性固有天理,则无矩无
节,欲可当乎?天理岂是以意见安立者耶?如戴震之说,乃真意见耳。乐出性情之
和,礼本性情之序,故礼乐之原,一而已矣。知道,即知性。知性,则知
所以陶情。注意知性情,则礼乐之全体大用,不待烦言而喻矣。圣人礼
乐之用,合政治与道德为一。但欲穷礼乐之原,须证见本体始得。政治道德合一,此乃
儒者精神。世界如期大同,非由此道不可。夫言礼乐者,贵乎好学深思,心知
其意而已。礼之意为序,乐之意为和。体大序,体者,体认之也。可以制

礼。得大和，可以作乐。不求圣经礼乐之意，而但穷核三礼名物，是简编之蠹也。子曰："礼云礼云，玉帛云乎哉？乐云乐云，钟鼓云乎哉？"吾非谓名物可忽，病学者亡本耳。不求圣经礼乐之意，而但执守古礼条文，以为一切不当变古。则五帝相承孔迩，而已不沿乐。三王相继匪遥，而已不袭礼。此何为者？《礼运篇》言"变而从时"。《礼器篇》曰："礼时为大。尧授舜，舜授禹，汤放桀，武王伐纣，时也。"据此，则礼经明明以革命改制为随时之宜，何尝执礼为一成而不可变乎？后儒言礼，每失变以从时之义。如顾亭林《与友人论丧礼》，主父在为母齐衰期。其说曰："夫为父斩衰三年，为母斩衰三年，此从子制之也。父在为母齐衰期，此从夫制之也。《仪礼·丧服传》曰：'何以期也？屈也。至尊在，不敢伸其私尊也。'《问丧篇》曰：'父在不敢杖，尊者在故也。'《丧服四制》曰：'资于事父以事母而爱同，天无二日，土无二王。谓天子。国无二君，谓诸侯。家无二尊，以一治之也。故父在，为母齐衰期者，见无二尊也。'"又曰："不敢舍二礼之明文，从后王之臆制，徇野人之恩，忘严父之义也。"不敢二字，一气贯下读之。亭林此论，在今日未可苟同。《礼经》所载条目，大抵古代通行之制。家无二尊义，实与当时君主制度为一贯主张。为母之服，不当因父在，而屈母以背恩。则天理人情之公也。《春秋》张三世，以一治之之义，在据乱世为当然。升平世犹未易遽革。国无二君，家无二尊，以一治之，此在古代制礼自不得不成为完整之体系。吾人不可执今以非古，而亦不可生今之世，妄求复古制之不必宜于今者。而亦至此为句。故父在为母服之礼，宁从后王之制。子不忘母，必能事父。于严父之义又何伤。推此而言，则古礼之难行于今，而可更定者多矣。唯议礼至难，非尽性之君子，未容轻议。众庶之情，不可不通。而末俗自便之私，要不可徇。自家礼及社会酬酢，乃至国家一切度制，今皆紊乱无序。礼失则乱，乱极宜反。民亦劳止，迄可小康。酌古准今，如何通变，是在有多数经儒，真能于性地用功，而复格物达时变者,方堪议此。若夫古乐沦亡,至堪痛惜。后有作者,识自性之和,而达众庶之性情,莫不同于和。因以考声律,制乐器,以发其和声,而导世于太和,此人道之隆也。古器尚有存者,后有哲人,稽古而为新制,以扬和声。庶几太平盛世哉!向者有人主用古《卿云》歌为国歌,声韵清幽,意境高远,有天地位万物育气象,真盛世元音也。然用西洋之琴与鼓而奏此歌,则无可合之理。故乐器急宜精究,西人乐器,真所谓北鄙杀伐之声,不可用。

八曰极于万物各得其所。《乐记篇》曰:"是故先王之制礼乐也,非以极口腹耳目之欲也,将以教民平好恶,而反人道之正也。

附解:佛氏以贪嗔痴为万恶之本,号曰三毒。贪者贪爱,即好义。嗔者嗔恚,即恶义。痴者迷暗,与好恶相俱者。佛氏主断三毒,而吾《礼经》于此,不曰断而曰平。此儒、释大不同处。盖情欲非可绝,惟教民以礼乐,使民反诸天性,则情欲自中节,而归于平矣,平则情欲亦性也。

人生而静,天之性也。

附解:此中静字,不与动对。乃形容性体寂然,无有声臭,无有昏扰,故说为静。非谓其为静止停滞的物事也。此中天者,自然之谓。性体寂静,乃自然之妙,不可致诘。

感于物而动,性之欲也。

附解:郑玄注:"言性不见物,则无欲。"殊不成义。此承上言,人性本静,然感于物而动,则有欲焉。欲乃后起,不必顺乎性之静。

然推本言之，人禀性以成形，形生，而交于物，则有欲。然则，即欲而溯其所自，是亦性之流也，故曰性之欲。此显欲无可绝。

物至知知。然后好恶形焉。

附解：郑玄注："至，来也。知知，每物来，则又有知也。言见物多则欲益众。形犹见也。"玄注亦欠分晓。此中牒上文，而点出好恶。物至，谓物来感也。知知，上"知"字，即上所云动与欲是也。下"知"字，了别义。物来感人，而人有动乎中，此动即是欲。亦即是对于来感之物，有一种了别。故云知知。由知知物，便有好恶形见。好而贪得也无已。恶而攻伐也亦无已。此人类之大患也。生活由是不宁也，战争由是起也。

好恶无节于内，知诱于外，不能反躬，天理灭矣。

附解：郑玄注："躬犹己也。理犹性也。"按反己，谓内自识也。内自识者，自识本心也。《管子》言心之在体，君之位也，即此义。阳明之良知，《新论》之性智，皆本心异名也。本心即是性，以其为吾人所以生之理，则曰性。以其主乎吾身，则曰心。其实一也。自识本心，则有主于中，而好恶有节，不失其平。平者和也。性以帅情，则情顺性而不淫，故和也。性显矣，则感物之知，亦皆性之发用，廓然顺应，而外物不得诱，此好恶所以有节也。不能反躬者，则昧其本心，而以动于外诱之欲为知，此知便非性之发用。下文所云人化物是也。如此，则人失其性，故云天理灭。

夫物之感人无穷，而人之好恶无节。则是物至，而人化物也。人化物也者,灭天理而穷人欲者也。于是有悖逆诈伪之心,有淫佚作乱之事。是故强者胁弱,众者暴寡。知者诈愚,勇者苦怯。疾病不养,老幼孤独不得其所,此大乱之道也。

是故先王之制礼乐,人为之节。

附解: 郑玄注:"节,法度也。言为作法度,以遏其欲。"玄注未妥。法度必本性以称情而为之。乃使民由于法度之中,而得反识其自性,则欲有节而不妄逞,果为性之欲矣。玄云为作法度,则是圣人强为之制,而非必本乎其人之性情也。且礼乐之意,使民率性以陶情,原与遏欲者不同。防民之欲,甚于防川,而可遏乎。

衰麻哭泣,所以节丧礼也。

附解: 死丧之礼,《礼经》最重,此是儒学精神所在。与释氏根本不同,释氏以死为苦果,生为惑因。苦即是果,曰苦果。惑即是因,曰惑因。其所谓生,不是在真性上言。吾前已说过。儒家从道体上,见得是个生生不息真几。乃就其在人而言,名之为性。故性,即道之异名也。此性真真实实,既是生生不息的至理,何可遏绝?吾人只有思诚以存之,真积力久以实现之,更无别事。死丧有礼,葬祭有礼,所以尽其情者,若曰死者未尝亡耳。此其延生理于无穷者也,与释氏怖畏生死海意思根本区别。故礼莫大于丧祭等,所以体至道而大生生也。

钟鼓干戚,所以和安乐也。

附解: 人情安乐,则易流于淫佚,故作乐以和之。使其乐而

49

不淫,安而不放。放者,放佚。

昏姻冠笄,所以别男女也。

　　附解: 郑注:"男二十而冠,女许嫁而笄,成人之礼。"按昏姻之礼,所以别于鸟兽,且防乱交,亦摄生之常经也。近世男女离合无常,人而沦于飞走矣。

射、乡、食、飨,所以正交接也。"

　　附解: 郑注:"射、乡,大射、乡饮酒也。"按《聘义篇》,大射礼,至繁重。所以贵勇敢强有力也。勇敢强有力者,无事,则用之于礼义;有事则用之于战胜。若不用之于礼仪战胜,而用之于私斗,则谓之乱人。其养民以有勇知方,今之军礼,所宜取法。后世之民,怯公战而好作乱,古礼不讲故也。乡礼,尚齿与德,劝民兴于善也。食飨,使民相欢爱也。制食飨之礼,以教爱,其义深远无边。民非食不生,故无大于此者。危乎谭峭之说食化也。曰:"有智者悯鸱鸢之击腐鼠,嗟蚁蝼之驾毙虫,谓其为虫不若为人。殊不知当歉岁则争臭恶之尸,值严围则食父子之肉,斯豺狼之所不忍为,而人为之,则其为人不若为虫。是知君无食必不仁。力按:君之道在为民谋足食。如足食之政不素讲,民饿而君亦患贫。则君将剥削孑遗之民,而仁心不生矣。臣无食必不义。力按:准上可知。士无食必不礼。民无食必不智。万类无食必不信。是以食为五常之本,五常为食之末。力按:五常者,人之天性也。何云为食之末?人之生也,形气限之。使食不足以养,则缘形骸而起之贪嗔痴等毒必勃发,占有冲动不可御。而五常之性终不显。如阴雾蔽日,疑于无阳也。孟子言有恒产者有恒心,与此云食为五常之

50

本,义相和会。教之善也在于食,教之不善也在于食。其物甚卑,其用甚尊。其名尤细,其化尤大。是谓无价之货。"又曰:"为巫者,鬼必附之;设像者,神必主之。盖乐所缘也。力按:鬼神皆归于食。戎羯之礼,事母而不事父。禽兽之情,随母而不随父。凡人之痛,呼母而不呼父,盖乳哺之教也。力按:物情莫切于食,故以食招之则归。养马者主,而牧之者亲。养子者母,而乳之者亲。君臣非所托,而比之者禄也。子母非所爱,而爱之者哺也。力按:子母之爱,本天性也。而曰由哺者,婴儿初生,天性未显,但拘于形,如有哺而已。驽马本无知,婴儿本无机,而知由此始,机由此起。力按:生人之知,起于求食。及至食足以养形,而其知乃得免于物化之患,渐复其清净灵明之本然。此未可骤几也。所以有爱恶,所以有彼此。所以稔斗争而蓄奸诡。"详谭子所云,可见治道当以食为本务。圣人早知其然也。《公羊春秋》与《礼运》,皆除私有财产之弊,使民习于群体生活,而勉进大公之道。人皆足食,则爱恶平,而彼此之界泯。斗争息而奸诡不作。人道之尊,人生之乐在是也。然其所以致此者,要在养人之性,以导其情于正。非可毁人之性,以荡其情于凶。人性本善也,其不善者,情之缘形而发,机以求食而动也。求食之机,非必不善,然机动而至于失其性,则不善极矣。与形俱始之情,亦非必不善,然情动而至于蔽其性,则不善极矣。性者,通物我而一也。机则以我制物,情则以我攻取乎物,用之至于达其大公之蕲向而止,可也。用之过激,而习非胜是,则人性毁,而人争相食。老子"天地不仁,以万物为刍狗"之叹,于是哀之极也。是故圣人将于民食而为大公之制,不徒注重制度之更张而已,必因人之性而为之礼。其于人生日用之地,食戒饕贪,缘与人同乐,推己及物,仪则不忒,而养其物我一体之欢爱。是率性之道也。是食化之原也。谭峭道家徒,知食之重,而不达化原。其大旨徒欲劝君上之俭以率下而已。而于

《春秋》《礼运》经济制度，一本大公之道，既全无所窥，更不悟食飨之礼，要在无遏其性，推扩其情，更不至此为句。能视物犹己，则情扩。私一己者，情之违乎性而不能扩也。道家本不通《礼经》。谭峭承其误，又藏己机，而窥民之可以食驱也。其察于鬼神、鸟兽与婴儿之情状，皆见民之可以食驱策之也。以此动天下，用之适当，而无伐人之性，则"自天佑之，吉无不利"。太过，则惨毒深，人道熄。吾于食飨之礼而得圣人教爱之意，所以存人性，立人极也。美矣大哉！

自丧礼至此，约为四端，以见其概。若遍举之，则不胜其繁。礼乐之用，本无往而不存。郑玄《乐记注》云，"上极于天，下委于地。其间无所不之"是也。"礼节民心，礼以节制民之邪心与逸志。乐和民声，乐以和民之气，使无近于暴戾也。政以行之，政是礼之具，以其建制立法，国家之事，无所不举，故名为政。行之，谓民共行之也。刑以防之。刑亦是礼之辅，所以防民之不肖而敢于为恶者也。礼乐刑政，四达而不悖，则王道备矣。"《乐记》言礼乐，探本于性，知性，则有以理情，而好恶平。好恶平，则强毋胁弱，众无暴寡，知毋诈愚，勇无苦怯。疾病与老幼孤独皆有所养。如是，天下之大，人类之众，无有一夫不获其所。《中庸篇》曰："辟如天地之无不持载，无不覆帱。辟如四时之错行，如日月之代明，万物并育而不相害，道并行而不相悖。"又曰："舟车所至，人力所通，天之所覆，地之所载，日月所照，霜露所坠，凡有血气者，莫不尊亲。"言血气之伦，莫不互相尊，互相亲也。此言礼乐之隆，使人类各得其所，如此之盛，然又不只限于人类而已。《乐记篇》有曰："及夫礼乐之极乎天而蟠乎地，行乎阴阳而通乎鬼神，穷高极远而测深厚。"又曰："天地将为昭焉，郑注："言天地将为之昭然明也。"天地欣合，阴阳相得，煦妪覆育万物。然后草木茂，区萌达，羽翼奋，角骼生，蛰虫昭苏，羽者妪伏，毛者孕鬻，胎生者不殰，而卵生者不殈。"《祭义篇》曰："树木以时伐焉，禽兽以时杀焉。夫子曰：'断一树,杀一兽,不以其时,非孝也。'"儒家言道德,以孝弟为本。不爱其亲,而能仁民爱物者,未之有也。近时谢幼伟深识此意。《论语》:"子钓而不纲,弋不射宿。"孔曰,"钓者,一竿钓。纲者,为大纲以横绝流"云云。皇疏:"作大网,横遮于广水,而罗列多钩着之以取鱼也。"弋,《说文》,弋即隹[1]省。缴射飞鸟也。宿,宿鸟。物茂卿《论语征》云:"天子诸侯为祭及宾客,则狩。岂无虞人之供,而躬自为之。所以敬也。狩之事大,而非士所得为。故为祭及宾客则钓弋。盖在礼所必然焉。天子诸侯田则三驱,士则不纲、不射宿。"不欲必获,所以惜物。上考《王制》,言田狩之礼,天子不合围,诸侯不掩群。恐多伤物命也。獭祭鱼然后虞人入泽梁。《月令》:"正月,獭祭鱼。"《孝经纬》:"兽蛰伏,獭祭鱼。"则十月中也。是獭一岁再祭鱼。豺祭兽,然后田猎。《月令》:"九月,豺乃祭兽。"《夏小正》则云十月。鸠化为鹰,然后设罻罗。郑司农云:"中秋,鸠化为鹰。"罻罗,捕鸟之网。草木零落,然后入山林。《毛诗传》云:"草木不折,不操斧斤,不入山林。"昆虫未蛰,不以火田。十月,昆虫蛰藏地下,则得火田。不麛不卵,不杀胎,不夭夭,不伤未成物。不覆巢。《公羊春秋》,主三时田。夏不田狩,故只三时。《王制》亦然。《说苑》曰:"夏不田何也?曰:天地阴阳盛长之时,猛兽不攫,鸷鸟不搏,蝮蛇不螫。鸟兽虫蛇,且知应天,而况人乎哉?"何氏《公羊解诂》曰:"不以夏田者,春秋制也。以为飞鸟未去于巢,走兽不离于穴,恐伤害于幼稚。故于苑囿中取之。"《礼经》言治,期于草木鸟兽咸遂其生,故不许轻损物命。中国数千年来服习礼教,民食以五谷为主。极少用肉食者。海通以来,渐染西俗,肉食之风顿盛。礼失,而物之受祸烈矣。如上所述,可见礼治期于万物皆得其所。一物失所,便非善治。《中庸》云"天地位,万物育",以是为治道之极则,此将来人类所当取法者也。

夫大同之盛,至治之休,虽中土圣哲之理想,然为人类前途计,要当向此正鹄而努力。但至治,非全人类同履道德之途,则不可几及。而道德又决非仅在知能上致力可以养成之。必也本斯人天性固有之

---

[1] "隹",原作"堆",据南方印书馆本改。

善，而称其情，称字，便有不过娇之，而必节制之，令就于正之意。凡上文言称情者，皆仿此。以为之礼。使共循天秩，而不可乱也。礼只是秩序的意义。秩序由性生，故云天秩。如公共规约，人皆率循而不忍叛。非可纯从外强制之也。人之本性，元是生生而条理的，所以于伦类或一切交涉处，能守秩序。又为之乐，使同得天和，而并育无害也。和由性生，故云天和。人皆得其性分之和，则戾气消，而无相害。夫礼乐者，所为奉性以治情者也。奉性治情，本王船山语。人之习为不道德者，情欲过淫而失其正也。故蓄德唯在陶情。陶者，只是有以养之，使就于正。他处言陶情者仿此。《礼运篇》曰："人情以为田，故人以为奥也。"郑玄注曰"奥，犹主也。田无主则荒"，此喻情无主则淫也。夫使情得所主而不淫，则莫如用礼乐。礼者序也，本乎人之性而为之礼，以序其情，常使情不越于序也。情从序，而弗过越，则安贞。乐者和也。本乎人之性而为之乐，以和其情。常使情不违于和也，是故情有奥主而不淫。夫欲人类共敦道德，而臻万物得所之盛治也。如不修礼乐以陶人之情，而徒以知能为务，稍有智者，知其不可也。余非轻知能，但于陶情，须注意。呜乎！吾向者不识此意。喜聃、庄之简脱，老而征验物情事变，阅历已深，讽诵遗经，然后知圣人用心，深矣、远矣。其智照则极高明，无得而称矣。由其道，则万物莫不得所。不由其道，众生长倒妄以自戕也。呜乎！是道也，岂惟吾地球人类所不容自外，使金星火星之上而或有人焉，其弗可自外于斯道也夫。

九曰终之以群龙无首。《大易·乾》之用九曰："群龙无首。"群龙所以象众阳也。阳之所象又极多，其于人也，则为君子之象。阴于人，为小人之象。春秋太平世，人人有士君子之行，是为众阳，是为群龙。何谓士君子？俟讲《春秋》时当言之。无首者，至治之隆，无种界，无国界，人各自由，人皆平等，无有操政柄以临于众庶之上者，故云无首。或有难曰："《春秋》托于文王。以示天下大同，必有圣人为领导焉。《中庸》一书，则总括《易》《春秋》大义而为之，亦尊文王以配天。《中庸》引《诗》云："惟天之命，於穆不已。"盖曰天之所以为天也。"於乎不显，文王之德之纯。"盖曰文王之所以为文也，纯亦不已。岂谓大同之世，无政府，无执政者乎？"答曰：《春秋》悬太平世以为的，《易》言群龙无首，则与太平义相发明也。夫人类之所蕲向，则在至真至善至美之境，此盖本于其性分，而有所不容已之最高愿欲。然而人生限于形气，毕竟处于相对之域。绝对之真善美，常为其愿欲所寄耳。而人生之精进不已，改造无息者，正赖有此难偿之愿欲。使其可偿，则获偿之日，即为人生愿欲断绝之时，而人类亦几乎熄矣。群龙无首之治，人类最高愿欲也。可偿与否，非所计也。愿欲而必其偿，则下等欲望也。决非依性分而起之最高愿欲，此义深微，容当别论。若夫世界大同，此在将来，为势所必至，无容疑者。而大同之世，其初期决不能不成立最高机构，即政府是也。《礼运篇》言大同，谓"大道之行也，天下为公，选贤与能，讲信修睦"云云，则有政府甚明。圣人为全人类计，必首破种界国界，以进于大同。使强无凌弱，众无暴寡，智无诈愚，勇无侵怯。其时社会组织，必迥异乎种与种争，国与国竞之世，而与大同治道相应。其所急宜改善者，必为家庭与私有制。盖种界国界之原始，实由家庭观念而来。以己家对他家而有界，故以己种类对他种类，以己国对他国，而皆有界也。种界国界之不易破，亦由人各私其财与力。若于此无所私，则天下为公亦易矣。《礼运篇》言"故人不独亲其亲，不独子其子"者，所以改善家庭关系也。子生，而社会代筹教养。父老，而社会助其供事。故曰不独亲、不独子也。其时非不许有小家庭存在，玩两不独之言，则子女方幼，非全无二亲之顾复。父母既老，亦非子女全不负服侍之责也。只以社会为大家，而私人之财与力，大抵皆属于社会。其可为私有者，只最小限度。下文"货不必藏于己，力不必为己"。玩两不必之义，亦非私人绝无私有权。故仰事俯蓄之重，则皆由社会统筹办法。如老人居游之所，由公家设置。而服侍则子女须尽责也。食用，则公家量其子女之力，或助或无助。儿童自托儿所，迄幼稚园，以至大学,皆公家设备。而在托儿所,与幼稚园时期,则为父母者必有顾复之义务。入小学以后之费用,或由公家,或由其父母,则视尔时社会整个的经济计划而酌定之。如此,则小家庭与小限度之私有财力制虽名存,其实则已化家庭生活而为社会生活。盖其时一切财与力,几乎统属社会公有。各小家庭生活费,如事畜之重,多仰给于社会。是在事实上人人皆以广大社会为一大家庭也。故下文云:"货,恶其弃于地也,地之宝藏,必尽辟之。地有可兴之利,必尽兴之。使地力无丝毫不尽者。不必藏于己。曰不必藏于己,则己非绝无私有,但由公家计其收入之数。必以大多数为公家所有。而私人所有,为最少数。故曰不必藏于己也。力,恶其不出于身也,身不出力谓之偷。不劳而食谓之盗。治世之民,决无此等。不必为己。"一切脑力与身手之力,虽亦为己所有,而实尽量献给于社会。故云不必为己也。可知一切财与力,属社会所有者为最重,属私人所有者,当为最小限度。此所以化私为公也。或曰:"何不将小家庭与私有制根本铲绝之乎?"曰:此恐未易行,而亦不必然也。人类之道德,发源于亲子之爱。若废小家庭制,则婴儿初生,即归公育,亲可不过问,而亲子之爱绝矣。父母老而公养,子可不过问,而亲子之爱又绝矣。天属之地,已绝爱源。而高谈博爱,恐人情日益浇薄,无以复其性也。儒家言道德,必由亲亲,而扩充之为仁民爱物。此其根本大义,不容变革者也。世有以《礼运篇》为道家或墨家思想者,则浅人浮乱之脑,不能深穷义蕴耳。时俗相习于浮乱,可胜慨哉!其他可虑之处,兹不及详。故小家庭制,未可全废。小家庭既许存在,则极小限度之私有财力制,亦当予以并有。为维持其小家庭生活之便利,则保留相当之私有权,乃事势之必然也。且人类若绝无私有观念,亦不易竞奋于事业,此又不可忽者。然则,利用小家庭与小限度之私有制,而导之于社会公同生活之中,使之化私为公,渐破除其种界国界之恶习,则全人类相亲如一体,而天下为公之治,可以期必,非臆想已。或曰:"今人误解不独亲亲,不独子子之言,遂有主公妻者。如公所说小家庭制,则夫妇有别,当为不易之义欤?"曰:此篇《礼运篇》明明言女有归,归之为言,归于一夫也。若人尽可夫,则何归之有?夫妇有别,人伦之正,摄生之经也,恶可同人道于马牛哉?余尝欲原本六经,融摄诸子,而为一书,以明治道。于《礼运篇》,将斟酌其义,拟为法制,备来世取资焉。然吾老矣,能成此业否,不敢必矣。

总之,《礼运篇》及群经大意,大抵推详由升平世,进至太平大同,此等阶段之义为多。《春秋》《中庸》托文王,《尚书》始尧舜,皆以为有圣人兴,方可为世界人类作领导。此中意义,可深长思也。一国之内,往往有一大力者出,足以振动世界。则欲全人类跻于大同,亦必有大圣者出,方可转移一世。人群赖有领导,固历史所明示也。故谓大同世之初期,不能无政府,不能无执政。《易·乾》之《彖》曰:"首出庶物,万国咸宁。"盖言圣人领导群伦,而万国和同。吾考之经义,而信其为事势之当然也。虽然,世至大同,将谓全人类一切平等。天禀无智愚之分,赋质无强弱之异,乃至区处各别,众寡之数相等,风土互异,勇怯之习无殊。则稍有识者,知其必不然。智愚之禀不齐,天也。非果有造物者,操一型以铸群生,使之同其智而无稍愚也。《新论》附录,《语要》卷三,皆有一则谈人生气禀不齐,宜参看。此不然者一。体质强弱,亦缘天赋,不可齐同。此不然者二。大同世之民,虽有交通之利,然总不能无常居之所,各地区众寡之数难齐。此不然者三。民生而勇怯异其习,实缘风土。大同世,虽全地交通发达,于各处不同之风土,可资转易。然天然力如气候地质等,终不易以人力使之完全改变。如南北冰洋,使成温带,必待地轴转移。欲以人力致之,决不能也。此不然者四。是故智愚、强弱、众寡、勇怯,终古千差万别,无可言齐。然则,所谓人各自由,人皆平等者,人人各得分愿。分愿者,谓人于其本分上,所可自遂,或应当遂之愿欲。如学问、知能、事业,乃至在国家与社会所应尽之义务,及应享之权利等等。凡此,皆人生之所愿欲,而复为其人本分上之所可自遂或应当遂者,是名分愿。彼无所抑于此,此无所抑于彼,是谓人皆平等。人人各以己所欲,度他所欲,自遂,而无损他,是谓人各自由。如是则为至治矣。然此事谈何容易,必全人类共勉于道德,而后可能耳。夫世至大同,人类道德,固已进矣。否则无由大同,此余之所知也。然必谓人类进德,有加无已,吾则不能无疑。就个人言,从来圣哲,其一生之中,日新其德,而不退转者,盖诚有之。就全人类言,则圣哲不世出,而庸众则滔滔皆是也。庸众之道德,发于自觉者少,依于习成者多。吃紧。习之所成,内无其源,而期其日进无疆可乎? 习者,机械也。机械,死物也。既成死物,则腐败日积,而祸变将起矣。夫人类元有智愚、强弱、众寡、勇怯,种种不齐,而道德又不能日新无已,势将发生祸变。则谓大同之世,人各自由,人皆平等,无待立政府,无须有执政者。此固人生最高愿欲,所当悬的以趋,不容自馁者也。"《诗》曰:'高山仰止,景行行止。'虽不能至,心向往之。"有味哉其言之富也。然苟期必愿欲之幸偿,斯亦惑而已矣。愿欲者,所以勤策夫不断之努力,非图报于一旦,而冀有息肩之期也。非字一气贯下读之。此处吃紧。是故《大易》终于未济。未济,人道之穷也。《春秋》以西狩获麟终。获麟,叹道穷也。呜乎! 穷矣,而有无穷者存。无穷者愿欲也。当其穷,而有无穷之愿欲,所以穷则变,变则通,通则久也。《易》《春秋》所寄意,甚深微妙,其至矣哉。凡夫智小,处穷绝愿,岂不悲哉! 夫愿欲,乃依性分而有。义最殊胜。与世俗所云欲望不同。吾国官吏、商人,造作罪业,皈僧念佛,希未来善报。及势途失志,所欲弥强。如此等者,儒者谓之昏狂,佛氏呵以惑障。皆非此中所云愿欲。愿欲者,至公至明也。《论语》曰:"我欲仁,斯仁至矣。"《孟子》曰:"可欲之谓善。"此两欲字,乃此中愿欲一词所本。《华严》普贤行愿之愿,亦通。夫黑暗者,光明之母也。光明生于黑暗,若无黑暗,莫显光明。争竞者,仁让之父也。争竞之祸烈,而恻隐之心生。魔鬼者,天使之介也。治几将启,则乱人为之介也。《易》道终于未济,此群龙无首之盛休至美,所以常存于吾人之愿欲而不容自已也夫。

如上九义，第一义中，仁实为元，仁即道体。道者万有之本体。说见前。以其在人而言，则谓之性，性者，言其为吾人所以生之理也。亦名本心，心者，以其主乎吾身而言也，本来有故，非后起故，故曰本心。亦名为仁。以其生生不已，备万理，含万德，藏万化，故曰仁。《大学》所云"明德"，亦仁之别名也。诚恕、均平、道德、礼让、中和，乃至万善，皆仁也。仁之随事发见，因有种种名目。如本仁以接物处事，则不舍忠信，而谓之诚。本仁以待人，则能以己度人，而谓之恕。本仁以理财立政，则务求两利。毋私一人以害全群，毋私一国以害世界，是谓均平。识得仁体以诚敬存之，自念虑之微，至一切事为之著，莫不循当然之则，而实行之，有得于心，绝非虚妄，此之谓道德。其实，即随处体认仁体而实现之，非离仁体，别有道德可说也。举此数例，余应准知。格物通变，仁之用也，通变，谓第四义中，随时更化为权。权即用义。此与第二义中格物，并是仁之用。制礼作乐，是仁术也。政刑之施，与一切利用厚生之计，若皆原于道德礼让之意以为之，则亦莫非仁术也。以人治人者，人之性，莫不同故也。莫不同者，同此仁体故也。参看《新唯识论》下卷《明心章》。治道必极乎万物得所，而薪向群龙无首之盛者，则亦仁体自然不容已之几也。佛氏说一切众生皆有佛性，皆当作佛，以众生同一真如体故。吾《易》言"群龙无首"。孟子申其义曰："人皆可以为尧舜。"王阳明又申之曰："个个人心有仲尼。"则以万物既同一仁体，自体上言之，不当有凡圣差别。所以信至治可期也。虽人生限于形气，易流于恶。而其本体究未尝不在，故不应菲薄人类，以为无可与图上治也。《论语》言己立立人，己达达人，一仁而已矣。《中庸》言成己成物，言尽己性，以尽物性，一仁而已矣。《孟子》言，"夫道，一而已矣"，一者仁也。隐之为天德，天德者，《易》云尽性至命，即实证本体，而德用昭显，故云。《庄子》说为内圣。显之为王道，《大学》所谓"明明德于天下"。始于修齐，极于国治天下平，是为王道。《庄子》亦云"外王"。

一仁而已矣。庄生称孔子以内圣外王，意固是，而辞不甚洽。王船山每以天德王道，总括六经之理要，修辞较精。是故六经浩博，其归则仁。《易》明万化之宗，而建乾元。坤元即乾元，非二元也。虞氏《易传》曰："乾为仁。"此古义之仅存者，至可宝贵。《春秋》之元，即《易》之乾元，其义一也。《易》言乾元统天。《春秋》以元统天，即《易》义。三礼蔽以一言，曰毋不敬。证以《论语》仲弓问仁，夫子语以"如见大宾，如承大祭"。则以敬言仁，本礼教也。《诗三百》蔽以一言，曰"思无邪"。思无邪者，仁也。《尚书》托始尧舜，而《论语》称尧，曰"唯天为大，唯尧则之"。明天以仁生物，尧能则天之仁也。赞舜，曰"有天下而不与焉"。显舜有仁让之德也，则《书》以仁为治化之本可知。世儒治《论语》，知孔门之学在求仁。而不知六经一贯之旨，皆在是也。夫天下之理，穷至其极，则万化所资始者见矣。百家之学，会归其宗，则万理之毕通者得矣。学不至于仁，终是俗学。所谓得一察焉以自好，不睹天地之纯全也。治不至于仁，终是苟道。盖以增长贪嗔痴，毙人亦将自毙者也。呜呼！经学者，仁学也。其言治，仁术也。吾故曰常道也。常道者，天地以之始，生民以之生，无时可舍，无地可易也。而况经学之在中国也，真所谓日月经天，山河行地，其明训大义，数千年来浸渍于吾国人者，至深且远。凡所以治身心、立人纪、建化本、张国维者，何一不原于经。则谓吾民族生命为经义之所滋润焉孵育焉可也。今乃欲废之一旦，将使生命顿绝不复苏，顿断不复续，虽欲改胎换骨，而旧[1]之质已死，新胎何所寄，新骨何所附乎？园夫之接木也，必固其本干，方可以他木之枝，附着其间。因本干生机之盛也，而后吸收他枝，足以斡运转化，发荣滋长，迥异其旧焉。若断绝本干，令其枯死，无复生意，而欲成接木之功，则虽孩童蒙昧亦知其不可矣。今人不自护持生命，其智反出园夫下，岂不哀哉！

---

[1] "旧"，原作"臣"，南方印书馆本同，据文意改。

民国二十年，东三省陷于寇。国人痛鼎革以来，道德沦丧，官方败坏，袁氏首坏初基，军阀继之。贪污、淫侈、残忍、猜妒、浮夸、诈骗、卑屈、苟贱，无所不至其极，人道绝矣。士习偷靡，民生凋敝，天下无生人之气，由来者渐。于是有少数知痛痒者，回顾民初，开基已失。思惩前敝，求复吾人固有精神，而读经之议，稍见于报纸。余时讲学北庠，间与诸生言，亦有一二能识此意者。然未转瞬间，海内知识，力斥反古。盛唱全盘西化，与全盘外化之论。而读经议，遂乃乍起乍熄。甚哉时习之难反也。在此期论战中，余不能无感者。凡主张西化或外化诸论文，大抵皆零碎之谈。西洋人所以成功现代文化者，其根本精神为何，今后之动向又将如何，此皆吾人所欲知者。诸君子却未能注意及此。至主张读经者，世或议其素行为众所共唾，其言更无可采。然激于世变而知痛痒者，盖有之矣，不尽可薄也。余所留意者，即此等人。但察其言，大抵不满意现状，而抗怀前古。或情钟国粹，而未知何者为粹。或思振扬旧道德，因欲庠序设读经之课。然经义久湮，今欲以维持旧道德之故，劝人读经，益难动末俗之听。复有谓自汉以来，人材多属儒家，故经学不可废者。而反对者或征引史传以驳之。章太炎尝据史，列举若干人，以驳反对者。此抗战前一年事也。其时报载有人问胡适之，何不驳太炎。适之曰：吾不打死老虎。友人张东荪曰：适之毋乃侮老辈耶？此一大问题，君愿有言否？余曰：六经之精神，遍注于吾民族，沦肌浃髓，数千年矣。何待于历朝人才中，标举某也为儒，某也非儒。汉宣帝、昭烈帝、诸葛公、张江陵诸人，谓其参以法家作用则可，谓其不曾服膺经训，想诸公有知，决不自承认也。汉文深得君子笃恭而天下平意思。虽参用老氏，要不可谓其非儒。总之，今日提倡读经，似不须于此等处着眼。当研究经学本身有无永远不磨之价值耳。颇有慨言，世变迁移，迄今未知所底。经学殆将自此废绝，无复有讲习而实体之者。纵有少数考古家搜阅及此，则只为博闻之一助而已耳。余曰：否，否。不然！

经者常道,如前已说。常道而可废乎?世莫不知,欲生活而废食饮,必不得生活也。欲卫肤体而废衣裳,必难免侵害也。夫常道之在人也,是人之所以立。易言之,即人所以成为人,不可须臾离也。可离,非常道也。则岂止若衣裳之于肤体,食饮之于生活而已乎?今夫沙漠厚积,而伏流潜奔。重阴蔽天,而太阳无损。风雨如晦,而鸡鸣不已。常道不绝于人心,辟如鸡鸣开旦,风雨不可常也。太阳赫赫,重阴不可久也。河海洋洋,沙漠非能障也。经者常道,万理之所汇通,群学之所会归也。世际明夷,人习于肤浅,而不究本原。则以为西学输入,吾之经学,已无立足处。岂有识之所能忍哉?忍者,忍可之也。夫西洋科学、哲学,其知日驰。驰者,谓向外追求也。毕竟不得冥应真理。此中真理,谓宇宙本体。冥应者,谓与真理为一。而知识或理智之用,则只是意计构画,不可与真理相应也。意计一词,本佛籍,谓意识周遍计度也。此方经学,由实践而默识本原。本原,系用为真理或本体之代语。他处用此词者准知。易言之,即体神化不测之妙,于人伦日用之间,乃哲学最高之境。德哲康德以为本体,非理智所可及。唯由道德实践,乃可契应。其大旨,与吾经学精神有可通者。西学必归宿于是,乃无支离之病。庄生《齐物篇》云:"小知间间。"注:"间间,有所间别也。"此有致曲及解析等义。科学研究宇宙之各部分,此等知识,正以小知间间而擅长也。西洋哲学,唯心唯物与非心非物诸论,各持偏端之见,亦是小知间间。故以道眼观,西学未免支离。以知识论,西学辨物析理,正以不惮支离而后精耳。中西之学,当互济,而不可偏废。若夫西人之治,奖欲尚斗,长此不变,人道其绝矣。非讲明经学,何以挽物竞之横流哉!今之后生,稍涉世智,则鄙弃六籍。量小而贵时行,识卑而暗于大道也。世乱知平,人思进善,其将复于常道何疑乎!

讲至此,本可作一结束,唯余欲采《礼记·大学篇》首章及《儒行篇》,略为疏释,以明宗趣。宗者,宗主。趣者,旨趣。二三子由是而入焉,则可以贯穿群经。精思而力践之,毋逞虚见,毋托空言,庶几为敦实有用之学。可以扶衰起废,人能宏道,非道宏人。圣言可玩,二三子勉之哉!今先述《大学》。

大学之道,在明明德,在新民,在止于至善。

《大学》开端,举三纲领。曰"明明德",曰"新民",曰"止于至善"。三纲领,实是一事。一事者,"明明德"是也。而析言以三者,义有独重,不得不从明明德中,别出言之。明季有陈确者,平生力攻《大学》,以为发端之文,下三在字,便不可通。此咬文嚼字而不求义者也。

明明德。郑玄注:"谓显明其至德也。"然何谓至德,玄似无实解。按上明字是工夫。朱注:"明,明之也。"甚是。明字,便含有存养察识许多工夫在。明德者,《易·晋卦·象传》曰:"君子以自照明德。"照字,据周氏等。唐李鼎祚《集解》从之。他本作昭,与照异义。明德,指目本心也。本心有自知自证之用,故云自照。《诗·大雅·皇矣篇》云:"予怀明德,不大声以色。"此诗美文王也。予者,诗人托为上帝之自称。明德谓心,言帝自云,予怀念文王之存心,深微邃密,故其著于声音颜色之间者,莫不安定。不大,谓无疾声遽色,即安定貌。此本心得其养也。大则嚣动,乃本心放失之征。文王不然。诗人以此美文王,可谓善形容盛德气象。《诗》本义只如此。《中庸》引用之,则意义稍易。董生所云《诗》无达诂"也。据《诗》与《易》言明德者,并指目本心。故知《大学》明德,亦是本心之目。郑玄释此,泛言至德,而不实指本心。将谓明德,由修为所积至耶?则内无其源,而修为恶从起?孟子所以斥外铄之说也。王阳明诗曰:"无声无臭独知时,此是乾坤万有基。抛却自家无尽藏,沿门持钵效贫儿。"正为《大学》明德作释。阳明之良知,即本心,亦即明德。少时读此诗,颇难索解。以为"无声无臭独知时",正谓吾心耳。吾心与吾身俱生,非超脱天地万物而先在,何得说为"乾坤万有基"耶?累年穷索,益增迷网。及阅《列子·天瑞篇》:"粥熊曰:运转无已,天地密移,畴觉之哉?"张处度注曰:"夫万物与化为体,万物无实自体,只在大化流行中,假说有一一物体耳。体随化而迁,一一物体,皆随大化迁流。化不暂停,物岂守故?离化无物也,化既不暂停,即物无故体可守也明矣。故向之形生,非今形生。前一瞬形生,已于前一瞬谢灭。后一瞬形生,乃新生耳。然新生亦复无住。俯仰之间,已涉万变。"至此,忽脱然神悟,喜曰:吾向以天地万物,为离于吾之身心而独在也。而岂知天地与我并生,万物与我为一耶?悟化,则吾与天地万物非异体。向以缘虑纷驰,物化而不神者为心。**(附说一)**而岂知兀然运化,无定在而靡不在,遍万有而为之宰,周吾身而为之君者,此乃吾之本心耶?**(附说二)**

附说一: 缘虑云云者,缘谓攀援。攀援一切境故。虑谓知虑,随应于境起分别故。纷谓不定,非凝寂故。驰谓向外追求。物化者,心逐乎境,即随物转。孟子所谓"物交物则引",《礼记》所云"人化物"也。心随物转,即心成为顽物。以此物与其所追求之物相交,则为物所引,而全失其固有虚明之本体,人生乃成为机械的,孟子之言甚深。今心理学上所谓心者,即如此耳。禅家亦谓之情识。然此心乃后起,非本心也。《新论》所云习心,与道书所言人心者即此。

附说二: 兀然,形容其绝待也。运化者,言万化有实体焉,故能冥然独运耳。化非凭空幻起,故知有实体。唯此实体,无方所,无形相,故无定在而靡不在。使有定在,则滞于一方,而有所不周矣。遍万有云云者,谓此实体,为万物所资始,而无有一物得遗之以成其为物者。故说实体遍现为一切物,而随在皆为其宰。如一微尘,由得实体以成。则此实体,在一微尘中,为其真宰。于一微尘如是,他物可类知。周吾身云云者,吾人由得实体以生,即此实体,在吾一身之中,而为真宰。总之,实体是一,而其成变化,即现为万物,乃于一一物中,随在皆为其宰。

《新唯识论》无非发挥此义。是故克就吾人而言,则说实体为吾人所以生之理。是理也,乃周运乎吾身之中而为之主者,故名以本心。

夫自本心言之,则其主乎吾身者,亦即主乎天地万物。本心者,依万化之实体而得名,此吾人与天地万物所共有,前注可覆玩。阳明所谓"无声无臭独知时,此是乾坤万有基"理实如此,非妄臆之谈也。识得本心,则万化万变,万事万物,万理,万德,皆反己体认而得其源。《大易》所谓大生广生之蕴,不疾而速不行而至之神,富有日新之盛,一求诸己而已足矣。

《大学》开宗明义,首曰:"大学之道,在明明德。"明德谓本心。上"明"字谓工夫,工夫只是反己。证之下文,经之自释,引《康诰》曰:"克明德。"按克明是工夫,德即首章之明德,谓本心也。《太甲》曰:"顾諟天之明命。"按朱注:"顾,谓常目在之也。諟犹此也。"天之明命者,天,即实体之代词。吾人由得实体以生,故从实体方面言之,则为实体之付与于我,而说为明命。明者赞辞,犹明德之明也。明命在人,即是明德,亦即是本心。常目在之,谓常时保任此心,不令放失。此即明之之工夫也,义极精微。佛家禅定工夫,亦与顾諟意思相近。《帝典》曰:"克明峻德。"按克明是工夫,峻德犹言明德,谓本心。其终结之言曰:"皆自明也。"自明之自字,最吃紧。自明即是反己体认。日常动静之间,不懈存养,不忘察识,斯体认之功。察识犹云省察,乃存养中之一事。如有私意猛起,致令本心无权作主,因说本心放失。然本心究未尝不在。此时却自知私意不堪告人,即此自知,便是本心之明仍潜伏在。吾人于此,恰好依住本心,照察憧扰之私,不随他转去,此便是察识。常揭然有所存,恻然有所感,即是存养。若顺私意滚去,久之,且任私意自为诡辩,而以非为是。此谓自欺。至此,则本心乃真放失。庄生说为心死是也。如此,即完全不自明也。反己愈力,而本心之全体大用，愈益呈显。至此，始洞识宇宙造化实有于己，所谓官天地，府万物，盖本来如是。岂其任意图度，虚构一圆满妙善之境，可追慕而不可实证者哉？世之言哲学者，不求自明，不知反己，唯任理智思构，或知见卜度，只是向外寻求，寻求愈深，去真理愈远。构画愈精，迷谬愈甚。哲学家各有一套理论，如蛛结网，自缚其中而不悟。阳明所谓"抛却自家无尽藏，沿门持钵效贫儿"，箴砭之意，亦已切哉。《大学》一篇，总括六经之旨，而开端直曰"明明德"。又申之曰："自明也。"呜乎！此六经之心印也。汉、唐诸儒，守文而已，知不及此。程朱诸师特表章此篇，列为四子书之一。朱子以"虚灵不昧"释明德，则已直指心地，异乎康成之空泛无着落。此圣学之绝而复续也。然程朱犹有未彻处。此姑不详。要至阳明，而后义解两无碍矣。解谓能解，义谓所解。启群迷而延圣慧，烈智炬以烛昏城，此恩讵可忘哉？

　　吾少时不解《大学》明德，阅康成注，只训释文句而已。觉其空泛无着落，阅朱注，以虚灵不昧言，始知反诸自心。及读阳明咏良知诗，即前所引者，则又大诧异。怀疑万端，苦思累年不得解。偶阅《列子》忽尔触悟，天地万物本吾一体，须向天地万物同体处，即万化大源处，认识本心。现前虚灵不昧者，只是本心之发用，而未即是本心。虚灵者，动相也，动则可以违其本也。唯动而恒寂，乃是本心通体呈现。阳明诗指出无声无臭之独体，是乾坤万有基，此乃于虚灵而识寂然无扰之真，方是证见本心。以视朱子止认取虚灵为真宰者，盖迥不同也。此中意义，极幽远难言。明儒罗念庵乃有此诣。学者深造而自得之，亦一乐也。余读《列子》，约在二十五岁左右，当时只是傥然一悟，自未至邃密。然对于阳明良知与《大学》明德之了解，确自此启之。《列子》虽伪书，其取材多《庄子》及他古书，有可珍者。或即张处度所伪托，亦未可知。处度为老庄之学，老庄本《易》家别派也。处度谈变化，多得《易》旨云。或有问曰："先生言，今心理学上之所谓心，非是本心。然则心有二种欤?"答曰:元来只有本心,何曾于本心外,另有一种心耶?但本心之发用,即所谓虚灵不昧者,其流行于官体感物之际,而官体则假之以自用,即成为官体之灵明,用以追逐外物。如此,则虚灵不昧者,乃失其本,而亦成为物矣。吾谓之物化而不神者以此。《孟子》所谓物交物,"物"字,即谓虚灵不昧者,已失其本,而物化也。以此物,与外物交感,谓之物交物。至此,复有习气生,习气者,物交物之余势也。则亦成为潜能,而与官体相顺应。心理学所云本能即此也。其否认本能者,则粗浮而短于内省者也。习气不可遮,即本能不能否认也。夫虚灵不昧者,既为官体所役,而至物化,则不得谓之本心。习气又物交物之余势,明明非本心。而心理学之所谓心,却只于物交物处认取,及于习气之储为本能者认取,此中义理分际,不可不勘定也。心理学所为以物理的官体或神经系,为心理的基础,及以本能说明心作用者,其所设定之领域在此也。本心则非其所问也。故心理学之心,由官体形成而后有,元非别有来源。易言之,未尝不依本心而有,然毕竟不即是本心,此不可无辨。由是义故,则本来无二种心者,却又不得不假说有二种。晚周道家说道心及人心,佛家亦有类此之区别。《新唯识论》卷下《明心章》及卷中《功能章》谈习气处,并宜参看。

朱注:"明德者,人之所得乎天,而虚灵不昧,以具众理而应万事者也。"详此所云,其迥异后来阳明之说者,不唯虚灵不昧,未即是本心而已。其甚相水火者。朱注云"具众理",则心不即是理,但具有此理而已。王船山疏解朱注,于具字看得吃紧,船山盖反对阳明者。阳明却云"心即理",即者,明不二。如云孔丘即仲尼。此为程朱后学与阳明聚讼最烈之一问题。余以为自玄学或心学言之,阳明之说是也。穷究宇宙本体之学,谓之玄学。阳明则直指本心,盖以宇宙本体,不待向外求索。反诸吾之本心,当下即是,岂远乎哉? 吾心之本体,即是万物之本体。非有二本也。故阳明派下,又立心学之名。其实阳明派之心学,仍是玄学。万化实体,实体,犹云本体。非是顽空。盖乃含藏万理,虚而不屈,动而愈出者也。故实体亦名真理。"虚而"云云,借用老子语。屈者,穷竭义。实体本虚寂无形,而含万理故,则至虚而不可穷竭也。动者,言实体之流行成化也。成化,则理之潜含者,多所表出《诗》曰:"有物有则。"物者,化迹也。则者,理则。物有理则,乃实体内涵之理之表出也。本心依实体得名。则于本心,而云心即理。斯为诚谛,夫复何疑? 程子曰:"在物为理。"朱子云:"心具众理。"夫理既在物,而非即心。则心如何得具有此理? 程朱所不能说明也。

本心即万化实体,而随义差别,则有多名。以其无声无臭,冲寂之至,则名为天。此与宗教家言天者不同。《中庸》末章可玩。以其流行不息,则名为命。命字有多义,而天命之谓性,五十知天命等命字,则皆以目实体之流行。以其为万物所由之而成,则名为道。道者由义,王辅嗣《老》注:道者,万物所由之而成也。以其为吾人所以生之理,则名为性。《庄子·庚桑楚》"性者,生之质也"。注:质,本也。本者,犹云所以生之理。以其主乎吾身,则谓之心。此中心字谓本心。《管子》云:"心之在体,君之位也。"以其秩然备诸众理,则名为理。《易》曰:"易简,而天下之理得矣。"其所云易简之理,乃实体或本心之异名耳。宋儒言天理,亦本之《易》。以其生生不容已,则名为仁。孔门之仁,即谓本心。仁乃生生之德,生生便有温然和悦义,故仁以爱言。以其照体独立,则名为知。阳明良知,《新唯识论》性智,皆本心之目。照体者,言本心自体,元是明觉的,无有迷暗。独立者,绝对义,主宰义。以其涵备万德,故名明德。明德之明,赞词也,言其德明净。《帝典》曰:"克明峻德。"《康诰》曰:"克明德。"此等德字,皆目本心。若将《大学》明德作虚泛之词,则明字全无意义。如郑玄曰:"显明其德于天下。"则圣人修德,岂为欲显明于天下耶? 有所为而为,斯不德矣。且德既无根,又何从修? 天下宁有无根之木,无源之水乎? 夫心体元是万德皆备,故以明德名之。明德既固有,非从外铄。其发于事亲,则名孝德。发于取与不苟,则名廉德。发于不自暴弃,则名自尊之德。每见后生喜言自尊为新道德,而不明自尊为何义。推其本意,盖以狂妄与我慢为自尊耳，以此为新道德，诚哉其新矣。民国以来，士类中不丧身名利之途者有几乎？不夷于鸟兽者有几乎？呜乎痛矣！**发于遁世不见是而无闷，及自信所正见，自行所真是，违众盲，破重锢，排大难，而不震不惧，谓之独立之德。**此中正见，真是等字，甚吃紧。见不正而自信，则邪执也。非真是而行之，则乱人也。问："此如何辨？"答：此中只克就具有正见及真是者而说，若论如何为正与真，则又是一问题，此不涉及。**略举数德，余可例知。总之，一切道德，**俗云道德，取复词便称耳。实只合用一德字。**皆本心之随事发现也。**吃紧。**德即是心，非如法规然，从外制之也。俗学不见本原，乃依此心随事发现之迹，**如孝及廉，乃至万德，是其已发现，而得名为孝或廉等等德目者，皆迹也。**而执之，殆视德律若法规然，**不知德律即心。**袭而行之，矜而尚之。及事已万变，而应之者犹泥迹，不务反诸心，以权事之变，行其所安。如郑孝胥辈欲效忠故主，而不惜从寇以危害国家民族，则泥忠之迹，而不务反诸心以权衡事变也。不知德即心者，其害之烈至此。有难："先生所云，泥迹之害，只是不曾权衡事变。故言德者，重在度事。若只言德即心，恐又不无弊也。如郑某之从寇而不嫌者，正以为本自忠心耳。"答曰：汝云重在度事是也。试问，度事之度，是汝心否？若无汝心，度者其谁？无度事之心，则事变得失，有可言乎？夫心度事而应之得，是故名德。度者，心也。应而得者亦心也。则德即心审矣。汝须知，此中吃紧，在认识一心字。明德乃本心之目，非习心也。**习心，详在《新论》。**习心泥迹，而本心无迹也。**习心无权，**习心只如机械然，循其素所迷执而转去，乌得权。**而本心即权也。自日常应事接物，以至科学上之辨物析理，与哲学上之探索宇宙人生诸大问题，都凭一个最高之权，来作衡量，才不陷于迷谬。此权者何，世俗或以脑筋当之。其实，脑筋但是此权之所凭借以发现者，而非是权。当知，权即本心。凡意见或偏见，成见等等，皆习心用事，而失其权也。如郑某之自谓忠心，实习心也。盖其本心之亡也久矣。本心，权也。权则平明也，何忍以故君利禄之惠，而投寇仇，以陷国家**

民族于凶危哉？郑某之不德，由其无心也。准此而言，德即心，无可疑矣。郑玄本考据之学，故其释《大学》明德，不知直指本心。第以空泛语蒙混过去。恶乎可？戴震《答彭允初书》云："《大学》之明明德，以明德对民而言，皆德行行事。人咸仰见，如日月之悬象著明，故称之曰明德。倘一事差失，则有一事之掩亏。其由近而远，积盛所被，显明不已。故曰明明德。曰明明德于天下。"此即宗郑玄注"明明德，谓显明其至德也"。试问，德行行事，由自外立法约束之而然耶？抑自内发耶？郑玄之误，吾既广说如前。今可勿赘矣。

附识：今人有立礼宗名目，推郑氏为之尸者。实则汉人治经，只是考据。何曾特标一礼字为宗旨，如后来宋明儒有所标揭乎？汉世传经之儒，与晚周九流之儒，原不同途，昔人已言之矣。宋明儒则与九流之儒，遥相似续也。郑玄明于礼，因去古未远，故其注经，于名物度数颇有传授，不似后人多所臆说。然宣圣大义微言，玄固未能理会也。是何足为礼宗乎？且玄实非谨于礼者，诗婢流风，已开魏晋名士之端。后来治经者，言礼虽不能不据玄之注，然只是考核而已，何所谓礼宗耶？说者又云：礼失而后玄，此尤无据。魏晋虽有玄学之名，其实，唯王辅嗣一人，可谓于玄理，有所究明。向秀、郭象、张湛之徒，以华辞自饰，而所得实少。其余诗文家，间有妙语，要不足言学。当时清谈名士，虽伪托三玄，皆不曾问学。所谓鹦鹉能言，不离飞鸟也。胡祸乘虚，岂曰无故？昔人以魏晋清谈，由光武表章名教。其反也，遂放诞无忌。又曹操父子，败坏士风，颓波所至，无复人理。此则征实之谈。玄学在当时，不过一空名词耳。且玄学开山，当推辅嗣。辅嗣于康成，年辈较后。康成注经，杂糅今古，一变汉学专门之风。辅嗣言《易》而扫象，亦汉学之反动。两人治学精神，固有相通者。其时又密迩，若云康成礼宗已衰，而后辅嗣玄宗代兴，则吾不知所谓矣。

在新民。新字，经文本亲字。朱注引程子曰："亲当作新。"今从之。按经之自释，引汤之《盘铭》曰，"苟日新，日日新，又日新"，《康诰》曰，"作新民"云云。足证亲字乃新字之讹。新字意义极深远。人之生也，形气限之。常易迷失其与万物同体之本性，而坚执七尺之形为自我。儒者谓之己私，亦云私欲。佛氏说为惑。因此，日用云为之际，一切生心动念，举足下足，皆从己私发作。亦云由惑起。己私者，其情则滞于藐小之形，不知其他也。其动如机括，非有抉择也。私欲勃发时，只如机械之动。唯察识工夫密者，乃自觉可悲耳。人乃成为一顽物，无生命可言。是故成汤自勉以日新。日新者，自明也，明明德也。经自释明明德，曰日自明。此学自尧舜、禹、汤相授受，至孔氏《大学篇》，乃推衍成文耳。自识本心，明德即本心，已说如前。存养深而察识严，识得本心，便须存养。无任私欲起而蔽之。察识者，即因本心之明，而于私欲萌时，能自反省，此非正念，便勿随顺之。使真宰常昭，谓本心。而诸惑永伏，诸惑谓一切私欲。但善欲非惑。善欲者，如孟子对齐王好货，便与民同之，不私利于己。此欲之公者，即善也。庶几尽心则知性知天，真宰常昭，诸惑永伏，是孟子所云尽心也。尽者，言心之德用显发，无有亏欠。心即是性，亦即是天，故尽心，即已知性知天。知者，自明自了义。非知识之知。还复其与万物同体之本性。夫人生不幸而忽动于己私，己私非性中所有，本无根也。以至物化，而丧其生命。生命谓性，与俗言生命者，不必同义。他处用此词者，准知。唯自明明德，曰自明。而后有以破重暗，暗谓己私。重者，言暗复生暗，增长习气，无已止矣。开发新生命。新生命者，自其昔丧而今复，谓之新。开发者，自其破暗而始获，故云尔。实则复其与万物同体之本性而已。既得本性，则我与天地为一。此中天地，就本体之流行言。非指苍然块然者也。《易》言"与天地合其德"，《孟子》云"上下与天地同流"，均此所本。天地之化，新新而不守其故，皆我之自新也。《瑜伽师地论》，言诸行生灭，唯有新新。都无故故，与《易》通。天地之德新新，而动以不得已，皆我之自新也。《庄子·庚桑楚》云："动以不得已之谓德。"动无守故，故云新新。此释《易》日新之谓盛德。不得已义深，盛大故不得已，注家或以迫而后动释之，大谬。天地之撰，撰犹言功用。新新而悠久无疆，新新而起，无有已止，则悠久。无疆，犹言无尽。皆我之自新也。经以自新申自明之义，可谓甚深微妙哉。夫自新，必新民而后无憾。新民之民，犹言人也。通人类而言之，非必以一国之群黎百姓，始谓之民。所以者何？我与人同此本性，同此本心，同此明德。故我自新矣，必期人之自新，以人我同体故。譬如四肢之在全身，若有一肢发育不完，即是全身有亏损。我则自新，不复蕲人之[1]自新，即吾性分毕竟有亏，吾心量有所未充也。吾昔养疴杭州曾劝一友出门教学。友人举象山语录中一公案，曰："象山之徒，有劝象山启悟朱子者，因象山素病朱子支离。象山叹曰：汝道天地间，有朱元晦、陆子静便增得些子，若无我两人，便减得些子。"象山意谓，本性元无增减，程子所谓不为尧存，不为桀亡是也。尧与桀，同此本性。桀为不道，就桀言之，是丧其性。但就性上言之，则性体元无增减。不因桀而或亡。桀身上何曾无本性在，只惜桀自作孽，不能显发其性，故就桀言之，则曰桀丧其性也。佛经说阐提无佛性，义亦同此。尧能存性，亦就尧言之，则曰存耳。性体横遍虚空，竖穷永劫，本无所不存。岂其为尧而存。元晦、子静悟与不悟，都无所增减于本性。此自法尔道理言，诚无可难。法尔道理，本佛典。曾见《新唯识论·附录》，可参看。此借用，以明性体本来如是。然克就吾人分上言，道理又别。毕竟不可废知性尽性之学。知性尽性见《孟子》。知，非知议之知。又知与尽，亦不必分浅深，知便尽，尽即知。遂答友人云：天地间，有朱元晦、陆子静两人，确已显出天地精神。岂只增得些子？若无元晦、子静这般人，直是天地闭，乾坤毁，岂只减得些子而已乎？友人亦无以难。是故自新者，必蕲人之自新，则以人我形殊，而性是一，元属同体故也。据此而言，新民，即明明德中事。若我自新，而未能作新民，即

---

[1] "之"字下原衍"之"字，据南方印书馆本删。

吾性分有亏。吾之明德，犹有所蔽也。佛说有一众生未得度，则我不成佛，所见亦有与吾儒同者。但吾儒之言，切实不夸。必先有自明自新之实，而后可说作新民。以盲导盲，以醉扶醉，是率天下以胥溺而不知其惨也。世之自鸣先觉者，其不自残性命者几何哉？佛氏大乘有云：菩萨未自度，先度他。虽矫小乘之自利，而矫枉过直，弊亦随之。吾不忍闻此言也。夫新民之义，宏远极矣。而守文之徒，辄欲因仍讹误。不顾经之自释有《汤铭》《康诰》诸明文，不顾二字，一气贯下读之。朱注宗程子。考定经文次序，以首章为经。系曾子述圣言，后十章为传，乃门人所记。余谓后文皆经之自释，不必别出他手。乃以新作亲，虽以阳明之睿智，犹乐沿用古本，吾不知其何为如此。

夫作新民者，本乎同体。不待言亲，而亲固在其中矣。若由亲民，再说向新去，便费推演。圣人之言，何至若是。证以《论语》："子曰：'仁者，己欲立，而立人。己欲达，而达人。'"己立己达，自明、自新也。立人、达人，新民也。阮元《论仁篇》云："立者，如三十而立之立。达者，如在邦必达，在家必达之达。"其训立，犹可。训达，便非。达即君子上达之达。但上达意义极深远。《易》曰，穷理、尽性、至命，则上达之极诣也。阮元又云，"孔子论人，以圣为第一，仁即次之"，此甚误。体仁之极，方是圣。岂仁之外别有圣耶？求仁未至，亦可曰仁人。此则次于圣耳。又曰："默而识之。《正义》引王逸《楚辞·惜贤》注云"默，寂也"，亦是。识者，《庄子·骈拇》所云"自见"也。《论语》五十知天命之知，孟子知性之知，皆默识义。犹佛氏证量也。学而不厌，诲人不倦，何有于我哉？"默识，学不厌，是自明自新事。诲不倦，是作新民事。又曰："学而时习之，不亦悦乎？有朋自远方来，不亦乐乎？"学习之悦，自明自新也。朋来而乐，作新民也。可见自新其德，以作新民，乃圣学根本精神所在。《大学》传于宣圣无疑矣。且教化者，治之本也。教不修而期长治，是犹缘木求鱼也。《论语》："子适卫，冉有仆。冉有御也。子曰：'庶矣哉！'冉有曰：'既庶矣，又何加焉？'曰：'富之。'曰：'既富矣，又何加焉？'曰：'教之。'"教所以作新民也。《周礼·大司徒》以乡三物,教万民。乡三物者,六德六行六艺也,乡三物,盖当时学校所常教者。复有十二教之类。此属社会教育。"正月之吉,始和。布教于邦国都鄙,乃县教象之法于象魏,使万民观教象。挟日而敛之,乃施教法于邦国都鄙。使之各以教其所治民。"又云:"州长,各掌其州之教治政令之法。郑司农云:"二千五百家为州。"犹不足当今一小县也。正月之吉,各属其州之民而读法,以考其德行道艺而劝之。以纠其过恶而戒之。若以岁时祭祀州社,则属其民而读法亦如之。"《春秋》以礼会民,而射于州序。序,州党之学也。若今县内乡镇等学校。古之射,本以习武事。然用武所以治强暴,讨不道也。故犹恐民之启争心。而于讲武之时,犹严礼让之教。《射义》曰:"射之为言绎也。"绎者,各绎己之志。若今之军事教育,能使兵士各正其志。则弱国之兵,必奋御侮之勇。如吾人今日是也。强国之兵,必能有勇知方,不至如倭民之甘为军阀所驱,德人之甘为希特勒所役也。其教法之详密如此。吾国晚世,学校之教已衰。社会教育更无有。今西洋学校之教虽勤,惜乎不闻明明德之学。不求复其与万物同体之本性,不务全其所以生之理。只退坠而成为一物,以与身外之物相攻取。吾先哲所谓万物一体,与性分内之至足,及超物之乐,西洋人似全不喻。只向外追求无餍。西洋科学虽发达,而无以善其用。彼惟不自见本性,故不能有合理之生活。科学发明,反为人类自毁之具。咎不在科学。人生毕竟还需要一种超知能的哲学,即《大学》"明明德"之学是也。如欲根本改善人类生活,何可偏恃科学? 西洋宗教则依他,依他见佛典。耶教信有上帝,是谓依他。而不悟自本自根,"自本自根",见《庄子》,此义深远至极,学者勿轻自信为易解也。其所宗仰而勉循之善行,非由自觉之发,故不免流于伪。凡学校之巨师,与教堂之大德,皆与吾《大学》明明德之道,背道而驰。欲求有能自新其德,以新一世之民,恐难望于西洋人矣。吾华虽衰敝,圣学遗绪,犹可追寻。扶微继绝,是在有志。《论语》:"子曰:'齐一变,至于鲁,鲁一变,至于道。'"夫齐之强于鲁,岂止百倍,而夫子云尔者,岂其迂愚也哉?论人生正道,则不当屈于势。齐人尚功利,终不及鲁国犹存礼让遗风。且盛衰亦何常之有?所贵能自奋耳。作新民作字,最吃紧。朱注:"鼓之舞之之谓作。"夫明德,人人所同有也。其或放失而陷于物化,不能自新者,则赖有自新其德之善类,从而鼓舞振起之,使皆有以自明自新焉。如在位,以身作则,而天下化之。师儒以道得民,_{见《周礼·大宰》}。朋友忠告善道,随分皆可得为。岂必以圣人而居天位,方可言作新民之功哉?从来注家,皆失之狭。

止至善。郑氏无释。朱注:"止者,必至于是而不迁之意。至善,则事理当然之极也。言明明德,新民,皆当止于至善之地而不迁。盖必其有以尽夫天理之极,而无一毫人欲之私也。"王阳明《大学问》云:"至善者,明德亲民之极则也。_{古本新误为亲,阳明从之,前已辨正}。天命之性,粹然至善,其灵昭不昧者,此其至善之发见,是乃明德之本体,而即所谓良知者也。至善之发见,是而是焉,非而非焉。轻重厚薄,随感随应,变动不居。而亦莫不自有天然之中,是乃民彝物则之极,而不容少有议拟增损于其间也。少有议拟增损于其间,则是私意小智,而非至善之谓矣。自非慎独之至,惟精惟一者,其孰能与于此乎?后之人,惟其不知至善之在吾心,而用其私智,以揣摸测度于其外,以为事事物物各有定理也。是以昧其是非之则,支离决裂,人欲肆而天理亡。明明德亲民之学,遂大乱于天下。盖昔之人固有欲明其明德者矣,然惟不知止于至善,而笃其私心于过高,是以失之虚罔空寂。而无有乎家国天下之施,则二氏之流是矣。_{二氏谓道与佛}。固有欲亲其民者矣。然惟不知止于至善,而溺其私心于卑琐,是以失之权谋智术。而无有乎仁爱恻怛之诚。则五伯功利之徒是矣。是皆不知止于至善之过也。"详此所云,与朱注大概从同。如云明明德亲民之极则,与朱注言"明明德新民皆当止于至善之地而不迁",其义一也。言天命之性,粹然至善,至民彝物则之极，不容少有议拟增损于其间，与朱注言"尽夫天理之极，而无一毫人欲之私者"，义相发明。阳明径指出至善是良知，似较朱子更认识亲切。后文八条目，即发挥此三纲领。而八条目中，一层一层，逐次总归到致知上。向后格物一层，便以致知为本。致知之知，即是良知。此意，至复当详。前三纲领，总归止至善。至八条目中，致良知，方揭示止至善下手处。致字吃紧，即是下手工夫。此其旨归所在，明白可见者也。阳明所谓"不容少有议拟增损者"，正是见得良知亲切。阳明用议拟二字，虽本《易传》，而取义自别。议者，思议。拟者，比拟，谓推求也。良知唯任其自然之流行，而不容参私意去议拟。若议拟之，将于良知之上而自增益妄相，同时即障碍良知，是损之也。良知本然之明，不由议拟，不容增损。阳明曰："良知是无知无不知。"《庄子·徐无鬼》云："其知之也，似不知之也。不知而后知之。"似不知者，离思议相，离比度等妄分别相也。似不知之知，而后为真知。以其纯任天明，不杂情见故也。阳明曰："无知无不知，本体原是如此。譬如日，未尝有心照物，而自无物不照。无照无不照，原是日的本体。良知本无知，今却要有知。良知廓然寂然，无有作意，故曰无知。本无不知，良知是一切知识之源。今却疑有不知，世之求知者，皆疑自家良知有所不知。其实，辨物析理等等，皆是良知自然之明，而可疑良知有不知耶？只是信不及耳。"宋人咏庐山诗曰："不识庐山真面目，只缘身在此山中。"良知人所自有，而却信不及。富哉斯言。学者于此参透，不容少有议拟增损于其间。便信得良知元来如此，乃其所以为至善也。

　　或有问曰："前已说，明德即是本心，亦即是良知。今乃以至善为良知，何耶？"答曰：吾前不云乎？三纲领原是一事。而析言以三者，则以义有独重，须于明明德中，别出言之。明德本是良知，但吾人方锢于己私，而未能显发。故须有明之之功。新民者，则以人我同此良知，我能自明自新也，而人未能之，即是我之良知有障蔽，以人我同体故也。是故新民虽是明明德中之一事，而义有独重，不得不别出言之。止至善者，朱子言"明明德，新民，皆当止于至善之地"。阳明云"至善者，明明德亲民之极则也"。阳明新作亲，吾从朱注。两说相通，吾前已言之。夫言明明德矣，而明之之功，谈何容易？颜子邻圣，犹曰三月不违仁。仁者，本心也。明德也，亦即良知。其余，则日月至焉而已矣。以三月视日月至，固为久词。然未能一于仁而恒不违也，则其难可知。新民之不易，更无待言。是故申之曰，在止于至善。明新之功，不极乎止至善，则苟偷之道，非所以体天行之健也。故止至善，乃明明德之极诣。亦以其义有独重，故别出言之。

夫明德与至善，异名同实也。同实者何，皆目本心也。亦即阳明所云良知也。明德一词，系就本有良知而言。吾人有生以来，虽锢于己私，而良知之明，未尝不在。如云雾四塞，阳光未泯。故以明德言之。至善一词，系就良知通体呈显而言。此通体呈显之良知，即前云本有良知。明新之功无间，真积力久，而后良知通体显发。与前此有所锢蔽者不同，故名以至善。阳明但说至善即良知。而于上下文义，犹欠疏通。所以滋学者之惑耳。止字甚吃紧。朱注，"止者，必至于是而不迁之意"。止而不迁，则良知恒现在前，即已私已尽。尽者，克去已尽。《孟子》所云："上下与天地同流。"其谓是欤？

知止，而后有定。定而后能静，静而后能安，安而后能虑，虑而后能得。

阳明曰："人惟不知至善之在吾心，而求之于其外，以为事事物物皆有定理也，而求至善于事事物物之中。是以支离决裂，错杂纷纭，而莫知有一定之向。今焉既知至善之在吾心，而不假于外求，则志有定向，而无支离决裂，错杂纷纭之患矣。无支离决裂错杂纷纭之患，则心不妄动，而能静矣。心不妄动而能静，则其日用之间，从容闲暇，而能安矣。能安，则凡一念之发，一事之感，其为至善乎？其非至善乎？吾心之良知，自有以详审精察之，而能虑矣。能虑，则择之无不精，处之无不当，而至善于是乎可得矣。"

　　愚谓知止，牒上止至善而言也。知止至善，即恒住正智正念，专注不散，谓之定。正智正念，即是良知。即是至善，专注不散，即止义。谓恒住正智正念，而无私意或妄念之杂也。定始能静，静之为言寂也。此静不与动对。与动对言之静，是以物感未接之时言。与静对言之动，是以物感纷至之时言。今此中静者，却超越常途所言动静义。恒住正智正念，静时固静，动时亦静也。一物不交时，固静。万物纷感时亦无不静也。静故能安。安者，自在义。谓动静融成一片，即得大自在，而说为安。能安，则智照湛然，反己自识，而独体常昭。独体即本心，亦即良知或至善。明儒据《学》《庸》而言独体。然《庄子·大宗师》言，"朝彻，而后能见独。见独，而后能无古今"云云。此即以独为本体之代词，义与《学》《庸》通，明儒独体一词，亦兼采《庄子》也。常昭，谓无障蔽时。知周万物，知读智而一切如量，反己自识，犹佛氏所云证量。知周万物，犹佛氏所云比量。比者，比度。有思维或推求等义。如量者，称境而知，无有迷谬之谓。故说能虑。能虑，则左右逢原，随其所发，莫非至善之类。是即得其所止。有问："此节似与佛家止观意思相近。"答曰：儒佛尽有相通处，但佛家思想发端，是怖生死海，其归趣毕竟在度脱，此则与吾儒天壤悬隔。

物有本末，事有终始。知所先后，则近道矣。

　　朱注"明明德为本，新民为末。愚按阳明云"本末非两物，木之干谓之本，木之梢谓之末。惟其为一物也，是以谓之本末"，此说甚是。本末为一物，以喻明新为一事，朱子无误解也。不知阳明何故以新为亲。知止为始，能得为终。本始所先，末终所后。愚按培其本，而末自茂。修其始而终已赅，先后以义言，非有时序之隔也。此结上文两节之意"，愚按朱注是也。有谓此节，乃启下文"古之"至"格物"，非以结上文两节者。此不必然，下文八条目，即申释上文三纲领。此节结上二节，而启下之意自在其中。朱注无可疑也。

古之欲明明德于天下者,先治其国;欲治其国者,先齐其家;欲齐其家者,先修其身;欲修其身者,先正其心;欲正其心者,先诚其意;欲诚其意者,先致其知,致知在格物。

古之欲明明德于天下者,犹云欲与天下之人同明明德也。李二曲曰:"宇宙内事,皆己分内事。古之欲明明德于天下者,是尽己分内事。"又曰:"古人以天下为一家,亿兆为一身,故欲明明德于天下。今则一身一家之外,便分彼此。明明德于一乡一邑,犹不敢望。况明明德于一国,明明德于天下乎?"又曰:"古人为学之初,便有大志愿,大期许,故学成德就。事业光明俊伟,是以谓之大人。今之所谓志愿与期许者,不过权力富厚,极人世之盛。其有彼善于此者,亦不过硁硁自律,以期令闻广誉于天下而已。世道生民,究无所赖,焉能为有,焉能为无。"言此等人不足为有无。又曰:"古人欲明明德于天下者,是己欲立,而立人。己欲达,而达人。即欲即仁,此欲何可一日无?吾人非无所欲,然不过欲己之有权也,欲己之有利也,欲己之有名也,即欲即私,此欲何可一日有?"向来疑《大学》者,辄疑《大学》每有不可晓语。如欲修其身者,先正其心。此心字,为本心耶?为非本心耶?非本心,即晚周道家所谓人心,即己私是也。若是本心,此心元无不正,何可言正?若非本心,此即己私现行,又如何得正?王船山亦有此疑,因释心为志。然《大学》何不直曰正志,而必泛言心,以启后人之疑耶?愚谓心即本心。正者,犹《易·鼎》之《象》曰,"君子以正位"之正。下文言有所忿懥、恐惧、好乐、忧患,则不得其正者。言欲动情胜,由本心失位故也。不得其正,即谓本心失位,以其不得为主故。又云:"心不在焉,视而不见,听而不闻,食而不知其味。"食不知味者,《老子》所云"五味令人口爽"也。听不闻者,"五声令人耳聋"也。视不见者,"五色令人目盲"也。此皆本心失位,不在,即谓失位。而后物欲得乱之。《管子》曰:"心之在体,君之位也。"心既放失,即是失位。故待于正,正者,正其君之位也。非以正治其心之谓也。阳明于正字,甚欠分晓。兹不及详。

诚意。朱注:"意者,心之所发也。诚,实也。实其心之所发,欲其必自慊而无自欺也。"阳明释诚意曰:"心之本体,本无不正。自其意念发动,而后有不正。故欲正其心者,必就其意念之所发而正之。凡其发一念而善也,好之真,如好好色。发一念而恶也,恶之真,如恶恶臭。则意无不诚,而心可正矣。"见《大学问》。愚谓阳明以心之发动名意是也。其曰,"心之本体,本无不正。自其意念发动,而后有不正"云云。则于义未协。心本无不正,则其发动而为意者,自亦无不正。若云,意有不正,则必此意非心之所发也。意既是心之发动,如何有不正。阳明于此,甚欠分晓。愚谓意者,心之所发,心无不正,意亦无不正。然而意发时,毕竟有不正者。则此不正,非是意,乃与意俱起之私欲也。私欲亦名人心,意乍动时,私欲亦随起,曰俱起。常途云理欲交战,亦有以也。问:"私欲无根,自亦依意而有。"答:如云雾依虚空故有。究不可说云雾即是虚空,私欲依意故有。究不可说私欲即是意,惟私欲与意杂处,故吾人每易从私欲,而陷于自欺。自欺者,私欲之动,将夺意以自逞。而意固未尝不在。必不以欲之夺己为然也。己者,设为意之自谓。而吾人则恒从欲,而自作种种诡辩,若所欲之无甚害于本意,而不妨一遂其欲者。此之谓自欺。初念自欺,或犹知为自欺也。习之既久,则人欲横流,真意泯没,于是不复知为自欺,直以人欲为天理。而多行不义者,且自居功德矣。人生至此,则人理已灭,古之谚曰,行尸走肉,正谓此辈。庄生所以有"哀莫大于心死"之叹也。经之自释曰:"所谓诚其意者,毋自欺也。如恶恶臭,如好好色。此之谓自慊,故君子必慎其独也。"此言诚意工夫,只是毋从欲以自欺其初意。此处极细微。心之初发为意,无有不正。如见好色或临财时,初意决不起染念。及私欲动,始作诡辩,以欺初意,而染污以成。意本无不正,但不受欺,即随发皆充实有力。诚者,实也。即充实有力之谓。若一受欺,即私欲乘权,而意且亡失。故曰:

"诚其意者，毋自欺也。"毋者，禁止之词。下云"如恶恶臭，如好好色"，则言禁止自欺，事极不易。必用力真切，如恶恶臭好好色之真切，而后免于自欺之患。经文于"恶恶臭，好好色"，皆用如字，明是譬喻词。而朱子、阳明皆误解，以为诚意，只在好恶上用功。朱注："使其恶恶，则如恶恶臭。好善，则如好好色。"阳明云："凡其发一念而善也，好之真，如好好色。发一念而恶也，恶之真，如恶恶臭。"朱注已不可通，而阳明尤谬。意之发为恶恶好善，本无有伪。何待又使之如恶恶臭，如好好色。毋乃有揠苗助长之害乎？此朱子之误也。阳明云："凡其发一念而善也，好之真，如好好色。发一念而恶也，恶之真，如恶恶臭。"夫发念而为善为恶，即名为意。又于所发善恶，而别添一个好之真，或恶之真。岂不又有一意乎？且发而为善者是意。发而为恶者，私欲也。非意也。阳明于意与私欲，不知辨。故曰阳明尤谬也。《大学》明说诚意工夫，只是毋自欺。毋自欺工夫，只要真切之极，如恶恶臭，好好色一般，绝无松懈。方得毋自欺。朱子、阳明均不了此，遂至从譬喻上生解，以为诚意，只在好恶上用工夫。夫好恶者，情之已盛者也。何可于此而致诚意之力哉！且下文皆言慎独，正申明毋自欺下手处。慎独者，敬慎于幽独之地也。幽独之地，真意存焉。意本无不善，其不善者，则私欲也。吾人从欲以自欺其初意，而意之微明，究不容瞒昧。于此不容瞒昧处，敬慎以持之，则可以绝自欺之萌矣。经文本甚明白，不知朱子、阳明为甚说向好恶上去。

　　阳明后学，如王一庵、刘蕺山皆不以意为心之所发。一庵之言曰："自身之主宰而言，谓之心。自心之主宰而言，谓之意。心则虚灵而善应，意有定向而中涵。自心虚灵之中，确然有主者，名之曰意耳。"蕺山曰："人心径寸耳，而空中四达，有太虚之象。虚故生灵，灵生觉，觉有主，是曰意。"又云："意者，心之主宰。"蕺山谈意之语极多，然大旨不外此所引。愚谓一庵、蕺山皆误也。意者，心之所发，此语甚的当。一庵曰：

"心则虚灵而善应,意有定向而中涵。自心虚灵之中,确然有主者,名之曰意。"审如其说,则经何故曰"欲诚其意者,先致其知"乎?主宰之义,正于良知上见,若无良知,则冥然已耳。何所谓主宰?主宰分明是良知。则以意为主宰者,其误不待辨而明。至云"意有定向而中涵",此正可以说良知,而非所以言意。良知炯然在中,谓之中涵,在中犹云在内。但此云内者,非与外对。良知本无内外可分,但以其主乎吾身,则说为内耳。私欲不得干,谓之有定向。良知,恒寂恒照,故私欲不得干。于此可言有定向。意者,良知之发用。而良知,则意之本体也。

　　附说:有问:"既以意为心之所发,如何又说是良知之发用?"答曰:心、意、知,实是一物,而随义异其名耳。心之立名,以其主乎身而言也。若问心之自体为何,则曰良知是已。若离良知,亦无心可指目也。故说意是心之所发,与言意是良知之发用,其义一也。《大学》于心言正。正者,只是要心在君位,毋为情欲所夺而已。可覆玩前文。然要心在君位,必须有诚意工夫。意即心之所发,在于此发用处,加以诚实保任之功,心才不失君位。然诚意要在毋自欺。毋自欺工夫,还须发明心体始做得。故复提出致知。知者,良知。此即心之自体,若不自识心体而推极之,即主宰未呈现,未有不殉欲以自欺者,而欲心在君位,其何可能?义旨往复,如此精严。前言正心之心,尚是虚说。至致知,才落实指出心之自体即是良知。工夫把柄在此,故非心与良知为二也。

　　意是良知之发用,本无不善,如何要诚?须知,说到发用处,则私欲便起而相杂。私欲者,吾人有生以来,役于形,而成乎习,其类万端。盘结深固,恒与意相缘附以行者也。役于形者,阳明所云"顺躯壳起念"也。阳明此语甚深微。人生万恶,只是顺躯壳起念一语道破。然吾人既有良知在,何至顺躯壳起念。此一问题甚切要。《新唯识论》卷下《明心章》可参看。意无不善，而私欲则无有善。故意之所向，私欲必相障碍。此时意，固明察私欲作祟。而私欲亦惮意之明，必设诡辨，以图蒙蔽，是谓自欺。自欺久，则意失其明。易言之，即真意梏亡也。故《大学》于意言诚。诚者，真实义。谓保任之功，真切不懈也。诚意在毋自欺。毋自欺，只在慎独。独者，谓私欲初萌时，而隐微中有一点微明，不甘随顺私欲去者，此之谓独，此即是意。于此必敬慎以持之，毋令放失，方是慎独。慎独而独存，即私欲不得干，而免于自欺。如此，则心乃乘权而在君位，是谓心正。故曰，欲正其心者，先诚其意也。总之，意是良知之发用，而良知则是意之本体。意之本体即良知。方是主宰。若克就意言，则犹未得名主宰也。发用处，不得名为主宰者。譬如沤相，是大海水之发用。而沤相，与大海水虽不二而究有分。由此喻可悟。意是依发用处立名，此吾人所可反观而自喻者。何得认意为主宰？一庵已误。蕺山承之，其谬又过于一庵。夫心无定在，而无所不在。而曰人心径寸耳，则蕺山根本不识此心也。彼所谓径寸之物，乃心脏也，是物而非心也。至以虚生灵，灵生觉，觉有主，言意，尤滋混乱。如彼所计，心脏径寸之物，即空中四达，其虚亦有限矣。如何生得灵来？更如何生得觉来？且云觉有主，此主为即觉耶？为非觉耶？即觉，则不当更有主，非觉，则此主何来？蕺山误处甚多，吾欲辨正之而未暇。其言意者，特其谬误之一耳。恽日初为《刘子节要》将蕺山言意所在皆节去之，固非存真之义。然其见地，高于黄梨洲已远矣。梨洲菲薄恽氏，岂不诬哉？

致知之知，即是良知，何以云然？如非良知，则必训此知为知识矣。若是知识之知，则经言正心诚意，何可推本于致知乎？知识愈多，诈伪且愈甚，《老子》所以有绝圣弃智之说也。《老子》所云圣智，即谓知识。经言诚正，必先致知。经文本节中，各先字，均非时间义，只是着重的意思。则此知，决非知识之知，而必为良知也，断无可疑矣。《孟子》言良知，盖自此出。而犹未张之以立教。至阳明子超然神悟，始发明心体，即是良知。印之于经，而无不合。于是专提致良知为宗旨。徐曰仁录阳明说经之心意知三名，有云："身之主宰便是心，心之所发便是意，意之本体便是知。"愚按此云意之本体，即是前所云心。但前言正心者，只谓心是身之主，当正居君位，毋为情欲所夺。然欲心正其位，则非诚意不可。欲诚其意，还须认识心，是怎样一个物事。因指出良知便是心的自体。至此，则不复用心之一名，而径曰知。其实，知即是心也。又曰：知是心之本体。（**附说**）心自然会知，见父自然知孝，见兄自然知弟，见孺子入井，自然知恻隐，此便是良知。使此良知充塞流行，便是致其知。阳明释经之致知为致良知，不惟深得本经之旨，盖六经之宗要，实在乎是。

附说：愚按阳明云"知是心之本体"，本字当易作自，方妥。本体一词，系对发用而言。若言心之自体，则斥目此心之词也。意是心之所发，则心为意之本体。而心不从他发，即心更无本体。今恐人不识心是怎样一个物事，故指出知来，而曰心之自体，即此知是也。如言白物之自体，即是此白。离白便无白物。今心之自体，即是此知，离知便无心也。前哲于名词，偶有不精检者，学者贵通其意。

《传习录》有曰："知是理之灵处。此中理字，即谓吾人与天地万物所同禀的本体。此理元是至灵的物事，即依其灵处而名以知。故知即是理，非理与知为二。灵者灵明，无有迷暗故。就其主宰处说，便谓之心。就其禀赋处说，便谓之性。孩提之童，无不知爱其亲，无不知敬其兄，只是这个灵，能不为私欲遮隔，充拓得尽，便完完是他本体。便与天地合德。"《录》中记朱本思问："人有虚灵，方有良知。若草木瓦石之类，亦有良知否？"先生曰："人的良知，就是草木瓦石的良知。若草木瓦石无人的良知，不可以为草木瓦石矣。岂惟草木瓦石为然，天地无人的良知，亦不可为天地矣。

盖天地万物，与人原是一体，其发窍之最精处，是人心一点灵明。风雨露雷，日月星辰，禽兽草木，山川土石，与人原只一体。"又曰："良知是造化的精灵。愚按阳明所谓精灵，即《易》之乾元。乾元，本体也。《易》于乾，曰纯粹精也。言本体纯净，无有杂染。又曰大明。言本体无有迷暗。阳明说良知为精灵者，精即清净义。灵即大明义。这些精灵，生天生地，成鬼成帝，皆从此出。真是与物无对。人若复得他，人本裹此良知以生，但既生，则易役于形，而昧其良知，故须复。完完全全无少亏欠。自不觉手舞足蹈，不知天地间更有何乐可代。"又曰："圣人只是顺其良知之发用。天地万物，但在我良知的发用流行中，何尝又有一物超于良知之外。"或问至诚。阳明曰："诚是实理。只是一个良知。实理之妙用流行就是神，其萌动处就是几。"又曰："天地间活泼泼地，无非此理。便是吾良知的流行不息。"又曰："夫良知一也，以其妙用而言谓之神，以其流行而言谓之气。"又曰："精一之精，以理言。愚按精一之一，是绝对义。非算数之一，此即是理，亦即是良知。精神之精，以气言。愚按据阳明说，气者，良知之流行，非别有本。理者，气之条理。愚按依阳明意，理者本体。本体元是含备许多条理的，所以名之为理。此理之流行为气。而气之显也，即顺其理体中固有之条理而始显，故从气言之，则曰理者，气之条理。气者，理之运用。理不自显为气，则无所借以表现自己。无条理，则不能运用。无条理，则不能凭空显得气来。即运用义不成。无运用，则亦无以见其所谓条理者矣。"

如上所述阳明以良知，释致知之知。其所谓良知者，吾人与天地万物共有之本体也。在人亦名为心。具云本心。阳明尝语门人曰："天地气机，元无一息之停。然有个主宰。虽千变万化，而主宰常定。人得此而生，若主宰定时，与天运一般不息。虽酬酢万变，常是从容自在。所谓天君泰然，百体从令。若无主宰，便只是这气奔放，如何不昏。"薛侃问："先儒以心之静为体，心之动为用。如何？"阳明曰："心不可以动静为体用。动静，时也。心遇物交感时名动，无物感时名静。即体而言,用在体。即用而言,体在用。是故体用一源。若说静时可以见其体,动时可以见其用,却不妨。"愚按此段语,学者所宜深心体究。"静时可以见其体"云云,结以却不妨三字,最有深意。心本无分于动静,人不能常存此心,故觉有动静耳。凡夫亦只好于静时返观心体。阳明《答陆原静书》,有云:"未发之中,即良知也。无前后内外,而浑然一体者也。吃紧。有事无事,可以言动静。而良知无分于有事无事也。无事时,良知炯然澄寂;有事时,良知亦炯然澄寂。寂然感通,可以言动静。寂然不动时,说之为静。感而遂通时,说之为动。而良知无分于寂然感通也。愚按良知无物感时,固是寂然不动。即物感纷至时,良知应之,仍自寂然不动。如阳明擒宸濠时,千军万马中,成败在俄顷,而阳明端坐堂上,处分军事,全不动心。只是平日涵养得良知透露耳。若是私欲作主,此时焉得不乱。动静者,所遇之时。心之本体,固无分于动静也。心字,宜易为意。见前附说。理无动者也,动即为欲。循理,则虽酬酢万变,而未尝动也。从欲,则虽槁心一念,而未尝静也。动中有静,静中有动,又何疑乎?有事而感通,固可以言动,然而寂然者,未尝有增也。心体恒寂,岂因动时而遂增动相乎?无事而寂然,固可以言静。然而感通者,未尝有减也。心体恒寂而恒感,岂因无事时而减其感通之灵乎?动而无动,静而无静,又何疑乎?无前后内外,而浑然一体,则至诚无息,不待言矣。"

阳明阐发良知奥义,略如上述。其谈致知之功,兹摘录一二则。薛侃问宁静存心时,可为未发之中否。先生曰:"今人存心,只定得气。当其宁静时,亦只是气宁静,不可以为未发之中。"曰:"未便是中,莫亦是求中工夫?"曰:"只要去人欲,存天理,方是工夫。静时,念念去人欲,存天理。动时,念念去人欲,存天理。不管宁静不宁静。若靠那宁静,不惟渐有喜静厌动之弊,中间许多病痛,只是潜伏在,终不能绝去,遇事依旧滋长。以循理为主,何尝不宁静。以宁静为主,未必能循理。"愚按此段语,看似平常,确紧切至极。通六经而言,致知之功,要不外此。又曰:"吾昔居滁时,见诸生多务知解,口耳异同,愚按俗学求知解,只在口耳之间。

未尝反诸心，切实体认此理。如此而争异同，是谓口耳异同。无益于得。姑教之静坐，一时窥见光景，颇收近效。久之渐有喜静厌动，流入枯槁之病。或务为玄解妙悟，动人听闻。故迩来只说致良知。良知明白，随你去静处体悟也好。随你去事上磨练也好。良知本体，原是无动无静的。此便是学问头脑。我这个话头，自滁州到今，亦较过几番，只是致良知三字无病。医经折肱，方能察人病理。"又曰："良知本来自明，气质不美者，渣滓多，障蔽厚，不易开明。质美者，渣滓原少，无多障蔽，略加致知之功，此良知便自莹彻。些少渣滓，如汤中浮雪，如何能作障蔽。"又曰："我辈致知，只是各随分限所及。今日良知见在如此，见读现。只随今日所知，扩充到底。明日良知又有开悟，便从明日所知，扩充到底，如此，方是精一工夫。"愚按良知无知无不知，无知者，未尝预存有某种知见故。无不知者，以其常在开悟与扩充中也。世俗闻良知是本体之言，便想像良知为一固定的物事，此乃大谬。阳明问门人，于致知之说，体验如何。九川曰："自觉不同。往时操持常不得个恰好处，此乃是恰好处。"先生曰："可知是体来，体者体认。与所讲不同。我初与讲时，知尔只是忽易，未有滋味。只这个要妙，再体认到深处，日见不同，是无穷尽的。"又曰："此致知二字，真是个千古圣传之秘。见到这里，百世以俟圣人而不惑。"又曰："此是人人自有的，觉来甚不打紧一般。然与不用实功人说，亦甚轻忽可惜，彼此无益。与实用功而不得其要者，提撕之，甚沛然得力。"阳明致知之说，略述如上。夫致知之知，即是良知，即是本体，亦即前云正心之心。此心字即本心。故阳明以身之主宰释之。若是私欲之心如何可说主宰。正者，谓心宜在君位，毋为情欲所胜也。正，即正位之正。非谓工夫。若作正其不正解，即正是工夫。然细玩经之下文，自释正心处，只归重心不在焉一句。不在者，即心失其君位也。故正者，只明心当正居君位。即承上修身，而言心为身之主宰是也。正字，不是显示工夫之词。盖正心工夫，只在诚意。经释诚意，而说毋自欺及慎独，此处却是工夫。阳明于正字，尤误解。余于此不便详释经文，将来或别作释。正心工夫，只是诚意，而诚意之功，还须识得心体，才有把柄在手。否则不识自家真主宰，而欲向发用处求诚，发用处谓意，意是心之所发故。则浮泛无据，终是脚根立不定也。故复指出良知是心之自体，吾人能返而认识此真宰。尽其致之之功，则意之本体，良知即是心，此乃意之本体。既已呈现，即主宰常在。而于日用动静之间，倘有私欲潜伏思逞，只要本宰不失，便常能照察。照察即是意，即是良知或主宰之发用。于此而致诚之之功，即禁止自欺。毋自欺之毋，即禁止义。而慎保其幽独之微明。前已讲慎独之独，即是一点微明处。即是意，夫微岂小之谓耶？凡势用之极盛者，盖莫如微。蓄之深而不可测，万仞之渊不足以为比方。成乎著而不可御，千军之势无可以为形容。甚盛哉，微明之为微也。如是，即心之在身，乃常正其君位。前已引《管子》云"心之在体，君之位也"。阳明云"身之主宰是心"。不致为情欲所夺，故欲心无失位者，无失位，即正义。必有诚意工夫。欲诚其意者，还须识得心体即是良知，而不已于致。致之为言尽也。朱子训为推极，亦通。尽者，谓识得良知本体，良知本体四字，作复词用。便存持勿失。存者，存养。持，谓保任之也。勿失者，勿任放失。《孟子》云"收放心"，收即勿失。使其充塞流行，无有一毫亏蔽也。充塞，言其全体呈现，流行，言其大用无息。不能致知，即本体未透，主宰未立。而欲于发用之意上求诚，则如乘无舵之舟，泛于洋海，其有不沦溺者乎？故欲诚其意者，先致其知。此阳明所谓学问须识头脑也。

附说： 按去人欲，存天理，才是致知实功。学者切忌视为常谈而忽之也。人皆有良知在，即皆有天理在。人欲起而欺蔽天理时，而良知之明，未尝不自知也。此时便须去欲存理。稍一因循，即人欲横流，而天理亡，良知失矣。致知，只是严察于理欲之间，去彼存此。佛家所谓转依，即舍染得净。义亦近此。或问，理欲恐不易辨。曰：只是一向自欺惯，故不易辨耳。若良知常提起

者,则凡生心动念,以及举足下足时,有一毫人欲挽杂,吾之良知,
岂有不自知者乎?佛经有说,性地菩萨,虽犯重罪,不堕地狱。却
亦有疑之者。愚谓性地菩萨,只是自性昭然不昧,虽有时误犯罪,
而性觉不失故。不至沦坠,此理可信。唯习于自欺者,不复能辨
理欲,决堕地狱无疑。

朱子《集注》训致知之知,曰:"知犹识也。推极吾之知识,欲其所
知无不尽也。"夫人之知识,是否可推极以至无不尽。姑置勿论。而知
识多者,遂可诚意正心乎?此则吾所不敢苟同者。郑玄注云:"知,谓
知善恶吉凶之所终始也。"其于下文格物,注云:"格,来也。物犹事也。
其知于善深,则来善物。其知于恶深,则来恶物。言事缘人所好来
也。"郑玄竟以情见释此知。玄云,由善恶之知,来善恶之物。而曰"事缘人所好
来"。则玄之所谓知,正是情见。其曰"知善恶吉凶",殆淫于谶术之邪妄。
而以是说经,则下于朱子又远矣。夫玄所云知善恶吉凶之知,既动乎
情,则此知实非知也,乃私欲耳。此可为诚正之基乎?玄为学不见本
原,其谬至此。总之,致知之知,即《孟子》所云"良知"。阳明切实体认
乎此,而后据之以释经,盖断乎不容疑也。但阳明于正心之正,不免沿
朱注之误。其说意有善有恶,亦误承朱子而不知辨正。此则智者千虑
之一失也。或曰:"阳明以良知言心得毋自禅学来耶?"曰:甚哉,俗之
昧然妄议,而不务求诸己也。汝试反己体认,离汝良知还有心体在否?
吾前所引阳明说良知诸文句,汝若字字反诸己,必可实得下落。而于
经意,阳明意自历历无疑。此理岂是从他袭得来耶?而谓阳明取之禅
耶?且《易》以乾元明心体,乾者,神也,神即心。而曰乾知大始,曰乾以易
知。则直指知为心之自体者,乃《易》义也。《易》为群经之母,《大学》所
自出。《大学》首章,以三纲领开端,继以八条目,却自平治齐修正诚,一
层一层,递推归本到致知上。向后只格物一条目,便换语气。足见致

知处,正是会归本体,直揭心源。心即是源,曰"心源会归"云云:二语只是一义,但变文言之耳。《大学》之知,即《易》乾元之知。宗趣无殊,本原不二,同出孔门传授也。阳明遥契圣心,而可谓之禅乎?

或曰:"佛氏言心体,不外一寂字。儒氏言心体,斥指以知。夫寂其至矣。儒者得毋只窥作用,而未见性耶?"答曰:体用不二,阳明子已言之矣。于此见得彻,信得及,儒佛长幼可识也。作用见性,佛氏宗门之说,颇有暗合于吾儒。参看《新唯识论》卷下《明心章》。惜其趣寂之意犹多耳。夫知体至神,而未尝不寂。知体者,即知即体,故云。神者,妙用无穷,生化不测之称。而言知,不言寂者,虑夫将有溺寂以为学,只见本体之寂,而不见夫本体之亦寂亦神,其变不测也。虑夫,至此为句。阳明后学,杂于禅者,已有归寂之谈。如李士龙为讲经社。会中有言良知,非究竟宗旨,更有向上一著,无声无臭是也。夏廷美抗声曰:"良知曾有声有臭耶?"片言折狱,廷美有焉。

上来说致知已讫,次谈格物。朱子以知为知识之知,而谓天下之物,莫不有理。格,至也。转训为穷。以即物而穷其理为格物。其《补传》曰:"《大学》始教,必使学者即凡天下之物,莫不因其已知之理,而益穷之,以求至乎其极。至于用力之久,而一旦豁然贯通焉。则众物之表里精粗无不到,而吾心之全体大用无不明矣。此谓物格。此谓知之至也。"后来阳明之说,与朱子根本迥异者:一、致知之知,阳明说为心。易言之,即说为本体,而非知识之知。二、阳明说理即心,与朱子说理在物,又绝不同。三、朱子之说,虽不明言物是离心外在,而似有物属外在之意。阳明说心之所发为意,意之所在为物。在字,阳明有时用着字。谓意之所着处即是物,与在字义亦近。则物非离心而独在,与朱子又大异。阳明语录中,明天下无心外之物,其语屡见不一见。盖完成唯心论之体系,宏廓而谨严,实有过于朱子。世俗或以简单议阳明,所谓"鹔鹴已翔于玄冥,弋者犹视夫薮泽"也。如上三义,皆阳明与朱子根本迥异处。故朱子即物穷理之说,为阳明所不取。阳明并依《礼记·大学篇》,定为古本。谓其说致知格物处,并无亡阙,而反对朱子之格物《补传》。此一争端,实汉以后,吾国学术史上最重要之一问题。直至今日,此问题不独未解决,更扩大而为中西学术是否可以融通之问题。阳明说:"格者正也。正其不正,以归于正之谓也。正其不正者,去恶之谓也。归于正者,为善之谓也。夫是之谓格。"其言物曰:"意之所在便是物。如意在于事亲,即事亲便是一物。乃至意在于视听言动,即视听言动便是一物。所以说无心外之理,无心外之物。"又曰:"致吾良知之天理于事事物物,则事事物物皆得其理。"此阳明格物说之大略也。吾于程朱、阳明二派之争,有可注意者。

一、朱子以致知之知为知识,虽不合《大学》本义,却极重视知识。而于魏晋谈玄者扬老庄反知之说,及佛家偏重宗教精神,皆力矫其弊,且下启近世注重科学知识之风。

二、程朱说理在物,故不能不向外寻理。由其道,将有产生科学方法之可能。

右为程朱派所可注意之点。

三、阳明以致知之知为本心,亦即是本体。不独深得《大学》之旨,而实六经宗要所在。中国学术本原,确在乎是。中国哲学,由道德实践,而证得真体。证者,证知,此知字义深。非知识之知。乃本心之自证,而无有能知所知等相。真体,犹云宇宙本体。异乎西洋学者之抟量构画,而无实得。无实得者,言其以穷索为务,终不获冥应真理,与之为一也。复与佛氏之毕竟归寂者有殊。且学者诚志乎此学,则可以解脱于形累之中,而获得大生命,通天地万物为一体。今后人类之需要此等哲学,殆如饥渴之于饮食。否则人道熄,而其类将绝矣。

四、阳明说无心外之物是也。而其说格物曰,"意在于事亲,即事亲便为一物"云云。其言不能无病。夫以亲,对吾敬事之心而言,亲亦意所在之物也。事之以孝,此孝即是理,亦即是心。阳明之说,未尝不成，而必曰事亲便为一物，则单言亲，而不得名以物乎？如此推去，乃以视听言动为物，见前所引。而不以声色等境名物，则几于否认物界之存在矣。此非《大易》及群经之旨也。自本心而言，一切物皆同体。言无心外之物是也。若自发用处说，则心本对物而得名。心显而物与俱显，不可曰唯独有心而无物也。《新唯识论》宜参看。夫不承有物，即不为科学留地位。此阳明学说之缺点也。

五、朱子说理在物。阳明说心即理。二者若不可融通。其实，心物同体，本无分于内外，但自其发现而言，则一体而势用有异，物似外现。似者，言非实有外。而为所知，心若内在，而为能知。若者，内亦假名故。能所皆假立之名，实非截然二物。心固即理，而物亦理之显也。谓物无理乎？则吾心之理，何可应合于物？如孝之理，虽在吾心，而冬温夏清之宜，与所以承欢之道，非全无所征于其亲，而纯任己意孤行也。谓理非即心乎？则心与理不可判为二也，固甚明。心之义为了别，了别即有条理之义。以心之条理，控御乎物，能符应物之条理而不谬者，则以心物本非截然异体故也。隐诸心，显诸物，完全为一理世界，何在而非此理耶？吾以为理之一问题，阳明见地较朱子为深，而惜其不免遗物，吾欲作《量论》时详之，今不能细也。

六、阳明以为善去恶言格物，不免偏于道德实践方面，而过于忽视知识，且非《大学》言格物之本义。

右为阳明派所可注意之点。

余以为致知之说，阳明无可易。格物之义，宜酌采朱子。经文自欲明明德于天下者，先治其国，向下逐层推到致知而止。更不曰欲致其知者，先格其物。知者，本体也。反己自识，《礼记》所云反躬，即谓自识本体。而加以涵养扩充等工夫，则所谓致者是也。致其知矣，即本体之流行，无有止息。不待言去恶，而恶已无不去。不待言为善，而善已无不为。故阳明以为善去恶言格物，适成赘义。非经旨也。愚谓物者事物。格物者，即物穷理。朱子《补传》之作，实因经文有缺失而后为之。非以私意妄增也。夫经言致知在格物者，言已致其知矣，不可以识得本体，便耽虚溺寂，而至于绝物，亡缘返照，而归于反知。不可二字，一气贯下为长句。亡缘者，泯绝外缘也。反照者，《论语》所云"默识"，《庄子》所云"自见自明"，佛氏所云"内证"皆是也。阳明后学，或只求见本体，而疏于格物，不复注重知识之锻炼。晚明诸老，如亭林、船山等，病其空疏，亦有以也。此经之所以结归于在格物也。朱子不悟致知之知是本体，而训为知识，此固其错误。而注重知识之主张，要无可议，但知识本在格物处说，经义极分明。朱子训格物为即物穷理，知识即成立。此则宜采朱子《补传》，方符经旨。格字训为量度。见《文选·运命论》注，引《苍颉篇》。《玉篇》及《广韵》亦云："格，量也，度也。"朱子训格，不知取量度义，而以穷至言之。于字义固失。然即物穷理之意，犹守大义。陆王议朱子支离，此乃别一问题。若就释本经格物而论，则致知之释，不从朱注。而融会其说格物处，自无支离之失。阳明尝曰：为学须得个头脑。《传习录》。致良知是学问大头脑。《答欧阳崇一书》。如不能致良知，而言即物穷理，则是徒事知识，而失却头脑，谓之支离可也。今已识得良知本体，良知本体四字，作复词用。而有致之之功，则头脑已得，于是而依本体之明，即良知。去量度事物，悉得其理。则一切知识，即是良知之发用。何至有支离之患哉？良知无知而无不知。非预储有对于某种事物的知识，曰无知。而一切知识，要依良知得起。若无良知本体，即无明辨作用，如何得有对于事物之经验而成其知识乎？故良知是一切知识之源，所以说为无不知。如事亲而量度冬温夏清，与晨昏定省之宜，此格物也，即良知之发用也。入科学试验室，而量度物象所起变化，是否合于吾之所设臆，此格物也。即良知之发用也。当暑而量舍裘，当寒而量舍葛，当民权蹂躏，而量度革命，当强敌侵陵，而量度抵抗，此格物也。皆良知之发用也。总之，以致知立本，致知即本体呈现，主宰常定。私欲不得乱之，故云立本。而从事格物，则一切知识，莫非良知之妙用。夫何支离之有乎？若未能致知，即未见本体。程子云："百姓日用而不知者，正谓此辈。"百姓犹言一般人。

夫未见本体者，其本体元未尝不在。凡其一切知虑云为，何曾离得本体之发用而别有所取资。但彼梦然不自见本体。易言之，即不能返识自家元是自本自根，自为主宰而兴一切妙用。即不能返识五字，一气贯下。竟若机械之动，不自明所以而已，是以谓之日用而不知也。此日用而不知之人，其从事格物，虽成功许多知识，而于自己却茫然，是即逐物而丧其生命。《礼经》所谓人化物也。陆王悼学者之支离，其寄意深远，岂凡情所测哉？然已致知，已见体者，则其格物也，即此良知之应物现形随缘作主。应物现形，借用宗门语。物谓所感，谓良知应感而现形。如事亲则孝，交友则信，此孝与信，即良知之因感现形也。乃至科学上一切辨物析理之知，亦皆良知应感而现作种种知。随缘云云，谓随所缘感，而良知自为主宰，不迷乱也，与现形义通。是则良知自然之妙用，乃不可遏绝者。故曰致知在格物也。如只言致良知，即存养其虚明之本体。而不务格物，不复扩充本体之明，以开发世谛知识，世谛，借用佛书名词。谓一切事物，乃世俗所共许为实有。而不可不求其理者。凡缘事物而起之知，可云世谛知识。则有二氏沦虚溺寂之弊，何可施于天下国家，而致修齐治平之功哉？故格物之说，唯朱子实得其旨，断乎不容疑也。古今谈格物者，凡六十余说。要以朱子、阳明为大宗，而朱子义长。

物格而后知至，知至而后意诚，意诚而后心正，心正而后身修，身修而后家齐，家齐而后国治，国治而后天下平。

物格者，良知之明，周通乎万物。良知以其条理，融澈乎物之条理，而无所阂。故物得为知之所量度，是云物格者。良知炯然，遍物而不遗物。遍物言其周遍乎万物，而无所不在也。故其量度之功用，以积累日增而至于其极。朱子所云"一旦豁然贯通"者，盖真积力久之候，实有此境，非臆说也。故曰物格而后知至，至之为言极也，极尽良知之妙用也。夫周于格物，乃以极尽良知之用，而无所亏蔽，无亏欠，无障蔽。则发念皆当。匪独私欲不得相干，而良知之明，由量度于物理者，愈精而愈增。则无误犯之愆,故曰知至而后意诚也。夫人不幸而作恶以自欺其本意者,非独私欲之为累也。盖有发念之初,公私之辨未明,结果遂成乎私,而违其本意。此其所由然,盖只于静中,从事致知,<small>此知谓本体,致是工夫,覆看前文。</small>务涵养本体,而罕于动应之地,注重格物工夫。其本体或良知之明,虽未尝不炯然在中,但空守其明,却未尝量度于庶物,而得其则。则未能极尽良知之妙用。而审事恒疏,应物常误。前世理学家,不独以短于实用见讥,而行事亦颇有不为人所谅者。<small>王船山谓明季卖国者,皆王学之徒。其言虽稍过,然杀熊襄愍及袁崇焕以亡天下者,固皆托于王学者也。</small>盖亦格物工夫太缺略,而良知之妙用,不能充之以极其盛。则择善不精,而动念即乖,以欺蔽其本意。故必格物,<small>经云物格,是倒装句法。</small>而后良知之功用,始极其盛。<small>是谓知至。</small>良知愈精明,则择善必精,而执之也固。私欲不得相侵。故曰知至而后意诚也,至于意诚,则是本心之在身,常居君位。是谓心正,自此以下,并可准知,不须繁释。

　　自天子以至于庶人,壹是皆以修身为本。

　　朱注:"正心以上,皆所以修身也。齐家以下,则举此而措之耳。"张江陵《直解》曰:"昔孔子说《大学》的条目,虽有八件,其实,上自天子,下至庶人,尽天下的人,一切都要把修身做个根本。盖格物致知诚意正心,都是修身的工夫。齐家治国平天下,都从修身上推去。所以,人之地位,虽有不同,都该以修身为本也。"<small>明张居正,有《四书直解》。纯用语体文,善演朱子之旨。</small>

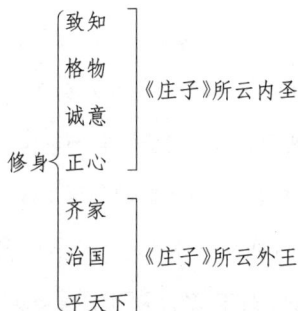

修身 {
　致知
　格物
　诚意
　正心 } 《庄子》所云内圣
{
　齐家
　治国
　平天下 } 《庄子》所云外王

八条目虽似平说，其实，以修身为本。君子尊其身，而内外交修。格致诚正，内修之目也，齐治平，外修之目也。家国天下，皆吾一身。故齐治平，皆修身之事。小人不知其身之大而无外也，则私其七尺以为身，而内外交修之功，皆其所废而弗讲。圣学亡，人道熄矣。

向来说经者，似谓八条目只就君相言。庶人便无治平之事，此乃大误。庶民不独直接参预国政，而每一人之身，在其国为国民，同时即在天下，为天下之人。即与全人类为一体。其精神与思想、言论、行事，皆有影响于天下。故治国，平天下，皆庶民所有事。张江陵盖深达此义者。顾亭林曰："天下兴亡，匹夫有责。"亦明于经义。

其本乱，而末治者否矣。其所厚者薄，而其所薄者厚，未之有也。

朱注"本谓身也"，则末谓家国天下，本末一体也。木之根谓之本，木之梢谓之末，故本末非异体。身与家国天下，虽分本末，而实一体。故修身之功，虽该乎齐治平，而反诸己身，实为根本。其所厚者薄云云，正申上文重本之意。谓人情莫不厚爱己身，而对家国天下，皆较己身为薄。今于其所厚之身，竟不知修，是于所厚者而薄矣。而欲其于所薄之家国天下，反能厚之，以致齐治平之功，此必不可得也。故修身为本，是圣学枢要。身不修，而徒以知能为学，则人道绝，而天地无与立矣。

六经之道，以尽性为极则。性者，吾人与天地万物所共有之本体。但就其在人而言，则曰性。《大学》致知，即尽性之谓。可覆玩前文。其功固在反己，以视西洋学术，根本自异。反己者，以躬行实践为务，而归于上达天德。天德谓性体也，非神帝之谓。西学以实测为基，精于辨物析理，而毕竟不了自性，不见本体。然经学并不主绝物反知，老庄确有绝物之倾向，而主反知。儒者六经之旨，元不如此。故《大学》总括六经旨要，而注重格物。则虽以涵养本体为宗极，而于发展人类之理性或知识，固未尝忽视也。理性亦云理智，此固未尝非良知性体之功用。但如不自识良知性体，则理智亦只成为向外追寻之工具，而迷失其本，譬如下流之水，既离其源，便自成一种流，而与源异也。经学毕竟可以融摄科学，元不相忤。人类如只注重科学知识，而不求尽性，则将丧其生命。吾云生命一词，与世所通用者，不必同义，参看《新唯识论》。而有《礼经》所谓人化物也之叹，此人生之至不幸也。

《大学》首章略释如上。此篇自程朱表意，阳明复依据之，盖六经之纲要，儒家之实典也。朱子以为孔子之言，而曾子述之，虽无确证，然其义必本于古者太学之教条。而吾夫子又斟酌损益，总括六经纲领旨趣，以归完善。其先或口说流传，至曾子之门人，而写成篇章。《礼记》中所记曾子之说为多，可见曾子之传授较盛。今俗以疑古为能，遂有谓此篇为汉人所作者，此甚无稽。须知，此篇囊括万有，广大悉备，非孔子不能说，非亲承一贯之旨者不能记。后生不解义，故敢轻疑圣文耳。此篇盖尝见称于孟、庄二子之书。庄生称孔子以内圣外王，实本于此。前列八条目中曾注明。《孟子·离娄篇》云"人有恒言，皆曰天下国家。天下之本在国，国之本在家，家之本在身"，此则明明转述"古之欲明明德于天下者，先治其国，欲治其国者先齐其家，欲齐其家者先修其身"诸文。至格致诚正，皆修身之目。孟子略不言及者，以既说到修身，则已隐括格致诚正于其中。故不妨省文也。孟子后于宣圣，不过百年。由此征之，可知《大学》之传，出于孔子无疑。司马谈在西汉初，已不解《大学》，至讥儒者博而寡要。谈之学甚肤浅，迄今犹有赞其能《论六家旨要》者。海上有逐臭之夫，岂不然乎？汝曹不悟六经宗要，宗者，宗旨。要者，纲要。读《大学》，可悟其宗要。不得六经体系，读《大学》可得其体系。不识六经面目，读《大学》，可识其面目。不会六经精神，读《大学》，可会其精神。三纲领，八条目，汉、唐诸儒皆莫能解。程朱始发其覆。至阳明而阐其理要。余今采二派之说，而为疏决如右。汝曹如正其志，深其心，精究而实体之，由此以治六经，当知立人极，奉天常，天常,谓究极的真理。奉者,敬以持之而不敢失也。正性命,利群生,莫大乎经学,其可一日废而不讲耶?

余既疏决《大学》首章,今当采《儒行篇》略加论正。上追晚周儒风,以为来者劝。郑玄《三礼目录》云:"名曰《儒行》者,以其记有道德者所行也。儒之言,优也,柔也。能安人,能服人。又儒者,濡也。以先王之道,能濡其身。"近人章炳麟曰:"《儒行》十五儒,大抵坚苦卓绝,奋厉慷慨之士。"与儒柔之训正相反。儒专守柔,即生许多弊病。西汉时,张禹、孔光阉然媚世,均由此故。然此非孔子意也。奇节伟行之提倡,《儒行》一篇,触处皆是,是则有知识而无志节者,亦未得袭取儒名也。案《宋史·张洎传》太宗令以《儒行篇》刻于版,印赐近臣及新第举人。宋承五季衰乱,天下无生人之气,太宗思提倡儒行,诚有所感而然。但学风之激厉,端赖在野大儒,以身作则。君主以虚文相奖,收效有限。而北宋诸老先生,竟未有表章《儒行》者,程伊川且甚排斥之。《遗书》卷十七云:"《儒行》之篇,全无义理。如后世游说之士,所谓夸大之说。观孔子平日语言,有如是者否?"伊川为宋学宗师,其斥《儒行》如此。宜乎理学末流,貌为中庸,而志行畏葸,识见浅近,且陷于乡愿而不自觉其恶也。今世衰俗敝,有过五季。贪污、淫靡、庸暗、污贱、浮诞、险猜,毫无人纪,吾为此惧,爰述《儒行》。

鲁哀公问于孔子曰:"夫子之服,其儒服与?"孔子对曰:"丘少居鲁,衣逢掖之衣。长居宋,冠章甫之冠。丘闻之也,君子之学博。其服也乡,丘不知儒服。"

哀公曰:"敢问儒行?"孔子对曰:"遽数之,不能终其物。悉数之,乃留,更仆,未可终也。"哀公命席,孔子侍曰:"儒有席上之珍以待聘。

晏光曰:"君子比德如玉,故称珍焉。"郑注:"大问曰聘。"

夙夜强学以待问。

案此与上文,言蓄德进学,可为人师。

怀忠信以待举。

郑注:"举,见举用也。"

力行以待取。

王船山曰:"取,亦举也。"案待举,待取,明无求于世也。忠信,力行,修己以待物望之归。《论语》:"不患无位,患所以立。不患莫己知,求为可知也。"义与此通。《荀子·非十二子篇》:"君子能为可贵,不能使人必贵己。能为可信,不能使人必信己。能为可用,不能使人必用己。故君子耻不修,不耻见污。耻不信,不耻不见信。耻不能,不耻不见用。是以不诱于誉,不恐于诽。率道而行,端然正己。不为物倾侧,夫是之谓诚君子。"

其自立有如此者。

儒有衣冠中,动作慎。

中,孔颖达云:"在常人中,不自异也。"陈澔曰:"中,犹正也。"

其大让如慢,小让如伪。

张横渠曰:"大让,如让国,让天下。诚心而让,其貌若不屑也。若夫饮食辞避之间,是小让也,若便为之,以为仪耳。"

大则如威,小则如愧。

吴澄曰:"则谓守法不窬闲也。"案如威如愧,言事关大法,如有所畏,不敢犯也。即小节处,亦惟恐忽于当然之则,如有所耻。

其难进而易退也,粥粥若无能也。

案非义不仕,故难进。昏乱之朝,义不苟留,故易退。粥粥,陆德明《释文》:"卑谦貌。"有若无,实若虚,非伪貌也。君子盛德若不足。

其求进无已,故恒不自满也。

其容貌有如此者。

儒有居处齐难。

郑注:"齐难,齐庄可畏难也。"

其坐起恭敬,言必先信,行必中正。

言必先信诸心,而后言之,故无妄。

道途不争险易之利,冬夏不争阴阳之和。

不争利,不避患,须于平时日用起居之际,养得此精神。若平时无养,一旦临大变,必一无所守。而争利亡义,避患苟全,为鸟兽之归矣。

爱其死,以有待也。养其身,以有为也。

有待,有为,而后敢养身爱死。此非可伪托也,盖将予人以可征焉。冯道辈屈辱之爱死,隐逸自利之养身,辱生甚矣。

其备豫有如此者。

儒有不宝金玉,而忠信以为宝。不祈土地,立义以为土地。

祈,犹求也。人人能不求土地,而立义以为土地,则侵夺之思可熄。世界大同。

不祈多积,多文以为富。

义理富于内。积天下之财,何以易此乎?

难得,而易禄也。

难得,言其进德修业,皆得力于难也。《论语》"仁者先难而后获"是也。易,《汉书·李寻传》引《论语》"贤贤易色",颜师古注:"易色,轻略于色,不贵之也。"易禄,轻禄利也。从来注家于此皆误解。

易禄而难畜也。

畜,容也。难畜,不取容于世也。轻禄故难畜。

非时不见,不亦难得乎?

《易·乾》之初九"潜龙勿用"。则非时不见也。德未成,不可以教人。见未正,不可遽持之以号召当世。乃至有所发明,而未经证实,不轻宣布。将改造治制,而群情未协,不可鲁莽以行破坏。皆非时不见义也。从来注家专就个人出处言,殊失经义。

非义不合,不亦难畜乎?

奸雄之威势,不能夺其所守。群众之习尚,不能移其所志。是难畜也。

先劳而后禄,不亦易禄乎?

先后者,轻重义。劳者,自苦之谓。甘自苦而急于救世,禄利非所先也。

其近人有如此者。

儒者本平易近人,而其中之所存,乃极严峻。以此近人,故乡愿不得而似之也。

儒有委之以货财,淹之以乐好,见利不亏其义。

乐好之淹留,货财之委属,皆易使人醉利而忘义也。

劫之以众,沮之以兵,见死不更其守。沮,谓恐怖之也。

鸷虫攫搏,不程勇者。引重鼎,不程其力。往者不悔,来者不御。

郑注:"鸷虫,猛鸟兽也。程,犹量也。"王念孙曰:"不程勇者,当作不程其勇。与下不程其力对文。""搏猛引重,不量勇力堪之与否,当之则往也。虽有负者,后不悔也。其所未见,亦不豫备,平行自若也。"案此皆所以养勇气,不可有一毫自馁处。天下之大勇,亦必于日常所触险难处,涵养得来。

过言不再,流言不极。

王闿运曰:"人有过言,不使得再进。"郑注:"不极,不问所从出也。"案见义明,则流言不足动,何更问所从出乎?

不断其威。

谓当以威严自持也。不断,谓不间断。一念偶尔悠忽,即中无主,而威重失。

不习其谋。

谓勇于行义,故不习谋。习者数数也。如鸟数飞。谋之必周,而不可数数过计。过计,则利害之私,将炫于中,而不果于行矣。

其特立有如此者。

搏猛引重诸语,或以为害于义理。吾意不然,儒兼任侠,其平居所以养其勇武者固如是。

儒有可亲而不可劫也,可近而不可迫也,可杀而不可辱也。其居处不淫,不倾邪。饮食不溽。不恣滋味。其过失,可微辨,而不可面数也。

陈澧谓过失可微辨而不可面数,殊未安。愚案人不能无过失,儒者能容人之微辨,则未尝怙过而阻人之忠告也。面数,则以盛气凌人。意气才动,自有苛求过深处,有诬且辱之嫌,故儒者不受也。

其刚毅有如此者。

儒有忠信以为甲胄,礼义以为干橹,戴仁而行,抱义而处,虽有暴政,不更其所。

暴乱之政,儒者必结合群策群力,以图改革。不以险难而更其志操也。

其自立有如此者。

儒有一亩之宫，环堵之室，宫谓墙垣，环堵，面一堵也。五版为堵，五堵为雉。**筚门圭窬，**筚门，荆竹织门也。圭门，《说文》"穿木为户"。《左传》作"窦"。上锐下方，状如圭形。**蓬户**以蓬塞门也。**瓮牖。**以败瓮口为牖。**易衣而出，**居常衣垢敝。**并日而食。**或三日二日并得一日之食。**上答之，**郑注："谓国君以利弊见询，儒者陈说，而上能应用也。"**不敢以疑。**谓凡事必以己所信诸心者，进言于上。若己疑而不决，则得失未审，不敢以进也。**上不答，不敢以诏。**有言不用，则自守静直，不诏曲以逢上。

其仕有如此者。

郑注："此言贫穷屈道，仕为小官也。"案郑说非是。此节尽言固穷高隐之儒，虽不任政，而国君时与咨询政事，必尽直道。仕本训学，不必入官之谓仕也。此言贫而乐学也。若为小官，则无由为上所答矣。

儒有今人与居，古人与稽。

郑注："稽犹合也。"愚案儒者志气高厚，与古之大人合，必不与并世愚贱者合。

今世行之，后世以为楷。

《正义》："楷，法式也。言儒者行事，以为后世楷模。"

适弗逢世，适，之也。所之与世左也。**上弗援，**不为在位者所援引。**下弗推。**不为下民所推戴。

儒者当昏乱之世，其志气上同于天。其前识，远烛未来，而知当世之所趋，孰为迷失道以亡，孰为开物成务而吉。其前，至此为句。其定力，则独挽颓流，而特立不惧。其大愿，则孤秉正学以烁群昏。百兽踯躅，而独为狮子吼。虽所之与世左，上弗援，下弗推，儒者身穷而道不穷也。

谗谄之民，有比党而危之者。

民德民智之未进，而相比党以图政柄。则黠桀者为之魁。而无知之氓附之，相与颠倒是非，变乱黑白。谗谄行，而正士危，古今所同慨。《儒行》一篇，其七十子后有学当战国之衰而作乎？忧患深矣。

身可危也，而志不可夺也。虽危，起居竟信其志。

郑注："起居，犹举事动作。"信读伸。言众虽危亡，而行事举动，犹能伸己之志谋，不变易也。

犹将不忘百姓之病也。

孟子所谓天下有饥溺，犹己饥溺之也。佛氏大悲众生，亦此志。

其忧思有如此者。

儒有博学而不穷。

此言孤陋寡闻，不足为学。故贵于博，博者，周以察物，而观其会通。不穷，求进不止也。

笃行而不倦。

德行纯壹，无有疲倦。经言庄敬日强。佛氏亦云精进。

幽居而不淫。

不淫，心无妄动也。幽居之地，不使邪念得萌。此慎独之功也。

上通而不困。

上通，犹言上达。洞澈万化之大原，昭察万理之宗极，犹佛言一切智智也。不困者，明睿所照，非劳思虑而得之也。从来注家均误。

礼之以以用也。**和为贵，忠信之美，优游之法，**以和顺为法。**慕贤而容众。**《论语》，"亲仁"，"泛爱众"，此所本。**毁方而瓦合。**郑注："去己之大圭角,下与众人小合也。"

其宽裕有如此者。

儒有内称不避亲,《正义》:"若祁奚举其子祁午。"外举不避怨。若祁奚举仇人解孤也。此举上事,详《左·襄三年》。程功积事,推贤而进达之,不望其报。言儒者欲举人之时,必程效其功,积累其事,乃推而进达之。不望报者,进贤非为私故。君得其志,使国家得贤才,以行其志。苟利国家,不求富贵。

其举贤援能有如此者。

儒有闻善以相告也,见善以相示也。

不私其所闻见之善道,必授诸人。成物所以成己也。佛氏誓愿度众生,亦此意。

爵位,相先也。郑注:"相先,犹相让也。"患难,相死也。朋友如共患难,不苟偷生也。久,相待也。谓其所知贤能之友。久沈滞不升,己则待之乃进。远,相致也。远谓遗弃。谓若得位,而所知贤能方遗弃于世,则必相致达也。

其任举有如此者。

儒有澡身而浴德,陈言而伏。

《正义》:"澡洁其身,不染浊也。沐浴于德,以德自清也。伏者,闭而不出之谓。"儒者事君,以嘉谋嘉猷,密陈于君,而不泄于外,不自居功。古者君臣之义,犹朋友也。故相让善。夫以善与人,而不自居善。此善之至高至真者也。

静而正之,上弗知也。

静正者,儒者事君。将顺其美,匡救其恶,常在于未形也。凡朋友忠告之道,皆当如此。

粗而翘之,又不急为也。

粗谓大事。若君于大事有过失,必翘举其过,相匡正也。不急为者,当俟几而言。勿激于意气,致成不可挽之势也。此昔儒事君之义,今朋友相与,亦合如此。

不临深而为高。

天下有甚深之渊,谓潜伏之势力也。从来政治社会等等方面,当某种势力乘权,而弊或伏。则将有反动思想酝酿而未形。积久,则乘势者不戒,而弊日深。于是反动之势,益增盛而不可遏。故御世之大略,常思天下之利,或失之于不均,而流极难挽。天下之巨祸,或伏于无形,而爆发可忧。故不可以我之足以临乎其深潜之势而制之,遂自居高,以为无患也。当思危,而求均平之道耳。郑玄以来,于此皆误解。

不加少而为多。

天下之是非,有时出于众好众恶,而确不背于大公之道者。则从多数为是。不可以少而抗多也。有时群众昏俗之盲动,反不若少数人独见之明。则不可恃多以加乎少。加者,有自处优势而抑彼之意。如我不欲人之加诸我也之加,郑玄以来,于此均误解。

世治不轻。

世治,则人情易耽逸乐,忘戒惧。儒者居安思危,尝惕厉愤发,深求当世之隐患与偏弊,而思矫之。故云不轻。郑玄以来皆误解。

世乱不沮。

世乱,则人皆退沮。儒者早察乱源于无事之日。凡社会上经制之不平,政治上举措之大过。儒者皆详其理之所未当,势之所必趋,流极之必至于已甚。故当乱之已形,恒奋其大勇无所怖畏之精神,率群众以革故取新,《易》所谓"开物成务"是也。开者,开创。凡经济与政治种种度制,乃至群纪、信条,以及器用,一切新发明、新创作,皆谓之开物。成务,则牒上而言新事物之创成也。故云不沮。若只独行,而无所创辟于世,岂不沮之谓耶? 郑玄以来,皆误解。

同弗与。

方性夫曰:"与其所可与,不必同乎已也。"此说得之。庄周与惠施学不同,而有辨难之乐。顾亭林与李二曲学不同,而有切磋之益。此学之不必同而后与也。孔子政治思想,与管仲相隔奚止天壤,而大管仲之功。不似后来孟子之隘。沮、溺丈人皆隐沦避世,而孔子犹欲相喻以心。此言治之不必同而后与也。夫喜与乎同者,则天下有凶狡之徒,挟私以同乎我。有庸俗之辈,妄附以同乎我。则与同也,乃将我之所自持者,而尽丧焉,以成下流之归,可不戒乎?

异弗非也。

学必观乎异,而后吾之知进。政必观乎异,而后吾之虑周。友必亲乎异,而后吾之过有所闻,德有所立。夫万物并育而不相害,道并行而不相悖,此吾儒发明天地间之公理,不可或违者也。验之一身,百骸五脏,彼此互异,而相资相通,以遂全体之生成。使其以异相非,则生命绝矣。推此而论思想与治化,执一,以责天下之同,而伐异唯恐不尽者,终违天地之生理,孟子所以恶夫执一也。

其特立独行有如此者。

古之所谓特立独行者,出乎其类,拔乎其萃,不与时风众势俱靡。常能包通万有,含弘光大。先天下而开其物,成其务者也。汉以来经师之学,解不及此,乃以偏至之行,或曲谨之节,说为特立独行。则其狭小亦甚矣。故此一节,郑玄以来无善诂。

儒有上不臣天子,下不事诸侯,慎静而尚宽。慎静,则厌尘嚣,而难容物,故须尚宽。**强毅以与人。**尚宽,非苟屈以顺人之情也,故外温而内强毅,不苟与人。

107

博学以知服。

博学,则易自恃以轻人。须知,理道无穷,合古今中外学者之所得,其以测夫无穷者,终无几何。而我一人之学,虽博,又几何耶?前乎我者,有一长足以遗我,我受其恩,不敢不服。况其德慧纯备,发明至道,精思妙悟,创通物理者乎?并乎我者,例前可知。夫学愈博,而愈见理道无穷。择善不容稍隘也。故云知服。知服者,知服善也。妙哉此一知字,人之不服善者,唯其无知故也。

近文章,一日不亲书册,则心神放逸。砥厉廉隅。虽分国,如锱铢。郑注:"言君分国以与之,视之轻于锱铢。"算法,十黍为絫,十絫为铢。六铢为锱,四锱为两。不臣不仕。

寄迹世间,忘怀荣利。量超乎宇宙,德侔乎造化。

其规为有如此者。

王船山云:"规为,谓器量也。"

儒有合志同方,营道同术,合志同方,据所怀志意也。营道同术,据所习道艺也。并立则乐,相下不厌。言儒者有上述之友,其地位与己等,则欢乐之。若下于己,必不厌贱,不以地位变友谊也。久不相见,闻流言不信。信友之素守,故不为流言所动。其行本方,本之方正立义,所立必存义同而进,政治上主张,友与己同,则进而共行之。不同而退。友之主张,与吾异,则吾宜退避之。

其交友有如此者。

儒有不陨获于贫贱,陨获,困迫失志之貌。此言穷居不损其志也。不充诎于富贵。充诎,欢喜失节之貌。此言富贵不淫也。不恩君王,恩,辱也。言儒者素履方正,不为天子诸侯卿大夫群吏所困迫而违道。不累长上,长上谓乡党长老也,地方教化之事,与利弊诸端,皆长老主其计,儒者乡居,则赞助之。不以累长老也。不闵有司。闵,病也。有司,群吏也。儒者在乡,不私徒党以干涉吏事。澹台子羽非

108

公事不至于邑宰之室是也。晚世绅缙,以资望豪于乡里,病有司,而苦细民,儒者不为也。

其尊让有如此者。

儒者自尊,而穷通一其节,权势莫之屈。乡居,则敬长以赞化。又善处吏民而各安其分。儒者行让以辅治理,仁之至也。尊而不让,则居亢以绝物,是不仁也。此节结语,旧本在温良者一节下,殊不合,今移此。又此节下,有"故曰儒"三字,今移温良者一节下。从俞樾校改。又此节,旧在温良者一节之后,今从俞说移前。

温良者,仁之本也。

温,和也,善也。良,亦善也。至善无染,万德纯备,故曰良。和义深,是生生不息真几也。

敬慎者,仁之地也。

地,所以居止万物。敬慎,则心不放,故为仁之地。

宽裕者,仁之作也。

宽则不迫而恒安,裕则有余而不匮。作者,发用义。

孙接者,仁之能也。

逊辞接物,是仁之能。仁者浑然与物同体,故接物无不逊也。

礼节者,仁之貌也。

貌者,诚中形外也。仁存乎中,其应物现形,温然有节文也。

言谈者,仁之文也。

《正义》:"言语谈说,是仁之文章。"《论语》:"仁者其言也切。"谓言不妄发,必反省诸心,不失其仁,无私意私欲夹杂。则出口之言,悉从仁心中流出,自然成文也。

歌乐者,仁之和也。

《正义》:"诗歌音乐,是仁之和悦。"《论语》:"《关雎》乐而不淫,哀而不伤。"夫乐不淫,哀不伤,正是和悦之仁体,自然有则而不过也。哀至于伤,乐至于淫,皆缘己与物对,妄情斯滞。和悦不存矣。非游无待世,难离系也。夫子论《诗》,其义高远极矣。此中实本之。

分散者,仁之施也。

《正义》:"分散蓄积,而振贫穷,是仁之恩施。"财者,物所资以活命。财有限也,而资生者无穷。己蓄之多,则天下有丧其生者矣。故散财振物,仁道之大者也。佛重布施,以行其悲,亦此意。然儒者言治,必均天下之财。佛氏不谈治理,只就个人修行言。出世之教,异乎圣学也。

儒皆兼此而有之,犹且不敢言仁也。故曰儒。

郑注:"此兼上十有五儒,盖圣人之儒行也。孔子嫌若斥己,嫌其若直指己身而说也。假仁以为说。故假托于仁者之行而说之。仁,圣之次也。"愚谓郑注甚误。孔子以仁立教,《新唯识论》已言之。详卷下《明心章》。儒者之学,仁学也。故儒者百行,总归于仁。郑玄不了圣学宗要,乃曰假仁以为说。此乃以尊圣者毁圣也。又复应知,发心求仁,亦可谓仁人。仁德全显,乃云圣人。仁德本人所固有,然学必至于圣,乃能全显发之。圣人只是充仁之量,非异仁而别有道也。

今众人之命儒也妄,常以儒相诟病。"

孔子至舍,哀公馆之,闻此言也,言加信,行加义。"终没吾世,不敢以儒为戏。"

十五儒,显晦异迹。而行事皆出乎中正。不审伊川何故斥为虚夸也。今略举其大者,如夙夜强学以待问,闻善以相告,见善以相示,即夫子己欲立而立人,己欲达而达人之旨。佛氏度众生之宏愿,亦同儒行。世治不轻,世乱不沮,其经纶宇宙之弘规伟略,于是可见。不临深而为高,不加少而为多,则所以察群变,通群情,而司其化者,可谓至矣。同弗与，异弗非，道并行而不相悖，万物并育而不相害，可谓善体天地之化，自由之极则也。吾国民元以来，党人如敦儒行，则不至以私欲比党而祸国。行方立义，同而进，不同而退，友道固然。今之党人犹当循斯纪。民国以来，党祸至烈，使儒行修明，当不至此。不臣天子，不事诸侯，虽分国，如锱铢，逍遥乎尘垢之外。几与浮屠比迹。此则儒之畸行也。然慎静尚宽，不舍人伦，要自异于趣寂之风，非时不见，而贵难得。其规模与识量，盖广远之极哉！见利不亏其义，劫以众，沮以兵，见死不更其守，可谓坚固炽然矣。谗谄之民，比党相危，而志不可夺，犹将不忘百姓之病也。何其仁之至耶！若乃蓬户圭窦，并日而食，以自苦为极者，犹备邦君之询，弗忘当世之务。呜呼！仁矣哉！儒行也。佛家有《华严·普贤行愿品》，庶几同符此篇。余故继《大学》而述之。若单举《儒行》，则不可见儒学纲领旨趣，莫知其行之所由成也。章炳麟谓《儒行》，坚苦慷慨，大抵高隐任侠二种，若然，则枯槁与尚气者皆能之。何足为儒？何可语于圣神参赞位育之盛？圣神者，孟子云"圣而不可知之谓神。"细玩《儒行》，岂其如是。夫百行一本于仁，自立身而推之辅世，细行不堕，大行不滞。如世治不轻，世乱不沮，及不临深，不加少，同弗与，异弗非等。此是参赞位育本领，何滞碍之有？其迹间有似于隐与侠，要不可谓《儒行》止乎此也。夫《儒行》大矣，章氏何足以知之？

有谓《儒行》，只是条列各种行谊，殊无宗旨者，此甚妄。此篇结尾明明以百行一本于仁，与《论语》相印证。孰谓无宗旨乎？《儒行篇》自昔罕有注意者，汉、唐经师，只是注疏之业，根本不知儒者精神。郑玄、孔颖达之注，于《儒行》精要都无所窥。两宋理学，大抵不脱迂谨，末流遂入乡愿。近人诋程朱诸师为乡愿，此无忌惮之谈。但理学末流诚不佳，明儒变宋，则阳明子雄才伟行，独开一代之风。然末流不免为狂禅，或气矜之雄。卒以误国。阳明教人，忽略学问与知识，其弊宜至此也。《儒行》首重夙夜强学以待问。又曰博学不穷。曰博学知服。阳明却不甚注意及此,故不能无流弊。宋明诸儒,本无晚周儒者气象,宜其不解《儒行》也。近时章太炎嫉士习卑污,颇思提倡儒行,然只以高隐任侠二种视之,则其窥《儒行》,亦太浅矣。

《大学》《儒行》二篇,皆贯穿群经,而撮其要最,详其条贯,揭其宗旨,博大宏深。盖皆以简少之文,而摄无量义也。二三子读经,从此入手,必无茫然不知问津之感。读尽六经之后,又复回玩二篇,当觉意思深远。与初读时,绝不相同。夫学不本于经,即无根柢。世间书册,于一切知识,各有所明,阅之,皆有裨见闻,启人知解。然真学问,不是只有许多知识,便足云学。智必造其极,足以会散著之知,而得其通。理必究其原,足以汇万殊之理,而有所归。根据经验,以极乎穷玄造微。敦笃践履,以究于尽性至命。通智慧、道德、生活而为一,始可云真学问。此则必赖读经,以资引发,而后有成。若徒习世间书册,其神解不得超出,其胸怀不得广大,其情趣不得洒脱,人生自甘堕落,可惜也。

夫六经广大,无所不包通,而穷极万化真源,则大道恒常,人生不可不实体之也。若乃群变无常,敷宣治理,莫妙于经。综以九义,庶几扼要。此皆通万变而贞其大常,乌可不究。经旨广博,《大学》为之总括。三纲八目,范围天地,乾坤可毁,此理不易。续述《儒行》,皆人生之至正至常,不可不力践者。故经者常道,不可不读。人生一方固须从事知识之学,以通万变。一方尤须从事超知之学,经学不限于知识之域,而给人以参造化,究天人之广大智慧,故是超知的学问。以于万变中而见常道。人生如不闻常道,则其生活纯为流转,绝无可据之实。其行事恒随利害易向,而不以公正为权衡。此古今所以治日少,乱日多也。呜呼!此意不可与今之人言,而不忍无言。

读经示要卷二

第二讲　读经应取之态度

读经应持如何态度，二三子之问及此也，其意何居？古之学者，于六经共相尊信。其或有妄疑者，盖极少数耳。如宋时欧阳修疑《系辞》，苏轼兄弟毁《周礼》，李觏、司马光疑《孟子》，此皆智小而不足以通微，识短而不足以见大，故妄疑耳。今之学者，以疑古为名高。其于六经，大抵视为汉人所揉集，更不必深究其有何义蕴。二三子问读经应持之态度，殆欲于疑与信二者之间，慎择其一欤？然此非余之所欲详答也。六经是否为孔子所作述，吾将于第三讲略言之。读书贵能疑。疑者，所见未真心，心怀犹豫，因此，多方抉择，所以求事理之真是。而非以一切狐疑为足尚也。读书贵笃信。信者，因读书而有得，引申以长，触类以通。所知既博，所守必约。知不极其博，则无以为约守之资。守不极其约，则所知未能实有诸己，即其知乃浮泛。而不得为真知也。信者，守约之谓，会众理之极，而反己以实体之。即我与真理为一，是谓守约，是谓信。非但以不疑于书之所记述便谓之信也。故吾

113

之谈疑与信，乃与俗说颇异旨。疑信复相资。真笃信者，每以能疑，而始成其信。真能疑者，恒精于抉择，而不终陷于疑。盖疑信本兼资，而无可偏尚。一有偏尚，则易于信者，不免失之疏；而偏于疑者，亦长堕于惑。此学者所宜戒也。

二三子问读经应持之态度，其意以为，或如昔贤之一意崇信，或如时人之唯务尊疑，其态度诚有异。而吾于此不欲详答者，则以来问，或未探其本，未叩其要。吾将更绎所闻，为诸子告。

夫植树者，善培其本。筑室者，先辟其基。为学必有基本。其视筑室与植树，轻重大小之相去，岂可以数计哉！今之学者，只以博览为务，以闻见之广，知识之富，便足云学问。而不悟学问更有基本。不曾于博览或知识外，更有切实用力处，以如是之态度而为学，虽熟读群经，于名物训诂，无不精究，其于圣人之道，终必茫无入处，可断言也。夫求圣人之道者，必有高尚之志。未有志趣卑污，而可闻大道者也。故学问有基本焉，立志是也。昔者阳明有《示弟立志说》云："夫学莫先于立志，志之不立，犹不种其根，而徒事培拥灌溉，劳苦无成矣。世之所以因循苟且，随俗习非，而卒归于污下者，凡以志之弗立也。故程子曰：'有求为圣人之志，然后可与共学。'人苟诚有求为圣人之志，则必思圣人之所以为圣人者安在，非以其心之纯乎天理而无人欲之私欤？圣人之所以为圣人，唯以其心之纯乎天理而无人欲。则我之欲为圣人，亦惟在于此心之纯乎天理而无人欲耳。欲此心之纯乎天理而无人欲，则必去人欲而存天理。务去人欲而存天理，则必求所以去人欲而存天理之方。求所以去人欲而存天理之方，则必正诸先觉，考诸古训。而凡所谓学问之功者，然后可得而讲，而亦有所不容已矣。夫所谓正诸先觉者，既以其人为先觉而师之矣，则当专心致志，惟先觉之为听。言有不合，不得弃置。必从而思之，思之不得，又从而辨之，务求了释，不敢辄生疑惑。（**附说一**）故《记》曰：'师严然后道尊，道尊然后民知敬

114

学。'苟无尊崇笃信之心,则必有轻忽慢易之意。言之而听之不审,犹不听也。听之而思之不慎,犹不思也。是则虽曰师之,犹不师也。按阳明之世,学子于前代圣哲若孔子等犹奉为先师。虽于六经之言,听之不审,思之不慎,尚未敢唾弃也。今则鲜有以先哲为师者。此世习一大变也。夫所谓考诸古训者。圣贤垂训,莫非教人去人欲而存天理之方。若五经四书是已。吾惟欲去吾之人欲,存吾之天理,而不得其方,是以求之于此。则其展卷之际,真如饥者之于食,求饱而已。病者之于药,求愈而已。暗者之于灯,求照而已。跛者之于杖,求行而已。曾有徒事记诵讲说,以资口耳之弊哉?(**附说二**)夫立志亦不易矣。孔子圣人也,犹曰'吾十有五,而志于学,三十而立'。立者,志立也。虽至于不逾矩,亦志之不逾矩也,志岂可易而视哉!夫志,气之师也,人之命也。犹木之根也,水之源也。源不濬则流息,根不植则木枯。命不续则人死,志不立则气昏。须反己察识。是以君子之学,无时无处,而不以立志为事。正目而视之,无他见也。倾耳而听之,无他闻也。如猫捕鼠,如鸡伏卵,精神心思,凝聚融结,而不复知有其他。然后此志常立,神气清明,义理昭著。一有私欲,即便知觉,自然容住不得矣。故凡一毫私欲之萌,只责此志不立,即私欲便退听。一毫客气之动,只责此志不立,即客气便消除。或怠心生,责此志,即不怠。忽心生,责此志,即不忽。懆心生,责此志,即不懆。妒心生,责此志,即不妒。忿心生,责此志,即不忿。贪心生,责此志,即不贪。傲心生,责此志,即不傲。吝心生,责此志,即不吝。盖无一息而非立志责志之时,无一事而非立志责志之地。故责志之功,其于去人欲,有如烈火之燎毛。太阳一出,而魍魉潜消也。自古圣贤,因时立教,虽若不同,其用功大旨,无或少异。《书》谓'惟精惟一',《易》谓'敬以直内,义以方外',孔子谓'格致诚正,博文约礼',曾子谓'忠恕',子思谓'尊德性而道问学',孟子谓'集义养气,求其放心'。虽若人自为说,有不可强同者。而求其要领归宿,合若符契。何者?夫道一而已。道同则心同，心同则学问。其卒不同者，皆邪说也。后世大患，尤在无志。故今以立志为说。中间字字句句，莫非立志。盖终身学问之功，只是立得志而已。若以是说而合精一，则字字句句，皆精一之功。以是说而合敬义，则字字句句，皆敬义之功。其诸格致、博约、忠恕等说，无不吻合。但能实心体之，然后信予言之非妄也。"又与张世文云："区区于友朋中，每以立志为说。亦知往往有厌其烦者。然卒不能舍是而别有所先。诚以学不立志，如植木无根，生意将无从发端矣。自古及今，有志而无成者则有之，未有无志而能成者也。"

附说一： 阳明所谓正诸先觉一段语，足为今人对症之药。今时学子，于前代圣哲之言，往往不求深解，辄生疑惑。所以自绝于大道也。或问："前哲所言，不必尽是，何可无疑？"答曰：吾人见地，焉得一一求同于前哲。要不可掉以轻心。须于往圣昔贤之学，求深切了解，然后可以辨从违。若骤闻一二不合处，便以轻心，恣生疑惑，即不复能深究古人之大全。不得古人精神，深可惜。

附说二： 去人欲存天理一语，虽自宋明诸师盛言之。而实尧舜孔孟以来相传宗旨也。尧舜禹之相授受曰"执中"。汤亦"执中"。中者，天理也。执中，犹存天理也。《论语》开宗明义，说一学字。学者，觉义。觉者，去人欲存天理也。或有难言："欲曰人欲，则既为人之欲矣，何可去？且如去欲而别有理者，则理其如槁木死灰耶？而何以存为？"答曰：天理者，吾人所以生之理也。是名为性。以其主乎身而言，又名本心。此心，元是生生而条理。其发于日用云为之际，或感物而动者，莫非欲也。然以其至动而不可乱，随发而莫不有则，故此欲，直是天理之发，而不可谓之人欲。所谓视极其明而无所炫，听极其聪而无所蔽，乃至临财毋苟得，临难毋苟免者,皆性之欲也。然不可谓之人欲,而谓之天理也。汝以为此理,如槁木死灰,则未尝反己自识也。人欲者,非离天理而别有本也。吾人不能保任本心,遂至身失所主,而顺形骸之私,迷以逐物,而与之俱化。如五色令人目盲,五声令人耳聋,乃至见色思淫,见利思得,临难苟免者,皆迷妄之动,积以成习。及习已成,则身受其缚而不可解也。迷妄谓之人欲。此虽无根,而足以违碍天理之心。如浮云无根,而可以障太阳也。故去人欲者,去迷妄之谓也。存天理者,存养本心而无放失,使本心常为一身之主,则随心之所欲,皆不逾其自然之则也。理欲非二元,则以欲本无根,只是迷妄故耳。

余谓阳明立志、责志之说,精警至极。学者宜奉为师保。然责志必先立志。苟志犹未立,则其人直是自暴自弃,更何望其能自责以强为善,而免于下流之归耶?故责志切矣,而立志为本。志已立,而持之未固,养之未纯,犹不能无放逸也。则反而自责,即激发本志,而精进不懈矣。又志字之义,阳明似未深详。凡人闻说志字,便若其意义甚显,不待索解。然试诘之,则又茫然莫知所对。每见少年,妄自标举。其意念中,或欲高居人上,大抵欲得名利权势,高出乎人。其较胜者,欲求学问知识,高出乎人。夫贪名势者,诚为污贱。而将学问知识,看作为可以自夸之具,不悟此为自修之所不容不勉者。其鄙陋之情,较之贪名势等者,相去亦不能以寸。或欲建立某种事业,而不悟一切事业,皆人生职分所当为。若本自私自利之意作去,则不成事业矣。革命不出于救世之仁心,仅以忿嫉之私,欲取而代之,则以暴易暴,而可成顺天应人之功哉!如是而自谓有志,实则此等意念,正是无志者迷妄之情,私欲之炽然窃发而不自觉耳。以此为志,则是认贼作子,饮鸩自毒,乃以自绝其生生之理,而不可复阳,岂不哀哉!《庄子》:"近死之心,不可复阳也。"阳者，生义。言不可复生。夫世之自暴自弃，以趋迷妄，本无志，而犹自熹为有志者，正以志字之义未明故耳。彼以为心之有所向往，便谓志。如是，则向于自私，向于狂惑，向于污下，无不可谓之志。而志之一字，又何足道哉！志字固有向往义，如《毛诗序》云，"志者，心之所之"是也。志亦与识同。识，记也，引申之为存。王船山《读四书大全说》云："心有所存主名志。"余谓志字义，当以船山之训为主。阳明于志字，似取向往义。故曰"人苟诚有求为圣人之志，则必思圣人之所以为圣人者安在"云云。覆看前文。盖谓所向往在乎圣人，必去求圣人之所以为圣。于是务效圣人，而用去人欲存天理之功。据此，则志者，非内自立，乃依他而起。他谓圣人。由外慕圣人而起向往，故曰依他。不知天理之心，人人固有。反己自识，勤加保任。(**附说一**) 使此心，即上云天理之心。常为主于中，而迷妄不起，即人欲不起之谓。是谓心有存主。存主即是天理之心，非另有一心来存主乎天理之心也。而曰心有存主者，以措辞之方便，故于存主上置心有二字。是谓志，故志者，自内立。非由向外追慕圣人，然后模仿之，以返诸己，而下存天理去人欲之功也。非由至此为句。夫内无其源，而歆羡于外，终未可取资于外，以填实其内也。唯内有本而不穷，则依于自内，而顺以发之。(**附说二**) 滂沛莫御矣。使其未知反己，而欲其效法圣人，此必不可得者。圣人者，能尽天理者也。尽者，谓实体之而无有亏蔽。必自求吾心之天理，即内有存主而后于克尽天理之圣人，乃知所歆慕，而有殷重向往之忱。如天理之心，为私欲所障蔽，竟不知反而求之，将堕没于迷妄之中。大浸稽天，长溺不反，其心冥昧，其质顽钝，是谓物化。物化者，天理已绝，更何望其能兴感于圣人而是则是效哉！

附说一：保者，保持。任者，任持。即毋放失之谓。勤加云云，却非用力去把捉此心，只是时时在在，不稍松懈，不令此心放失。如居处恭，执事敬，与人忠，乃至一切格物穷理时，都只任虚明之心，契应乎真，不以偏见或意见而兴谬解。如此，则天理之心，恒未放失。反之，如居处不恭，执事不敬，此便是天理之心放失了。乃至穷理时，而任意见去妄猜，或妄为然否，此亦是放失其天理之心。若天理存时，自能慎思明辨，知之为知之，不知为不知，决不听意见用事也。学者于日用间，能澄怀自察识，则知勤加保任之功不可少。而于古圣贤为己之学，亦渐可识。

附说二：立志之立，只是顺吾所固有天理之心，而任其自然之发。顺字，正是工夫。上云勤加保任是也，发字极有力，直如春气至而万物皆发之发。此心备万理而起万化，含万德而应万事，其发也有竭尽乎？吾人只须有保任之功，不令此心放失，他自然会发。

故志字有二义：曰存主，曰向往。二者实亦相资，必能反诸内所固有天理之心。此言内者，实不与外对。为不知反己者，故言内耳。上文用内字者，皆准知。存持不懈，涵养充实，即中有存主，大本已立。则其器量日益宏远，睿智日益盛人而无碍，其精神乃与古之圣人相通。所歆慕向往者，一惟圣人之克尽天理，而思竭其力以与之齐，所谓当仁不让是也。故向往之极乎高明而远于污下者，由中有存主故也。若无所存主，而徒言向往，则天君失位，私欲潜滋。虽或有一念乍欣乎圣，而妄情即蜂起以间之，此念不可继，终为禽兽之归而已矣。夫中有存主，其向高明，谓向往圣人。自不容已。譬如参天之古木，其根甚深，根，喻中有存主。故挺然植立，以向穹苍，其向往极高。而成参天之势矣。人之有志，盖亦如是。其存主愈纯固者，其向往必高明。人之所以克全其固有之天理，立大本以起万行，备众善而立人极者，以其志诚立而不可移故也。志字，具有存主向往二义，而存主义，实为主要。天理之心，历历不昧,参前倚衡,毋敢放逸。《论语》:"立则见其参于前也。在舆,则见其倚于衡也。"即《太甲篇》"顾諟天之明命"意思。造次颠沛,恒必于是。极夫己立立人,己达达人,万物皆备于我,而至乐大足于己。此存主之实也。自始学迄于成圣,其道在斯。阳明以向往圣人为始学事,而终引归去人欲,存天理。其于存主之义,元未相悖。但初学未知反己。反己,即心有存主。欲其以圣人,为所向往,是由不濬其源,而妄冀流之长也。其可得乎?

阳明曰:"自古及今,有志而无成者,则有之矣。"此语未安。盖以向往言志,则徒外羡乎圣人,而其情不恒,其力不充,宜其无成也。若知志者,只是心有存主。则万理之宗,万善之源,反己体之而即是。此言体之,犹言保任之也。无须向外模仿,知其在己之谓默识,知字义深,言自明自证也。尽其在己之谓思诚,《孟子》曰:"思诚者,人之道也。"诚即天理。思字义深,思诚者,默与理契。起心动念,举手投足,无在非天理流行,而私欲不得间之。是思诚者也。实其在己之谓据德。实者,充实之也。《论语》曰"据于德"。德者,推致吾心之天理于事事物物,力行而有得于心之谓。据者,即以德为所依据。是故存主工夫,悉皆自力,不依他起。自力则未有无成者也。如其无成,必是自力未发起也。易言之,即志未立也。诚有其志矣,岂有无成者乎?子曰:"苟志于仁矣,无恶也。"仁即天理。又曰:"我欲仁,斯仁至矣。"何患乎无成哉!夫唯以向往言志,则凡人情之所甚欲者,如政治家之求成于功名,乃至百工技艺之求成于事业。皆其所向往,而皆不必有成。则以其事皆待乎外,而非唯依自力之可至也。若知志者,存主谓。则人人固有天理之心,所谓无尽宝藏是也。此心含万理,赅万善,故以宝藏言之。此其发现,全凭自力,无藉乎外。自信,自成,而决不忧其无成。唯其力之足乎己,无所待而已矣。

故志者,存主义。心有存主,即自力生。或有放失时,则反而自责,存主斯在。阳明责志之说,亲切无比,学者所宜服膺。子曰:"有能

一日用其力于仁矣乎？我未见力不足者。"夫人之患，在拘于形骸，而
逞其私，以障碍其固有天理之心。遂至闭遏天赋无限之力，不能引而
发之，宣而畅之，以成乎颓然无所堪任之顽物。佛家说众生之最卑劣而不可
语向上事者，为无所堪任。今吾国人纵欲败度，难与为善，正佛之所呵。此孟氏所
云"自暴自弃"也。明儒方正学曰："人之身不越乎百年。善爱其身者，
能使百年为千载。不善爱其身者，忽焉如蚊蚋之处乎盎缶之间。夫蚊
蚋之生，亦自以为适矣。而起灭生死，不逾乎旬月，当其快意于所欲，
以盎缶为天地，而不知其所处之微，昧陋之民亦若是矣。迷溺于财色
权势，以身为之役，而不以为劳其心以为至乐也，而不知其可悲也。甚
适也，而不知其污辱也。均之为身也，圣贤之尊荣若彼，而众人之污辱
若此，曷为而然哉？有志与否致之耳。"朱子与田子真书曰："吾辈今日
事事做不得，只有向里存心穷理。外人无交涉，然亦不免违条碍贯，看
来无着力处。只有更攒近里面安身立命耳。不审比日何所用心，因书
反之，深所欲闻也。"朱子所云"攒近里面安身立命"者，正是存主处着
力。正是立得此志定。学者由是而学焉，彻上彻下，彻始彻终，只此而
已矣。反是而求成于学，吾恶知其所极哉！

夫学者必自有其志，而后可读经。何者？六经，圣人之言也。圣
人之言，发于其志。学者在由圣人之言，以通其志，非徒诵其言而已。
通圣人之志者，必自有其志者也。所以者何？一言乎志，则众人与圣
人同也。同而后可以相喻。由志同故，其量之无所不涵也同，其智之
无所偏蔽也同，其思之无所不运也同，其仁之无所不周也同，其力之无
所不注也同。唯同也，故相喻。如好好色，恶恶臭，我知人之有是好恶
也，我与人之情本同故也。蛆生长乎粪。毛嫱、西施，鱼见之深入，鸟
见之高飞。蛆与鱼鸟，不同乎人之情，则于人之所好恶，必不相喻矣。
以是反征，志同而后可相喻，断然无疑也。圣人独与天地精神往来，其
于造化之奥，天人之故，冥会而实体之。万事万物之则律，精思而探其

原。天下后世群生之休戚,常若痛痒之在其身。凡此,皆圣人之志之所存也。学者如无志,即自暴自弃,以远离乎圣人,而为夷狄鸟兽之归。犹望其通圣人之志,是责蛆与鱼鸟,通吾人之好恶也,非大惑欤?夫众人之与圣人同焉者,其志也。众人而有志,则众人亦圣人也。虽去圣人千岁之遥,万里之远,而相喻如一体也。众人而无志,则众人只是众人。纵使亲承圣人謦咳,而精神不可通,相隔奚啻天壤。况读其遗经于百世之下者乎?故学者如不能立志,责志,则其读经,如童子诵数而已,终不可喻圣人之志。夫以志喻志,上志字,就学者言。下志字,就圣人言。以在圣人者,与在己者同也。己者,设为学人之自谓。无志,终不可喻圣人之志,为其自相障隔也。学者不立志,便自与圣人障隔耳。圣人何曾远人以为道哉!经生辈治经,只以精审训诂,考核名物等为务而已。将圣贤反己求志之实学,漠然无所动于中。外驰而丧其内,以博闻为名高,而不务成己成物之实。侈知而昧其原,侈于琐碎之知,而不闻大道。如是而读经,与不读何异?象山教学者先立乎其大,大谓志。真千古明训也。

学者何故不能立志,私欲累之也。私欲之甚者莫如名。外竞于名,则中藏鲜实。亡实者,志已不持,万恶所由始也。古今有聪明才辨者盖不少,而考其所造就,往往甚草草,甚至自误误人之罪不可逭。其所由至此者,急于自见,迫于自炫之私过炽。则自反自修之忱,渐减以之至尽。逞浮游之小慧,纵摇荡之狂情,投时风众势之所偏尚,而不暇于择善固执,不堪以精义入神,此好名者之通患也。好名之风盛,则思想界日趋于浮浅、混乱。其群俗相习于卑靡、虚诳、淫佚、纵欲,乃至作种种恶。而无有维系身心,充实生活之要道。好名者,外逐而内无以自持,故其流极不堪问。学者习以成风,则影响于社会者,其害不小。天之化道,始于幽潜,乾卦初爻,可玩。人之成德,修于宥密。《诗》云:"夙夜基命宥密。"虚名不可尚也。善夫章实斋之《针名》曰:"名者,实之宾。实至而名归,自然之理也,非必然之事也。君子顺自然之理,不求必然之事也。君子之学，知有当务而已矣。未知所谓名，安有见其为实哉？好名者流，徇名而忘实。于是见不忘者之为实尔。识者病之，乃欲使人后名而先实也。虽然，犹未忘夫名实之见者也。君子无是也。君子出处，当由名义。先王所以觉世牖民，不外名教。伊古以来，未有舍名而可为治者也。何为好名乃至忘实哉？曰：义本无名，因欲不知义者由于义，故曰名义。教本无名，因欲不知教者率其教，故曰名教。揭而为名，求实之谓也。譬犹上古之民，不知粒食，而揭树艺之名以劝农。不知衣，而揭盆缲之名以劝蚕。今不问农蚕，而但以饱暖相矜耀。必有辍耕织而忍饥寒，假借糠秕以充饱，隐裹败絮以伪暖，斯乃好名之弊矣。故名教名义之为名，农蚕也。好名者之名，饱暖也。必欲骛饱暖之名，未有不强忍饥寒者也。然谓好名者丧名，自然之理也，非必然之事也。昔介之推不言禄，禄亦弗及。实至而名归，名亦未必遽归也。天下之名，定于真知者，而羽翼于似有知而实未深知者。夫真知者，必先自知。天下鲜自知之人，故真能知人者不多也。似有知而实未深知者，则多矣。似有知，故可相与为声名。实未深知，故好名者，得以售其欺。又况智干术驭，竭尽平生之思力，而谓此中未得一当哉！故好名者，往往得一时之名。犹好利者，未必无一时之利也。且好名者，固有所利而为之者也。如贾之利于市焉，贾必出其居积，而后能获利。好名者，亦心浇漓其实，而后能徇一时之名也。盖人心不同如其面。故务实者，不能尽人而称善焉。好名之人，则务揣人情之所向，不必出于中之所谓诚然也。且好名者，必趋一时之风尚也。风尚循环，如春兰秋菊之互相易而不相袭。人生其间，才质所优，不必适与之合也。好名者则必屈曲以徇之，故于心术，多不可问也。唇亡则齿寒，鲁酒薄而邯郸围，此言势有必至，理有固然也。学问之道，与人无忮忌，而名之所关，忮忌有所必至也。学问之道，与世无矫揉，而名之所在，矫揉有所必然也。故好名者，德之贼也。若夫真知者，自知之确，不求人世之知之矣。其于似有知实未深知音,不屑同道矣。或百世而上,得一人焉,吊其落落无与俦也,未始不待我为后起之援也。或千里而外,得一人焉,怅其遥遥,未接迹也,未始不与为比邻之洽也。以是而问当世之知,则寥寥矣,而君子不以为患焉。浮气息,风尚平,天下之大,岂无真知者哉!至是而好名之伎,亦有所穷矣。故曰实至而名归,好名者丧名,皆自然之理也,非必然之事也。卒之,事亦不越于理矣。"愚谓真有志者,不愿乎外。量宏者其识远,何暇计流俗之名。夫鹦鹊啁啾,和者多也。茅苇黄白,靡者众也。凤高翔于千仞,桐孤生于百寻,虽寡和无偶,而终不能屈折以随乎茅苇鹦鹊。是以君子发愤忘食,暗然自修,不知老之将至,所以求适吾事而已。以有涯之生,逐无涯之毁誉,舍自得之乐,干庸众之歆戴,此岂有所不获已哉!愚贱之亏其中,无以自持而已矣。

经学者,使人克治私欲,而以天地万物一体为量者也。道在反身而诚。诚则无私,而后知天地万物皆备于我,本性自尔,自形言之,我与天地万物固是各别。自性言之,我与天地万物元是同体。故孟子言"万物皆备于我",乃见性之谈。非意之也。物我无间,实理如此,岂由意想安立。夫求诚只是责志,责志必毋近名。名者,务外之私,与志不两立者也。志者,中有存主,无羡于外也。然学者或知求志,而持之尚未固,养之犹未纯。则好名之习,每潜伏思逞,以摇其志。此时,则赖反己察识,以克治徇名务外之私。而使固有天理之心,涵养益盛,贯动静,静,谓不与物接时,渊寂之中,而有思焉,无邪无妄,是天理之心自然之明也。动,谓万事交感时,泛应曲当,皆天理之心自然之则也。故动静万殊,而此心之贯乎万殊者,主宰恒一。合内外,天理之心,周流乎万事万物,而无所不涵。故事物非离心外在也。内外之界泯故云合。极博约,知极其博,而守极其约,皆天理之心自然之运也。而恒澄然不乱。天理之心,无惑染故,无昏扰故,故云澄然。感而遂通,莫不有则。故云不乱。此谓中有存主,此谓志定。志定而后计名之私尽。此事谈何容易。若志未定时,则徇名务外之私，时起时伏，祸根不拔，则向外求适意，而亡己以求有当于世。亡己之己，非是小己。易言之，即非形骸之己。学者必须识得天理之心，方是真己。孔子曰："古之学者为己。"只是存养其真己，而不忍自亡耳。种种揣摩、迎合、忮忌、诳耀之私，不可究诘。揣摩风会，迎合众好，比党以相标榜。异己则忮忌之。虚诳以邀誉，夸而无耻。心地既杂染不堪，而义理自不来舍，纵其琐慧，可以小知，决不可大受。欲其冥于至理，通于大道，断非所堪也。夫好名本人情之常。佛家弥勒菩萨位当补处，补处者，谓其当继释迦佛而居佛位也。而其少时，好游族姓，未免近名。其后发愿趣真，乃证佛果。故知克念作圣，存乎其人。吾国自后汉以来，名士之风特甚，魏晋名士之风，始于后汉。吾昔年有小文言之。顾亭林称美东京风俗，实甚错误。名士比党标榜与附势、荡检之风，自后汉始。不独林宗、太邱皆乡原也。经师如荀爽、马融，昔人已不满。即郑玄应袁绍之招而道死，又岂笃实之儒？孔融本不学，与祢衡诸狂童相奖借，其尊玄也，正可见其标榜之习耳。当时唯卢植无可议。实德衰，而实学不修，由后汉作俑，以迄于今，而害尤烈。晚明，王船山、顾亭林，力矫污风，至以讲学聚徒为戒。而船山窜身猺洞以没世，尤为卓绝。余少无奇节，然服膺船山，常求所以守拙而沦于孤海，深惧夫力之不胜也。近时士习，尚表曝而薄暗修。生心害政，虚诳宣传是务，而生民之祸亟，老怀深痛。与后生言，必以务名为戒。晚而惧先圣义理之学，日益废绝。常欲约一二有心人为学会，相与护持。而卒不敢轻举，虑夫与俗之务声气者同科，将反其所期也。呜乎！士生今日，如之何而始为自靖之道，此实难言。冬岭寒云，独立而苍茫望天。忽有感于宣圣之言曰："吾非斯人之徒与而谁与？"吾何尤焉，当自求寡过而已矣。夫六经之精微，非具民胞物与之量者，不能领取也。徇名务外之鄙夫，何可穷经？吾老而常自兢兢也。究训诂，征名物者，盍更进而寻其本乎！

为学有无实德，其差极远，奚啻天渊？而其所以差殊者，则判于一念敬肆之几而已。心存乎敬，则人欲日消，天理日明。谢上蔡语。心失之肆，则人欲盛而天理灭矣。天理即本心也，实非有灭。但吾人不能保任本心，乃任私欲起而障之，即天理不得显发，故说为灭。夫经学者，旧云圣学。其为道也，以见自性为极；至诚之理，生生不息真几，言其为万有之本原，则曰天或道。言其为吾人所以生之理，则曰性。故见性，即知天道。非吾性之外，别有天道也。见字义深，自证之谓见。以会物归己为本；僧肇云："会万物为一己。"此即孟子万物皆备于我之旨。盖我与万物之性同，则物无非己。以反身而诚，乐无不备，为功修之实；孟子云："反身而诚，乐莫大焉。"反己求诚，是尽性者也。自性涵万德，备万理，藏万化。唯反身而诚，则率性而行，无私欲为之障。故自性显发，无稍亏蔽，而谓之尽也。乐者，本性具足。廓然无待。故见性，则无羡欲之累，无纷驰之感，无挂碍，无恐怖，而至乐备于己矣。以己立立人，己达达人，极乎裁成辅相，参赞位育，为功修之盛。（**附说一**）圣学广大悉备，未始遗知能，而实超过知能之境。此其所以别于宗教，宗教尚信仰，而不任知能。求主宰于外，而不见自性。而为哲学之极诣。哲学家尚知能，驰思辨，未能返己而证物我同体，未能遗知而冥于无待，此哲学家之自画也。儒者六经之道，方是哲学究极境地。甚深，难穷哉，圣学也！夫圣学幽远，非仅事知解工夫者，可以契悟。原其入德之门，必由敬畏，且非止入门一段工夫而已。以此下学，即以此上达。由始学以至成圣，盖终其生矗矗焉而无一息可忘敬畏者。然人之精神，必有所依归，而敬畏乃生。若漫然一无所依止，一无所归向，则情浮而不专，知浮而难凝。真智必凝寂，而后圆明无碍。若无所依归者，只务浮泛的知识，则无凝寂之功，而真智不启矣。知驰于琐，务琐碎之知，则精神纷散，而难集其虔诚，以合于冥漠。此言冥漠者，即谓吾人与万物同具之性体。以其冲寂而无象，浑然不可分割，故云冥漠。而情失之淫，淫者，轻荡貌。则敬畏不生。敬畏失，而内无以自持，即精神坠退，而人生乃陷于悲剧矣。夫敬畏者，其中惕然，恒有以自任之重，而惧其不胜也。若有所制之，而不敢纵吾意，顺吾欲，悠然于身世之交，而毫无忌惮也。其精神所由凝聚，而精进不已，上下

与天地同流者，只以不舍敬畏故耳。**（附说二）**

　　附说一：《易·系传》曰："裁成天地之道，辅相万物之宜。"夫大化无有作意，物之受成于化，不能咸宜。天高不可测也，地险不可逾也。乃至人物有灵蠢等等之不齐，若斯之类，盖不可胜穷。虽巧算，不能举其数也。故曰："天道鼓万物，而不与圣人同忧。"化之成物，必非有意安排，令其一切皆无憾也。而圣人则有忧之。其于化之不齐，而为人所不能无憾者，必将使之无憾而后已。是故学不厌，诲不倦，智周万物，而道济天下。教化修而群智启，度制立而群力舒，器用备而群生遂。故使灵者益明，蠢者不囿于其质。天高，数理可测也。地险，舟车可夷也。其他种种不齐之数，通先圣后圣之所忧，将皆有以弥其缺憾。此裁成辅相之功，所以为圣道之极致。而非出世趣寂之佛氏可同日语也。《中庸》云："能尽己性，则能尽物之性。则可以赞天地之化育，可以与天地参矣。"又曰："致中和，天地位焉，万物育焉。"大哉圣人之道，极于位育，而尽性之功毕矣。

　　附说二：孟子言上下与天地同流，义极深远。吾人之精神，即是天地精神。本非有二。而众人不能同于天地者，私欲障之耳。圣人当存敬畏，私欲不得萌，便与天地为一。友人有云：学以通宇宙为极。余曰：此义深远，但恐学者未达本原，却生误解。如计有外在的宇宙，而吾与之通。是欲以此通彼，终成滞碍。须知，圣人尽性之学，原来见到宇宙本吾一体。《孟子》云："万物皆备于我。"《新唯识论》盛明此义。我与宇宙，何曾有彼此之隔。又岂有不通者？只为人有私欲，自生障碍，便须说通耳。然《新唯识论》只就本体论之观点立论，学者识得此理，而善体之于日用之间。则如《孟子》所云，"明人伦，察庶物"；《易》云，"智周万物，道济天下",与"裁成天地之道,辅相万物之宜",及"制器利用,迩观其会通,行其典礼",以至位育之盛,皆足征吾人与宇宙,本为一体流行。其发展与日新,无有穷竭。吾人妄执七尺之形以为己,而不悟宇宙为一己。便自作障碍,不能大生广生,体大化而游无穷。诚可惜也。他日,容当专文论之。

或复问言:"敬畏之生,必有所依归。先生已言之矣。然圣学非宗教,亦先生所言也。夫宗教信有上帝,即其依归。故昭事翼翼,《诗》曰:"小心翼翼,昭事上帝。"翼翼即敬畏貌。毋敢放逸。经学既非宗教,其示人以依归者,果何在欤?"答曰:善哉问也。而惜不知反求诸己也。夫妄计有上帝,而以为依归者,此迷妄之情也。依妄情而起敬畏,非真敬畏者。真敬畏者,自性即本心。恻然发动,不容已也。经学明示人以依归,其说在《论语》"君子有三畏"章。而吾子不悟何耶? 今录其文如下:

孔子曰:"君子有三畏。畏天命,畏大人,畏圣人之言。小人不知天命,而不畏也。狎大人,侮圣人之言。"

此章,从来注家多失其旨。开首"畏天命"一语,是全章主脑。大人则实证天命者也。圣人之言,则原本天命而非妄也。原本二字吃紧。盖圣人即实证天命者,故其所言虽多端,而无不从天命或自性中流出。故无虚妄。

何谓天命?《集解》曰:"顺吉,逆凶,天之命也。"《正义》曰,"天命,兼德命禄命言。知己之命,原于天。则修其德命,而仁义之道无或失。安于禄命,而吉凶顺逆,必修身以俟之"云云。《春秋繁露·郊语篇》引此文,解之云,"以此,见天之不可不畏敬,犹主上之不可不谨事。不谨事主,其祸来至显。不畏敬天,其殃来至暗。暗者,不见其端,若自然也"云云。按《集解》与《繁露》言天命,专主祸福。其所谓天,即相当于宗教家之神,甚乖孔子本旨。《正义》分言德命禄命。其禄命说,同于《集解》《繁露》。而说德命,则云知己之命原于天。似谓人有灵性,为天神所予。此亦宗教家言也。其实孔子言天命,本无宗教意义。今举《易·无妄》与《中庸》《论语》互证之可见。

无妄之《象》曰:"动而健,刚中而应,大亨以正,天之命也。"

详此云动而健者,正显本体之流行。动字,义极深远。非如物体移动之动。参考《新唯识论》。健者,至刚义,纯净义,乾卦曰:"纯粹精。"即是清净之极,无有染妄。变动不居,不守故常,曰不居。详《新唯识论》。於穆不已。於穆,深远义。无止息,曰不已。惟其刚健,乃生生而不可穷竭,无有留滞也,故曰动而健。

刚中而应者,无妄之卦☲,其五爻为阳,凡卦六爻,自下向上数之。故说为刚。阳者,正是动而健,故以刚言。五,为上卦之中,初至三爻为下卦,四至上爻,为上卦。五爻,于上卦为居中也。以刚居中,故曰刚中。应谓二爻以阴而应五之刚也。《正义》曰"九五,以刚处中。六二应之,九,表阳。六,表阴。是刚中而应"。

按上云动而健,言体之成用也。譬如大海水,全现作众沤。众沤,喻用。大海水,喻体。体唯是一,而其现为用,则万殊。故一切人物,各各差别,要皆资始于健动之本体,无二本也。详《新唯识论》。下言刚中而应,则就其在人而言之。人得此动而健者以生,是本体在人,乃为吾人之性。即此性德澄明,所以运乎吾身,而御物不失其则者,是谓本心。澄者,空寂义。空寂谓无形无象,无有染污,此健动之本然也。不空,则滞碍,而无生化,即不成健动。明者,灵明。言性体元备万理,涵万善,乃极灵明而无迷暗也。《易》云大明是也。若非内具灵明之体,则一切知识,如何可能。内无鉴别,则与物不相喻,何成知识。心也,性也,名异而实一,即吾人所固有健动之本体也。明乎此,则刚中而应之义,可得而解。阳刚为本心之象,刚居中,即本心内在炯然,为一身之主之象。故曰刚中。而应者，六二之阴，物欲之象。以柔应刚，柔谓阴，即指物欲。刚谓本心。是物从心，欲从理，理亦谓心。即欲莫非心之发，物莫不随心而呈之有则也。如奴仆顺从主人，即奴仆之行为莫非主人之行为。非离主人别有异动故。《正义》云："有应，则物所顺从，不敢虚妄。"此明吾人有炯然在中之主宰，能制驭物欲而不与俱靡者，此即动而健之本体也。

"大亨以正"者，本体流行，无有阻碍，无有匮竭。亨通之至，故曰大亨。体备万善，刚健而无所不胜。凡物各得之以有生，故说为正。

其结曰"天之命也"者。言上所云云，即此谓之天命云尔。天者，言乎本体之绝待而无相也。相者，形相。凡有待之物，即有相。无待者非物，即无相。《中庸》以无声无臭言天，正显无相。命者，言乎本体之流行也。上释天命二字之义。

详上所述，首言"动而健"，正明本体流行。

次言"刚中而应"，则明本体不待外求。吾人有炯然在中之真宰，能用物而不为物役者，此谓本心，即是本体。何劳向外穷索哉？

次言"大亨以正"。正之为言直也。本体之动，无虚妄故。亨者通义，物皆同体，无间隔故。如见杀牛，而不忍闻其哀鸣之声，即本心之发，视牛之惨，犹在己也。本心即本体。原不限于一己之形，固通万物而皆一也。极欣畅故。拘小己，即徇私欲，而不得欣畅。若证本体，则不执小己，而欲尽、理明，岂有不欣畅者。

无妄之言天命，即是本体。反己体之自见。圣经中释天命一词之义蕴，最明白简要，而赅摄深广者，莫如无妄之《象》。学者不可不详究也。

《中庸》："天命之谓性。"

《新唯识论》附录曰："本体绝待。随义而异其名，无声无臭曰天。《中庸》末章：'上天之载，无声无臭，至矣。'上者，绝对义。天者，宇宙本体之目，非谓神帝也。载者，言其备万理，含万化也。无声无臭者，言其寂然无象也。於穆不已曰命。《诗》曰：'维天之命，於穆不已。'命者,流行义。维天之命者,言乎本体之流行也。於穆,深远义。不已者,真体之流行,无有止息也。民之秉彝曰性。彝,美也。此美绝待,非与恶对。天命者,本体之目,本体具万善,至美者也。民,犹言人。夫人皆秉天命以有生。即秉至美之理,以成为人。故克就此至美之理之在人而言,则曰性。然则性即天命,玩之谓二字可见。岂可外自性而别寻天命乎?"

《论语》:"五十而知天命。"

《新唯识论》曰:"夫天命者,以其无声无臭,而为吾人与万物所同具之本体,则谓之天。以其流行不息,则谓之命。故天命,非超脱吾人而外在者也。"又曰:"孔子五十知天命之知,是证知义。其境地极高,非学人悟解之谓。"以上并见《新论·明心上》。

综观《易》《中庸》《论语》之言天命。义本一致,原无宗教意义。学者识得天命原是自家真性,至富而备万理,至刚而涵万化,至大而藏万善,至尊而超万有。为万有之本体,故曰超。非谓其超脱于万有之上而独在也。其生生之盛,而含德之厚如此,吾人所当恭谨奉持,克全本分。天命即吾真性,是所固有,故云本分。而毋拘形骸,逞迷妄,以自丧其真性。真性即是真我。亦云真实的生命。夫自真性言之,本通物我为一体。而拘形骸以为自我者,则与物对峙。是失其真性者也。真性本无迷妄,而私其形骸者,即一切迷妄,无端而朋从以兴,不可究诘。迷妄既炽,真性遂失。故欲全其真者,必毋拘形以陷于妄。百年之内,百年者,人寿之大齐。常战兢而不敢自宁,怵惕而不甘自欺。所以全吾之真,尽吾之性,而不忍剥丧本根,自甘污下也。才一念轻肆,便是非几。几者,动之微。非者,邪妄之谓。大风起青𬞟之末,其端甚微,其极乃滔天而不可救。人禽之判,只在几希。岂不危哉!朱子曰:"如非礼勿视听言动,与夫戒慎恐惧,皆所以畏天命也。"不睹不闻之中,常怀戒慎恐惧,则邪念不得而萌。此则指出敬畏之实功。然必自识天命,方知敬慎顺承。顾可易言之哉?横渠《西铭》注重孟子事天之义。冯芝生特取之,极有见。天者具云天命,但以其在人言之,即《新唯识论》所云性智是也。性智炯然明照,吾人须敬畏顺承,不敢违逆,如宗教家常凛然有上帝之鉴临一般,此谓事天。事天之功密,则性智方得脱然超出,即主宰恒定,而百体从令,迷妄不兴。此工夫至谨严,亦至平易,学者忽之而不肯为,何耶?

次"畏大人"者。郑注:"大人,谓天子诸侯为政教者。"言天子诸侯能为政教,是为贤德之君。从来注家,多同郑氏。惟《集解》云:"大人即圣人,与天地合其德。"余谓《集解》是也。陈鳣古训,谓解大人即圣人,则与下言圣人之言相复。不知圣人之言,谓载在经籍者。敬畏圣人,与敬畏其言,自有分别,何至相复。《易·文言传》,"夫大人者,与天地合其德"云云。《孟子》言大人者最多。其《尽心章》曰:"大人者,正己而物正者也。"《告子章》曰:"先立乎其大者,则其小者不能夺也。此为大人而已矣。"按孟子先立其大,为象山、阳明所本。大者,谓天命,亦即本心或性智。敬畏天命,或存养性智,即是立乎其大。小者,谓目之于色,耳之于声,乃至四肢之于安逸,阳明所云"顺躯壳起念"是也。敬畏天命,即是性智恒为主于中。有不善,未尝不知。知之,即敬畏性智之明,而不敢违之以行不善。如此,则大者立定,而四体不至纵欲以夺其大者矣。学至于此,始为大人。《集解》谓大人即圣人,证以《易》《孟子》之言,无误解。郑训君上,以鄙情而测圣心,甚谬。夫圣人,实证天命者也。实证,便与天命为一。孔子五十知天命之境,其生心动念,即是天命昭著。故曰知者证知。若吾侪言天命,只是悟解及之,未能实现天命于己,即常为小者所夺,而违吾之天也。吾畏天命,即不得不畏圣人。以圣人为人伦之至。至者,极义。圣人实证天命,故于人伦中为立其极。极,谓同于天也。吾对之,有高山仰止之思,则严畏自不容已。由于圣人起严畏故,则精神一于向上。胸怀日以冲旷,不近庸鄙,故冲旷。神智开豁,胸怀冲旷,则智不蔽。而德充于内。其此精诚之效,诚非无忌惮之小人所可或喻者。孔子梦见周公,其严畏爱慕之深,可以想见。敬与爱相因,不知爱之,而肯敬畏之乎? 路之犬吠尧,犬不知爱尧,故吠而不敬也。古之大人,未有于前哲不生敬慕者。志定于内,则于先知先觉,或志同道合之侣,自必起懑重向往之忱,而怀声应气求之雅。与前文立志一段参看。所以致其恭谨,而不忘畏惮者,岂有意为是哉! 直恻怛之动于不获已尔。

且由畏大人而推之,则不论前古或并世,其人苟为圣人之徒,则皆吾之所不容弛其敬畏者也。世无孔子,不当下之,此吾少年之亢怀也,老而后自知其慢也。夫必圣人而后畏,则取善之途已狭。宅心不广,何堪蓄德。"三人行,必有我师焉","十室之邑,必有忠信"。详《论语》。此等胸量,浑同太虚。岂释氏之天下地上惟我独尊,可同日语哉? 若乃世教衰绝,民不兴行。有志者求之天下,不得而见圣人之徒。旷观古今,而中有怦怦然动,索焉不知涕之何从。斯时,乃若有隐相慰喻者。吾惟恭敬承之,而不敢亵。是则吾畏大人之念,不容以世衰而可弛也。或有难曰:"公所谓圣人之徒者,多出于庸俗之推崇,岂尽可畏?"答曰:吾所谓圣人之徒,非以庸俗之所推崇者为标准也。若从祀文庙之诸儒,其当黜者殊不少。此不及论。古人往矣,其行事在载籍可考,否则必有遗书可玩。其言之诚妄,浅深,真有识者自不为其所欺。如李光地、汤斌之徒,其理学果何足道。光地、斌之仕于清廷,大节已失,不足比犬马矣。吴草庐辈,仕蛮野之朝,秽贱不足论。刘因以高隐自炫,而作赋幸南宋之亡。则王猛、许衡所不忍也。王猛虽事符坚,临殁而思存晋。彼固功名之士,其贤于伪理学远矣。儒之为乡愿,为夷狄,而被庸俗推为圣人之徒者盖不少,是在真有识者能自辨之耳。吾兹之所言,本为有识者发,其顽懦无识,又可与之言斯义哉?

次"畏圣人之言"者。如六经之言,皆修齐治平诚正格致之大道,《大学》修身、齐家、治国、平天下、正心、诚意、致知、格物之八目,是总括六经旨要。字字皆从天命自性中流出。天命即是自性,故用为复词。故其言无有虚妄。

即其间不无七十子后学推演之说，然皆依据圣人之旨，故不可轻疑，或妄叛。夫于叛戒妄者，示叛之必不可也。圣人颇有依古代社会之所宜而立言，或不必宜于今者。吾人可不拘守其言，当变而通之以尽利。然变通则非叛也。圣人，随时而酌其宜之微意，是求圣人之言者所不可忽也。于疑戒轻者，则非谓不当有疑也，只不可以轻心致疑耳。于圣言而有所不得于心时，疑虑方生，则必以畏惮之心持之，恐自任私智而不达圣意也。如是，则气静而神清。久之，或见圣言之不可易，吾疑之者妄也。或见圣言亦有所不周于后世之务，吾因疑，而新有所启也。非吾之智高于圣人也，吾承圣人之遗产，而加以新经验之多，宜其不限于前哲之所见也。疑不忘畏，故不为苟疑也。若轻心以生疑，则气躁而神昏。其于圣言，断无真解。且其由疑而转立己见，又逞邪妄。此为轻疑者必至之患也。

且不独叛之为罪，疑不可轻而已。窃而似之者，更无忌惮。似者，不有其实，不得其真之谓。古今有浅夫昏子，于圣人之言，本未能精思而力践也，而窃之以为名高。考据家仅通六经之训诂名物而已，而曰圣人之道在是。曾不思畏圣言高远，吾实未得其旨也。吾之疏解，皆似之而非也。则窃圣言以自文，而无所畏矣。理学末流，则袭程朱、陆王诸老先生之绪言，以托于孔孟之徒，践履无实，知见固陋，而语录迭出，不知所谓。是其窃而无畏，较经生尤偷惰鲜耻也。至于浮夸盗名，托《春秋》《礼运》，而以圣自居者，或标榜圣言，而所行与之相反者，斯皆不足论。

墨守而无所创见者，似畏而实非畏。余尝言：孔子云"信而好古"。好之一字，是在情趣上说，非就知见言。《论语》"温故知新"，《易》曰"智周万物"。可见孔子祖述、宪章，《中庸》："仲尼祖述尧舜，宪章文武。"言尧、舜、文、武之言，载在《尚书》者。皆孔子所祖述与取法也。原非墨守。孟子言孔子集大成。集大成者，言其融贯百王，取则众圣，以发明大道。其所深造自得者,乃创获,而非墨守。譬之化学的变化,实创生一新物事也。下士墨守圣言,只是顽钝,何关敬畏。此之不辨,将使顽夫托于畏圣言,而圣学乃真绝矣。

夫叛圣言,德之贼,是以犷悍祸天下者也。犷悍者,由二恶故。一由挟私,故悍。一由无智,故犷。必不可与言变通。清末以来,叛者实繁有徒,而世乱不知所底。轻疑圣言者,德之弃。是以浮乱祸天下者也,必不可与求理道之真。今日思想界习于浮浅,混乱,故士节不修。而天下理乱之原,终不得而明。国危已亟矣。窃圣言者,是以私偷祸天下也。凡窃,皆由私与偷。私则不知道之大,而不复自求也。偷则安于无知,而不肯致力也。吾国人此病最深。墨守圣言者是以固陋祸天下者也,此病,国人亦甚重。综前四祸,其源皆由于不畏。夫畏圣言,则必虚心以体之,深心以玩之,困心以穷之。此三心,宜细玩。而难与不知用心者言。尽此三心,而后其于圣言也,有所变通,而非叛也。有所致疑而不轻,将以求真也。有所发挥,而深嫉夫窃也。有所创见,而不甘墨守也。此由畏而能虚心,能深心,能困心之效也。若于圣言,漫无所畏。则三心亡,而四祸有所必至。此非方今之大患哉!

附识一:曹生曰:"昔儒言敬畏天命者,大抵是一种超越感。盖以天为超越于万有之上。吾人好虔诚投依,终是与天为二。今先生指出天命即是自性,亦即本心,亦云性智。则事天者,事其在己之天也。性智无知而无不知,善善恶恶,性智自然之明也。吾人敬畏性智之明,而不敢以私意,私欲违碍之,是谓事天。先生之义如是,则事天不是一种超越感也。"余曰:汝已得吾意。然性智即是照体独立,性智自体,元是觉照圆明,而无迷暗,故云照体。独立者,谓性智是主乎吾身之真宰,亦即是万有之真宰,吾人与万物,非二本故。本自超越物表。以其为万有本体,绝待无匹,故云。但与宗教意义,截然不同耳。

宗教家之上帝，则是超越于万有之上而独在者。

附识二：或问："大人似不尽可畏。如朱子，古今推尊，虽不遽谓圣人，要皆以为圣人之徒也。然朱子闻象山之丧，祭毕而曰：'死了告子也。'其攻唐仲友，亦甚无度。"曰：此二事者，前辈多不信为实。纵有其事，要不可以连朝之阴暗，而遂不信太阳之光明也。夫论人，谈何容易乎？人生不能无气质之拘碍，习气之缠扰。虽志学极切，见道极明者，而恒苦于习之坏者不易尽除。习之来源甚远，人类有生以来，种族经验，皆习也。质之偏者不易遽化。其动念偶失，行事偶乖，固有可谅。要在观其素志，是否真走向上一路耳。以小眚，而掩其大德。何忍如是苛乎？乡原不知天命而不畏也。自甘污下，而于言行之际，则内存城府，而外顺世情。非之无非，刺之无刺，习险曲而违天命，乃成不可原之恶矣。朱子平生信道笃，而自任过勇，故辟异端甚力。其不满象山之近禅，若慨且憾者。盖未尝一日忘。观其语录笔札时及之可见。象山垂殁，朱子挥涕而有告子之叹。记者录其语，自不无变易。要不可以世俗之薄情者相衡。至唐仲友事，则朱子似迁怒而不察传闻之失实。要亦仲友之亢，有以激之。先君其相公曰："朱子有必为圣人之志，以振起绝学，救天下万世为己任，此其不可及处，斯百世公论也。"余谓儒之为乡原，为夷狄者，乃不可赦。若小节差失，或有过而能改者，皆不当苛论。吾国人于仁贤，不惜其苛求之过。而相尚于乡原。于穷凶大憝，又往往俯忍而不敢声讨，此群化所由日敝也。

学者有三畏，而后可读经。若无此三畏，则以矜博闻，识故事之心，而涉猎经籍，直侮之而已。以此自绝于大道，岂不惜哉？《管子》曰："思之，思之。又重思之。思之不得，鬼神通之。非鬼神之通也，精诚之所致也。"学者读经，而不得圣人之意，亦惟积其精诚而已。敬畏而已。

综前所说，皆关本要。本者根本，要者切要。若乃学问之道，温故知新。恢宏众智，圣经亦未堪孤守。又宗经、释经，元自分途。释经，如经师专治训诂、名物、度数等，是但疏释经文而已。宗经，若究心义理者，虽宗本六经要义，而非以注疏为务。汉、宋评章，不容偏尚。吾将略明之云尔。

或有问曰："先生主张读经，将谓西洋学术如科学、哲学等，可一切拒之而不讲欤？"曰：恶，是何言。自科学发明以来，其方法与结论，使人类智识日益增进，即人类对于生命之价值，亦大有新意义。略言之：如古代人类对于自然势力之控制与危害吾人者，唯有仰其崇伟，而莫敢谁何。科学精，而后人有勘天之胜能。可以控制自然，解其危害，而利用之以厚吾生者，犹日进未已。人类知识之权能日高，遂得昂首于大自然之表，取精多，用物宏，其生命力得以发舒，无复窘束之患。科学方法未精，即技术不发达。而物质贫乏，使人生活窘束，而生命力难发舒矣。此科学之厚惠一也。古代社会，有治人者，治于人者，及贫富与男女间，种种之大不平，几视为定分而不可易。自科学兴，而注重分观宇宙，即于宇宙万象，而分析研究之。与实事求是之精神。于是对于社会上种种大不平，能析观，以周知各方之利害。综核，以确定改造之方针。向之大不平者，渐有以除其偏敝，而纳之均平。人道变动光明，已远过古昔。此科学之厚惠二也。古代人类常屈伏于神权之下，如蚕作茧自缚。科学进步，已不限于实用，而常为纯理之探求。见理明，而迷信自熄。人生得解脱神权之束缚，而自任其优越之理性。此科学之厚惠三也。科学破除宗教迷信，是其所长。然宇宙实体，人生真性，终非科学所可究明，则又未可专恃科学也。略说此三，而科学之重要已可知。西洋哲学，其发源即富于科学精神。故能基实测以游玄，庶无空幻之患。（**附说一**）由解析而会通，方免粗疏之失。（**附说二**）西学之长不可掩，吾人尽量吸收，犹恐不及，孰谓可一切拒之以自安固陋哉！

附说一: 真理之发见,常赖乎玄想。然玄想与空想幻想,截然不同。印度佛家富于玄想,是其所长。然极好逞空想、幻想,此病却重。西洋人尚实测,而又能玄想,斯可贵。

附说二: 印度佛家颇精解析,而好为空想。不由实测,则其解析,多无义据。如王船山诗云:"如鸟画虚空,漫尔惊文章。"颇中其失。吾国自汉代以来,哲学家于解析之术,不肯措意。虽于本原有契,而条理处,毕竟失之粗疏。

或曰:"先生既盛称西学之美,则今日教育,完全西化,废止读经,固与先生意旨毋背。而先生又亟提倡读经何耶?"答曰:泥于一曲者,不堪闻至道。蔽于一方者,无可识大化。夫中外异势,而精神之运,各有独到。则资人之长,以弥吾所短可也。古今异变,而理道之公,元无隐蔽。析之至微,微者,微细。研之至精,固后人所胜。至于开物成务,开通万物,而成天下之务。含宏万有,则古人所发,固有贯百生而不敝者。吾国六经及晚周诸子学,印度佛法与诸外道学,希腊诸哲之学,皆古学也。而至今为各方学术渊源,不可毁绝,后之视今,犹今视昔,其不绝可知已。大辂始于椎轮,其可察流而忘源乎?夫经学之于科学,本有可融摄,而不待强为凑合者。《大学》之教,注重格物,其源甚古。《易》之为书,名数为经,质力为纬。自然科学,靡不包通。(**附说一**)而制器尚象,则工程技术,于是造端。穷变通久,《易》,穷则变,变则通,通则久。裁成辅相,(**附说二**)其道与《春秋》《周官》《尚书》诸经相表里。通群变之万殊,而驭之有则。群变,谓人群事变。究治制之得失,而损益随时。(**附说三**)均平以定天下之计,计者,犹言经济。世界经济问题,必依均平之原则而解决之。公诚以开百代之治。治道唯公而无私,诚而无伪,可使万物得所,人各足其分愿。大哉《易》也! 政治社会之理想,宏富无匹。《春秋》改制,《周官》法度,皆自《易》出。治社会科学者,何可不取则于斯。六经浩博,而《大易》尤为奇特。五经皆与《易》互相发明,《易传》,肇于孔子,本富于科学思想。而汉儒以阴阳家言乱之,全失《十翼》之旨。西洋科学输入,而后圣人智周万物,道济天下之实,可得而窥。参考《易·系传》。学问之事,先圣见其大,后贤造其微。微有二义:一细微义,如科学之分工细密是也。二精微义,如科学方法之谨严,结论之精审是也。孰谓经学、科学如柄凿不相入哉?治经,而后见其为科学之导源,此必须读经者一也。

附说一:《易》之阴阳,其义无所不在。如就自然科学言,阴则为质,阳则为力。六十四卦,以阴阳错综,明宇宙万变之律则。而其究极之义,则阴亦阳之凝成,并非离阳而别为实有,即宇宙唯是能力而已。自然科学之理论,何能外此。

附说二:《易》曰"裁成天地之道",明非因任自然而已。贵以人治,裁正天行。曰"辅相万物之宜",则顺物之所各宜者,而相助为理。非可有独裁者,孤行其是,宰制万物,而纵其大欲与野心也。此自由之极也。

附说三:损益,见《大易》及《论语》。随时之义,详《易》与《春秋》。《孟子》云:"孔子圣之时者也。"此中意义,弘大深微。人类有其惰性,常未能随时精义。此古今所以治日少乱日多也。如近代科学技术进步,世界已成为一体,而人心犹不能荡除国界种界之私。政治社会之结构,亦不能与大同之趋势相应。战祸之烈,有以也。使其通随时精义之旨,则去私,而改造其不适时宜之制,自易易耳。

经学广大悉备,而其至者,厥为发明大道。大者赞词。此在第一讲中,业经说及。六经皆载道之言,而《易》为尤尊,以其宣阐道体,极深微故。深者,深远。微者,微妙。极者,言其微妙之至,无以复加也。《老子》者,《易经》之支庶也。老子之学，本出于《易》。而多与儒者异趣，故云支庶。其言道有曰："有物混成，按混者，浑然不可分割貌。成者，亘古现成，不从他生，即亦无灭。先天地生。按道本无有生之者，而曰先天地生何耶？世俗以为，天地至悠久矣。而道体恒常，则非天地可为况喻。故假言先天地生，以明其真常耳。寂兮寥兮，王注："寂寥，无形体也。"独立而不改。按独立者，绝待之谓。不改者，谓恒如其性。《易乾凿度》云：不易是也。周行而不殆，按"周行"云云，谓道体显现为大用，即流行不已。其德生生，不困殆也。可以为天下母。"按天下者，天地万物之都称。犹云为天地万物之母也。母者，生义。天地万物，皆道生之。此演《易》乾元之旨。乾元者，道之显现而为用也。然离用不可得体，譬如离众沤，不可得大海水。故于乾元，而识道体焉。可谓得其蕴。（附说一）夫道者，宇宙本体之目。但以其在人言之，则曰性，亦曰心。曰性者，以其为吾人所以生之理也。曰心者，以其为吾身之主宰也。如非礼勿视听言动，便见心是主宰乎身。此中心字，具云本心。《荀子》引道书云道心，即此心。故穷宇宙本体者，反己而自得之。己与宇宙，本同体故。儒者践道于日用伦常之间，如居处恭，执事敬，思无邪，及亲亲、仁民、爱物等等修养工夫。即道乃于己而实现。天地万物同体之实，反己而自明自证。何劳向外穷索，如演若迷头之妄哉！哲学家每将本体，看作为外在的，而凭理智去追求，是求道于外也。六经之学，虽不主反知，不遗物理，而毕竟归于见道。此见字义深，非知解之谓。见道者，证体之谓。证体，具云证见本体。道者，本体之异名。证体，必由德行修养而入。今伦理学家所云"道德"一词，殊欠妥。当正名曰"德行"。《论语》记孔门弟子有以德行见称者。德日起，起者兴起，谓善道增长，本董子语。养日深，则不至私小己以陷于迷妄。迷妄息，而真宰现前，真宰，谓本体。不劳穷索矣。若夫恃理智或知识，而期有以见体者，此如盲人摸象，只是误猜。贫子说金，不可得饱。古今堕此陷阱者不少，而终不一悟何耶？夫人生不得超脱有限，以离系，而冥于真极。此人生之至惨也。真极，谓本体。冥者，冥会，谓本体呈露时，内自证会，此时无有小己与外物对待之相。易言之，即己与本体为一。《易》云与天合德，即此意。人生如欲超脱有限，离系，而冥真极，则舍六经所云德行修养之功，终无他术。是故今日言学，不当以提倡科学之故，而遂废经学。吾尝言，科学是知识的学问，经学是德慧的学问。（**附说二**）二者相需，不容偏废。旧答友人书有云：科学无论如何进步，然总须承认有外在世界，此固是一种假定，然科学家在此假定之下，却只有承认，而不容怀疑。须用客观的方法，须注重实测。晚明方密之作质测。此为科学成立之根本条件。唯其如此，科学毕竟不能证会本体。何以故？本体不可视为外在世界，而以客观的方法质测之故。本体不可四字，一气贯下为句。科学终有其不可逾之领域，即所假定之外在世界。其方法求进，亦不能不限于其领域之所得施。如近世物理学，已进而用数学表示。然只是图摹宇宙的表层，决不可穷究宇宙本源。毕竟不能通内外，物我浑然为一，而游于无待，振于无穷。毕竟至此为句。证体，则内外悉泯。物我双忘，本无待故。科学却于无待真体，而设定有外，设定有物。即由此故，内我外物，对峙纷然，不可融一。人生遂囿于有限之域，而不得游于无待，以寓诸无穷。其乖真亦甚矣。毕竟无法体会宇宙之主底蕴。底蕴，即谓宇宙之实体。吾人理性，自有向上之要求，向上云云，即指求得吾人与万物同体之真实本源而言。决不能仅以科学知识为满足。科学反对宗教，足祛迷信，而不能举出一可以代替宗教之学术。则吾人唯与物相靡，以度其有涯之生，而不可得一真实归宿处，不亦悲乎？西洋哲学，大概与科学同其态度，即努力于向外追求，及持论能以逻辑精严制胜而已。（**附说三**）其于吾经学穷理尽性至命之旨，则相去甚远。（**附说四**）夫哲学若止于理智或知识之域，不能超理智而尽性至命。则谓离理论科学，而尚有哲学存在之余地，亦非吾侪所许可。余以为经学要归穷理，尽性，至命，方是哲学之极诣。可以代替宗教，而使人生得真实归宿。盖本之正知正解，而不杂迷情。明乎自本自根，而非从外索。宗教之上帝，是任迷妄之情，以索之于外也。西洋哲学谈本体者，共猜度构画，亦是外索。经学迥异此等。是学术，不可说为宗教。民国初元，有主张定孔学为国教者。蔡孑民先生谓儒者经学，非宗教,所见极是。**是哲学,而迥超西学**。西学,具云西洋哲学。彼未能超知而趣入德慧也。非宗教,而可代替宗教。**(附说五)**经学之特质如是,焉可持科学万能之见,以屏斥经学,谓其绝而不可续哉? 此必须读经者二也。

附说一:《老子》此段,大体不失《易》旨。然与《十翼》相乖,则亦于此微露其端。孔子说"天行健"。而老仅曰"周行不殆"已耳。其实,本体现为大用,纯是刚健,故流不已。老子耽虚静,于健德没理会。由此,谈人生,谈治化,便多差谬,此《新唯识论》所由作也。

附说二:德慧一词,本《孟子》。德慧者,最高的智慧,无有倒妄,故以德慧名之。实则,德慧即是本体之发用。杂染尽而明体显,非修养功深,不获发见。见读现。若常途所云理智者,则由吾人于实际生活中,计有外在世界,因实用之需,乃向外逐物,而生知解。此知解力,以渐发展盛大,而成为一种明辨作用,明者,明睿或明察。辨者,辨析。所谓理智是也。此缘实用陶炼得来,未能离染。故与德慧截然殊异。《新论》卷上《明宗章》,谈量智处,可参看。此义详说,当俟《量论》。哲学虽不遗理智,毕竟当超理智而趣入德慧,方是极诣。

附说三:明儒黄黎洲讥世儒向外求理。然在科学,固贵外求。若就哲学言之,虽亦设定外界,不遗物理,但其究极,要在反己而识自本自根,非可向外觅本根也。"自本自根"一语,本《庄子》。庄子此语甚妙,盖深得《大易》之旨。黎洲讥向外求理,若以对治西洋哲学,自是良药。

附说四:穷理、尽性、至命,见《易·系传》。理、性、命只是一事。皆斥指本体而目之也。本体者,万化之大源,是名真理。但以其在人而言,则曰性。以其赋予于人而言,则曰命。穷理者,谓穷究吾人与宇宙万有所共同之真实本源也。尽性者,谓已证知此真实本源,即是在己之真性。则不可以小己之私蔽之,当率由吾性,以显其至善,而无所亏损,故曰尽也。至命者,谓此真实本源之赋予于吾人,即是吾之真性固已。然吾人常易为形骸所役,以殉乎私欲,则未能尽吾之性,而吾且成为顽然之一物。乃将天赋本命,完全障碍。从此陷坠日深,欲还复天命,得其本体,良非易至。如游子远离,一旦思返,道里迢遥,至止不易。然为仁由己,先难后获,诚使尽性之功不懈,则至于命而莫之御矣。至命,即复其本体。而吾之生命,与宇宙大生命为一。所谓游于无待,振乎无穷者也。

附说五: 有谓经学非宗教,亦非哲学者,此大谬。经学是德慧的学问,何谓非哲学乎? 须知,哲学固不以理智或知识为止境,必至德慧具足,而后为哲学极诣耳。若于宗教哲学二者之外,立两非之类,以位置此土经学,与印度佛法,此等分类法,何所取义,非余所知已。

近世科学技术发展,人类驱于欲望,而机械大备,又不得不用之以求一逞。于是相率趋于争斗,而兵器之穷凶极惨,且未知所底。为矫激之论者,或咎科学不为人类造福,反为人类之祸。余固不以此说为是。科学于人生大道,此中道字,非目本体,乃谓事理之当然也。如贫富之必求其均,此只是当然。强暴之侵夺,必惩创之,亦只是当然。他皆准知。所发明者何限,其影响于人类精神者甚大且遍。此固有识所共知,无须深论。余固不肯轻视科学,但亦不敢以科学为万能。余以为人类如欲得真幸福,决非可仅注意外部,如环境与制度之改良。此中环境与制度,包括物质生活的条件,及政治社会结构而言。而内在因素,实至重要。所谓内在因素者,必性命之理得,性命,见前附说。尽性,至命,是为理得。而后嗜欲不淫。

（**附说一**）**嗜欲不淫，则万物相安于各适**。万物各得其所，曰各适。彼此有互助而毋相侵也。吾国三代及汉、唐盛时，对远方慕化来属之各国，皆不侵其土地，不夺其政权，而一任其自由，盖中国人之哲学思想一向如此。**相亲如一体**。《论语》云"四海皆兄弟"，《礼记》云"天下一家"，宋儒云"民胞物与"。六经之学，远自尧舜，以至孔子，历世相传。其为学，皆反己而自识本体，故有天地万物一体之量，由其实证此理故尔。**心灵超拔，而至乐不待外求**。心灵不役于物欲，故云超拔。超拔故无待，无待则乐自足，无所求于外也。孔颜之乐以此尔。**利用咸宜**，利用一词，包含至广。若政制，若经济制度，若器械，若工程技术，通称利用。宜者，义也。咸，皆也，遍也。彼此均利，毋有利于此而不利于彼者，亦无有利于彼而不利于此者。故皆安生于正义之中，曰咸宜。**而小己齐摄大体**。各个人为小己。各国家、各民族之在人类全体中，犹小己也。小己互相融摄，而成一大全体。恶容孤存，恶可自利。**唯达于性命，见自本体，乃有此效**。达性命，见本体二语，乃复词耳。是其同体恻怛之诚，出于不容已也。禹思天下有溺者，犹己溺之也。稷思天下有饥者，犹己饥之也。汤曰："万方有罪，罪在朕躬。"孟子曰："行一不义，杀一不辜而得天下，不为也。"从来圣哲皆深达性命，而以万物为同体。此实经学骨髓所在。宋明儒直以经学为性命之学，可谓得其旨归。科学虽于人道，多所发明，然终不涉及本体。其所任者理智，其方法为外求。至于反求诸己，而自得其万化之源，万善之宗，真实弥满，而发以不容已者，万化之源，万善之宗，皆谓本体。此唯反求而自得之，非由外索。真实者，本体无虚妄故。弥满者，本体备万理、万德，无所亏欠故。发不容已者，谓其发用盛大，无有止息。正由其真实弥满故。此等道理，须返在自家生活中体认，学者如能不为形骸之私所拘锢，不为嗜欲所沦溺，而识自本体，必信此中所言非虚。**此则经学之所发明，而非科学之所过问。故科学知识，不能穷探宇宙真相，与人类精神活动之根源**。真相，犹云实体。科学于知能之域，尽量发展，知能，犹云理智或知识。**使人之嗜欲，不遭抑遏，而可以畅遂，固有其长。然人类由科学之道，终不能穷极性命宝藏**，性命，含万善，故以宝藏为喻。**即不能潜发与含养其德慧，不能有天地万物一体之量，不悟性分自足，无待于外之乐。如**

是,则人类终困于嗜欲无餍之狂驰,其祸或较抑遏嗜欲而尤烈。大战之一再爆发,而犹未知所底,是其征也。余以为科学与经学,两相需,而不可偏废。欲使科学方法与工程技术,纯为人类之福,而不至为祸,则非谋经学科学二者精神之相贯不可。经学于宇宙,明其本源。科学于宇宙,析其分殊。宇宙一词,本总括人类与万有而言。本源,谓本体。分殊,谓各部分的现象。二者相互发明,万殊原于一本,一本现为万殊。岂有隔绝不通之理?今日各种科学,已甄明各事物,皆有全体性。如天文学,言无量星体或星云,实非各个孤立,而乃互相联属,为一完整体。生物学,亦明生物,非离环境而孤立,乃与大自然通为一体。物理学,言元子、电子者,已破除物质之小颗粒之观念,似将归本于一大力能。社会非各个分子孤立,而实为全体,则又社会科学所公认而无待论者。由此,可以理会宇宙本源是一,譬如一大海水,现为众沤。吾人知众沤,互相联属为一全体,则可进而知众汇,共以一大海水为其本源故也。科学上之发见,与经学究极义,究极义,谓本体。元不相违,何须相伐?经学如不有科学为羽翼,则尚德慧而轻知识,固不免以空疏无用贻讥。科学如不有经学为归宿,则且有以知识而破碎大道之憾。经学焉可废哉?此必须读经者三也。

　　附说一:此中嗜欲一词,包摄至广。若食色,若权势,名誉,乃至一切向外驰求,无有餍足之感,皆名嗜欲。夫命即性也,性即本心也,本心澄明,无有染著,无有倒妄。吾人能保任此心,使其恒为主中,则一切嗜欲,皆本心之发用,自然有则,而不至狂乱以逞,故曰不淫。或问:"本心即性,即命,既是吾人所本有,何须保任?"答曰:人有形骸,乃本心运用之资具也,然资具既成,便自有力用,足以障碍本心。如主人以奴仆为资具,而奴仆亦可乘势以欺主人。故凡嗜欲之不当于理者,皆由形骸之力用使然。即皆

145

由资具之乘势使然，非本心也。王阳明言一切之恶，由顺躯壳起念。佛氏亦以身见，为众惑之本。孟子以从小体为戒，小体即形骸也。《新唯识论·功能章》谈习气处，及《明心章》谈宗门作用见性处，并宜深玩。问曰："资具能碍此心，却如何保任？"答曰：不正之嗜欲起时，本心之明，元未尝泯，若隐然鉴督吾人而诏以不可随顺此嗜欲者。吾人于此，正须因本心之鉴督，而努力力存持此鉴督之主人公，勿令嗜欲得障碍之，此谓保任。孟子言操存，亦此旨。德哲康德所云自由意志，余以为即于保任工夫中见之。若无保任工夫，即被一切嗜欲沦溺去，岂有自由意志可言耶？惜乎康德不知于自由意志，认识自家与宇宙万有同体之真实本源。而犹别觅上帝与灵魂，此大惑也。总缘西洋人一向以本体为外在的物事，而凭理智去追求之，不悟反己自得也。问曰："保任义已闻之，形骸既是本心之资具，此与本心为二元乎？"答曰：否，否。心物非二元，只是一体，现似二用。此中现似两字，注意。非可以心物作二片物事看去，《新唯识论》宜玩。

复次，中国数千年来，高深之文化，根底具在六经。清末以来，朝野日以模仿西洋为务。举西洋所有之新思潮，学术上之各派哲学与文学，政治社会方面，自民主至于共产等思想，无不袭来。好制度，政制，自总统制，内阁制，乃至委员制，三十年来无不袭而行之。其效如何，吾不忍言。好名词，国人惯用极好听之名词，而所行适得其反。无不尽量输入。学子且高呼完全西化，线装书投厕所之论，倡自海内闻人，腾之著名杂志。经籍即线装书。西化气焰极高，而政教乃日坏。士习乃日偷，民初迄今，文理各科之学人，真能在艰苦中朴实头地去下困功，极深研几，而不肯浅尝辄止，得少为足者，吾实罕闻其人。至于悠悠多士，蚁聚市朝，蜂呼论坛，学识不殖，情思都尽。清末民初诸名士，今日且求之不可得。人才每况愈下，岂天运欤？毋亦教养之非其道欤？况复青衿甫入庠序，姓名已挂党籍。学业既旷，机械早熟。人则断送，国又何依？余以衰龄，穷途颠沛，每怀斯世，无复良图。余自反，亦负疚甚深。然吾当清末，弃科举而入行伍。当时营中无识字之兵，吾备受困辱，亦曾遭生命危险。民国成，躬耕田野。平生穷厄，则相识知之者多。吾三十后，始弃革命，而专力为学。自悟非政治才，不敢侥幸以从俗浮沉。吾为学，颇得先圣仰观俯察，近取诸身，远取诸物之旨。随处体认道理，困心衡虑，未敢轻自信而轻表曝。平生只是守拙，守分不偷巧，不自欺欺人，年行逾六十，乃敢与二三子明此心。吾尝言，人之生也，形气限之。凡一般人所有之坏，圣贤亦不能绝无。但圣贤能努力自克，故成为圣贤。而一般人多只向坏处发展，故为鸟兽之归。作人真不易。吾六十年来，行迹上似无甚破绽，而返之幽独之地，则顽庸之过恶极多，而圣贤洁净精微之意却甚少。吾愿今之士君子，各自勤求己过，尽所长，去所短，世道人心，庶几一变。夫量宏而后可蓄德，志正而后可虚心，识远而后可强学，勇沉而后可有为，二三子勉之哉！慎勿轻言西化也。凡人绝无自存自立之道，而欲以东施，效西子之颦，则未有不败者也。吾自少至老，眼见清末以来，国人一意自卑，而自毁其固有。六经既视同粪土，而吾民族数千年来，依据经学所建立之一切信条，皆破坏尽净。西化之真，无从移植得来。固有之长，早已舍弃无余。人皆以其浮浅杂乱之知识，高自矜炫，此实今日最痛心事，不卜天下有深察及此者否？莫肯反省为切己之学。何以维系身心？何以充实生活？而举世习焉安之，曾不一悟。贪污、昏暗、猜忍、诌曲、卑靡、偷贱之风，日益炽盛，而不成为人。抗战逾七年，曾无深思远虑，与自存自立之道。学校无士气，社会无生机，世其滔滔，天其梦梦，何竟如斯？老怀沉痛，元欲无言。寇陷长衡，悲不可抑。吾愿世人复求诸吾之所固有，本自知之明，坚自信之志，毋舍先业，而后新猷克振。勿弃己长，乃可择人之善。古之建言："苟非其人，道不虚行。"人不成人，胡言西化？作人之道，孰切于经训。胡不服膺，而弃若粪溷。天人之奥，造化之原，六籍发挥，既明且备。参研西籍，益见圣言不虚妄耳。治道、群化，经学见得远大。西学析入精详，温故知新，不迷举措。何用标榜西化，将先圣贤精神遗产一切扫荡哉？吾非不注重吸收西学者，但固有经学，必须尊重。区区此心，未知当世果有察纳者否？

昔养疴杭州，尝与蔡子民先生言，培养人才，须令含茹经义。今上庠无经学课目，毋乃不可欤？子翁曰：此有二难。一、六籍浩繁，势当选授。选之未善，将类《经史百家杂抄》，徒为文具而已。二、师资难得。如注重义理，今日安得数十晦翁、阳明，散布南北各上庠耶？余曰：此二难者，师资为最。上庠诸生，识解已启。若得良师，先指定一经，令其自习。并时面授大义，以次及群经。至卒业时，虽未读竟，可以继续用功矣。且读经非为博闻也，要在涵养德慧，发扬人格。此则全赖大师以身教之，故师资难也。何不设一哲学研究所，遴选各大学哲学系卒业有志行者，令其寻玩经义，纵一时未得英才，积以年岁，必有成德之士出乎其间。子翁曰：此事容缓图之。昨者中央大学成立，吾主添设哲学院，卒以学生过少，未一年而罢。谈次若怅惘。及余以久病，淹留湖上。颇有少数从游者。子翁笑曰：君可自由讲学矣。欲为余觅讲舍，而其事卒不成。诸子累于生事，不久亦星散去。余谓子翁曰：今之生活情形，不同前世。非以公家之力，筹足的款，成立永久学术机关，慎勿轻言讲学也。子翁曰：诚然。

附识：有问："先生忧世意思，时溢言表。然悲观之论，恐未足使人奋发也。"答曰：古今哲人之人生观，有乐天知命而不忧者。如《易·系传》曰："乐天知命，故不忧。"此义甚深。命者，流行义。知大用流行之至健，而体之于己，则遗小己，而同于天矣。

如是,则超脱于世路荣枯与险阻之外,何忧之有?复有悲天道而悯人穷者。如老子有"天地不仁"之叹。庄生曰:"知其无可奈何而安之若命。"此命字,指运会言。运会值险阻之交,只是无可奈何,安之而已。此中安命,与《易》云"知命"截然异旨。《大易》便超过庄子意思。老庄都有厌世意味,庄之无可奈何,分明有厌意在。老叹不仁,其不得毋厌可知。但老庄均不作出离想,此其迥异印度佛家处。佛家自释迦氏,便说厌离二字。厌者,厌患。离者,出离。老庄却只有厌患,而未至求出离。因此,老庄便是厌世派之哲学,而佛氏却成为宗教。然佛氏求出离故,便有破除一切粘滞的大勇。所以说无挂碍、无恐怖,说大雄、无畏。老庄既不似佛,至如儒家之超脱世间情见,而直证得刚健本体,流行不息,老庄更未能臻斯诣,只欲一身向虚静中讨生活,于不仁与没奈何中,聊以自利而已。老庄直恁地没气力。余平生学《易》,而子以悲观拟之可乎?世方可忧,吾何得不忧?安其危,利其灾,乐其所以亡者,今世之人皆是也。而子亦未之觉耶?春秋时,楚国拥有天下之大半,实代周而王。所不属者,仅齐、晋数国耳。晋人称楚王之所以教其民曰:无日不讨国人而训之以民生之不易,祸至之无日,戒备之不可以已。无日,至此为句。详《左传》。此楚之所以为天下雄,至秦皇吞并六国,而当时犹有亡秦必楚之谚。汉高果以楚之遗黎,起而覆暴秦,以成一代盛治,继三王而光史册也。君子惧以终始,而后可以成德。立国不忘忧患,而后可以致治。恶有金玉其外,败絮其中,昏偷虚诳度日,而可以安身强国者乎?昔在旧京,友人林宰平言,康、梁诸君当清末,虽倡言维新,而实无自信,总觉危亡有必然之势。胡适之颇欲矫之,乃夸张今人道德及其成绩,载在《独立评论》。然胡君文出,社会上多一笑置之。夫康、梁之忧危亡是也。其无自信力,则危亡必至也何疑。为一时代维新之领导，而尚不自信，则被领导之国人，其谁能自信者。自信，是真实力量蕴蓄于内，知有一切险阻艰难，而不敢以轻心待之，万虑必极深细。不敢以偷心处之，万行必极真实，不敢以侥幸苟免之贱心当之，志气恒不昏不惰超越物表，是故弘毅奋发，自信己力之必胜，而百折不挠。无望于天，无求于人，尽其在己。尧、舜、禹、汤、文、武之治身治国，孔颜之克己，乃至释迦之断惑，皆不轻不偷不贱而勇于自信也。知危亡之已迫，而未能自克其轻与偷且贱。如何得自信？况以轻与偷且贱之心，而鱼游沸鼎，燕处燎堂，犹欲暂作夸张者乎？吾国自后汉以来，学与政皆中浮名之害。东京士人，始务标榜，为魏晋习尚浮虚之始。至今其习不改。中间虽有程朱诸老先生，以实践矫之，而犹莫之胜也。呜呼！生民以来，有身有国者，忧勤惕厉，能自求阙，而信以发志者，罔不兴。信者，诚也。发字，极有力。本之至诚，以发动其志，由于能自求阙失故也。天下有不见己阙而能诚者乎？唯自欺久者，乃自视无阙耳。反是者罔不亡，此吾之所以自忧而忧人也。夫康、梁，浮华名士也，康且不如梁。焉有名士而可担当危局，开百代之规乎？其不敢自信宜也。夫自信之实，只是不轻不偷不贱。吾老矣，犹愿与当世学人共凛之。《诗》不云乎："高山仰止，景行行止。"虽不能至，心向往之矣。

经学、科学，不容偏废，已如前说，更有问言："昔者宋儒虽稍涉禅师语录，或与禅师往还，然于佛家教典，却一概屏绝。且戒学者勿阅佛书，恐见地未纯，反被他转去，其斥绝之严如此。甚至晚周诸子，亦皆视为异端，不甚留心攻究。儒生所守，六经四书，此外无所烦其虑者。今先生主张读经，犹秉宋儒成规否乎？"答曰：善哉问也。夫理道无穷，学术与之为无穷。世界无量，众生无量。人之思虑，各因其环境关系，与性情独至，而各有所明。持以相非，则短长互见。各舍其短，各尽其长，学术始有进步。同于大通，则纵横无碍。夫古今中外，千家百氏之言，是非乖竞，有若水火。此皆滞于偏端，而未能观其会通者也。置身于千家百氏之中，则异其所异，同其所同，是非蜂起，若夫超然于千家百氏之外，而冥契至道者。斯以会千家百氏，而同于大通。夫众异中有同，众同中有异。于异求同，方见为同，而同复有异。于同求异，方见为异，而异复有同。同异之致，极纷纭复杂奇诡，而不可持一端以概之，此千家百氏所由互竞也。唯契至道而观大通者，则同异俱泯，而亦不拒诸同异。所以者何？大通则会于一极。一者，绝待，异相无故，同相亦无。故曰同异俱泯。然复应知，一极无待，而大用繁兴。用繁，即万理井然，同异俱彰。待同成异，待异观同，非相悖害。故曰不拒诸同异。然则自一极言，无异无同。自一极现为大用言，则有异有同，付之自尔，而无不各当矣。何可拘牵门户，自碍通途。以管窥天，所见虽复是天，而天之广大，讵可纳诸一管。甚哉宋儒之隘也。

且夫百骸六脏，人身完其发展。诸天万品，大宇显其神奇。若使旷劫以来，太空犹是鸿濛一气，何见宇宙伟大。生物界犹是原形质，宁有人类灵迹。故知复杂为创进之征，创造的进化，曰创进。简单乃衰竭之象。洪唯我晚周，诸子百家，众华斗艳，十日并出。学不囿于一宗，虑各有其独至。业以分工而致其精，理以析观而究其博。虽仁智不齐，《易》曰："仁者见之谓之仁，智者见之谓之智。"统类互异，各成一家言，即各有统类。而莫不言之成理，持之有故，并为大国。各辟鸿基，斯固神州英秀之产，天地灵气之一泄也。自暴秦夷六国而一统，汉代承之，易列强互竞之局，为四海一王之天下。秦人已毁灭天下文献，汉兴，莫能复。郡县简陋，不能如前世列国可以产生文化。周世诸侯，皆立国久远，多近千年，且有虞、夏以来，不止千年者。虽有天子为共主，而各侯国，实皆为独立国家。故皆能产生学术与文化。齐、鲁比邻，而文化已不同。齐、鲁与三晋又不同。楚之文化，又特异北方诸国。此皆可略征者。自余小国，亦必各有异彩。惜古籍早湮，毋可考耳。郡县官署，守令视如传舍。即有贤守，亦不过听讼、治赋、缉盗、水利、道路诸政而已。势不能如邦国之大启文化，自不待言。又各邦并立，朝聘、会盟、征伐，种种交涉，皆有增广见闻，交换知识，荡涤心胸，振励志气之机会。郡县之世，农服畎亩，士安邱壑。其以贡举入上京者，为数甚有限。且一登仕籍，则怀荣禄而无远志，亦其势也。欲其有不囿于环境之思想发生，自非易事。纵有英才，偶发超俗之想，亦当以寡和，而归于消失。如张衡之天算，马钧之技术，《抱朴子》之社会主义，皆不得发展，其明证也。又在君主制度之下，人民只依存于贤守令，而无发抒民意，与运用民权之正当机构。如有英君贤相操政柄于上，则守令得人，而天下称治。否则夷狄盗贼乘机而起，民生涂炭，惨不可言，故自秦之一统，迄于清世，二千余年间，中国学术，大抵安于简单，无甚发展。

晚周群学争鸣，有诸子百家之号，子与家盖有分。子学者，今所云哲学。儒道名法墨农六宗，乃诸子学之最显者。家则以专门之业得名，犹今云科学。如天文、算术、音律、药物、医术，以上诸学，五帝之世已盛发明。**物理**、周初已制指南针，可见古代已有物理学的知识。**工程**、秦时李冰之水利工程，至今称奇。必此学在古时已盛。**机械**、墨子作木鸢，为飞机之始。孟子称公输子之巧，惜其创作失传。**地理**，邹衍之学，犹可略考。等学，皆百家之业也。今人皆谓中国自古无科学知识，尊西人为先进，此亦自薄太过。春秋以后，七雄争战无虚日，秦人以残暴夷六国，行极权之政，大毁文化。百家之籍，悉遭禁绝。挟书之律，至汉惠始除，可想见秦时毁灭学术甚厉。专门之业，在乱政之下，传授不易。亡失殆尽，无怪其然。至于诸子之学，秦并六国以后，日就衰竭，书存无几。名家之学，已不可考。《庄子·天下篇》所述单词碎义，必非其至者，其内蕴既不可寻。今传《公孙龙子》残帙，自是伪书，或魏晋间好事者聚敛故籍为之耳。《墨辩》亦不完，难以窥其宏旨。名家亡绝，最为可惜。墨家思想，兼儒术与名家之长，而自成一宗。其富于牺牲，勇于改造之精神，则诸子中最卓绝者也。墨学，秦以后无闻。实中土之大不幸。法家，今传之《管子》，似是管子后学所为，而多所混合，不纯为法家言。韩非亦法家外道，近商君术。余意法家正宗，必与西洋民治思想有遥合者。考《淮南书》中所引，法原于众，及法籍礼义者，所以禁人君使无擅断也等语，其义宏远，法原于众，似与《民约论》相近。要之，法必由人民公意制定之，非可由在位者以己意立法而箝束民众，此实民治根本精神。惜《惟南》不著其说出何人，何书。余意此义当本之法家正宗也。《商君书》亦残缺，然玩其旨，考其行事，则今之法西斯派也，不得为法家。其后吕政实秉其术以夷六国，而祸中于后世。清末以来学人多尊吕政，不知何故。吕政尚专横，而务内猜行愚民之术，残民以逞，为后世夷狄盗贼之宗。或称其能用客卿，与改郡县。不知郡县之制，始于楚及晋。顾亭林及清人多详考之。用客卿，则秦穆以后，历世皆然。盖其家风如此，无足异者。汉世号法家者，大抵注重综核名实，严督责之令，只是属于行政之方术而已。自晁错、宣帝、昭烈、武侯，以迄近世张江陵之徒，皆以法家闻，而皆不过如是。实与晚周法家无甚关系也。然则法家之亡，亦自秦始矣。农家为社会主义，与无政府主义者。其学说演变，当甚复杂。由孟子书中所载许行之言，可见农家在当时运动甚烈。许行近于无政府，想是农家之一派，当更有别派也。惜今全不可考。自余各家思想，更无微文可征。耗矣哀哉！王船山《春秋世论》言春秋战国之秦与吴，皆凶狡狂猘，以毁灭文物为志者。吴亡较早，其祸未遍。秦至吕政，混一海内，而流毒无穷矣。然诸子百家，鲜不废灭。儒学至汉，定为一尊，自是二千余年，儒统罔替。维道家老庄之书，亦流传甚盛。虽名非正统，而慧颖者乐袭之，其故何哉？请先谈儒。

夫儒学之为正统也，不自汉定一尊而始然。儒学以孔子为宗师，孔子哲学之根本大典，首推《易传》。而《易》则远绍羲皇。《诗》《书》执礼,皆所雅言,《论语》识之。《春秋》因鲁史而立义,孟子称之。《中庸》云仲尼祖述尧舜、宪章文武,孟子言孔子集尧舜以来之大成,此皆实录。古代圣帝明王立身行己之至德要道,与其平治天下之大经大法,孔子皆融会贯穿之,以造成伟大之学派。孔子自言"好古敏求",又曰"述而不作",曰"温故知新"。盖其所承接者既远且大,其所吸取者既厚且深。故其手定六经,悉因旧籍,而寓以一己之新意,名述而实创。孔子自云"述而不作",盖谦词。是故儒学渊源,本远自历代圣明。而儒学完成,则又确始于孔子。但孔子既远承历代圣帝明王之精神遗产,则亦可于儒学而甄明中华民族之特性。何以故? 以儒学思想为中夏累世圣明无间传来,非偶然发生故。无间者,谓无有间断也。由此可见儒学在中国思想界,元居正统地位,不自汉始。吕政凶暴,儒生独守道以与之抗,取焚坑之祸而不悔。汉兴,儒生犹有能诵持遗经于穷荒僻壤者。儒学不绝实由民族特性之所存,自然不绝也。

复次六经广大悉备,天道,人事,物理,赅而存焉。天道,谓万化之源,万物之本,与人之真性,非谓神帝也。诸子之学,皆原本六经。名家者流,自《易》《春秋》出。名家,发明思维术,示人以如何去观察与判断事物,而能得其理,无有迷谬。《易》《春秋》二经,皆深于名理,为后来名家导其源,此无可疑者。墨家者流,自《春秋》《尚书》出。墨子尚贤、尚同、兼爱、兼利等思想,皆本《春秋》太平世义,而推演之。其《天志》等篇,则本《尚书》。古代帝王虽不必有宗教思想,而教化民众,则不能不严敬天之礼,以引发其崇高无上之信仰。墨子有见于此,故崇天志。法家者流,自《礼》与《春秋》出。《春秋》之升平世,即寓法治思想于礼化之中,本不纯恃法也。至太平世,则全人类大同,人各自治,而必互相助也。人各自尊,而必互相辅也。则治道之极,升平世不足言之,乃《春秋》最高之理想耳。《周官》一书,大抵明升平之治。以德礼之精神,运法治之组织,《管子》书亦颇有此意。法家之学,盖通《春秋》升平,与

《周官》之旨,将使人类离据乱之陋,而相习于法治。凡据乱世之民,不知有法守。法家故特重法。其道虽异乎儒者之言德与礼,而其思想实本之《礼》《春秋》二经。道家者流,自《大易》出,老子言一生二,二生三,即本《易》之每卦三画,而疏释之也。老与庄皆言阴阳、变化,其同出于《易》甚明。老言常道,庄云若有真宰,而特不得其朕耳,此皆于变易而见不易,乃《易》之根本大义也。农家者流,自《诗》出。《三百篇》讽刺社会与乱政之诗甚多,此农家革命思想所由兴。向来言晚周学术者,鲜注意农家。其实农家极重要,汉以后,如多得许行之徒,则帝制早革矣。凡此数大学派,皆出于六经。诸家思想脉络,的然可寻。友人马一浮讲学国立浙江大学时,其讲词,以六经统诸子。世或议其无有义据,其实一浮所见甚是。大哉儒学,诸子之王,百家之母也。诸子百家之兴,大概当孔子殁后百年间为最盛。孟子晚年,则六国已困于暴秦。争战无虚日,人民救死恐不赡,见《孟子》。邪淫诐遁之辞满天下。亦见《孟子》。名法墨诸家皆就衰矣。墨翟之生,当去孔子不远。法家正宗之兴,当亦前于孟子。孟子有徒法不能以自行之言,即批评法家也。韩非已似商君,不足为法家。名家初兴,当亦去孔子不甚远,惠施辈乃其后学耳。大概孟子晚年,世乱亟,诸子学术将式微,而邪妄浅薄混乱之说并起。或多托诸子之学以自文,而实不足为诸子后嗣也。迄吕政混一四海,众家之学,遂由衰而至于绝。汉兴,沿秦郡县之治,政体专制,地方闭塞,则学术思想,不得发展,固其势也。覆看前文。然诸子百家之学,衰绝于吕政时代,不可复振于汉。而儒者六经,独盛行两汉,其故为何?诸子百家,皆出自六经,已如前说。凡学术思想之衰绝也,其条流繁盛处,必后莫能继。但其本源,终不可湮废耳。注意。譬之草木,枝叶易伐,而根深蒂固,究不可拔也。众家亡,而六经独传,盖以此故。

然或者遂谓儒学自汉以来,二千余年,其业甚盛,则又大谬。更有误计宋儒果足完全推演六经之绪,遂谓中国一向是精神文化,而贫于物质。以此与西洋文化对立，即谓西洋纯是物质的文化，将中西学术思想，根本划若鸿沟。如此，则欲调和中西，而其道实穷。因中西人，元有先天存在之鸿沟，势不可融通故。夫谓中西人，因环境各有不同，性情各有独至，其学术思想之发展，必不能完全一致。此有孤往，彼或忽视。彼所擅精，此实未逮。畸重畸轻，寸长尺短，畸重，即寸有所长。畸轻，即尺有所短。此为事势之所必不能免者。吾亦岂不谓然？但吾只可许中西不能完全一致，而决不能许中西人元始开端，便各走一条路，根本无接近处。中国哲学上穷理尽性至命之诣，西洋人或不免忽视。则以其向外追求之功多，而反己体认之功或较少。然若谓中国人只于精神界，有其孤往之伟大成绩，却不务发展理智与知识，即于大自然，无有知明处当之要求，然若二字，至此作长读。此则谬妄已甚。吾《大易》早有智周万物，与制器尚象，及开物成务等明训，指南针创于周公。远古之世，便有此伟大发明。墨子造木鸢，公输子以机械发明之巧，见称载籍。张平子精天文，历算。尝造候风地动仪，可验地震，即震在远处，亦可测知其所在。平子汉人，去晚周犹未远。史称平子著有《灵宪算罔论》。盖网络天地而算之，因名焉。惜后失传，然古代历算之精，平子凭借者厚，亦于此可见。若古学不亡，古学，谓晚周诸子百家之学。历算等学，不分别言之者，以统属于百家故。则科学早发达于中国。孰谓中国只有精神文明，而不足启发物质文明耶？

西洋哲学谈本体者，诚不免纷纷猜度，陷于戏论，不能如吾先哲之觌体当发。此觌体承当一语，意义深远。盖言反己，而识得自我与天地万物同源，即得以超脱形骸之小我，而直证本体。于此立定，不使私欲得起而障此本体，则本体恒自昭然于中。即此，是吾之真我，亦即是天地万物真宰。何待外求，此谓觌体承当。凡向外穷索本体者，无论唯心、唯物诸论，总是抛却自家无尽藏，而向外去找万化根源。便是不自承当。此西学根本失处。然其孜孜于本体之探穷，常若悬一最高之理想世界，为其奔赴之的。凡向外探求本体者，即是虚悬一可追慕而不可实得之理想世界。因此，便有一种超越感，此殆与宗教同情。宗教以上帝为外在的，是超越于万有之上的，即对之而起超越感。哲学家向外觅本体者，亦同此。吾侪反已，而自得本体，即自我便是独立无匹，无匹者，绝待义。便已超越物表。自处超越，即无所谓感。有感，则自身未得超越也，此个分别甚大。出有限，而寓诸无穷，当下即是。现前一念，不落于物我对待之私，即已超脱有限，而实证无穷，故云当下即是，无穷，谓本体。本体至大无外，无有穷尽，故云。此乃智证境界，不由推度。智者，性智。见《新唯识论·明宗章》。证者证知，非知识之知，言性智之自明自了也。西学之未至乎是，盖信任量智太过也。理智，《新唯识论》亦云量智，见《明宗章》。量智只是推度。推度作用起时，便与所推度为二，而已离自本体矣。量智之效能，自有限度。未可以此证得本体也。设一旦翻然反已，由修养而获证解，亦自易易。证解，亦云证量。即本体呈露时，炯然自明自了，是名证解。夫本体必待修养而始显。修养工夫，只是去私。私欲克除尽净，即本体呈露，而无障蔽，是谓反已。中学虽不遗理智，而主要工夫，实在修养。此不可不知。总之，以哲学论中国儒学与西学确有不同。西学向外求体，故偏任理智与思辨。儒学在反已而实得本体，故有特殊修养工夫，卒以超越理智，而得证量。证量，即本体呈露时，炯然自明自了之谓。《新论》所谓冥然自证者，即证量义。然本体如何而得呈露，此则必有修养工夫，兹不及详。吾尝言，世之从事于哲学者，大抵曰：探求真理而已。真理一词，看如何用法。通常以析观一切事物，而得其公则，无有谬误者，谓之真理。今此中真理一词，则不可作是解。此云真理，乃隐目宇宙本体。程子云实理，佛家以真如名真理，皆同此旨。儒学，则非仅事探求，而必归趣实现。实现，谓已身即是真理之实现者。易言之，即已身已超脱小我，而直与真理为一。若乃把真理当作客观存在的，而凭理智或知识，以推度构画，且组成一套理论以表出之。以此自鸣哲学，则非儒者之所谓学也。前引《大易》尽性至命之文，是其征也。覆看前文。吾以儒学为哲学之极诣。天下有识,当不河汉斯言。学不至实得,实得,谓反己证得本体。直如演若迷头,不亦可哀之甚乎?《楞严经》言:有演若达多者,镜中自见其头,而不知为己之头也,乃狂走惊怖求之。此喻世学谈本体者,不知反己,可谓警切至极。西洋哲学,纷无定论,当折衷于吾儒。此可百世以俟而不惑也。虽然,儒学与西学有不同者,亦只是形而上学部分,西学于此,似犹徘徊歧路,并非西学别异吾儒,而自有一条路可通也。并非二字,一气贯下读之。吾不主张中西学术与文化为根本不同路向者,盖不可得若何证明,容作是说。盖不,至此为句。六经广大,无所不包通。科学思想,民治思想,六经皆已启其端绪,如符号推理,及辩证法,《大易》发明最早。树其宏规。六经言德治或礼治,实超过西洋民治思想甚远。可覆玩第一讲。如《周官》法度,亦含有民治之法制,但精神迥别。科学方法,六经虽未及详,而孔子已注重实测术,则不容否认。《论语》者,六经之楷梯也。其记孔子曰:"知之为知之,不知为不知,是知也。"又言夏、殷之体,而以杞、宋之文献不足征为憾,杞国,夏之后也。宋国,殷之后也。可见孔子甄察事物,决非凭臆想乱猜,必博求证据,始下断案。《大戴礼·小辨篇》,孔子对哀公问忠信曰:"内思毕心,曰知中。注,毕心,尽心也。知中,能内思自尽也。中以应实,曰知恕。"恕,推度也。此虽言进德之事,而辨物析理之术,亦不外是。凡问题发生,必先设臆。设臆,必曾经多方考虑,决非漫尔出此。是内思毕心也。既经设臆,必求同求异,广集证验,符应事实,乃成宗极。宗极,犹云断案。参看因明三支比量。是中以应实也。据此而言,孔子已知格物必由实测,格物之格,是量度义。见第一讲解《大学》处。经义明白可见,然则谓儒学与西学,若南北异辙,无会通处者,讵非谬论?

若乃晚周诸子百家,皆出六经,已如前说。今西洋学术思想或文化,其根源实在希腊。吾侪试寻绎诸子百家之微言碎义,如名、墨、法、农、道等等,持较希腊,似未见两方路向有甚隔截处。然而希腊直启现代文明,吾晚周诸子百家,则早绝于距今二千数百年前。暴秦吕政之世。

一蹶不可复振，此岂有他谬巧哉？神州大陆既少海国交通之利。则赖列国并立，有朝聘、会盟、征伐等等，足以激扬志气，开广心胸，增益知见。此其学术思想所由发达，文化所由高尚也。自吕政夷六国而为郡县，使天下之人，各守一邱之壑，老死而无所闻见，无所广益。又厉行一夫独裁之治，绝无民意机关，人民不得互相集合而有所致力于国家。夷狄、盗贼，每乘中央之昏乱而蜂起，奸天位以毒百姓。秦以后号为治世者，汉、唐、宋、明四代。汉四百余年间，西京更好。唐约三百年，仅太宗最盛。其后藩镇皆起自夷狄盗贼，扰乱不堪。宋只北宋百余年间称治，而土宇不能复旧。明朝三百余年，中叶后最坏。今之考中国人种者，多证明汉、满、蒙、回、藏五族血统，元来不异。而汉族一支，独有高深悠久之文化。余族未能离蛮野之习，历史上以夷狄视之，亦事实然也。清自咸、同以前，亦务内猜。康熙知八股当废，而卒不废，愚民之术也。中夏自秦以来，民生日蹙，民德日偷，民智日塞，乃广漠散漫之郡县制度，与专制政体所必有之结果也。诸子百家之学，恶得而不绝灭矣哉？晚周盛业，视希腊或有过之而无不及。今人谈诸子百家者，辄曰先秦，此未妥。吕政未统一以前，秦与六国等夷耳，七雄时代，自宜总称晚周。徒以秦汉之后，环境改变，列国易为郡县，即环境完全改变。政制不良，遂以恶因，植兹恶果。吾尝言：二千年来帝政之局，实由郡县之世，民智闭塞，民力涣散，故革命思想不易发展。其实，民治思想，汉以来时有发明。东汉时，桓帝幸竟陵，过云梦，临沔水，百姓莫不观者。有老父独耕不辍，尚书郎张温异之，下道百步，自与言。老父曰：请问天下乱而立天子耶？理而立天子耶？按此谓天下乱，则人民当合力以图治，非立天子而可止乱也。天下理，则人民益奋而自治，无须立天子也。又曰：立天子以父天下耶？役天下以奉天子耶？今子之君，劳人自纵，逸游无忌，吾为子羞。子何忍欲人观之乎？温大惭，问其姓名，不告而去。此老父即有民治思想者。惜当郡县之世，不易向闭塞之群众宣传,故抱憾以终。晋人亦多有反对专制之论。宋末邓牧及晚明诸子,则此等思想益激切。而皆不易宣扬,则以郡县之世,民智蔽塞,民气销沉,实难提倡也。故帝政与郡县制,亦互相为缘。明季,亭林船山似皆见及此。船山《黄书》,欲寓封建于藩镇。亭林欲寓封建于郡县。在闭关时代,此等议论,正未可忽。今世界大通,政体已更,顾、王之论,若不适时宜。然缩小省区。与联省自治二种主张,则犹有顾、王遗意。如何变通尽利,所望国人留意。要之,今后治制,当使人民得以发抒公共意力,斯无疑矣。自晚周之绪遽斩,中国停滞而近于衰退者二千余年。仰视西洋,乃瞠乎其后。于是清末以来,趋新者,一意效法西洋,而不惜自卑自毁之太过。近时唱本位文化者,又于中外都无所知,而虚憍终无以自树。余愿国人认识固有根基甚美,不宜妄自菲薄。此武侯戒后主语,意思深远。天下未有妄自菲薄而可以学人之长者也。清末迄今,终未收西化之效,可不自反哉? 五四运动时,梁漱溟先生讲演东西文化,其持论虽不必与吾同意,然其于时贤不求了解中国所固有而妄自菲薄之恶习,则中流砥柱矣。而二千年来,由停滞以近于衰退,亦未可自讳其短。古今未有不自明其短而可以自立者也。汉以下人,胸量较隘,毅力不足,竞浮名而缺实践,学不求真知,行不肯犯难,吾云近衰退者以此。夫自卑固不足与有为,而讳短尤为不起之症。朽腐尊国粹,保存国粹一词,五四运动前后,极流行。然何者为国之粹,则莫肯是究。辄空言儒学。而实不知儒学为何学? 诸子百家之绝,人见其书不传也而知之。六经,则汉以来,犹立学官。经师共所传习训释,朝廷用以取士,于是群相颂美,以为儒学甚盛,而不知儒学之名存而实亡也久矣。

夫六经,上明天道,天道,注见前。下详人事、物理。所谓六通四辟,小大精粗,其运无乎不在者也。孔子没后,七十子后学,发明经义,各有创获。虽俱号儒家,而实派别支分,不相沿袭。如《韩非·显学篇》言:"自孔子之死也,有子张之儒,子思之儒,有颜氏之儒,颜氏当即颜渊。近有人云颜子,据《论语》所载,并无奇特。其实,《论语》所记颜子语虽不多,而境地甚高，世俗自不解耳。有孟氏之儒，有漆雕氏之儒，有仲梁氏之儒，未详。有孙氏之儒，孙氏即荀卿。有乐正氏之儒。"详此所云，有八大派。而曾子、子贡皆孔子所尝告以一贯之旨者。子夏、子游、有子、闵子诸贤皆不在此八大派之内。且此八大派，只子张、颜氏、漆雕氏，可确认为宣圣直传弟子，自余多属三传或至五传。《史记·仲尼弟子列传》，记七十七人姓名年岁甚详，纵有一二不必可靠，如澹台灭明、公伯僚是否后来从游圣门，今不可考。而孔门三千之中，有高材七十余人，则不容疑。此七十余人，何至绝无传授，而《韩非》无所述。然则韩非所举八大派，盖就其闻见较切近者言之，当是八大派之思想，流行于三晋最盛耳。如孙卿《非十二子篇》亦是主其闻见较切近者言之。当时诸子百家，岂止此数子乎？《十二子》中如名家孙卿但举惠施、邓析，而墨辨与桓团、公孙龙之徒，皆不之及。则其所遗者多，显然可见。《韩非》述儒家八大派，其多所遗，亦可知。而儒家派别，决不止此数也。义海汪洋，洪涛巨浪，猗欤盛哉！夫自宣圣之没，至韩非中间二百余年，儒学发展甚盛，派别极多。今七十子流派，虽不可考，而见于《韩非》书者，尚有八大派之多。盖儒学，自孔子承古代圣帝明王展转传授之学脉，而发挥光大之。结集六经，永为宝典。诸子百家，俱从经出，而各有创获。各立宗门，宗者，主也。诸子各有专主，或各有宗旨。门者，类也。百家之学，如历算等等，各分门类。皆别异儒家，相与对抗。于是三千七十之枝流余裔，亦不得不奋起以与诸子百家争鸣。当时儒家各派学说，自是方方面面，博极其博，精极其精。惜乎遭秦之暴，群儒之学，竟与诸子百家同归于尽。今八大派中，幸而存者，只孟、孙二氏。孟学至宋虽盛行，然后儒崇其体而遗其用，非善学孟也。孟子言尽心，则知性知天。其于《大易》尽性至命之究竟义，盖实有阐发。宋明义理之学，皆宗孟氏，至以孔孟并称。然孟氏于孔子内圣外王之道，本已具备。其言养民德，必自制产始。言治要，则曰"徒法不能以自行，徒善不足以为政"。其斟酌乎儒家尚贤与法家尚法二者之间，可谓允当。又言舜为天子，其父杀人，只有窃负而逃，以全恩谊，不得以天子父而枉法。此实法治根本精神。惜乎民国以来，法纪荡然，上实毁法，而何以责下乎？至昌言民为贵，与西洋民治思想适合。自余要义，不可胜举。宋明诸师于孟子政治思想，未能发抒，此真憾事。孙卿《天论篇》曰："大天而思之，按此言尊大天，而思慕之也。天，谓大自然。熟与物畜而制之。"按言吾人如思慕大自然之丰富，孰与使物畜积，而我裁制之，将用无不利乎？又曰："从天而颂之，孰与制天命而用之。"按畏自然势力之逼苦吾人，如风雨之不时，电雷之可畏，山川之险阻等等，因从而颂之，岂若制裁天化之流行而用之乎？如衣食住行皆有备，而风雨不足患也。电雷可取而供种种之用，无所畏也。崇山可敷铁轨，重洋可驶轮舟，天空可乘飞机，而消其险峻。则自然可以人力征服之明矣。又曰："望时而待之，孰与应时而使之。"按谓若立事赴功，与其望时而待，不如应时而努力兴作，使时势随我而转也。又曰："因物而多之，孰与骋能而化之？"按谓因物之自多，不如骋吾人之智能而化之使多。若晚世科学昌明，而物质开发与生产乃日盛。又曰："思物而物之，孰与理物而勿失之也。"按杨注："思得万物，以为己物。孰与理物皆得其宜，不使有所失丧。"又曰："愿于物之所以生，孰与有物之所以成？"杨注："物之生虽在天，成之则在人也。此言理平丰富，在人所为，不在天也。"又曰："故错人而思天，则失万物之情。"按古代人智未启，常视大自然若神灵，而思慕之。不务尽人之智力，以理万物而平成之，使其愈益丰富，而厚吾之生。是错人而思天也。错，置也，废也，废人而妄思天，则不达物理，故云失万物之情。详此所云，盖本《大易》，智周万物与裁成天地，及开物成务，先天而天弗违，成器利用，富有，日新诸义，并详《易·系传》及乾卦。而发挥之。现代西洋学术与文化，适与孙卿之论遥合。使其思想盛行于前世，则中国当不至成为今日之局。孙氏书虽幸存，而自汉以来，竟无传习。唐大理评事杨倞云："《荀子》未有注解，谢墉云：荀音同孙，亦称荀卿。亦复编简烂脱，传写谬误，虽好事者时亦览之，至于文义不通，屡掩卷焉。"又曰："未知者谓异端不览，览者以脱误不终。所以荀氏之书，千载而未光焉。"自杨倞为注，其书仍少有究者。至清季，乃渐为学者所注重，余闻之先师何圣木曰："令先德其相先生，尝欲推尊孙氏与孟子并，以见儒学之大，惜未发其意而卒。"何先生讳桱，字圣木，余同县，与先父为讲学友，学宗程朱，非礼不履。清末，主变法。在乡倡办学校，劝妇女放足，有颜、李风。其议论近南皮、张氏，厌闻革命。余将弱冠，从游半年。屡受斥责而去，逮余有知，而后深悔获罪吾师，无以自逭也。呜乎！藐予小子，未能成父师之志，负疚深矣。余于孙学，欲有所论述，期《量论》成后为之。然以暮境而际明夷，《量论》且未知能作否？夫八大派，见称《韩非》书，皆当世之显学。而各派巨子之姓名，今已不可考。其书皆亡失，幸有存者，只孟、孙二氏，顾无有发明其学者。宋明儒虽宗孟学，而于孟子之政治思想，却全没理会。岂不惜哉！虽然，犹幸二子书之仅存也，至今略可考见尔时儒学思想发展之概况，及其在现世与方来，犹有永不可磨之价值。使众派之书而皆有存也，则必各有独辟之境，各有创发之论，其嘉惠后嗣者为何如？独惜群儒之学，绝于暴秦，无复可考。遂使六经之道，郁而不发。此非斯世之大不幸哉！

　　方汉室肇兴，当亡秦绝学之余。搜求经籍，振起儒学。自是二千年来，中国思想界，一统于儒家。于是论者以为儒学独盛矣。其实，儒学绝于秦，至汉而终不可振，则论者所不察也。汉兴，六经先后出屋壁。朝廷立学官以专其业。未几，经师渐兴，聚徒教授，或众至千万人。然《汉书·儒林传赞》已云："禄利之路然也。"此与晚周学者慕道之诚，爱智之趣，一由衷出，而无所外诱者，其相去何止天渊。夫列国之世，交通繁而闻见广，人之襟怀通而志气振。郡县之世，士老死沟渎，而心灵闭塞，其不能以晚周之风，责郡县之士者，固其势也。环境之影响于人智，无可否认也。夫朝廷清明，能崇奖经术者，此已不可多

得于汉以后之世。汉以后称治者，只唐、宋、明三代。而君相所以提倡之意
向，又尝难出于至公。如西汉诸帝之表章六经，似不必有私意。武帝
用董生之言，独尊孔子。董生醇正，固本其所见，非有逢君之私。武帝
广延郡国贤良文学为宾客，共谋议国事。临朝，与大臣辩论。帝乃集
思广益，而后断之于己，施之行事。见《严助传》。武帝重儒术，亦有以
也。元、成皆好儒，而皆非雄猜之主。至东汉，光武父子，因新莽篡统，
而欲崇儒以导节义。则其动机，为拥护君统，已杂乎私，而不纯为学术
起见矣。自是而后，历唐、宋、明三代，诸英君贤相之所以崇尚经术而
鼓舞儒生者，无非踵光武之故智。及科举兴，而牢笼之策，与锢人智慧
之术，弥下弥毒。则又光武父子之所不忍为，且不屑为者。二千余年
来，帝者以其私意，笼制天下士大夫，笼者，牢笼之也。制者，制驭之也。使
其思想无或逾越于君上之意向。因郡县之世，民智蔽塞，而帝者益乘
之以易售其奸。故自汉代迄于清世，天下学术，号为一出于儒，老庄与
佛法虽亦盛行，毕竟儒家为正统。而实则上下相习，皆以尊孔之名，而行诬
孔之实。以穷经之力，而蹈侮圣言之罪。儒学之亡也久矣哉！夫晚周
诸儒，派别既繁，思想各有独至。创知，作者，比肩并立。至汉则儒生
治经，唯以烦琐之考据为务。训诂、名物等等注释工夫，便为其平生大
业。上不究于天道。六经明万化之大源，人生之真性，而考据家皆不
是究。次不察于群化。考据家对于社会政治诸大问题，皆不措意，唯
服习于统治阶级之规制教令，认为天经地义而不可易。六经明仁道，
显天地万物一体之实，以抑己私而归大公，福利全群，为治道之极，故
群制与法度，随时更张，不狃故常。而考据家游心琐碎，乃于此冥然不
省。又复不稽于物理。《易·系传》言：“昔者圣人之作《易》也，仰以观
于天，俯以察于地，近取诸身，远取诸物。”可见儒者之学，注重格物。
今晚周群儒之籍，虽亡失无征，而《大戴礼·曾子天员篇》已有地圆之
说。《汉志》儒家《曾子》十八篇，今存十篇于《大戴礼》中。即此十篇，亦

皆残帙，使全书可征，必于物理，多有创发。使儒家众派之书皆在，则其中当不少奇异之发见。汉以后考据之儒，只拘守书册中之训诂名物，而不复探索自然，科学无从产生者以此。而圣学之全体大用，一无所窥，唯作书蠹生活。古灵禅师云："世界如此广大，只钻故纸，驴年出。"此斥僧徒在文字中作活计者，终不悟大道。喻如蜂在窗内，窗糊以纸，蜂欲钻纸而出，终无出期。驴年，犹云何年。古代纪年以干支，而干支以畜类配属。如子属鼠，丑属牛，乃至戌属猪，亥属狗。独无有属驴者，故言驴年者，犹言何年。何年，谓无有此年也。此则深中汉以后儒者专务考据之失。《汉书·艺文志》曰："古之学者耕且养，三年而通一艺，按六经，亦云六艺。存其大体，玩经文而已。是故用日少，而畜德多。三十而五经立也。按古者云云，谓西汉初之儒生，多专一经，罕能兼通。藏书初出，而治《诗》有或为雅或为颂不能尽一经者。若申公兼通《诗》《春秋》，韩婴兼通《诗》《易》，孟卿兼通《礼》《春秋》，已属难能。夏侯始昌通五经，更绝无仅有。后世经传既已乖离，按六经乃孔子所定，故谓之经。七十子后学释经之旨，谓之传，或谓之记。传记之言，或与经文本义有出入，故云乖离。博学者又不思多闻阙疑之义，而务碎义逃难，便辞巧说，破坏形体。说五字之文，至于二三万言。后进弥以驰逐，故幼童而守一艺，白首而后能言。安其所习，毁所不见，终以自蔽。此学者之大患也。"据此，则汉儒治经，已习为碎义逃难，便辞巧说。与今日学子业考据者正同。桓谭《新论》云："秦近君能说《尧典》篇目，两字之谊，至十余万言。但说'曰若稽古'，三万言。"夫研经而为此无谓之疏说，视饱食终日，无所用心者，贤不肖之相去，其间不能以寸。此等风习，自汉迄今，二千余年，而有加无已。唐人释经，辞烦而鲜要义。清人搜集材料虽勤，而于经义全无所窥。今日学子，喜为零碎考证，及诬妄无根之谈。如谓大禹、屈原并无其人，墨子非中国人等等怪说，不可胜举。甚至有托甲骨文以造伪者。人之为学，不知于天道、人事、物理等等无穷理道处用心，却耽溺浮虚，玩弄无谓之琐碎字句，不知何为至此。盖汉以来之学风,大概如是。孰谓汉以来尚有儒学哉?虽复经师谨严者,如汉初,申公《诗》训,疑者弗传。丁将军《易说》,仅举大谊。正所谓存大体玩经文者。下逮清世,宗许、郑而益加精审者盖有之。虽复二字,一气贯至此。然其所事,卒不越训诂名物之考核。其于六经冲旨,与大道之幽玄,人事、物理之繁赜隐奥,皆茫然无所究析。只整齐故训,故训,赅训诂名物等而言。足供治经之工具而已。要于经义,或圣人之意,全无所发,不可以此名儒学也。夫工具之业,诚为学术界所不可少,而二千余年来,竟以业此者,尸大儒之名。以为儒者学术,果在乎是?圣经之道,果在乎是?则不率黄、农之胄,而悉为蔽聪塞明,以成乎无头脑,绝智慧之顽物者,其有几何哉?

或曰:"经师为考据之业,固已。然今文家言,归于致用。西汉今文学称盛,儒者立朝,皆能本经术以见之政事。如以《禹贡》治河,以《洪范》察变,以《春秋》决狱,以《三百五篇》当谏书。此载在史籍可见者也。且汉之治有为后世所不及者,其于社会上贫富不均之问题,如富豪兼并土地,贫民常自卖为人奴婢。当时,朝廷厉行抑商政策,直接防止豪商垄断财货之行为,间接杜绝兼并土田之弊害。又吏治修明,常以锄治豪强为事。而解放奴婢之令,则自董仲舒劝武帝行之于前,王莽及光武诸帝又厉行于后。此皆今文学家之影响也。董子《春秋繁露·度制篇》主张贫富宜调均,不使财利有所积重。今谓汉世经儒,皆为无用之学,毋乃苛论欤?"答曰:汉治为后世所不及,诚经术之效。遭秦绝学,经籍初出,儒生确守古义,敦笃践履,故治效可观。然汉道毕竟苟简,不能开民治之弘基,立百代之大法。诸儒思想,只在帝者专制之下,补苴罅漏而已。汉治卒衰,迄典午以来,不可复振。此则诸儒思想锢蔽,未能发挥孟轲、孙卿之义,所以衰敝亘二千余年而未已。近世康有为亦张今文余焰,而专己自封,拥护帝制,徒为大盗袁氏张目,犹汉儒之遗风也。故知汉后经师,其学无分今古,要皆考据之业,不足发生思想。事实昭显，无可讳言。余谓儒学，至汉名存而实亡者，盖实录也。

附识：有问："先生谓秦汉以迄近世，学术思想废绝，实由郡县之局使然。夫列国互竞，至秦而不得不混一，亦天下大势之所必至也。且今后之天下，当仍为郡县，将永敝而不救乎？"答曰：天下大势之必趋于混一，成乎郡县，此是一事。既成郡县，而不利于学术思想之发展，则又是一事也。今后天下，当仍为郡县，此无疑义。然今为全世界大通之局，万里若比邻，人类接触之纷繁，见闻之广远，足以开神思而振志气者，迥非昔日列国之世所可比。则今后虽为郡县之天下，而与曩时郡县局面，截然异势。且民主之治本已固，则学术思想，不受阻遏。其发达益盛，可断言也。论事析理，顾可胶执一端，而不通其变乎？

已说儒家，今当略谈道家。诸子并绝于秦，及汉兴，而皆不传。唯儒家经典渐出，人皆诵习服膺。虽鲜所发挥，而凡所以立身行己之道，与纲维社会，平治天下之法意，无不原本经义以出之。当时儒者见浅见深，为别一问题。然皆自以为依据经义，如汉之治道，首以孝弟力田，风示天下，此其政教根本。而君权巩固，亦由乎此。盖移孝作忠之观念，最有力也。《孝经》思想，实行于汉。自是历二千余年，根底益深厚。学者试深玩过去伦理、政治等方面之信条与度制，当知余言非妄。唯至今日，则社会机体已发生变动，而家族组织，将由多数同居，而渐趋分散与缩小。孝弟观念，亦渐薄弱。近时如章太炎等，皆尊《孝经》。后辈中如浙大教授谢幼伟，亦亟提倡孝弟。余以为《孝经》当出于曾子、有子之后学。孝弟之德，乃人之天性所自不容已，当培养扩充之，以极于仁民爱物，乃至与天地万物通为一体之盛。人未有薄其父母兄弟而能广爱者也。儒家重孝弟，此理不可易。但以孝亲与忠君，结合为一。甚至忠孝不两全时，可以移孝作忠，如亲老而可为君死难之类。因此，便视忠君为人道之极，更不敢于政治上考虑君权之问题，此等谬误观念，实自汉人启之。《论语》记孔子言孝，皆恰到好处。皆令人于自家性情上加意培养。至《孝经》便不能无失。于是帝者利用之，居然以孝弟之教，为奴化斯民之良好政策矣。章太炎曾以《孝经》与《大学》并称，却甚错误。余若得暇，当为《孝经》作一疏辨。余于汉代政教，亦有许多意思，未曾发表。因一向注重哲学问题，无暇及此也。总之，汉以后二千余年之局，实自汉人开之。凡论社会、政治，与文化及学术者，皆不可不着重汉代也。今之治史者，或为无聊考据，或喜作肤浅理论，或袭取外人社会学说，如奴隶社会、封建社会之类，以叙述吾之历史，乃至援据所谓唯物史观，如此等者，皆不曾用心了解自家得失。根本缺乏独立研究，与实事求是之精神。吾默观今日士习学风，而忧世乱之未有已也。汉世儒家虽复正统，屹立不摇。但儒学则已非晚周之旧，而仅为考据之业，且随政治势力而变质矣。是时，独有道家思想，隐与儒学争鸣。而道家流派，似亦甚复杂，今无从考。汉初，言道家者举黄、老，谓黄帝与老子也。老子书现存。但著者果为谁，似难详定。今本《史记》，以老子为楚人，名耳，字聃，姓李氏。吾意即《庄子》诸书所称之老聃。李耳与老聃，是否为一人，殊难断定。《礼记·曾子问篇》，《正义》引《史记》，作陈国人。陈本并于楚，则谓为陈人者，自从其故籍而言。如孔子居鲁已数世，犹曰殷人。《庄子·天运篇》："孔子南之沛，见老聃。"司马注云："老子陈国相人，相今属苦县，与沛相近。"据此，则老聃籍隶楚国，即故陈国相人。此等记载，必确实可据。唯孔子见老聃事，不足征信。《庄子》故多寓言。《天运篇》既云孔子南之沛，见老聃。而《天道篇》又云"孔子西藏书于周室。子路谋曰：'由闻周之征藏史，有老聃者，免而归居。言免职闲居。夫子欲藏书，则试往因焉。'孔子曰，'善，往见老聃'"，云云。《庄子》书中言孔子见老聃，一云南之沛，一云西适周。《天运篇》老聃谓孔子曰："吾闻子北方之贤者也。"据此，则老聃在沛见孔子，目为北人。其在周见孔子，不又目为东人乎？细玩二篇文意，《庄子》只是寓言。孔子与老聃，皆实有其人。而老聃必未曾为周之征藏史。孔子与老聃亦不同时。《史记·孔子世家》及《老子列传》，并谓孔子曾适周见老子。殆因《庄子》之寓言，被人误认为事实，展转讹传。马迁竟采入史，则不谨于阙疑之过也。

近人好疑。或谓《老子》书为战国末季时人之伪托，此则大悖。《庄子·天下篇》叙述晚周各学派，皆精审可据。篇中以关尹、老聃并列。其称老聃曰："知其雄，守其雌，为天下谿。知其白，守其辱，为天下谷。郭注："物各自守其分，则静默而已，无雄白也。夫雄白者，非尚胜自显者耶？尚胜自显，其非逐知过分，以殆其生耶？故古人不随无崖之知，守其分内而已。故其性全。其性全，然后能及天下。能及天下，然后能为天下之归，如谿谷也。"

人皆取先，己独取后。郭注："不与万物争锋，然后天下乐推而不厌，故后其身。"

曰受天下之垢。守雌，守辱，取后，皆物之所谓垢。

人皆取实，郭注："唯知有之以为利，未知无之以为用。"

己独取虚。郭注："守冲泊以待群实。"

无藏也，故有余。郭注："付万物使各自守，故不患其少。"余谓古之吕政，今之侵略主义者，皆纵其大欲，而驱役万物，以侵夺天下之厚利，拥有胜势，而务藏之于己，其终无不覆灭。盍若寡欲，而无损于物，任万物各自藏，而吾与物皆处于有余乎？

岿然而有余。郭注："独立自足之谓。"

其行身也，徐而不费。郭注："因民所利而行之，随时而成之，常与理俱，故无疾无费也。"按此就有道者施为之妙言。顺物之情，而己无私焉，故其妙如此。

无为也，而笑巧。按郭注"巧者，有为以伤神器之自成。故无为者，因其自生，任其自成，万物各得自为。蜘蛛犹能结网，则人人自有所能矣，无贵于工倕也"云云。此为极端之放任主义。而枭雄之徒，以智术驭万物，而鼓之以劫持天下，雄于有为者，皆巧也,工倕也。将祸天下,而亦自祸。焉得不见笑于无为之至人乎?虽然,老氏纯任自由,将圣人裁成辅相之道,亦复不立。教化废,则智慧无缘互启。度制旷,则生养何以相资。人类之成能,日新日富。终不与蜘蛛同等。此老氏所以宜绌于吾儒也。或曰:郭注亦或失老意。曰:不然,试通观老氏大旨,终是放任意思多。

人皆求福,己独曲全。郭注:"委顺至理,则常全。故无所求福,福已足。"按委顺至理一语,学者须深玩。去私智,即不违至理,谓之委顺。

曰苟免于咎。郭注:"随物,故物不得咎也。"按不以私智宰物,故云随物。

以深为根。郭注:"理根,为太初之极,不可谓之浅也。"按理根者,谓理之至极,为万化之所自出,万理之所会归,故曰理根,故谓之深,老子所云道是也。

以约为纪。郭注:"去甚泰也。"按寡欲之谓去泰,为而不宰之谓去甚。

曰坚则毁矣。郭注:"至顺则全,忤逆则毁。"按坚者,恃强以逆万物,而不知反,终必有摧之者。

锐则挫矣。郭注:"进躁无崖为锐。"按今之侵略主义者,皆坚锐也。

常宽容于物。郭注:"各守其分,则自容有余也。"按俭也,慈也,不敢为天下先也,皆所以容物。

不削于人。任物之自全其性,无侵削也。

可谓至极。"

详此所云,义旨宏远,自有《老子》书以来,谈者未有及之。据其所述,确为《老子》一书之旨要。观其所得于《老子》者如是其深,则于此书之作者,必有所考信。老氏之生,当稍后于孔。《天下篇》为庄子或庄子之后学所作。世之相去,亦不甚远。故《老子》书,为老聃作,《天下篇》足据,无用狐疑。

今世侵略主义之国家,其领袖与人民,当以老子之思想,为对症药。庄生称老子曰:"古之博大真人哉!"犹孟轲称孔子"生民以来未有也"。其书,近时中西人士,虽有传译,然皆浅薄之徒,不足达老氏冲旨。其见地太低,其胸际无深境,所领会于老子者甚浮泛。则其宣译之辞,肤庸无力,无甚意义,此可惜也。余尝规设中国哲学研究所,培养人才,而卒成虚愿。

自马迁以来,皆以老子为楚人。与《天运篇》司马注,亦无不合。覆看前文。唯老聃为周征藏史,则是庄子寓言。老聃既为楚人,亦故陈国之产,似无缘入周为史。老子思想,确从孔子《易传》而出。言阴阳变化,本《易传》也。言一生二,二生三,本《易》每卦三画也。言常道,即于变易而见不易,亦本《易传》也。此其根本大义,可明征者。老子之旨,实乃厌文胜,而欲反之质,此甚显著。《论语》曰:"郁郁乎文哉!吾从周。"当是孔子早年语。至其晚年,则已感文胜之弊,而有"文质彬彬,然后君子"之叹。老子殆稍后于孔子,故其恶文胜与诈伪及贵货之习,更甚于孔子。此由《论语》《老子》两书,较观仲尼、老聃世运之感。而知老聃当春秋、战国过渡之世,文明甚盛。《老子》书中所云难得之货,与嗜欲智巧之滋张,皆文明时代之征象也。孔子时尚未至此。故谓老聃稍后于孔子也。至孟子时,则曰"上无礼,下无学。贼民兴,丧无日",曰"救死而恐不赡"。文物凋残,社会崩溃,尚何文胜可言!以孟子与老子书对照,则老聃前于孟子,而稍后孔子,确然无疑。由上所述,可知老聃为周征藏史,孔子适周见之,纯为《庄子》寓言,不足征信。

或曰:"《礼记·曾子问篇》,'孔子曰,昔吾从老聃助葬于巷党'云云。此儒家记载,岂亦寓言耶?"答曰:《礼记》之老聃,谨于礼。与《老子》书中语,绝不类。盖《礼记》孔子问礼之老聃,别是一人。与著《老子》之老聃,不当混而为一。两人同姓名,而年事相悬。古今人同姓名者常有之,不足异也。孔子问礼之老聃,必有盛名之大儒。故庄子假之,以推尊著《老子》之老聃,而言孔子受其教也。然庄子一言孔子南之沛见之,一言孔子西适周见之,则显然明示寓言。而非以孔子受教后起之老聃为事实也。后人读书不慎,何得怪庄生乎?

老子书之作者,与时代,既决定如上。孔子问礼之老聃,《曾子问篇》只言孔子从助葬巷党,未言适周。想此老聃是鲁人,曾为史于周。至是,已免职归鲁。庄子

171

以之附会于后来作《老子》书之老聃耳。黄帝为上古帝王，果为道家之祖乎？吾意凡言道家首黄帝者，皆依托之，以自尊其学派耳。《汉书·艺文志》道家有《黄帝经》四篇、《黄帝铭》六篇、《黄帝君臣》十篇、《杂黄帝》五十八篇。此当是战国末叶道家所伪托。今其书皆不可见，唯现存《庄子》书，时称黄帝。岂伪托黄帝之风，实自《庄子》开之欤？韩非书中有《解老》《喻老》，则老氏之支流也。管子书中有《心术》《白心》《内业》诸篇。其言宏廓深远，似为道家一大派。老子虽道家宗匠，而此派似与之稍异。是否为关尹之学，不得而知。此派发明心地，借用宗门语。足与印度大乘比肩。《荀子·解蔽篇》："故道经曰：人心之危，道心之微，危微之几，惟明君子而后能知之。"详此所引，与《心术》诸篇，义适相符，必出此派经籍无疑。《心术》《白心》《内业》三篇，当是《管子》书之作者，从道经录入其书。余尝欲从《管子》中别出之，为作注释，与《老子》并行。荀子深受此派之影响，似比老子尤活泼有用。其主唯心，似印度大乘。其活泼有用，则非大乘可及。而自汉迄今，从无注意及之者，是可惜也。《韩非·解老》当是法家兼宗老氏学者所为，亦自有独到处，可谓老氏之别子也。他日当为作注。屈原亦道家，而独以文学鸣。汉《淮南王书》本杂家，而采道家言为多。今传《列子》，当系伪书，然列子必是道家一大派，惜其书亡失耳。

庄周之书，魏晋以来，始与《老子》并称。《天下篇》述庄生之学曰："芴漠无形，变化无常。按芴漠，冲寂貌。寂然，无形，言本体也。变化常新，不守故常，言本体显为大用也。

死欤？生欤？按凡人有生有死，其生也，何自而生欤？其死也，奚为而死欤？

天地并欤？按言其生，将吾子然而独生欤？抑天地与我并生，而吾非独欤？

神明往欤？芒乎何之？忽乎何适？按言其死，岂人之神明冥然长往欤？若长往也，则芒乎何所之？忽乎何所适？

万物毕罗，按且非独吾人死生不可解而已，其环吾一身之外者，万物森然毕罗。

孰主张是？孰纲维是？

莫足以归。按夫计有身，即迷于死生，而不得所归宿。计有万物与吾身相峙立，则拘于有限之域，而亦不得所归宿。故云莫足以归也。其唯至人，证知芴漠无形，变化无常。是故体真极而履大变，无身见之存也。身见遣，即不见有小己之生，亦无所谓死，是名外死生。既外死生，而除小己之执，即不见有万物与己对峙。是故游于无待，而全其芴漠无形，变化无常之真也。

古之道术有在于是者，庄周闻其风而悦之。按"道"字约有二释：一、名本体曰道。言其为吾人与万物所共由之而生也。二、求证本体之学，亦名曰道。术者，体道之功，与修养方法，及于道之散著，若关于物理人事之一切学术，通名为术。

以谬悠之说，《释文》："谓若忘于情实者也。"

荒唐之言，王注："荒，大也。唐，空也。"

无端崖之辞，王注："无端可寻，无崖可见。"

时恣纵而不傥。王注："恣纵，谓纵谈恣论。《释文》作'而傥'，无'不'字，近之。谓忽然而至也。"

不以觭见之也。宣云："不以一端自见。"

以天下为沈浊，不可与庄语。以卮言为曼衍，《释文》，"卮"又作"卮"。《字略》云："圆酒器也。"王云："卮器，满即倾，空则仰，随物而变，非执一守故者也。施之于言，故随人从变，己无常主也。曼衍，因其事理而推衍之。"

以重言为真，王注："述古德之言，使人听之而以为真。"

以寓言为广。寓，寄托也。《寓言篇》云："寓言十九。"宣云："寄寓之言，十居其九也。"如言孔子见老聃，而老聃教之，及托为神农黄帝善卷披衣之类。

独与天地精神往来，按天地精神，犹云宇宙之大心，即谓本体。往来者，形容词。言其通一而本不二也。王先谦《集解》甚谬。

而不敖倪于万物。王云："敖倪，与傲睨字同。"言"未尝鄙弃万物，存骄亢之见"也。按万物本吾一体，譬若百骸之在一身，何相骄亢之有。

不谴是非。按郭象注《齐物篇》有曰："将明无是无非，莫若反复相喻。反复相喻，则彼之与我，既同于自是，又均于相非。均于相非，则天下无是。同于自是，则天下

173

无非。何以明其然耶? 是若果是,则天下不得复有非之者也。非若果非,亦不得复有是之者也。今是非无主,纷然淆乱。明此区区者,各信其偏见,而同于一致耳。"子玄此释,颇得庄旨。然不善会者,将谓庄子直不主张有真是真非,则其害不小。寻庄言无是无非者,其所谓是非,自有义界,盖就俗情所持之偏见而言。彼此均以其偏见,而各自是,亦各相非。就各相非言,则彼此同于非也。就各自是言,则彼此同于是也。彼此各信其偏见,同于一致,竟无是非之足道。故云无是无非。唯其如此,故不遣是非。谓此等是非,不足谴责也。然不遣之云,正是深谴之。如老言绝学无忧,乃忧之至耳。从来注家,莫识此意。真乃痴人前不得说梦也。然必知庄子所明无是无非,只就俗情偏见之是非言。则不妄疑庄子为主张无真是真非也。使庄子不承认有真是非,则其著书谈理道,果何为耶? 果无真是非,尚有理道可谈耶? 夫唯离俗情偏见之域,而后有真是非可论耳。

以与世俗处。按王先谦《集解》:"不责人之是非,以与世俗混处。"此真市井鄙贱之情,而可以是测圣哲哉? 夫世俗是非淆乱,正是迷惑相,智者明见世俗迷惑,易起厌离,佛家小乘是也。今庄生谴俗之惑,而与世俗处。岂以出世为道者所可及哉?

其书虽瑰玮,而连犿,无伤也。《释文》:"瑰玮,奇特也。连犿,宛转貌。一云相从貌。谓与物相从,故无伤也。"

其辞虽参差,而諔诡可观。成云:"参差者,或虚或实,不一其言也。諔诡,滑稽也。"

彼其充实,不可以已。按言其生活力充实,有本故也。

上与造物者游,按造物者,谓宇宙本体,非神帝也。游者,形容词。言其超脱小己,而直与宇宙本体为一也,即人即天也。**而下与外死生无终始者为友。**外死生无终始者,即所谓至人。至人者,即与造物者游者也。即能超脱小己,而复其本体者也。与至人为友,以其本与吾同体故也。拘形,便分尔我。证体,则无自他之间,故曰为友。友者,一体相亲义。

其于本也,宏大而辟,辟同闢,开发义。

深闳而肆。按肆者,纵任。犹言自在。宏大,故足以发。深闳,故自在而无有挂碍。此言其德用之盛,皆从本体流出。

其于宗也,可谓稠适而上遂矣。按《天下篇》首有云:"以天为宗,以德为本,以道为门,兆于变化,谓之圣人。"详此所言,天也、德也、道也,皆本体之目。但取义不一,而名以殊。天者,言其至高无上。德者,言其备具万德,故能现为大用。道者,由义,言其为万物所由之而成。三者异名同实,如丘与仲尼并目孔子一人也。此中宗言,即以天为宗之宗。稠适上遂,言其上达,而与天为徒也。易言之,即人即天也。

虽然,其应于化而解于物也,其理不竭。其来不蜕,芒乎昧乎,未之尽者。"王云:"然其因应于变化,而实解于物情也,其理不竭,其来不遗,芒昧如不可见,未有能尽其妙者。"

《天下篇》当是庄子之自序。或云庄子之后学为之。然其评判诸家,见高而识远,文奥而义丰,恐非庄子莫能为也。其自序极亲切,如云独与天地精神往来,云与造物者游,盖实到此境,非意度之词。若乃不谴是非,以与世俗处,不傲倪于万物,所以异于浮屠出世之教。然语化虽妙,化者,变化。而不悟真体流行,其德本健,此是老庄与吾儒《大易》根本异处,又复耽于观化。耽者,耽溺。因其于变化之道,冥观澈悟,即溺心于此。却似以大化当作客观之境去玩索。遂以委心顺化为悬解。《大宗师》云:"浸假而化予之左臂以为鸡,予因以求时夜。时夜,司夜也。浸假而化予之右臂以为弹,予因以求鸮炙。浸假而化予之尻以为轮,以神为马,予因以乘之,岂更驾哉?"此等人生观,便茶然无自在力。此中自在,略有二义。一自主义,二自创义。圣人穷理尽性至命之道,见前。与此相较,岂止判若天渊。夫穷变化之理,则知此理非外也。乃我之真性也,乃天命之全畀于我者也。所以变化者,理也。此理即谓本体,我得之而生,即名为真性。从我所受而言,则曰天命。天命一词,见前说君子有三畏处。是故造化在我,非我与造化真宰为二也。知我之所以为我,则存诚而其德不易,体健而其用不穷。位天地,育万物,皆我之自化也。而况予之左右臂与尻,其有不自我制之者乎?《荀子·解蔽篇》曰:"庄子蔽于天而不知人。"荀所云天,盖以变化无常之力言。庄子似以变化为外在的大力,而人或物皆变化之所为。方其为是人是物也,则偶然已耳。《大宗师篇》曰:"伟哉造物,又将奚以汝为？将奚以汝适？以汝为鼠肝乎？以汝为虫臂乎？"《至乐篇》种有几一段文字，明物种变迁，皆由有变化无常的大力主之。胡适《中国哲学史大纲》，引种有几一段，其解几字云："我以为此处的几字，是指物种最初时代的种子，也可以叫做元子。"按胡君说，非是。句首种字，犹云物种。凡物种变迁，固由适应环境。下文云，"得水则为𩽾，得水土之际则为蛙蠙之衣，生于陵中，则为陵舄"，乃至"程生马，马生人"。马是高等动物，由高等动物而进至最高之人类，故曰马生人。其结语曰："万物皆出于机，皆入于机。"结处机字，即上文种有几之几字。几者动之微，即谓变化的大力。言物种变迁，由有变化的大力为之，故曰种有几。郭子玄《大宗师篇》注云："夫无力之力，莫大于变化者也。故乃揭天地以趋新，负山岳以舍故。故不暂停，忽已涉新，则天地万物，无时而不移也。"子玄此释，深符庄旨。种有几之几，即子玄所谓无力之力，莫大于变化者也。达尔文言进化，只知由环境，殊不知生物实皆由变化的大力，为之阴驱潜率，故能随所处境遇之种种需要，而变化其形体机能，以与之适合。否则物安从生，而适应环境者其谁乎？万物之生，皆从变化无常的大力而生。其死也，形神散灭，复归变化无常。故曰万物皆出于机，皆入于机。《大宗师篇》云"以造化为大冶"，可互证也。庄子悟到变化的大力，便从此处着眼。即把万物看作为变化无常中偶然变生的物事，虽复物种因环境而迁变，毕竟以变化的大力，为之阴驱潜率。故克就物言，其变迁仍是被动，而非自动。其为说大概如此。荀卿可谓深知庄子者。夫圣人言天，<small>圣人谓孔子，其言在《大易》等经。</small>以天化摄归人能。《易》曰"圣人成能"。乾坤之全体大用，若以其在人而言之，则曰人能而已。《新唯识论》本此旨，其言体用，或空寂生化之妙，刚健清净之德，是天德也，而实即是吾人之真性也。吾人本其所固有而不可穷竭之真源，努力发挥之，故曰即工夫即本体。亦《大易》"成能"之旨。故吾人生活之源泉，极渊深而不虞其或竭，极富有而无忧其或匮。天在人而人即天故也。若《庄子》之言天，则视天化为无上之威力。吾人之生，只是天化中偶然之化耳。故曰"阴阳于人，不翅于父母"。见《大宗师篇》。子玄注曰："自古或有能违父母之命者，未有能违阴阳之变者也。"阴阳之变，即天化之代词。则尅就人言，只是天之化迹。且甚偶然，不得曰人即天也。吾谓其以变化之大力为外在者，此也。故《大宗师篇》曰："以生为附赘县疣。郭注："若疣之自县，赘之自附。此气之时聚，非所乐也。"按气之时聚者，犹云化之偶然耳。以死为决疣溃痈。"郭注："若疣之自决，痈之自溃。此气之自散，非所惜也。"按气之散，亦是化之偶然。据此则人生毫无根柢，亦无甚意义与价值可言。唯委心任运，以度其附赘县疣之生，而待诸溃决已耳。庄子虽自云与天地精神往来，而其言化，毕竟自相矛盾。彼根本不悟人即天，而又欲以人同天。则其所谓同天者，亦只是委心顺化而已。人能不修，人极不立，是何足为道哉？圣人成能，以范围天地之化而不过。三千大千世界可毁，而此理不易也。庄子才过高，而于道，不可谓无实得。但其差毫厘，谬千里处，则有不可无辨者。余久欲论之而无暇，此中亦不及详。愿以异日。周濂溪从道家转手，而归儒家。《太极图说》立人极三字，确有无穷义蕴。真得六经之髓，学者不可忽也。

道家在晚周，其派别当甚多，其经籍必不少。荀子所称之道经，汉以后已不可见。《艺文志》所著录，罕有存者。汉初去古未远，而言道家者，首称黄、老，意者老聃为道家之开山欤？黄帝自是伪托。汉初，黄生盖公之伦，其学无可征。大氐清净自正，有老氏遗意。司马谈父子与淮南之徒，虽道家气味较多，而所得实肤浅。其后有养生家修炼之术，托于道家，如汉魏伯阳及晋葛洪等。则已非晚周之旧矣。静坐法，晚周道家当有之。屈原、庄周之书，皆有可征。五代时陈希夷等，似亦得力于静坐。惜其书不传，无以测其所造广狭。然自北宋迄今千载间，恐未有能继之者也。当别为论。宋末有邓牧，亦足珍异。要之，道家自汉以来，虽隐与儒家并行，未至若名、墨、法、农诸家之衰绝，然其多数学派及书籍，早已无传。其流行者，仅老庄而已。《管子》书中所引《心术》诸篇，与《韩非·解老》却一向无人注意。汉世，儒风虽盛，而实只考据之业，已无思想可言。道家亦多失其本。汉之言黄、老者，大概清简自守，无所发挥。唯司马子长作《史记》本纪列项羽，列传首伯夷，一奖革命，一贤让国，似寓排斥帝制之思。颇得老庄遗旨。此外无可述者。魏晋诸名士，以《老》《庄》与《大易》并号三玄，其时老庄之风最盛。然唯王辅嗣究极道体，最有深致。向秀、郭象、张湛三人者，思想颇相近。而皆未能见独，《庄子·大宗师》云："朝彻而后能见独。"朝彻，谓惑尽而智生也。独，谓本体，亦云道体。见独，犹云见体。文采过其实悟。余《语要》中有答友人书，略言诸子所长，此不及引。自余文学之徒，时有妙语，然皆不足窥根极，析条理，未可云学术也。视王、向诸玄流，更瞠乎后哉。若乃清谈诸显贵，如王戎王衍辈，祖尚浮虚，全无肝胆，所谓鹦鹉能言，不离飞鸟。流风所扇，人尽为夷。宋儒胡五峰，谓夷狄之祸，由国人自失人道，而沦于夷，然后召夷祸耳。斯言之信，至今不渝。胡尘蔽天，九有鱼烂，惨矣酷哉！夫老庄莫盛于魏晋，而弊极于清谈，清谈者流，皆宗老庄。祸至于召虏。老聃尚朴，任自然，自然之说行，必有贱检约，而放荡无所不至者。朴之说行，必将反文明，而安偷惰，至以任情为率真，而实行不肯修，实学不肯讲者。其流弊可畏也。率真绝非任情，古今能辨者少。老子之学，本非放荡与偷惰者，而其末流之弊，可以至此。

佛家有以老氏为自私，此则甚诬。老曰"吾所以有大患者，为吾有身。及吾无身，吾有何患"，云云。夫自私之恶根，在于有身。有身者，即佛氏所云身见或我执，王阳明所云随顺躯壳起念是也。一切自私自利之大恶，其根源只是有身。此非反己工夫至深切者不知也。老氏已拔去自私之根矣。故曰："我有三宝：一曰慈。"又曰"慈故能勇"，大悲而后能精进，固与释迦有同者。唯言南面之术，斯与出世异道耳。其曰"圣人后其身而身先，外其身而身存，非以其无私耶，故能成其私"等语。则以开悟世之自私自利者而导之于善耳。乃以此为老氏自利之意，岂不谬哉？弱志强骨，见上篇第三章。辅嗣注，"骨无知以干，志生事以乱"，云云。此义宏深，而惑者不解。骨无知，以喻心虚，即情见尽净，故可以干事也。弱志之志，犹云意志，意志强者，辄执己见，以宰制天下而致乱。古今霸者皆是也。故主治者，虚心之功，欲其加强。而恃意志力之坚，以求狂逞于天下者，不可不以理自克也。弱之为言，即自克之谓。顷见人误解此文太甚，故辨之。自余误解，不及悉正。呜乎！古今人读书言学，能虚怀深究者，真无几耳！而今人尤轻心，惜哉！

庄生之人生观，余已略述如前。由其道，将使人安于颓废，而蔑可自振。其流之弊，视老氏而愈烈矣。魏晋人学老而不究其真，辅嗣谈道体，只是解悟及之，非实修所至。子曰"知及之，仁不能守"，辅嗣之谓也。自余谈玄者流，利口而抱禽心。煽污风，召房祸，族类自是始衰。学庄而适取其弊，害乃至此。夫庄生之说，足使人颓废，是其弊也。而学庄者安于颓废，则其恶可以无所不至。余尝欲取魏晋人之风度与行事，而详述之，可以觇世变。近二千年来，所谓文人与名士，始终不脱魏晋之习。顾亭林耻为文人，王船山痛诋名士，以其罪恶至大，足使族类衰危，而庸俗终莫之悟也。哀哉！宋明诸老先生，皆与道家有关。濂溪原出道家。明道、尧夫与朱子，皆受道家影响甚深。子静无垢，亦有得于道，只伊川较薄耳，王阳明早年学道。然只于修养工夫，及发明心性，有所融摄。其于道家思想之大全，固鲜所深究也。有谓宋明道学，与汉初道学不必同。余以为宋明道家，亦原本老庄。只其所资者狭，所造者浅耳。静坐法，老庄当有之，汉以后，道家展转传授，自不无增损。必谓宋明与汉初绝异，恐未尽然。唯伯阳、稚川炼丹一派，当是援神仙阴阳诸家以入道，非本宗也。最下有天师道，则等诸自桧矣。道家自汉后，虽与儒术相附以行,而晚周诸哲,博大玄微之诣,汉初已无继者。后来道家,日就浅狭,更下且夷于方术。如炼丹。郡县之世,儒学名存而实丧,道亦有然,考迹吾国学术思想之通塞者,于此宜深致意也。

夫汉后道家,虽以清虚自守为学。而所造实浅。其于老庄,抨击霸者宰割万类之魁柄与奸谋,而欲去之,颇近孔孟仁覆天下之意。则葛洪、邓牧而外,罕有识斯趣者。余尝言,老庄抨击霸者,其义甚正。顾欲与万物相安于无为,俱返于浑朴,而无儒者开物成务,革故鼎新之功。则虽有仁天下之心,而无其术。是乃乌托邦之空想而已。孟氏明民贵,而昌言革命,曰闻诛一夫纣,未闻臣弑君。又言仁政,必使民皆有恒产,而后有恒心。且以道揆与法守为不可逾。孙卿明群与分,则注意社会组织。《富国篇》云:"人之生不能无群,群而无分则争。争则乱,乱则穷矣。"按分者,人群之利,毋专于一方。必分之均,而后彼此各得分愿。其群无不平,乃不至争且乱也。治制失其平,始有革命。故孙子曰"夺然后义,杀然后仁,上下易位然后贞"。《臣道篇》。孙、孟之论,异乎偏尚放任者亦远矣。夫抨击霸术,而不务有为以持其平,则犹未足为治也。况乃偷息于霸政专横之下,习焉而不敢萌抨击之思,若汉以来之儒与道,天下尚有生人之气哉!况乃,至此为句。论学至汉以下,不能不为之扼腕也。

附识:《老子》之书,从来误解太多。余有答友人书,曾略辨之云:天地万物一体之抱,儒道所同。老子"为而不宰,生而不有",其义幽远。若物我对峙,焉得不有与不宰哉?今之帝国主义者与资本家,正是宰与有也。宰与有,生于物我对峙,此所以违反吾孔、老之道,而成人相食之局也。公就老子书中,"古之善为道者,非以明民,将以愚之",及"欲取姑与","欲上民,必先下之"诸义,断其未忘物我。昔人议老氏流为申、韩者,亦多摘此等处,而归之咎。余以为，此皆不达老氏意也。非以明民，以字，甚紧要。以明云者，如霸者阴蓄野心，而矫托为国家民族生存计，以激扬群众之斗志，而复束之以势，使其唯吾之所使，是谓以明。希特勒之术，正如是也。愚字，须善会。非吕政愚民之术，乃任民之各适其性，各尽其能，而勿以吾之私意导之，勿以吾愤戾之气驱之，若与民相与于不识不知，以顺帝则也者。是之谓愚。愚之一字，下得极妙，千古不遇解人，岂不惜哉！欲取固与，昔人讥其权术，此复大错。天道之所以行四时，生万物者，取之乎？与之乎？使其有意于时行物生也，则是有取矣。而天实无取乎尔，惟以阴阳冲和之实德，以与万物，而听其各成。《易》云"各正性命"，此义深微。物各自正，非天以意正之也。若天有意于其间，则物失其性矣。至于物之各成，则天道无心于取，而竟以与之者，取之矣。为治者，知与之为取，则公明法天，而治化茂矣。今之列强，徒欲厚取于弱国，而不肯相助。相助，即与之义。不悟弱者被侵，而众强争斗，亦共蒙其不利。曷若以和同之道，助人而适以自助乎？助人与也。适以自助，则取也。但如此而取，则互惠也，共利也，非侵夺也。欲取二字，纵词也。所以晓贪夫而令其勿迷于取耳。欲上民，必先下之。夫领导群伦者，皆自居于上也。以民为吾之所领导，则视民为下矣。希特勒之徒，束其民如机械，而唯吾之所驱，是在务上民，而不知下之者也。圣人之导民也固不如是。修己以敬，笃恭而天下平，自养其神明，黜私去智，智谓私智。裁成天地之道，辅相万物之宜，因物自然，而未尝以己宰物也。是故以身下民，而民莫不率化。则以下之者，上之矣。渊乎微乎，老氏之旨也。谓其恃己而不能同物可乎？谓其恃术以御物可乎？谓其流为申、韩，史迁未审之谈耳。又老氏言无，犹云空寂，乃直显本体无形无象，无作意，无迷暗，即无恶。故说名无，非谓空无也。向来谈老者，辄昧于此。根本既迷，斯无往不谬,此可戒也。

宋明诸师于老庄,本非完全排斥,但亦不肯虚怀深究。每以老与佛,并斥为异端,或云二氏。其老、佛并举之老,系为道家之总称,而非目老子一人也。而于佛氏,则斥绝尤严,此乃诸儒所以自画。今当略说佛家。

佛教自后汉入中夏,虽来自印度,而二千余年,久为中国之固有物。大师之介绍,最著者,如鸠摩罗什于空宗经论,玄奘于有宗经论,皆传译甚富。且译事极有计划,于研讨所资,必求其备。什师虽产印度,而在中国之西域颇久,能操汉文。睿哲之钻研,则由晋迄唐。聪明奇特之俦,殆尽入佛门。始则玄家以老庄之旨,会合于佛。继则专崇佛法,而盛屏老庄。其于儒学,亦视为世间法而已。群众之信仰,则自六朝以降,渐普遍深入于中国社会之各层级。寺宇,自朝市以及荒塞僻壤,所在林立。诵经礼佛,凡稔恶不悛者,几皆以是为避免冥谴之道,可谓极盛而无以加矣。六朝逮于五季,中国文化,纯受印度佛化之侵略,余尝以此为中国历史上之大不幸事。两汉之世,学术思想,日就凝滞,其时假若有与晚世西洋文化相类之思想输入,以刺激之,则晚周儒学及诸子百家之坠绪,必因外化之助,而发扬光大无疑也。东汉士人,已厌名教箝束,渐慕玄虚。《后汉书》周磛慕老聃清净,杜绝人事,巷生荆棘,十有余岁。法真恬静寡欲,不交人间。同郡田羽称其蹈老氏之高踪。戴良放纵礼法之外,矫慎学黄、老,隐遁山谷。台佟隐武安山,曰:“幸得保终性命,存神养和。”此皆为魏晋玄风导先路者。玄家悠然有超世之志,超世,谓不乐世俗尘缚也。佛教适乘机而入,当郡县之世,思想界正患凝滞,士之禀睿慧而无所观摩者,古者郡县之世,精神物质两方面,均无交通之利。故无观感以发其灵思,无摩荡以起其锐志。乃栖神虚静,聊以自得。佛氏更以宗教之力,与死生之威,威者,可畏义。佛家大小经论,莫不以众生沦溺生死海,为可畏也。震荡众生之情感,而使之不得不从其教。

于是趣寂之愿强，而经世之志衰。内照之功深，佛家反观内心惑染诸相，至极深刻。而外知之用寡。外谓外物。外知，谓格物之知。如科学方法，以实测为基，是为外知。夫专力于内照者，则不能无遗外之患，固其势也。寄情来世，大乘发长远心，期以长劫修行成佛。忘怀现实。其与吾《大学》三纲八目之要道，根本背谬，固不待言。而僧侣高愿，必欲举神州而完全佛化。何其见之太偏，持之已过乎！夫两汉时代之思想界，已患凝滞。而季汉佛教东来，更以出世法导之。至是，而晚周坠绪，乃不可复寻。吾所以有不幸之叹者，此也。

近时谈佛法者，或不欲说为出世法。辄以即世间即出世间为言，此所谓矫乱论也。遍览大小一切经论，皆言世尊悯诸众生，于生死海，沦没无依，誓愿度脱，此实佛教根本精神所在，而可否认其为出世法乎？友人有言：佛家根本为度脱生死海而发心，则必承认众生各各有个体的生命，从无始来，尽未来际，都不断绝。始有度脱可言。如不承认有个体，则沦没生死海者其谁乎？超生死而证涅槃者其谁乎？超生死，证涅槃，是名度脱。使无个体，将只承认有生生不息之大流，而众生或万物，只是从大流中偶然变现已尔。夫偶然变现之物，亦自偶然消逝，何须度脱？则佛氏所谓积劫修行，徒自唐劳。以本无证果者故。偶然之物，毕竟消逝。故无证果者。友人此论，颇得佛教本意。彼固粗涉佛经，而颖悟所至，极可惊也。近见比丘，居士，颇有谓佛教说无我，实不许有个体的生命者。余曰：佛家根本信念，约说有二。一曰业力不散失，业，谓善恶之造作，其势用恒潜存也。二曰因果不可拨无。善恶业为因，必感果报。自小宗至大乘，此二根本信念，始终无改变。如其改变，即不名佛法，此言佛教者所须慎重也。有难："大乘空宗，似不承认业力。如《中观论》即破业。"答曰：中观据胜义谛，故遮业耳。俗谛即不遮。《大智度论》五云，"业力最大故，积聚诸业，乃至百千万劫中，不失，不烧，不坏，是诸业能久住。如须弥山王，尚不能转是诸业，何况凡人？"云云。此可证也。然复须知，此二根本信念，若总言之，即是承认众生各各有个体的生命，不随形骸俱灭而已。若无个体轮转，即业力不坏之信念不得成，众生各各有个生的生命，不随形骸俱灭。故说业力不坏。否则形骸灭，而业力即坏，何得云不坏耶？因果之信念亦不得成，此岂佛教本旨耶？考《瑜伽本地分》中有寻有伺等三地之六，说生艰辛有云，"汝等长夜，驰骋生死。身血流注，过四大海，所以者何？汝等长夜，或生象马驼驴牛羊鸡鹿等类中，多被砍截身诸支分，令汝身血，极多流注。如于象等类中如是。人中亦尔"，云云。又说生不定云，"假使取于大地所有一切草木根茎枝叶等，截为细筹，如四指量。计算汝等长夜展转所经父母。如是众生，曾为我父。我亦长夜，曾为彼父。如是计算，四指量筹，速可穷尽。而我不说汝等长夜所经父母，其量边际"，云云。又云："若一补特伽罗，于长劫中，所受身骨，假使有人为其积集，不烂坏者，其聚量，高王舍城侧，广博胁山。"按补特伽罗，犹言人也。长夜，谓长劫。劫犹言时。众生长时昏冥，故言长夜。又《大毗婆沙论》一百三十五云："汝等长夜，经此劫数，无量百千。在于地狱、傍生、鬼趣、及人天中，受诸剧苦。生死轮转，未有尽期，何得安然不求解脱？"详上所述轮回之说，佛家承认众生各各有个体的生命，不随形骸俱灭，其义甚显。或有难曰："佛说无我。我即灵魂，无我即无灵魂。然佛复说轮回，是则无灵魂，而有轮回。此其所以为妙也。"答曰：佛说无我者，谓不可起我执耳。岂真无有我哉。余上所云佛家信有个体的生命，足征其与外道，计有神我者，实无不同。然佛家犹破外道之我者，只是破其执我。而昧者遂谓佛法果不承认有我，则长劫轮回者其谁乎？外道于我，起种种计执，皆不应理，佛故破斥。佛终不说我是何等形相，此其高过外道处。但其肯定轮回，即明明承认人各有个体的生命，不随形骸俱灭者。前引《瑜伽》云：如一人，在长劫轮回中。其身骨，可以积成一座高山。可见人皆有超脱形骸之个体的生命，长劫轮转不断，此非我而何？但佛鉴于外道之种种计执,终不说为我。则虑凡夫于此起执耳。执即起惑,造业,感苦,而我乃长沦生死海。不执,即断惑,不造后有业,而我乃解脱,证大涅槃。即说涅槃为真我。此中有无量义,限于篇幅,不得详谈。向来谈佛法者,辄误解无我。余甚闵焉。至云我即灵魂,此语似欠分析。佛家说有人我,法我。人我,即误计五蕴为实我相。此不可以灵魂言之也。法我义最宽,于一切法,计为实有,即名法我,亦不可名灵魂。然佛家实计有个体轮转,则与外道神我说,究有相似处。今若以彼轮转之个体说名灵魂,义固无妨。但必谓无灵魂,而有轮回,所以为妙,则未免病在。宋儒有谓人物皆气聚则生,气散则死,于是依气化,而说为大轮回。此则无灵魂而有轮回也。佛法固可与宋儒气化论融通乎? 故知难者,不了佛义。又据佛家小乘,说有穷生死蕴。谓其生死轮转,无有尽期。依此,说名穷生死蕴,此为个体的物事不待言。又有云细意识。此言人死后,仍有一团势力存在。此势力,乃为有极微细的心作用者,故名细意识。《礼记》所云知气,义亦近此。或问:"此即俗所谓鬼否?"答曰:俗云鬼者,佛书谓之中有。中有身,具有细意识,而细意识不即是中有。大乘有宗,立阿赖耶识。玄奘《八识规矩颂》,其《赖耶识颂》云:"去后来先作主公。"谓人死时,赖耶识最后舍去。人生时,赖耶识最先来投入胎也。赖耶识在人身中为主公。如上诸说,其立名虽不一,而实皆表有个体轮转,则不能谓之异。佛教根本从轮回问题,发心趣道。若无个体,将谁为轮转者,又何须求解脱乎? 向时杨仁山居士,确守佛家精神。近来谈者,渐乖本旨。余以为佛法毕竟是出世法。大乘不舍世间,不舍众生,只以众生未得度尽,则己终不作佛。此其悲愿宏大至极,所以异乎小宗之自利也。参看《新唯识论》中卷《功能章》。佛教徒如丧失出世精神,为顺俗之谈。则戒律渐轻,净修将废。而佛法前途,不堪设想矣。

佛法本为宗教,但极富于高深之哲学思想。此非深参博究者不能知。西人有杂取佛书中谈诸天者,论次之,谓为佛教之宇宙论,而讥其过幼稚。其实,佛家谈诸世界,与诸天,本属幻想。而研究佛家哲学者,不必于此注意。余平生于宗教,颇难起信。而亦不肯遮拨,存而不论而已。世或以余著《新唯识论》,于佛家学说,多所弹正,遂疑余反对佛教,此实大误。须知,佛教发展,由小而大。哲学思想,日渐丰富。其理论亦日益完密。余于佛家,夙怀耽玩者,本在其哲学方面。潜思默究,积以岁年。终觉余之所自得者,与印度佛家之说,颇有根本不能相融处。而与儒学,反有默契。故造《新论》,自申己意,兼弹佛氏之失。亦复融摄其长,固非完全排斥之也。或曰:"佛家哲学思想,自与其宗教信念相关。公既弹正其哲学方面,而又云不反对其宗教可乎?"答曰:弹正者,违其短而融其长也。反对者,则排斥务尽。不唯己所不取,而亦不欲人之从之也。余以为理道无穷,唯博观可以求真,而偏见终于自囿,故于佛家,有弹正而无反对。

余早岁,曾有一种思想。以为宇宙只是一大生生不息真几。一者,绝待义。大者,无外义。生生不息真几,谓本体之流行。吾人禀此生生不息真几而生,是为吾人之真性。而人之生也,形气限之。即尝[1]苦于物化,而蔽其真性。遂致人间为罪恶之业,宇宙为黑暗之府,悲莫甚焉。是故古之道术,有主张逆生生之流,宁可沦虚耽寂,而不惜大地平沉,虚空粉碎,以建清宁之极者。释迦牟尼,其此志欤? 爰有觌体承当,曾见前文。谓自证本体,而保任勿失。即吾人能不为形气所蔽,而真性恒昭然呈现。顺吾所固有生生不息之几,虚而不屈者其神全,不屈,谓无匮竭。神全,即虚灵而含大生之德故。动而愈出者其诚至。诚之至,故动变无穷。新新而不用其故,进进而无有所凝。此言凝者,留滞义。会万物为一己,滞于形,即失真性,而己与物对。见真性,即不私其形,而万物皆与己同体。运形气以从心。心主乎

---

[1] 南方印书馆本末附正误表,谓"尝"应为"常"。

身。感而恒寂,应而有则。形气乃心之运用,何物化之患。**即流行即主宰,即有待即无待,是乃体乾元而立人极。**乾元者,生生不息之真体也。人得之为真性,能实体之而勿失,则人极立。极者,至也。入道之极至,则乾元是也。**即人道而识乾元。**人之真性,即是乾元。是故尽人道而乾元显,故曰即人道而识乾元。若夫毁人生,而以趣寂为见性者,其得为中道欤? 其为宣圣《大易》之悁欤? 爰有觕体至此,即总括《新唯识论》大旨。余生而孤露,早失怙恃,兄弟困穷,后先短折。且世运艰危,志存匡济。弱龄投笔,坎险频遭。久之自顾非才,于世复无所可。孤怀落寞,少接人间,既谢世缘,不复参加革命。冥搜荷岸,时而出世思想生焉。王介甫诗云:"荷花十丈对冥搜。"余尝居近荷花池畔。然而余终非释迦氏之徒也。幼小趋庭,备闻鲁论。长而多患,兴言出世,辄复怀疑。三十而后,勤探大乘,初闻无住,倍增欣仰。原夫小乘趣寂,自了生死,只是自利。大乘始言无住涅槃,谓生死、涅槃,两不住着也。已断惑染,虽故现生死,而非沦没,曰不住生死;已证寂灭,而不取寂,乃示现生死,不舍众生,曰不住涅槃。余初有慕于斯,继而曰,见有生死,而云不住。何若不毁责生死,而直践吾生。**(附说一)**见有涅槃,而云不住,何不悟,生几至神以健,元自空寂。**(附说二)**寂非枯寂,寂而生也。岂有无生之境,名为寂灭,而云不住涅槃耶? 大乘欲改正小宗趣寂之谬,两言无住涅槃,不舍世间,不舍众生,此固大乘之所以为大。然未证知体用不二。夫就体言之,则举体成用,譬如大海水,全成众沤,不可离用觅体。就用言之,则用即是体之现。譬如众沤,即是大海水之现。故乃即用而识体,是故即于变易,而见不易。此《大易》了义也。若如佛氏,将生灭与不生灭,折成二片。生灭是用,不生灭是体。体不生灭,则生灭之用,依何而成? 用自生灭,又何须以不生灭为体? 佛家经论,于此皆无所说明。盖佛家出世思想,别悬一寂静之境以为体。而不悟生灭大用,即是本体流行,正不可离而二之也。根本既谬,则无往不差。故其言众生之生也,只是由迷暗势力而生。释迦十二缘生之论，大小乘共同根据，始终不稍变。与吾《大易》乾元意思，根本相背。虽彼亦言众生皆有佛性，然非闻佛法，及经无量劫修行，则其佛性终不发现，是尚得为有佛性乎？唯禅宗之兴，乃救此失。颇与儒学接近。他日有暇，容别论之。自佛教入中国，二千年来，聪明慧解之流，入其中者，只有尊信而无疑难。轻诋孔子为人乘，鄙六经为世典。近人如章炳麟稍涉唯识，而不得其要。至谓孔子仅为史家。大抵吾国学人，偶有闻见，即据为实得。而不肯深穷理道之真，非独慧劣，亦由其喜以小知自足，否则教僻锢之耳。佛之徒已暗于理根，理根，见前谈庄子处，谓理之极至也。而其人生态度，究未免矛盾。夫曰不住生死，不住涅槃，则已见有生死，见有涅槃矣。生死涅槃，两境对立，虽云两不住，其如两境未融何？此非贞常之道也。君子思诚，所以存生之理。积健，所以顺生之几，此人道之贞常也。不此之悟，而仍存小乘生死涅槃二境，虽高言两不住，而实已有两境在。则所云不住者，乃宗教之神谈耳。故大乘者，欲变小宗，而未离其根底。龙树、提婆、无着、世亲诸公，倘生中国，得受六经，其必弘阐尼山之绪，无疑也。

附说一： 佛家以生死为惑染，为坠堕。儒者不作如是观。直反己而自了吾所以生之理。此理，乃吾与天地万物所共禀之以有生，至真至实，至善无染者也。吾人由实修而显发之，是即人即天也。既即人即天，则已超越物表，远离小己生死相，何惑染之有？何坠堕之有？《论语》子路问死："子曰：'未知生，焉知死？'"圣人只令人反己自求其固有生生不息之真，而存诚以充之，积健以体之。富有日新，德盛化神，我即天也，天即我也。岂复滞于小己之形，而有死之一字，萦其虑哉？故圣人之所谓生，非佛氏生死之生，而佛氏之生死，圣人所不言也。学者不知此意，不堪论儒佛，亦不可解《新唯识论》。

附说二：空，非空无之谓。以无形无相，无作意，无惑染，谓之空耳。寂者寂静，此静，非与动为相对之词。动而未尝不静，故以寂言。化几之动，本无昏扰相也。佛家言生，以无明为导首，即为有一种迷暗的势力。叔本华所谓盲目的意志，盖本此。此皆不悟生生之本体，元自空寂也。《新论》中卷《功能章上》可参考。健者，生生之几，动而不可屈挠，不可穷竭，不容已止，故以健言。

小乘厌生死，忻涅槃。涅槃者，寂灭义。寂者寂静。灭者，贪嗔痴诸惑，灭尽无余也。小乘入无余涅槃，即不复受生云。其所谓涅槃，实其想欲中所悬为至高无上之境，而竭力追求，期于必赴者也。此中想欲二字，可参考《佛家名相通释》。谈心所处，即想心所，与欲心所二法也。若粗略为释，则理想所至，必含有希欲，故以想欲并言也。大乘谈本体，只是一种超越感，详《新唯识论·明心章上》及附录。盖承小乘涅槃之观念而来。小乘追求涅槃，即是一种超越感。与儒者反己意思终不同。《中庸》云"天命之谓性"。是天命非外在也，即己之真性也。岂可向外追求涅槃哉？覆看前谈畏天命处。

佛家长处，有极不可忽者。一、就本体论言。佛家谈体，虽未免沦寂之嫌。体，本非寂而不生，静而无动者。故不可专以寂言体。然不妨说，唯于寂静，可以见体。此意极难言，非于儒、佛、老诸学致力甚深者，实无法与言此义。盖本体非离自心而外在之境，唯见自本心，即此便是，无待外求。然此体，不属有无。谓其有耶，洞然无相，何可云有？谓其无耶，炯然明觉，何可云无？非有非无，故唯默然内识而已。才感物而动，便外驰，而无可自识本来面目矣。本来面目，即本体之代词。哲学家谈本体者，只任理智去构画抟量，而无归寂之深功，宜其不自识本来面目也。此意，欲于《量论》详之。二、就知识论言。佛家本不反知。不反对理智或知识。而毕竟超越理智，归本证量。哲学家有偏尚理智或知识者，有反理智者，二者皆病。游玄而戒蹈空，故反知不可也。本体非理智抟量所及,故非超知而归证量不可也。此意,亦俟《量论》详之。三、佛家讲求逻辑,颇精解析,其于方法,固极慎重。略举此三。皆其大处,不堪忽视。

　　佛家短处,复可略谈。一、以空寂言体,而不悟生化。本体是空寂无碍,亦是生化无穷。而佛家谈体,只言其为空寂,却不言生化,故其趣求空寂妙体,即所谓涅槃,亦名真如,或无为法。其名甚多。似是一种超越感。覆看前文。缘其始终不脱宗教性质故也。二、大乘菩萨,勤学五明,五明,谓因明,乃至医术、工巧等明,多属科学知识。不同此土老庄屏斥知识。上文以此为其所长固已。然诸菩萨,毕竟非为知识而求知识。乃为降伏外道,与化导众生之方便,不得不博习世间知能云尔。佛家于物理人事,许多荒诞思想,如其言色界、无色界及诸天,却是视为事实,非如庄子寓言。其于人间贫富及种种不平,亦均以业报或因果说明之。故政治经济等问题,非佛家所措意。实由其宗教之出世精神,足为求知之障故耳。然佛家毕竟重理智思维,而不偏尚信仰,此所以虽为宗教,而富有哲学精神也。或有谓佛法非宗教,非哲学者,此说非是。佛法毕竟是宗教,但富有哲学思想耳。佛家理智之发展,可谓极高。其穷幽玄而极高深之理境,皆其澄定与精微之思维之所达也。然不能无憾者,即其理智活动,仍不能不受其宗教信仰之相当限制。追维释迦创教,其根本大义,实在六波罗蜜。六者,谓有戒等六法故。波罗蜜者,译言到彼岸,彼岸谓涅槃。此岸是生死,以戒等六法而得度,即由生死岸,到彼涅槃岸,故云六波罗蜜也。佛家大小乘,始终不改其到彼岸之信仰。即其种种思维,要不外造成出世法之体系,如其析色至极微,此中色者,犹言物质。此与科学家之言元子、电子等者,显相符合。然彼之穷析至此,则欲证明色即是空而已。其与科学家穷理之意向,究不一致。举此一例,可概其余。余尝言,佛家有一种特殊功用,即止观法是也。心恒不乱,曰止。恒思察,名观。即止即观,曰止观。其澄定之观察,入理深微,自有非凡夫情识所可及者。读佛书者,辄感其理境奥折,诚非无故。然观想所至,其冥契至理者,固多有之。如《楞伽》《华严》等经,明一切境,唯心所现,无实外境。此其观想精微,妙符理实。譬如现前桌子,一般人则以为是合乎实用之一种物体,科学家则以为是一堆元子、电子,哲学家或以为是一堆事素。可见桌子并非外在实境,只是观察者主观之所现而已。至若《般若》,密意显体,便极力破相,则其义恉,尤为深远。哲学家谈本体者,皆任理智去构画。易言之,即皆以思维,造作如彼如彼义相,说为本体。其实,此等皆是戏论。本体离一切相,意想所构相,决不与实体相应。故非破相,无以显体。《般若》以破相显真,非冥观极深者,不可识此意也。佛家理境高深,难为赞述,但其病亦不浅。彼唯过任冥思,无征验以为基,则亦不免流于空幻。佛典中纷繁之名相,多由空想与幻想之所演出。稍有哲学头脑者,细读佛书,当不以余言为妄。故佛家虽不反理智,而其理智活动,终受制于宗教信仰,不能不带几许病态。佛经言,诸佛菩萨入观,能变大地为金等,此类神话,不可胜举。然在彼并非故作神话,直谓事实如是耳。世之崇佛者,皆谓佛法任理智,而不知其理智作用,为宗教情感所左右,不得无病也。佛家解析之功,至极精细。惜乎不尚征验,乃不免杂以空想与幻想,而多为无谓之分析。且好翻弄名词,名词简单,固不佳。而过于翻弄名词,却是病。徒乱人意。吾尝言,读佛书,如入山采宝,必遍历荆棘,而后得宝。佛书中许多空想幻想之谈,皆荆棘也。然其间有至宝焉,要不可弃。但如佛教徒,必视为无在非宝者,则大谬矣。

印度佛家,以宗教而包含哲学。虽不免有流于空想幻想之弊,然能穷大极深,境界甚高。其于真理,确有发见。则凡治哲学者所不可不深究也。

余尝言:中国哲学,于实践中体现真理,故不尚思辨。西洋哲学,唯任理智思维,而能本之征验,避免空幻。但其探求本体,则亦以向外找东西的态度去穷索，乃自远于真理而终不悟也。印度佛家，其功修吃紧，只是止观。其极乎空脱，而造乎幽玄，终以般若为至。盖止观双运，至般若观空，而后穷于赞叹矣。今后言哲学，必于上述三方，互融其长，而去其短。余尝欲造《量论》，明此意。而老当衰乱，精力已短，恐不及遂也。来者悠悠，将有成吾愿者乎？

佛家出世思想，未免反人生。此余之所不能赞同者。然大乘宏愿，期度脱无量无边众生，尽未来际，恒不舍离。有一众生不得度，则己终不作佛。此其大悲大愿，与精进无已，大雄无畏，盖与儒者之仁，及刚健不息，同一精神。吾人一念及此，何忍自私自馁。胡适之以庄周为出世主义，其实庄生颇有厌世意味，尚非出世也。庄氏最无气力，吾国历来名士，亦颇中其毒。魏晋人之流风，迄今未绝也。

佛家哲学方面，其得失，颇详《新论》。《新唯识论》。兹不复赘。

吾国衰象，自东汉始著见。西汉，承战国与暴秦之后，以郡县一统之局，与天下休息。及至东汉，则此等局势，已不复有利。而学术与政治等各方面，经西汉以来，二百余年之停滞枯竭，至此而不得不呈衰象。曹操、司马懿鼠窃狗偷之盗，专注意国内权利之争，而不知有他。犹未足当奸人之雄，衰世只有此辈也。东汉党人，始标榜竞名，及曹丕君臣文学，辞藻则饰，而中无其质。晋人祖尚浮虚，丧廉耻而贪名势。不足比于鸟兽，皆衰世之征也。典午惨变，延及有唐，唐代，只太宗时称盛，其后藩镇，纯是夷狄盗贼交扰之局。以迄五季，生人之祸已亟矣。在此长期衰乱中吾国思想界，本应起一种变动，不幸而印度佛教输入，率子遗以遁寂，慰疮痍以超生。超脱生死，日超生，见《慈恩传》。天下聪明傀异之流，莫不宗祀法王，虔诚内典。而汉以来仅事注疏之儒学，至此乃不绝于缕焉。物穷则变，变则通。两宋诸儒崛起，始上追孔孟，以排斥佛法，其愿力不可谓不宏，其气魄不可谓不大。独惜其见地有所未宏，规模失于不广。而其所造就者，终不免偏枯之病耳。诸儒之世，正当对晚周学术思想之全体,作一复兴运动。孔子六经,诸子百家之渊源也。今宗孔,而不究诸子百家,何以见孔子之大乎? 墨子之书,存者犹不少。名家之绪,亦略可考于《墨辩》。何为都弃置而不屑究? 宋儒每非兼爱之论,谓其昧于理一分殊,余尝语云生颂天曰:此宋儒之疏于反省也。人情虽日思兼爱,毕竟爱他人,不如自爱之切也。分殊易知。而敦夫理之一者至难也。夫日以兼爱之道,警惕其心,犹不胜私情之弊也。而况可非兼爱以护其私乎? 法家本宗之书,虽不可见。而法原于众,及禁人君使毋擅断之语,尚在《淮南书》,何故不觉? 且《韩非》篇中,主张法治之论,亦颇有可采者。胡不抉择? 道家微文,存于管、韩二子者,皆足珍贵。何乃不窥? 农家许行坠绪,略可考之《孟子》。《汉书·艺文志》曰:"农家者流,盖出于农稷之官,播百谷,劝耕桑,以足衣食。故八政,一曰食,二曰贷。孔子曰所重民食,此其所长也。及鄙者为之,以为无所事圣王,师古注:言不须圣王,天下自治耳。欲使君臣并耕,悖上下之序。"详《志》所称,以为无所事圣王云云,显然共产主义。虽书籍无传,而其大旨可寻也。向、歆、班固之鄙农家思想,适自彰其鄙耳。而宋儒于此,绝不注意何耶? 使农家思想,得灌输群众。夷狄盗贼,得宴然宰割天下哉? 天文、算术、地理、医药诸学,及机械与水利工程等,汉以前已甚精。秦蜀守李冰之工程,至今称巧莫能阶,当有承授,非偶然能精妙及此。又如汉世方士之炼丹或炼金,为化学之始。此等知识,当自战国时人已有之。机械,如墨子木鸢,即飞机之始。而公输子之巧,见称《孟子》等书。宋儒皆不知提倡,诸子百家之绪,悉从湮绝。此与宜圣系《易》,主张智周万物者,岂不显相悖逆哉? 群学既不措意,群学,谓诸子百家。儒家尚有孟、孙二派,其书俱存,而宋儒独宗孟氏,于孙卿则犹以异端摈之。《孟子》又但宗其言心性者,弗能发其民贵之论。《孟子》言民为贵,犹今言民主也。然则宋儒名为宗孔,而实去孔甚远,名为复兴儒学,而实不窥儒者之大体。《庄子·天下篇》病战国季世之学者,不幸不见天地之纯,古人之大体。吾于宋儒,亦有此感。吾谓其病在偏枯者以此。世之诋宋明诸师者,谓其阳儒阴释,此固太过,余将略辨之于后。但宋儒确受佛教影响甚深,自魏晋以迄于宋世,佛教势力,不独遍布中夏,而且植根甚深。中国民族之精神生活中,殆无不为佛教精神之所浸渍。且晚唐五代,尤为佛氏禅宗最盛之时。两宋诸儒承其流,自不得不有所吸收。故其绍述孔孟,乃一意发明心性,及注重修养工夫,以与诸禅师相抗,其所努力之处,诚有得于孔孟。非阴袭于禅,而故与之抗也。独惜其仅以禅师为敌,即以彼所讲心性之学,犹陷异端。不如吾孔孟心性之学,为得其真。于是扬儒之赤帜以拒佛。其全副精神,只注于此。至于儒学之源远而流分,本为中国学术之正宗,为晚周诸子百家之所自出,儒学积上古及三代圣明之经验,而完成于孔子。其源甚远,故为正宗。诸子百家之学,无不从儒学推演而出,故云流分。道至广大,无所不包通,费隐一原,万物之繁,万变之赜,皆谓之费。繁赜而莫不有理,理幽难穷。故说为隐。一原者,万物之本,万变之源,而万理之极至也。本末完具。学必极乎一原,而本始立。学必穷乎费隐,而末不遗。其视佛氏出世之教,奚止天壤县殊。宋儒不深究儒学之全体大用,而但以心性之谈,攻击禅师,自居辟佛。纵云心性为本,然有本必有末,如木之根,是本。其茎干枝叶,是末。未有培木之本,而去其茎干枝叶,犹可以为木者也。宋儒之学,谓其于孔孟大本处,全无所见。余非无[1]识,何忍为此言。谓其于圣人大本处,已见到十分,余更不可为此言。此中圣人,谓孔子。宋儒心性之学,实于孟子理会稍近,于孔子太远隔在。此意难言。若乃宋儒之有本而无末,则晚明诸子,已慨然痛诋之,可谓其纯为诬诋哉?颜习斋攻宋儒最力。船山、亭林诸儒,则痛诋阳明。

或曰:"先生之论亦酷矣,宋儒心性之学,是其所得自尽者也,人固无全知全能,何可以一切学术责之乎?"答曰:汝不解吾意。夫能之有

---

[1] "非无",原作"无非",据南方印书馆本正。

所止者,存乎力量。含容万有者,存乎识量。力量有限,而识量无限也。吾竭吾力,以从事某种学术,而必知吾所学外,尚有其他种种学术。吾犹当旁治博览,而后有益于吾之所学者乃日广。而后吾之本所学以见诸用者,乃明通而不悖,充实而有力。若夫理道无穷,学术无穷,其为吾力之所不得旁治博览者,吾必尊重焉,提倡焉。世人有能创发之,或绍述之者,吾视之,犹若己之有也。是则识量之无所不含容也。夫学术不同,而未尝相悖。譬如五官百骸之异,适以成其一体,非相伐也。宋儒识量,不无可议。自典午迄于五季,丧乱既久,而出世之教又深入焉。宋儒诚欲复兴儒学,则诸子百家之篇籍尚存者,与其有单词碎义可寻者,皆当表而出之。使学子各因其性之所近,才之所长,而专治焉。鼓舞求知之风,则绝学无忧不振。而以心性之学为中心,譬如太阳为中心,而八大行星皆绕之以转,无有纷乱。学术思想,须有中心,亦复如是。即大本何患不立。宋儒果能如此开拓,则吾国自北宋以来,悠悠千载间,当不至成为今日之局。惜乎宋儒识量太隘,只高谈心性,而不知心性非离身家国天下与万物而独存,博文之功,何可不注重。《论语》"博学于文"。古者文字,非谓文书,盖自然与人事,皆谓之文。如天文人文等词是也。博学者,即于物理人事,须博以究之之谓。学字有二义,曰效,曰觉。此中学字,是效义。效者仿效,转训为研究与知识等义。如自然科学的知识,只是发见自然现象之公则,不以意见诬解,即有仿效义。宋儒固非全无博文之功,但其精神,只专注在人伦日用间,如何存养此心此性而已。博文工夫,终非其所注重。夫存养心性,固是要着。然不可将心性当作一物事来存养,而工夫更不可拘紧。此中却有千言万语,难为人说。世有智者,试以《论》《孟》与宋儒语录对照,则《论语》句句是存养心性工夫,而确不曾把心性当作一物事来持守。《孟子》便不似圣人神化,渐为宋儒开端。然其文字间,处处见刚明爽快,未至若宋儒死煞。直到宋儒,别有一种意味难说。大概学《孟子》未得，却受佛教影响，夹杂许多宗教气味。大概少生气，宋儒此等态度，于博文工夫最妨碍。如程子见谢上蔡读史，而斥为玩物丧志。王船山《俟解》，有一则引此，而申之曰："所恶于丧志者，玩也。玩者，喜而弄之之谓。如《史记·项羽本纪》及《窦婴灌夫传》之类，淋漓痛快，读者流连不舍，则有代为悲喜，神飞魂荡而不自持，于斯时也，其素所志尚者，不知何往。此之谓丧志。以其志气横发，无益于身心也。"船山本晚明大思想家，吾平生服膺甚至，但此等处，却未脱宋儒桎梏。读史而遇可歌可泣，可哀可怒之境，而绝不发生同情，尚得谓为不失其心性之人乎？吾年十岁，闻先君说魏收詈南朝为岛夷，吾怒骂魏收为犬豕，闻谈《南北史》，胡祸之惨，吾哀愤不可抑。少时革命思想，由此而动。程子、船山必以吾当时之动心为丧志，吾终不受此责也。船山、程子以喜玩为劣义。其实，喜玩只是情趣悠长，而伴以思索。真知正解，每由此引生，非是劣义。科学家、哲学家等，于其所研究之诸问题，若无喜乐玩索之心，其尚得有所创发乎？孔子入太庙，每事问。书生初入太庙，于未曾见之礼器，未曾习之礼仪，自有喜乐玩索之情，不得不问耳。而朱子必释曰"敬谨之至"。则将孔子当时一段活泼泼地精神，说成死板矣。子在齐闻韶，三月不知肉味。此事若不出自圣人，程子定呵为玩物丧志。然夫子若不如是，又何能自卫反鲁正乐，雅颂各得其所耶？两宋诸大师，其睿智何可及。然于博文方面，终无甚发明者，盖其宗教气味过重。将心性来作一物事持守，如此而言存养，何得博究物理人事而有创见乎？宋儒于博文工夫，实未注重。以其视求知之欲，为存养之障故耳。余以为，学者须自识得仁体或本心，遇事只凭此心，向正当使用处，努力去使用。如春雨溉百昌，随一微草，均以全雨量，盈盈溉将去。心之发用，元自充盈活跃，焉得于用心处，便以玩物为戒耶？

　　世间各种思想，各种学说，参稽互较，触类引申，经验益丰，神思愈启，于是而新理发见焉。今宋儒所严守者《四书》。《四书》诚精要，而宋儒则以己意解《四书》,不必尽合《四书》本旨也。宋儒研六经,亦以研《四书》者研之。诸子百家,佚文碎义,尚可考者,宋儒预怀屏斥异端之成见,都不省览。或稍涉猎及之,如于老庄等。亦弗肯虚怀深究其得失也。宋儒大抵任胸臆过重,而以博稽众说为外驰,将无益身心,此其识量所由隘也。《论语》:"子曰:'攻乎异端,斯害也已。'"端,绪也。异者,思想之发端不必同。诸子百家,各立学派,唯其思想发端处互异。《易·系传》所谓"百虑殊涂者"是也。古今一切学术,各于真理,有其见到之方面。亦各有所蔽,而不得见到其许多方面。故任异端之竞其明,从而观其会通,则必于真理多所发见矣。善学者不必自守一家或一先生之言,以攻击异端。故《中庸》云"道并行而不相悖"。若攻异端而不相容,则将以自封者自害。此圣人垂戒之深意也。而程朱诸老先生解此章,则以异端为不合正道。遂训攻为治,谓治异端即自害。圣人识量,岂若是狭?与《中庸》之言,明明不合。孟子以辟杨、墨自任,至詈以禽兽。夫杨朱之说,见于《列子》者,诚为颓废之极。自私者必至颓废,孟子辟之诚是。墨子之学,足与儒学互相发明,云何可辟?孙卿非十二子,亦过当。大概战国季世之学者,识量已狭。孟、孙大贤弗能免。宋儒未学孙卿,而中孟子之毒已甚,此可慨也。夫学术异者,于其谬误,宜予弹正,而不可根木斩伐,不可任意轻诋。汉以来,吾国学人,最缺乏识量。至宋而益隘。汉以后,学术思想,日趋简单。汉、唐尚注疏,则群习于是。宋明尚义理,亦群习于是。清人张汉学,又群习于是。风气已成,众盲共趋之。不知此外更有新天地,此吾国人之劣性也。向者汉学家,力伐宋学。今之所争,不必在汉、宋,而更在中西。今日只有中西之争。旧有汉、宋之争虽未已,但汉学则托于科学方法,及外人考古学等,而借西学以自文。宋学只合以中国哲学自尊。故汉、宋门户,无形化为中西之分途。后生稍涉西化,又力伐中学。此与六朝、隋、唐之浮屠,力伐儒道者,如出一辙。清末守旧者,恶言西学。

今此辈殆尽，而所患者，又在后生不乐求其所固有也。吾因论宋儒之果于自画，而深感识量重要。世有大心之士，当不以余言为河汉也。

宋儒辟佛，而不肯研究佛家教理。不独无以服浮屠之心，而佛法之得失，即在儒家后学，亦无从了解。徒守固陋，授人以口实，此何为者？余尝言：自佛教入中国，其长处，如因明及解析术，已不为中国人所吸收。当初非无大师能有此等长处者，如肇公虽无因明著述，而《物不迁论》，湛深名理。奘师留印，颇善因明。但自窥师以下，治因明者，章疏虽多，只是翻弄名词。而于学理，无甚发明。及空有二宗俱式微，而善名理者几绝迹。又就止观法论，如杜顺华严初祖。智者天台初祖。及宗门诸祖，或功修不浅。什师门下诸贤，如生融肇睿等则未知如何。奘、基诸师，努力宣译。思维之功多，而静虑有所不暇。静虑，犹言禅定。义同止观。静亦止义，虑亦观义。静虑之虑，与常途所云思维者，境界迥别。慈恩后学，谓相宗。章疏繁芜。拟诸儒门考据之业，其病相类。向者宜黄大师抉择谈，表章《唯识述记》八种。此诚治《唯识论》者必要之参考书，但繁芜过甚，吉藏《中论疏》亦治《中论》者所不可少。其于生灭与不生灭，颇主圆融。盖本《易》《老》之旨，惜未能阐其义，而翻弄浮词亦太多。《华严疏抄》，文既过繁，而于经旨，鲜有所发。然欲了解华严宗主张，此书不可不看。总之，前贤注疏，精核者少，此难具论。唐以后，更不足言。唯肇公《维摩经注》文华而旨远，然实以老子义傅会之耳。佛家学说，在中国思想界之影响，虽普遍而深远，然得其真相者，恐不甚多。六朝高僧，大概以老庄援附佛法，什师门下，犹未改此习也。奘、基较得相宗之真，然相宗在印度，似亦离释迦及龙树等本旨渐远。唐以后，宗门为盛。其派别复杂，吾亦未之甚究。大概同印度传来本意者不能多。中国人喜说佛教全在中国，盖好为影响之谈，与虚夸之习，吾甚不取也。然凡学说与思想之演变，即在同一民族，而后嗣不能无改于前哲，况其移植于异国异族者乎？此固无足怪者。

中国人所受佛教之影响，实亦多害而少利。一、秦汉以后，郡县之局。中国人已渐趋顽固与惰废。魏晋，老庄思想之兴，不仅为反东京名教而已。实亦环境使然，重以胡祸之烈，而中国人一致皈命法王。自是，而固有儒家之宇宙观、人生观，如所谓天行健，宇宙观君子自强不息，人生观。则已受度脱生死海之法音之影响，而渐起变更。此为不幸之大者。

二、中国人本淡于宗教信仰，唯赖有高深博大之儒家哲学，足以引人反己而自识真理。体神化不测之妙于人伦日用之间，体神至此为句。自性真实，无须向外觅天帝也。自性自尽，心即性也，本心自有择善之明，知善之当为而为之，知不善之当去而去之。如此做到极好处，便是尽性。尽之为言，不使吾性固有之善，有所障蔽不显也。无可悬想趣涅槃也。自性，生生也。思诚，以存生之理。积健，以顺生之几。《诗》不云乎："夙兴夜寐，毋忝尔所生。"中国人以此自信，善莫大焉。及佛教思想输入，中国多数人，一方有几分迷信，一方又难起真信。此观于历代文人与名士之信佛者，而可知其情也。即观于今之贪夫败类如军阀、官僚、商人等信佛者，而更可知其情也。谓若辈不信欤？则肯念佛诵经，作法事功德。谓若辈果信欤？则贪利、贪势，而仍希福果，不肯出世。夫真信而能出世，要不失为超脱。若信而又若信不及，不能发起出世坚固心，恶机愈深，而善根早断。其人生观，只是依违于模棱两可之间，毫无认识，毫无气力，此更为中国人之悲剧。今时流俗信佛者，吾且不论。昔人若颜之推，吾读其《家训》，觉其人甚有意思，然不能奋起驱胡，又不能著书发明政治社会思想，又不能高蹈，又不能死。俛仰鸟兽之廷，且教其子以仕宦之道，其无气力乃至此。读其书，固于人世怀惨怛之忧者，而其人生态度乃尔，何哉？细玩《归心篇》而后知颜氏怵惕于因果，冀望于来生，其受佛教影响甚深也。吾国《诗经》，最足引人对政治社会发生问题。《离骚》以美人芳草，隐寓去恶浊求美好之思，盖不忘乎淑世者。魏晋以后诗文家，大抵直接或间接受佛教影响。其有吉凶与民同患之心，用《易·系传》语。足以发扬人类精神，使皆有以共奋于日新富有之盛德大业者乎？盖无有一焉可语于此者。太上寄兴清幽，托怀冲旷。陶公为最。其下感怀命运，以仕途荣悴为悲欢，其卑贱等诸粪蛆而已矣。夫逍遥物外，下流卒归颓废。蒙庄始荡微波，而佛教盛助狂澜。即魏晋以后之诗文，而观中国人之人生态度，吾哀儒学精神早丧，而吾民族之不振，非无故矣。佛教之反人生思想，自今不可复杂分毫。刚健变化，日新富有，一本于生生之仁。吾《新论》之所谓阐也。即用而识体也，是《大易》之遗意也。诸有志者，盖兴乎来？或问："先生既反对佛教之人生观，而《新论·明心章》分述禅与儒，禅学虽多变改，而其出世观念，究未有变。何乃参杂禅法？"答曰：佛家发明心地，莫妙于禅。学者不可不参观也。归寂意思，如可全废，则孔子何故曰"仁者静"乎？寂而生生，所以异乎迷乱之生，所以谓之仁也。《新论》略述禅师公案，于认识心体，颇资启示。而归宿于孔门之仁，所宗在此。则禅与吾儒之不同处，对照分明，毫无淆混。《新论》，正未许粗心读过。

三、中国人对于佛教，而发生一种莫名其妙之信仰。比丘居士，诵其书者，顾罕得其真。于是谈空有，说玄妙者，至有以笼统颟顸，无义据，无实解，为不着相。以拉杂混乱，为玄之又玄，凡名士有浮慧而不肯务实学者，鲜不佞佛。其无头脑者，尤乐剽窃佛典，以自文其鄙陋。古今多有此辈，甚可厌恶。义理自有分际，切忌笼统与拉杂。佛家虽善分析，而多逞空想幻想。又喜翻弄名词，又每随说随扫。谈理至极，不可滞于言说，非扫不可。然不善会者，却因此成病。今有谓空宗为不承认有本体者，是《般若》为空见外道矣。故不善学者，其头脑易受病，其思想难清晰。余尝谓佛法在中国，殊少好影响。而闻者每不谓然，盲俗之难悟也。岂不惜哉！学术晦塞时，宜提倡独立研究，宜提倡批评。宋儒在当时，若能深研教理，而予以公明之评判，则其裨益于中国学术者，必非浅鲜？惜乎宋儒徒务深闭固拒，不求了解人家得失，此其所以自陷也。

今总结前文,而申明吾之主张曰:读经,决不宜孤守一家言。晚周诸子百家之学虽久绝,苟得其意,则吸收西洋科学、哲学,犹有起衰兴灭之乐也。佛家思想,虽不无病,而其高深处,要未易及。凡治哲学者,不当忽略佛法而不求。但须保持自由研究精神,注意哲学方法,勿遽陷于教僻而后可。

复次,如前已说,有释经之儒,以注解经书为业。如治训诂名物等等者是。校勘亦属之。此复为二:其严守家法者,曰专门。历算等学,方是专门。注解之业,而被以专门之名,毕竟不合,但行用已久,姑仍之。其不主一师,兼资异说者,曰通学。如郑康成解经,糅杂今古。有宗经之儒,虽宗依经旨,而实自有创发,自成一家之学。即其思想自成一体系。如韩非所举八儒,孟、孙二子之书尚在。此皆各有创见,各自名家,但以六经为宗主而已。宗经之儒,在今日当谓之哲学家。发明经学,唯此是赖。注疏之业,只为治经工具而已。不可以此名经学也。而世儒所举经学一词,乃以指目注疏家。注疏家,亦名考据家,亦号经师,亦可名为经生。二千余年,经学亡绝,宜其不辨学术性质也。

近世言儒学者,有汉学宋学之争。汉学一词,本始于清人之反宋明而上追两汉考据之业。宋学一词,本指两宋濂、洛、关、闽诸大儒心性或义理之学。钦夫、伯恭皆朱子同调。永嘉一派,亦伯恭开之。其实,言宋学即已摄明学。明学以阳明为主,阳明仍是承两宋心性之学,但自有创发,且与陆子较近。其视伊川紫阳,即入手工夫不必同。而陆王之彻悟,实有高过于程朱者。此心性学之内部,所以有程朱、陆王二派之争。亦可云宋明之争。但如对汉学而言,即对考据之业而言。则阳明固是程朱、象山后嗣,即明学统于宋学,不须别出言之也。

晚明诸儒之学,明季诸子,今人多列入清初,此甚无理。虽多力反阳明,且上诋程朱,然诸儒根本精神,自是宋学。后当略说及之。

汉学全是注疏之业,盖释经之儒耳。宋学于心性或义理方面,确有发明，衡其学术，盖哲学上之唯心论者。<small>明儒便立心学之名。</small>其思想甚有体系，其所造极深邃。明儒陈白沙曰："斯理也，宋儒言之备矣。吾恶其太严也。"白沙此评，其胸中元有千言万语，无法向人道。斯理是何等道理？云何见得宋儒言之备？又云何见得太严？又云何恶之？后人既不会白沙意，亦不复求之。真可痛惜。白沙天资甚高，所以能见宋儒得失。晚明习斋诸儒，其评宋儒，已多失当。至清人则皆为狂犬之吠矣。呜乎！论学谈何容易哉。宋儒因受禅家影响，不注重辨析，而宗教气味颇深，难免迂固拘执等病，此其短也。要之，宋学自是哲学，本非以注释经书为务者。宗经之儒，古有孟、孙诸贤，后世则宋学家亦其流类。夫汉学，但治文籍，而搜集其有关之材料已耳。清世所称经学大师，其成绩不过如此。宋儒则穷经而能得意于文言之外，《易·系传》曰"书不尽言，言不尽意"。此先圣苦心诲人语也。今人必谓义尽言中，此则三家村较晴量雨之言，可作是说。圣贤所穷者极其大，所造者极其微，其深远之蕴，何可于文言中表达得出。文言毕竟如筌蹄，要须会意于文言之外耳。其学主反己，而天下之理得。《礼运篇》曰："不能反躬，天理灭矣。"郑玄注："反躬，犹言反己。"按反己二字，确是孔孟最上一着工夫。宋学能寻此血脉，而勿失之。工夫是否做到好处，乃别一问题。其认定此项工夫去努力，则不容忽视。天下之理得者，言自反而识得吾生之真。则万化之源，万物之本，无待外寻。吾与天地万物，非有二本故。此就源头上立言也。由实践以契真源。<small>宋学精神在此。</small>其所自得者深，岂为注疏之业者可测其中藏哉？汉学家每以空虚薄宋学。其实，程朱、陆王诸大师，探造化之微，究天人之故，其思理深邃，其生活充实，庶几宗庙百官之美富，空虚云乎哉？或曰："宋学短于致用，故不免空虚之讥耳。"答曰：汉之所考核者，果为何事，其空虚不又甚乎？虽宋学未识先圣之全体大用，而于本原处，要自有所认识，未可薄也。闻今人谈学术史有欲泯汉、宋之界者，不知汉学仅为治经之工具，此等工具，为宋学家所必须留意不待言。宋学才是一种学术，即是哲学。实乃宗经而特有创发。二者不容混视，何须深论。若谓一人为学，于汉、宋宜双修兼备，此则另是一事。而汉学、宋学之类别不可紊，则有识者当不以余言为妄也。

　　汉学毕竟是学术界万不可少之工作。凡读古书者，于其训诂名物度数等等，度者，度制。凡社会组织与政治上一切制度，法令，以及礼俗等等，皆属度制。数者，数量。一切事物，莫不有数量存乎其间，故考据之业，亦须通数学。若茫然不知，则与不曾读书者何异。如此，则古人之精神遗产，吾实未能承受之。是自处于孤穷也。不智孰甚？孔子曰：小子何莫学夫《诗》，多识于草木鸟兽之名。又言夏、殷之礼，而伤杞、宋之文献不足征。则孔子如生乎后之世，其必不忽视汉学可知也。大凡注重哲学思想者，其读书，于考据方面决不轻忽，而亦决不能如考据家一般精博。因其为学路向不同，其致力处自别。彼之从事考据，大抵视其思想之路向，与构成其思想体系之所需要者。如《论语》一书，考据家读之，于训诂名物等等方面，均须详考为佳。而哲学家读之，于名物等等，若无甚关于彼思想中之所急须参考者，则不妨阙疑。余尝言：各人读书之注意不同正如多人入山，其注意各别。樵者入山，只求薪木。工匠入山，只求建筑材料。画家入山，只领略自然神趣。善读书者，须识此意。汉学家见宋儒考核有未审处，便诋侮无所不至。此甚错误。汉学家补宋儒考核之所不及，固其宜也。若以其注经有未审，而遂轻视宋儒学术，则大不可。然宋学家治经，如能创通大义，另有发挥，自属重要。而注经于训诂名物等等，不肯阙疑，则亦非注经之道。汉世经师，约有数善。一、保存古义，功不可没。二、服膺经训，确立信条，躬行甚笃。如孝弟力田等信条，汉人特别提倡。一切道德，均依此根本信条发生。孝弟为万德之萌芽，力田即注重勤劳，与自食其力。故汉人笃实，无侥幸之风。但至东京，此意渐衰。三、通经致用。非徒侈博闻，事笺注。

但其致用,只在帝政之下言匡济。如辅君德,及用人行政方面,竭力以图功效。自汉以迄于清世,所谓名儒名臣,经国济民之大业,不过如此。至于社会及政治上许多根本问题,如君主之权力,及贫富不均等等。汉以来儒者,似少能注意。因其只为考据之业,未知于大处用思故耳。然昔儒能留心当世之务,大而宰天下,小而一官一邑,一旦居职,能切实奏效。汉世公卿与循吏,至今为美谈。四、西汉之儒,其尊信经义,期见之实行。至有犯死而不安含默者。如眭孟、盖宽饶等,欲实行经说中天下为公之旨,乃悍然据经义,上书皇帝,请其退位。当昭、宣之世,朝无莽、操,野乏伏戎,其本人又无私党,而纯以崇信经义之故,遂以求贤禅位,责天子,至杀身不悔。此等精神,至为伟大。但至东京,则桓荣之徒,以治经干禄。后世经生,益不堪问。汉学有四善,今之学者,所宜恭敬奉持。

清儒虽以汉学自标榜,然从许、郑入手,只以博闻是尚。于西汉经儒之整个精神,全无所感。清人托于汉学,实已丧尽汉学血脉也。然清儒旁搜博考之勤,亦有足称者。由治经以及于天文算学,乃至子史。逮清末,而诸子思想渐昌,得与西洋思想相接纳。如严复评点《老子》,颇以西学相发明。章炳麟表章《墨辩》。梁启超等提倡荀子。诸人虽无所发挥,然已引起学者注意。足以开郁滞而起求知之欲,乃可吸收西学也。千载歇绝之佛家相宗,亦乘运而兴。晚明王船山首研相宗,而后无继者。至清末,杨仁山学佛虽宗贤首,而于相宗极提倡。其弟子欧阳竟无遂盛弘斯学,几越唐贤。章炳麟于此宗致力亦勤。语言文字之学,更蔚为大观。金石文字之研究,为近日发掘工作之先导,大有助于古史。今之利用发掘物,而逞臆论古者亦不少。所望有纯正谨严之学者,能正其谬。清儒最得力处,在其治学方法。胡适之曾有一文论之,兹可不赘。向者梁任公每颂清儒董理之绩,拟诸欧洲文艺复兴,余意未足相拟。欧人文艺复兴时代,自有一段真精神。申言之,即其接受前哲思想,确能以之激发其内在之生活力,而有沛然不可御,与欣欣向荣之机。沛然者,充实与盛大貌。否则能有善果乎? 清世帝王,以边地夷人入主,古之所谓夷狄,乃野蛮之称。并非谓与汉族不同种也。大兴文化事业,网罗天下知识分子。朝廷开四库馆,广事编述。地方则省府州县,各设志局,全国知识分子,无论大小,可谓网罗殆尽。清儒为学之动机,无非为名为利,乐受豢养而已。清世名儒,在京师则交接王室与公卿,在外则投封疆大吏幕府,乃至州县衙署,亦畜佳宾。江藩《汉学师承记》首列无耻之阎若璩一代衣钵之传,实在乎是。清儒以名利之私鼓其中,而聪明亦足供博览之用。以宋学之不便于己也,则大蹭击之,而以无用之考据自逞。汉儒尚能讲求当世之务,清儒无是也。王船山《噩梦》论汉代赋税,宽农民而多取之商贾。且有国营事业,其政策为后世所不及。船山云:"人各效其所能,物各取其所有,事各资于所备,圣人复起,不能易此理也。且如周制,兵车之赋,出于商贾。盖车乘马牛,本商之所取利。而皮革金铁丝麻竹木翎毛布絮之类,皆贾之所操。是军器皮作火器各局之费,应责之于商贾也无疑。如曰税重则物价贵,还以病民。乃人之借于市买者,皆自度有余,而非资生所必藉。非若粟之一日不得而即死者也。"又曰:"凡诸军国所需,取铁于冶,取皮于原,取竹木于林,取丝于桑土,取麻絮于园。或就民而税,或官自畜植。按即国有。又不必尽责之于商贾。乃后世国计尽弛,悉授之末业之黠民,而徒责之于田亩之征。"又曰,"汉之所以舒农民而培国本者,非后世之所能及",云云。愚按今之乱政,剥削农民,而纵官僚资本主义者垄断全国之利,此为汉法所必不许。汉时经儒立朝者,于国计民生,确能熟筹利病,而施诸有政。可见汉儒通经致用,实堪担当世事。汉治之贤于后世者不一端。惜乎治史者多为无谓之考据,不能于有价值之问题去留意。清人如龚自珍辈,亦稍能见及当时社会情形,然自珍本浮华名士,虽不无聪明,而学甚肤浅,以荒淫自了,绝无立己之道,无与民同患之诚。夫西洋思想家，皆有吾墨翟、许行之风，故足鼓舞一世，变动光明。若如吾国名士之虚词，岂能改造宇宙乎？清末维新人士，喜标榜自珍，所以有今日之局也。哀哉！汉儒严守信条，躬行朴实。清儒自戴震，昌言崇欲，以天理为桎梏，戴震言欲当即为理。然既反对天理之心，即中无主宰，而欲何由得当乎？其说至今弥盛。而贪污、淫侈、自私、自利、诈伪、猜险、委靡、卑贱之风，弥漫全国，人不成人，其效亦可睹矣。

清儒之流毒最甚者，莫如排击高深学术一事。夫学以穷玄为极，而穷玄以反己自识真源，尽其心，而见天地之心，尽其性，而得万物之性。天地之心，万物之性，并谓本体。夫言乎本体，则吾与天地万物之所同也。但以其主乎吾身，则曰心。以其为吾所以生之理，则曰性。故尽吾之心而见天地之心，盖吾之性而得万物之性者，以吾与天地万物，本同体故。斯为游玄而不失其居。《新唯识论》始于《明宗》，终以《明心》。此中土圣哲所共同之心印，吾承之而不敢坠耳。夫玄之为言，以其理之无定在而无所不在也。非逞臆谈空，可谓之玄也。非虚构一种全无根据之空洞理论，可以谓之玄也。穷玄，而反诸自家心性，始悟天地万物同体之实。故宇宙生生不息之无尽大宝藏，自反而即得之，毋待外求。是云不失其居，居此者，天地之日新无穷，皆我之日新无穷。万物之变化富有，皆我之变化富有。岂不乐哉？故学术之穷高极深者，莫如谈心性。生生之源，化化之本也。以上心字，皆谓本心。本心即与天地万物同体，非心理学之所谓心也。心理学之心，亦是本心发用，然已为形役，又杂习染，便不是元来体段，而亦成为物矣。此不可毋辩。学必至此，而后一切学术，有其宗极。知必至此，而后一切知识，得所会归，万德以此而有根源，身心以此而有主宰。身心之心，即心理学之心。至哉斯学，千圣之所展转相传，何可一旦废而不讲。夫宋儒心性之学，远承孔孟。周子以主静立人极，而于静字下，自注无欲故静。则此静，非与动相对之静也。而以停止之静讥之可乎？立人极三字，的是尼山宗旨。明道《识仁篇》证之《大易》《论语》及群经。孔子之学，归本求仁，盖无疑义。此意已见第一讲，可覆看。伊川、朱子之学，居敬为先。敬，则彻动静，而一于仁矣。此以心之应接事物时名动，物感不交时名静。敬，只是心不散乱。动时尽自澄明，泛应曲当。静时炯然，毋有昏昧。动静一于敬，即动静皆不违仁体。《论语》及六经，大都言敬，此是孔门心法。与禅家习静工夫迥别。伊川、朱子皆有见乎此。虽不免有拘执之病，未得如孔门之自然。学者但知其病处，即不至误学。而何可根本排斥之乎？陆子之学，以先立乎其大为宗。大者，谓本心也，仁体也。《论语》所云"三月不违"，与"日月至者"，皆此而已。此者，谓本心或仁体，亦即谓大。日月至者，知及乎此，而未能立也。三月不违，则几于立矣。三月，久词也，勿作三数解。陆学远绍孔门，复何疑。阳明言致良知，《易》曰"乾知大始"，又曰"乾以易知"，是良知即乾元也。乾元亦说为仁，良知与仁，非二也。以生生不息，言仁。以非迷暗之动，故言知。其实，一体也。宋学确承孔门心法，而言其受禅家影响者，只以其熏染宗教气味，工夫把持甚繁。宋明儒亦皆知工夫不可把持过紧，而实则早已于无形中受此病。譬如佛家说不着，实则早已着了空寂也。孔子说话，便无所谓着与不着。故本非禅，而又不免似禅耳。禅家认识心体，何曾乖异吾儒。只禅宗未变更其出世教旨。工夫不免与吾儒异。则其于心体之证解，自有不与吾儒全同者。譬之嗜好不同之人，同吃一菜，而各人所得之甜酸等味，终有不全同者。此中以嗜欲不同，喻工夫之异。菜喻心体。禅家证见心体，总是寂的意味深。儒者证见心体，只是仁。仁，本未尝不寂。不寂，便是私欲起而为障，非本心也，非仁体也。孔子说仁者静，此静字，不与动对，乃寂之谓也。悟此，则无疑于吾《新论·明心章》之旨。但仁体本寂，而儒家却于生生不息方面，证会独深。因此，不至耽寂。儒家毕竟得其大全。而一味滞寂，却是逆造化，却是反人生。吾游于儒佛之间许多年，经历甘苦，实有不能为人道者。学问岂是闻见之功，猜度为务者乎？宋学虽不免有几分耽寂意味，然事上磨练一语，却是宋学共同主张。程朱、陆王皆然，此其所以异于禅也。宋儒失处，不妨弹正。而绝不可一味轻薄，一概屏斥。清儒徒以考据之业，不知天地间更有甚理道。遂乃悍然诋侮宋学，若非灭绝之不可者。夫六经广大，无所不赅。而言其根极，必归之心性。自汉以后，此意久绝。宋学确能续此血脉。何忍轻毁，又何可轻毁？心性之学，所以明天人之故，究造化之原，彰道德之广崇，广者繁广，道德随事发现，无定形也。崇者崇高，超脱小己之私故，道德即心性之发见。通治乱之条贯者也。治乱之几，固视乎人群相生相养之制度与法纪之当否。而制度法纪之所以当者，必出于道德。道德必有内在之源泉，即心性是也。功利论者，不明此理，他日有暇，容当论之。此等高深学术，云何可毁？人生如果完全缺乏此等学术之涵养，则其生活无有根源，古诗云："人生无根蒂，飘如陌上尘。"只是不返识自家生活根源，故有空虚之感耳。根源谓心性。而一切向外追求之私，芒然纷然，莫知所止。私者，言其纯是逞小己之欲，亦即罗素所云占有冲动。芒然，惑乱貌。纷然，繁杂貌。莫知所止，终无餍足，苦之甚也。人生永无合理之生活，不亦悲乎？清儒反对高深学术，而徒以考据之琐碎知识是尚，将何以维系其身心？何以充实其生活？民质不良，至清世而已极。士习于浮浅，无深远之虑。逞于侥幸，无坚卓之志。安于自私，无公正之抱。偷取浮名，无久大之业。苟图嚣动，无建树之计。轻易流转，无固执之操。为学则喜趋时尚，而无所守。喜新者不必有得于新，时尚而已。守旧者更不知旧学果为何物，保存国粹之声出于口，而实未曾经于心，此清末民初之情形也。苏联革命，二十年而已大强。吾国自清末以来，只见腐败势力之逐层崩溃，而实难言革命。人材衰敝，乃至如斯。盖自晚明诸子之没，将三百年。而士之所学，唯是琐碎无用之考据。人皆终其身而无有玩心高明之一几。玩心高明四字，甚吃紧。此等境界，难以言说议拟。孔子曰，"天何言哉，四时行焉，百物生焉"云云，孟子"上下与天地同流"，悟此者，便超越小己，才极高明而道中庸。学则卑琐，志则卑琐，人则卑琐。习于是者，且三百年。其不足以应付现代潮流而措置裕如，固其势也。严又陵尝曰：学术之敝，至于亡国。吾于清代汉学风会，有余恫焉。此等风会，于今犹烈。国内各大学文学院，及文科研究所，本当为高深思想之发生地，而今则大都以无聊之考据为事，士之狃于俗尚，而无独立创辟之智与勇，非三百年来汉学积习锢之者深欤？夫汉学家，大多数与朝贵为缘。内而王公与达官，外而督抚大吏，皆汉学家之所依附。宋明在野讲学之风，至清而绝矣。故思想不得开拓，而以无用取容。儒学精神，至此剥丧殆尽。而可与欧洲文艺复兴时代相比拟耶？晚世学人好为影响之谈，理不求其真，事不究其实，此可戒也。凡考古之学，与夫古籍训诂名物等等之考核，在学术界中，本应有一种人为之。其有助于吾人稽古之需，功自不可没。然万不可谓此种工作，便是学术。且蹜击一切高深学术，而欲率天下后世聪明材智之士，共趋于此一途。锢生人之智慧，陷族类于衰微，三百年汉学之毒，罪浮于吕政，而至今犹不悟。岂不痛哉！

现世学术复杂，科学重要不待言。而综会各种科学思想，以深穷宇宙实相，实相犹言实体。人生真性，不能不有赖于哲学。若夫社会政治各种问题，高瞻远瞩，察微洞幽，数往知来，得失明辨，为群众之先导，作时代之前驱，励实践之精神，**（附说）** 振生人之忧患，此皆哲学所有事。现代学术，分工太细。专长虽多，而通识或少。古代哲人学术，有包罗万象之概。今不可期之科学专家。而哲学家似应勉为其难，上追古人博大之规。昔吾庄子伤战国季世，天下大乱，贤圣不明，道德不一，天下多得一察焉以自好。譬如耳目鼻口，皆有所明，不能相通。犹百家众技也，皆有所长，时有所用。虽然，不该不遍，一曲之士也。**判天地之美，析万物之理，**郭注各用其一曲，故析判。**察古人之全，**按此言察者，小辨貌。古人之全，不可以小辨得也。而乃以小辨，失古人之全。如今之作哲学史或概论者，其于古人之学，妄以小辨，粗设条目，而谓其学如是如是。此即察古人之全也。**寡能备于天地之美，称神明之容。**按有物有则，皆神明之容也。超然默识，乃应天则,以知分析,则所谓一切天则,仍属主观安立。故弗称神明之容也。余言哲学以证量为归,安得解人而与之言,即《量论》能作,恐会心者寡耳。是故内圣外王之道,暗而不明,郁而不发,天下之人各为其所欲焉以自为方。悲夫百家往而不反,必不合矣。后世之学者,不幸不见天地之纯,古人之大体。道术将为天下裂,云云。庄生此论,若悬记现代学术界之情形。悬记犹预言。至堪惊叹。友人有赞叹庄子聪明太过,吾亦云然。其于大道,盖不免差毫厘而谬千里。然其神解所至,确有卓绝古今者,尝欲论之而未暇。余实与庄子抱有同感。而深冀哲学家,抒远见以拓宏猷,张天网而罗万有,毋堕一边之解。佛家破边见。边者,偏也。今之学术,各有领域,即各有所研究之对象,而各堕一边矣。此种边见,自学术上分工意义言之,至为重要。然就另一意义言之,即庄子云,寡能备于天地之美,称神明之容,却是大病。救此者,不能不望于哲学。大通天下之志,庶几其无憾哉!上庠文科学子,所应用其思力者何限,而杂驳考据之是务,老怀有深慨焉。神州浩博,黄、农、虞、夏之裔,聪明奇特士,未至遽乏。盍亦反而求其本乎?儒学广大,无所不包通。印度人无此诣,西洋人无此诣,后生毋妄自菲薄也。

　　附说:哲学之为学,是阳明所谓知行合一之学。若知而不行,必非真知。不足谓之学也。儒学精神,确是如此。宋学诸儒,其实践精神最可敬,真能置死生于度外,何况其他艰困。惜其于社会政治等问题,不知向大处着眼,为汉以来帝制之积习所锢。今人受西洋影响,不患知见不开,却缺乏宋明儒实践精神。

　　又按清代汉学风气,席卷一世。而湖、湘僻壤,则晚明遗老过化存神之地。于皖、吴士习,感染不深。故咸、同间,罗罗山、曾涤生之徒,独以宋学自持。二公天资不高,于斯学鲜深造。而躬行甚笃,其精神志事,皆不愧前贤。惜其政治思想,亦承前人之失耳。罗山早丧,涤生既任军政,以功名自见而止。卒不能于汉学颓波有所挽救。而湘人亦自是多习汉学者矣。

或有问言:"先生之责清代汉学也,固不为过。考据可为也,而以是倡为风气,使举世为之,甚至三百年来之人皆为之,则民之智德力皆无所资以含育,而国有不危者乎? 虽然,宋儒高谈心性,而于实用之学,未免空疏。且心性之学,偏于求静。其流失必归缓懦,民族之衰,实自宋始,先生独不责宋学耶?"答曰:宋儒之世,本当复兴晚周学术思想之全部,惜其识量太隘,错过此机。吾前已言之矣。然畴昔郡县之局,人智未易发展,宋儒殆亦环境所限欤? 余尝言:宋儒之最可责者有二:一、无民族思想。二、无民治思想。典午至于北宋,胡祸已惨痛极矣。五代昏乱之小朝廷,几皆胡主。诸儒父祖,身受其毒。中夏之衰,由帝者宰割天下,使群黎百姓,无以自献其智与力。故胡祸不可御耳。《春秋》著攘夷之义,《论语》大管仲之功,孟子有民贵之论,此皆诸儒所朝夕讽味者。而乃安于现状,一无省发何耶? 孙复鄙陋,托《春秋》而张尊君之邪说,邪说既昌,夷狄以鸟兽行,戮辱兆庶,而干天位,则尊之亲之。盗贼以鸟兽行,戮辱兆庶,而干天位,则尊之亲之。乾坤毁,人道灭,可痛孰甚!《春秋》书弑君之事,称国以弑。明君无道,国民当行革命也。而复乃释曰:称国以弑,举国之众皆可诛。以鄙夫之心,厚诬圣文。逆天理,祸生民,周、程诸老先生不能正其谬,崇其邪说,流毒千年。直至欧化东来,而邪说始息。岂不哀哉! 夫古之夷狄盗贼,非有机械化部队也。神州之大,群众之盛,如诸儒能阐明孔孟民治等大义,以开发众智,固结群力,则胡祸何由猖獗? 盗贼亦无从发生。而吾民族元气早固,何至凋丧以迄于今日耶? 胡氏亲受胡祸,而传《春秋》,力主复仇。复仇者,为赵氏复仇,仍本孙复尊君之旨。赵氏之为德于兆庶者几何? 而可生其同仇之志哉?《春秋》内诸夏而外夷狄,即阐明古代民族思想。楚虽强大,而中原之民,随桓文以捍患者,有以固其志也。胡氏卒不悟此,孙复蔽之也。宋儒一意反禅学,只知追寻孔孟心性之旨。而于治平之道,无所创悟。读经至此等处,只是依文训释,而未究其旨趣,一如汉儒之所为而已。且自魏晋以迄炎宋,佛教盛行,宋儒生长于宗教之空气中,虽起而图改造,终有几分宗教气味存在。凡宗教家对社会政治,决难为非常之激变,而出世之教尤甚。

虽然,汝谓中国之衰,自宋始,便大谬。谓心性之学,必流于缓懦,更误。汝试读孔子"十五志学"一章,谓其非心性之学乎?而晚周诸儒,皆活没有用。其见于《儒行篇》者,犹可考见,何曾有缓懦之弊。孙卿之制天思想,直与现代西洋思想遥契,而谓流于缓懦可乎?诸子百家,皆出自孔氏,无一不雄奇。谁谓其流为缓懦?宋学探本心性,确有得于六经之髓,其工夫不免杂禅家气味,从而正之可也。若因此而根本诋毁心性学则大不可也。中国之衰,萌于东汉,著于魏晋,极于五季之世。宋儒心性之学,尚有保固中夏之功,而昧者不察耳。云何东汉已伏衰象?西京士大夫,大概浑朴质实,饰伪盗名者殊少见。自东京而始有所谓名士,名士之称,始见《后汉书》。结党标榜,激扬名誉,互相题拂。郭林宗饰行惊俗,浮誉过情。陈仲弓号为重厚,实乃工揣测。藏拙养望,全身远害,乡愿之雄也。自余党锢诸公,毫无学养。经世之略,全不讲求。唯矜名使气,招致祸败。其时朝野习俗,奢淫贪污。王符《潜夫论》痛言之。《黄琼传》称外戚竖宦之赃污贪冒,势回天地。《西羌传》称将帅贿赂朝贵,剥削士卒,绝无人理。《左雄传》称天下群牧,以敲剥为务,谓杀害不辜为威风,聚敛整办为贤能。髡钳之戮,生于睚眦。覆尸之祸,成于喜怒。视民如寇雠,税之如豺虎。东汉学风士习,既是虚浮标榜,一切无实。社会政治之败坏,自无可挽救。五胡惨祸,实萌于此。昔人颂美东京,以顾亭林之贤,而犹不考,信乎论世之难也。魏晋之代,惨剧始著。魏、晋名为二朝,而魏本短局,可合而言之。五胡十六国,蹂躏神州。胡骑所至,人民老幼及壮健者,皆被杀戮。妇女及成年男子,如不被戮者,即掠而驱之为奴,供其淫虐。每一胡帅,有畜奴至三万以上者,最少亦千余。《北史》具在可考。胡人凶顽如鸟兽,士大夫乃相率服事之。起朝仪,立制度,居然中国帝王。当时士大夫岂复成人类耶?胡祸近三百年,至隋文而始定。唐承其业,仅太宗一朝为极盛。安史乱后,藩镇之祸,延及五季。藩镇几皆胡产,胡性贪残,人民受荼毒不堪。自典午至五季,悠悠千祀,天下困辱于胡尘。周、汉以来之风教,扫荡几尽。当东晋时,虽保有南服,而南人亦深染胡习。诸名士食禄昏庸之朝,淫侈放诞,清谈诳世,居然衣冠禽兽。即诸文学名家,阅其作品,辞则丽矣,中无情实。中原沦陷,民生涂炭,谁复念及此者。人心死,人气尽,胥天下而为夷狄鸟兽之归。延及隋、唐,仅太宗一朝之盛,何可遽变?至五季,则衰乱已极。履霜坚冰,由来者渐。宋代实承衰运,何云至宋始衰乎?谓宋学不能大挽衰运,吾固相当赞成。前已谓其不能倡明民族民治等思想。谓宋学绝无所补于衰运,余又何忍苟同?经胡祸之长久摧残,与佛教之普遍侵入,北宋诸师,崛起而上追孔孟。精思力践,特立独行。绍心性之传,察理欲之几,严义利之辨,使人皆有以识人道之尊崇,与人生职分之所当尽。而更深切了解吾民族自尧舜以迄孔孟,数千年文化之美,与道统之重,余少时从事革命,对宋学道统观念,颇不谓然。后来觉其甚有意义。盖一国之学术思想,虽极复杂,而不可无一中心。道统不过表示一中心思想而已。此中心思想,可以随时演进,而其根源终不枯竭。卓然继天立极,而生其自尊自信之心,自知为神明之胄,而有以别于夷狄鸟兽。故宋儒在当时,虽未倡导民族思想,而其学说之影响所及,则民族思想,乃不期而自然发生。郑所南、王洙、王船山、顾亭林、吕晚村诸大师,皆宋学而盛弘民族思想者也。王洙著《宋史质》以明朝赠皇,直继宋统。与《春秋》不许楚人之王,同一用意。楚人本非异种,以其蛮野,故以化外斥之。据考古家言,蒙古与汉族元非异种,但因其侵略中原,不得不斥绝之耳。宋学功绩之伟大,何可湮没。北宋君臣,皆无雄才大略。周、程诸儒讲学未久,而大命已倾。二程门人,便躬逢祸难。此未可以急效责之也。南宋则赵构昏庸而私,开基太坏。孟子云虽与之天下,不可一朝居,此其时矣。幸而二程门人后学,或参朝列,与权奸力抗。或在野讲学,日以义理浸渍人心,朱子、张钦夫、吕伯恭尤为圣学与国命所寄托。南宋无明主,而以杭州一隅,系二帝三王正朔之传者百五十年,非理学之效,而谁之力欤?学者试平情而察今日人心,如何涣散,如何自私而无公义,如何侥幸倚外人而不自立自爱,如何委靡而无一毫伸张正义之气。今人何故不成为人,安得不于学风士习注意。南宋百五十年,毕竟是自力撑持。今之民,易地而处,当何如?元之覆中原也,则当时蒙古部族之威势,已横行世界。欧洲所过,如狂风扫落叶,至今留黄祸之纪念。而其侵宋,犹苦战累年,至殒一大汗于蜀土。当日宋人之抵抗,可谓不弱。少帝覆于海上,不及百年,而鄂之徐寿辉、陈友谅、明玉珍诸帝,首举义旗,明太祖继起,遂光复中夏。太祖之外祖父,即与宋少帝同舟溺者。身死未几,而其女已为开国之皇太后,光复之速如此。太祖所赖以定天下者,刘、宋、章、陶四公也。王船山《读通鉴论》有云:"昭代之兴也,刘、宋、章、陶,资之以开一代之治。"按太祖初征四公曰:朕为天下,屈四先生。其成功即在此。四公者,皆产浙闽理学盛行之地,而服膺程朱者也。宋濂读佛书实无得,徒因某僧以术数动之,而佞佛耳。其所服膺者,仍是理学。方正学即承其理学之传,且以辟佛为己任。方正学《逊志斋集》,时称说宋时社会风俗之美,外人游记亦然。明朝以三江为根据,而光复神州。则因三江之地,南宋理学诸儒遗教所被最广最深,故光复之功,基于此也。明代疆域,北方视汉、唐稍削,而南方则过之。截长补短,差与汉、唐比隆。武功仅逊汉武、唐太二帝,而较诸唐世之屡辱于西北诸胡者,则过之远矣。文臣善用兵,尤为明代之特色。世人多谓熊襄愍公反理学,不知公在辽东,表章贺君。奏云:臣只恶伪理学,若真理学,臣所敬也。公实理学家,岂云反耶?清乾隆诏曰:"明朝不杀熊廷弼,我家不得入开。"公之系民族兴衰者如此其重,而《明史》为东林余孽所修,致公之盛德大业不彰,故附记于此。理学跨越前代甚远,黄黎洲之

言,确尔不诬。明儒对禅宗之了解,比有宋诸师确深。其离禅而卒归
之儒也,大抵由归寂而证会生生。其所得甚深,余欲得暇而详论之,却
鲜此暇。盖自阳明倡学南中,承朱子而去其短,宗象山而宏其规,洒脱
而无滞碍,雄放而任自然。其后学多有擒生龙搏活虎手段。奇哉伟
哉! 宋学传至阳明,乃别开生面。当此之时,君昏于上,学盛于下。自
是而思想自由,人材众多。以逮晚明诸子。学不囿于一途,行各践其
所知,庶几晚周之风,可谓盛矣。清儒以考据眼光,轻薄明儒最甚,何
损日月之光,适怜其螳臂而已耳。使明季不亡于满清,则中夏之隆,当
以文化沾被大地。余尝言,明季汉族力量甚盛,本不当亡于东胡,然而
竟亡者,则忠君思想误之也。宋学短处,在以忠君为天经地义,不可侵
犯。始于汉,至宋而孙复益张之。当时张江陵、熊襄愍之雄才大略,如取而
代之,或民主,或君宪,襄愍江陵,皆有贤嗣,可以继世。则中国万不至亡,虽
百东胡无能为。然而二公不敢革命者,忠君二字阻之也。江陵为一有
力之责任内阁,延明祚者数十年。而天下犹恶其无君,襄愍为东胡所
畏惮,而东林必致之死。襄愍《狱中与友人书》有曰:"环顾宇内,实无第二人。弟
之命,可遽断乎?"襄愍自知之明,自负之重如此。夫然后而东胡之必入关也,势
不容止矣。王船山《黄书》,倡可禅可革之论。盖伤明季之天下,误于
忠君,而延颈以待东胡之宰割也。呜呼! 此真痛心事也。明季不亡于
东胡,吾国家民族,决不至此也。夫自东汉至于炎宋,吾族类之衰已久
矣。两宋诸儒,始上复孔孟以心性之学,义理之教,含茹斯民数百年。
革鸟兽之习,去胡俗。又拔之寂灭之乡。朱子尝言人生职分所当尽,此义广大
极矣,惜学者多不深思,而宋学之异出世教者亦在此。阳明先生,益发挥光大,而
后吾民之智德力猛进,以启大明之盛,犹春草方滋未已。吾谓宋学有
保固中夏之功者正在此。历史事实彰著,其可诬哉? 清儒受东胡收
买,最薄明朝,今人犹受其迷。明代国力之盛,与学术思想之趋于日
新,及人才之奇特,皆汉以后所未有也。唐视之犹远不及,只太宗一世

故也。若就思想论，汉人守文而已，犹不如明也。孰谓明朝可薄乎？清儒感东胡之收买，而追憾明之廷杖。又以宋明纯是理学时代，而以考据受豢养者，必反对宋明。吾民族之复反于衰，实自清始，此不可不察也。夫明代之盛，由理学诸师在野讲学之效，本非帝王之力也。然明之诸帝，亦有未可厚非者，此姑不论。明季不幸误于忠君思想而致亡。当时学者甚众，皆窜伏田野，力图革命。最著者，如亭林之赴陕，船山之奔走梧溪、郴州、耒阳、涟邵间，皆欲图大事。至势无可为，则著书以诏后人。使清儒能继续其业，无受东胡收买，以无用之考据取容。则光复之速，必更倍于元季。何至摧残三百年，以成今日之局哉？呜呼！学绝道废，人心死，人气尽，人理亡，国以不振，族类式微，皆清代汉学家之罪也，而可诬诋宋学哉？

宋学约分五期：

一、肇创时期。周子、二程、横渠、尧夫，皆宋学开山。而伊川年事较轻，吸收较广，讲学著书较久，受患难较深，刚大不可屈挠之气，亦感人最深，故为学者所宗。

二、完成时期。朱子生南宋。值理学被禁几绝，独起而弘扬之。北宋诸大师遗书，搜集编订，以授学者。又遍注群经，以及于史。历算等学，无不研寻。地质且有发明。考据之业，实导先路。朱子愿力甚宏，气魄甚大，治学方面颇广。其真诚之心，与勇悍之气，可谓与天地同流。朝野奸邪构害虽烈，初不以死生易虑，宋学盖完成于朱子。张钦夫、吕伯恭、陆象山兄弟，则皆与朱子相为羽翼者也。而象山之学，独与朱子有异。

宋学自其初创，以至完成，其最大之功绩，略言之：（一）自魏晋以来，经夷狄与盗贼长期蹂躏，人道灭绝之余，印度佛化，乘机侵略。诸师始表章六经，寻尧、舜、禹、汤，以至孔孟之绪，明道统之传，使人知人道之尊严，与中夏文化之优越，卓然异于夷狄。吾人知所以自尊自信，故元、清以边疆夷俗入主,一则不久而覆,一则完全同化于中原礼义之教,吾人自尊自信之潜力,宋学养之已深也。(二)六经浩博,汉、唐以来经师考据之业,于六经之大道,茫然无所究明。诸师始教人反求之心性,而又特标四子书,以明六经宗趣。于是圣学的然可寻,人皆知心性之学,当实践于人伦日用之地。而耽空溺寂之教,异乎圣道。

三、宋学初变时期。宋、元学者,皆诵法程朱,明初犹然。及阳明先生崛起,龙场一悟,始以致良知教学者,其学与朱子大异,而与象山较近,是为宋学初变。

程朱之学,历宋、元及明代,传习日久,大抵注重践履,守先师语录甚严。而于本原处,无甚透悟。学日益隘,人日习于拘执。故阳明先生发明良知,令人反己,自发其内在无尽宝藏,与固有无穷力用,廓然竖穷横遍,纵横自在。庄生所云自本自根,朱子咏塘水诗,所谓为有源头活水来,差可形容。宋学至阳明,真上达矣。阳明虽发见良知真体,而禅与老虚寂意思究过重,吾《新论》谈本体,虽申阳明之旨,而融虚寂于生化刚健之中。矫老释之偏,救阳明之失。于是上追《大易》,范围天地之化而不过。人生毋陷于迷乱,毋流于颓废,其在斯乎?

四、宋学再变时期。晚明诸子,值东胡内侵,乃奋起而致力于学术思想之改造。是期之学者,大抵反阳明。而于程朱心性学之根本精神,则确守而益加虔。以矫王学末流狂放之弊。然诸儒皆严毅而不至拘碍,广博而备极深厚,崇高而不失恺弟,《诗》云:"岂弟君子。"言平易近人。是其矫枉而无或过正,所以为美。

此期学者甚多,思想派别,亦极复杂,此中不及详。但总举其优点,约有五:

(一)为学尚实测,堪为近世西洋科学方法输入之强援。明世王学,其长处,在理性之发达。宋儒受外来佛教精神之震撼,诸儒虽反佛,甚至昌言驳轮回,而实则皆深受轮回说之影响,其精神生活中,极富宗教气味。及传统观念过重，尊孔孟，而过于排斥异端。故理性受拘束。自阳明指点良知，而后去其障蔽。然王学末流，不免流于凿空。故船山、亭林、习斋诸儒之学，皆注重实用。其为学态度，皆尚经验。言治化得失，必征诸当代实情，而复考历史，以推古今之变。如船山《读通鉴论》《宋论》等，其政治及社会思想，乃汉、唐以来诸儒所不能发。亭林《天下郡国利病书》皆周流各地参访，而山川险要，每询诸老卒。穷义理之奥妙，必本诸躬行实践，而力戒逞臆谈玄。如船山、二曲、习斋皆然。亭林于义理方面，悟解似不足言。但确守程朱遗教，躬行切实，堂堂巍巍，有惇大气象。诸儒注重实用与实测，乃王学之反响。此等精神，清儒早已丧失净尽，直至清末，始渐发露。而西洋科学方法输入，赖此为之援手。

（二）民族思想之启发。自孔子作《春秋》，昌言民族主义，即内诸夏而外夷狄是也。夏者，大也。中国人有大人之德。但其诸夏夷狄之分，确非种界之狭陋观念，而实以文野与礼义之有无为判断标准。凡凶暴的侵略主义者，皆无礼无义，皆谓之夷。故《春秋》之所谓文明者，不唯知识创进而已，必须崇道德而隆礼义。否则谓之野，谓之夷。等诸鸟兽，必严厉诛绝之。《春秋》大桓文、管仲之功者以此，俟讲《春秋经》时更详之。此《春秋》之民族思想，所以为正义之准绳。而近世言民族思想者，皆狭陋之种界观念，为兽性之遗传。乃正义之敌，太平之障，正《春秋》之所必诛也。汉人治《春秋》，皆不明孔子之民族思想。唯晋世江统，著徙戎之论，稍识此意。而当时朝野无识，不知人禽大辨，卒酿五胡之祸。自是而士大夫之降于夷狄鸟兽者，乃至尊之如天，亲之为父。至魏收作史，反诋江左正朔为岛夷，直是粪蛆不若。唐太宗虽得统于北，而不忍于收之所为，命李寿正其邪迷，则太宗犹知《春秋》大义矣。而经儒卒无能发明者，岂不异哉？孙复亲见五季群胡干天位，而鱼肉夏民，乃唱尊君邪说。胡安国犹踵其谬也。自是而夷祸乃益烈，非思想错误，中夏何遽至是哉？明季诸子，始盛扬民族思想。在其前者，虽有郑所南《心史》,王洙《宋史质》,而均无人注意。及至王船山、吕晚村、顾亭林诸儒,则发挥光大,千载久闷之义,一旦赫然,如日中天。晚村在当时,宣传最力。晚村学宗程朱,而深惜程朱未明此义,愿救其失云。船山著书极多。深愤中夏圣作明述而成为崇高之文化,乃人道之极隆,不幸为夷狄鸟兽所残毁。深愤至此为句。其书字字句句,皆悲心流露。世人徒知《黄书》。其实,船山各书,随在可见其民族思想之活跃。直至咸、同间,始由曾涤生刊行,而影响于清末之革命思想盖甚大云。亭林之言,见于《日知录》。清人刊行此书时,悉删削其关于民族思想之议论。今人发现原稿,而已不全矣。是时提倡民族主义者极多,但其人与书多不传,此可惜也。如吾乡明季,有易明甫、何士云诸先生,皆以诸生倡大义于闾里,为汉奸于成龙所戮。戴震文集有于传,乃盛美于。先儒之民族思想,皆为尊人道,贱兽行,伸正义,抑侵略,进和平,除暴乱。决非怀争心而与异种人为敌也,此《春秋》之大义也。

　(三)民治思想之启发。船山《读通鉴论·晋论》有云:"有圣人起,预定弈世之规,置天子于有无之外,以虚静统天下。"详此所云,明是虚君共和制。其曰预定弈世之规,则主张制定宪法甚明。惜乎清末学人太陋,少有能读船山书者。康有为曾言:"船山精矣,而艰深大过。"有为以文人而治考据之业,于理解深沉之书,大概不耐读。当时章太炎有奉衍圣公而行君宪之议,世莫之省。太炎聊以发愤,亦非实主是议者。其实如行虚君共和,或较好,亦未可知。船山《读通鉴论》有云:"封德彝曰三代以还,人渐浇伪,此谬论也。象、鲧、共、飞廉、恶来,岂秦汉以下之民乎?民固不乏败类。而视唐虞三代,帝王初兴,政教未孚之日,其愈多矣。邵子分古今为道德功力之四会,帝王何促,而霸统何长?邵子以帝王为道德之世,霸统唯尚功力,世每下愈况。霸之后,又将奚若耶?泥古过高,而菲薄方今,以蔑生人之性,君子奚取焉。"据此,则船山实持进化论者。汉、唐诸儒,都无此见解。船山之民治思想与其进化论实相关。大凡专政者,必以为人民不足进取,而因以总揽权力,恣一己之所欲为,以取覆败而不惜。若深信斯民之智德力无不日进者，则岂敢玩天下于股掌之上，以朽索驭六马，而自蹈覆辙哉？向者袁世凯欲叛共和，其文告与机关报纸，日以国民程度不足为言。卒至身与国，俱蒙其祸，此亦执政者之殷鉴矣。顾亭林之民治思想，足与船山互相发明。《日知录·周室班爵禄条》云："为民而立之君，故班爵之意，天子与公侯伯子男，一也，而非绝世之贵。代耕而赋之禄，故班禄之意，君卿大夫士与庶人在官，一也，而非无事之食。是故知天子一位之义，则不敢肆于民上以自尊，知禄以代耕之义，则不敢厚取于民以自奉。"详此，则皇帝之职与俸，与民主国之总统正无异。又《顾命条》云："传贤之世，天下可以无君。"又《乡亭之职条》云："《周礼·地官》自州长以下，有党正、族师、闾胥、比长。自县长以下，有鄙师、酂长、里宰、邻长。夫唯于一乡之中，官之备而法之详，然后天下之治，若网之在纲，有条而不紊。至于今日，一切荡然，无有存者。且守令之不足任也，而多设之监司。监司之又不足任也，而重立之牧伯。积尊累重，以居乎其上，而下无与分其职者，虽得公廉勤干之吏，犹不能以为治，而况托之非人者乎？柳宗元之言曰：'有里胥，而后有县大夫。有县大夫，而后有诸侯。有诸侯，而后有方伯连帅。有方伯连帅，而后有天子。'由此论之，则天下之治，始于里胥，终于天子，其灼然者矣。"按今之言治者，辄曰：中人主张治起于上，西人主张治起于下。其言中国者，徒知秦汉以后之事耳。《周官》之地方制度，与管仲之治齐，芍敖之治楚，子产之治郑，孰非主张治起于下者乎？柳宗元能识古之治道，唐以来儒生皆不识宗元意，唯亭林能发之。古者五家为伍，伍长主之。二伍为什，什长主之。十什为里，里魁主之。亭林言治，始于里胥。里胥者，群众公推之头目也。土豪劣绅，非群众所与，必不得为里胥。而后世贪官污吏，往往结纳豪劣，以当里胥之任，而失群众。如是者，其国无治，而危亡至矣。民治毕竟非可貌袭。必人民之智德力，足以自动自立，而后里胥之选，不操于贪污之官，乃真民治也。此非可以骤立之法而期其然。杜元凯《左·宣十二年传解》云："法行则人从法，法败则法从人。"民国三十余年来，皆法从人也。然则欲法之行，究非执政者能自守法不可。欲执政守法，非举世知识分子有品德，有真知见，能持清议，能奋起对抗，则执政必无所忌惮也。亭林、船山同注重学风士习，此实民治根源也。中国而欲转危为安也，王、顾诸儒之学，其可不急讲乎？黄梨洲《明夷待访录》，亦言民治，颜习斋四存之论，尤为民治本根。

（四）此期哲学，仍继续程朱以来之反佛教精神。而依据《大易》，重新建立中国人之宇宙观与人生观。奏此肤功者，厥惟王船山。余昔与人书，有云：船山《易内外传》宗主横渠，而和会于濂溪、伊川、朱子之间。独不满于邵氏。其学，**尊生**，以箴寂灭。《易》为五经之源，汉人已言之。而《易》学，不妨名之为生命哲学。特其义旨广远深微，包罗万有，非西洋谈生命者所可比拟。**明有**，以反空无。横渠云："《大易》言幽明，不言有无，显而可见者谓之明，隐而不可自见者谓之幽。"船山以为宇宙皆实也，皆有也。不可说空说无。其于佛老空无二词之本义，虽不免误会，然以救末流耽空之弊，则为功不浅。船山曾研佛家有宗，盖亦融有义以言《易》。**主动**，以起颓废。此则救宋明儒末流之弊，与习斋同一用意，但习斋理解远不逮船山。**率性**，以一情欲。船山不主张绝欲或遏欲，而主张以性帅情，使情从性，则欲无邪妄，而情欲与性为一矣。此与程朱本旨并不背，可惜戴震不识性，而妄奖欲。论益恢宏，浸与西洋思想接近矣。此所举四义，实已概括船山哲学思想。学者欲研船山学，不可不知此纲要。自清末梁任公以来，时有谈船山者。大抵就涉猎所及，而摘其若干辞义，有合于稗贩得来之新名词或新观念者，以赞扬之。至于船山之根本精神，与其思想之体系及根据，则莫有过问者。今人谈旧学，无一不出此方式。而欲学无绝道无丧得乎？呜呼！吾老矣。眼见此局，不知所底。余之言，将为世人所侮笑，吾固明知之，而弗忍无言也。吾有惧也。吾有痛也。中国人经三百年汉学风气，斫丧性灵，生命力空虚，已至极度。倚赖外人之劣性，与贪淫、忍酷、骗诈、委靡等恶习，及思想界之浮浅混乱现象，皆由生活力太贫乏故也。船山哲学，实为振起沉疴之良药，遗书具在，学者凝心读之，而得其深广之思，感其浓厚之悲，有不愤发为人者乎！吾终不敢薄今之人。吾信人生总是向上，譬如行者前进，或时失道迂回，终亦必前而已矣。今人读书为学，只是广闻见，找知识。以此博污俗浮名。如此，何能进学？何得成人？即读尽古圣贤书，亦感发不起。本讲，首言立志，责志。此实程朱、陆王相传血脉也。世不乏志士，幸垂察焉。

　　附识：船山《易内外传》确甚重要。吾所举四义，即生、动、有与情一于性，四大基本观念，此吾综其全书而言之也。学者深玩之，可见其大无不包。足为现代人生指一正当路向。但船山于本原处，不能无误。其言乾坤并建，盖未达体用不二之旨，遂有此失。坤元亦是乾元，非并立也。乾之不能无坤者，特故反之，以成其变耳。本体固绝待，而其现起为大用，则不能不有一反动，以成变化。老云反者道之动是也。学者细玩《新唯识论》翕阖之义，便知船山有未透在。船山未见本体，盖由反对阳明与佛老之成见误之也。船山读佛书似不多，虽曾究有宗，即相宗。想未得全解也。船山主张率性以一情欲，自甚谛。然反对阳明，而不悟心即是性，即工夫似无入处。由阳明之说，本心即是性，非心之外别有性也。故自识本心，存养勿失，凡生心动念处，皆是顺吾本心之明，一直扩充去。即一切情欲，皆受裁于心，而莫不当理。易言之，即情欲莫非性之发，以无妄情邪欲相干故也。是则情欲一于性，而非有善恶之二元明矣。然若不承认心即性，即率性工夫从何入手？夫性既不即是心，则性便超脱于心之上，何得裁制情欲，而使之当理乎？譬如主人不能裁制奴仆，则奴仆叛主而逞其妄。即不得以奴仆之动作，为主人之动作也。性不知节其情，而谓情与性为一可乎？阳明彻悟本体，故将心与性、理、天、命、道等名词，均说成一片。覆看第一讲，释《大学》处。余虽颇有推演，而大体实本阳明。扫尽因名词而起之种种支离见解。戴震《原善》及《孟子字义疏证》纯是葛藤，若肯虚怀细究阳明之旨，决不作雾自迷。而名词之所以不得不异，阳明亦疏抉明白。此其扶翼六经之功，极不可忘。船山将性与天、命、道等，皆妄分层级，而心不即是性，则心性又分层级。又以理为气之理，不即是心，几成唯物论。凡此，具详《读四书大全说》《易传》等书，亦皆本此旨。余作《新唯识论》，即欲救其失。若夫生与有等，四大基本观念，余与船山未尝异也。船山全书，关于哲学思想者，自以《易内外传》《读四书大全说》为最重要，而其他各书，无一不当参究。关于社会及政治思想者，自以《读通鉴论》《宋论》为最重要。而其余，无一可忽，又不待言。《庄子注》于治理，推究甚精。凡枭桀之一意狂逞，以宰万物，而不惜自弊以祸天下者，船山此书发挥尤多。《读四书大全说》，体大思深，精义络绎，其于程朱后学种种迂拘之见，多所弹正。每令读者腐气一涤，新意顿生。独惜其根本未澈，谓不见本体。不免又添出许多葛藤。此书谈心地工夫，于矫正阳明后学之误及狂禅之病，未尝无当。然以攻阳明却是错误。其言存养诸义，又似于本体上，欲有所增益。意在反阳明，而实自误也。船山书，学者不可不深研。然于六经、四子、老庄以及程朱、陆王、佛学，若无相当功力者，又未易深研也。管子不云乎：思之，思之，又重思之。鬼神将通之。是在学者勿以粗心浮气承之而已。

（五）考据学兴，而大体归于求实用。朱子本留意考据，其后学若黄震、许谦、金履祥、王应麟，皆考核甚精，足以致用。履祥尤奇特。凡天文、地形、礼乐、田乘、兵谋、阴阳、律历之书，靡不毕究。时国势阽危，任事者束手无措。履祥独进奇策，请以舟师由海道直趋燕、蓟，俾捣虚牵制，以解襄樊之围。其叙洋岛险易，历历有据。时不能用，宋遂亡。宋儒考据之业，重在实用。后来宋濂、刘基诸公，克承其绪，用成光复之功。及阳明学昌，学者多以考据工夫为支离破碎，而不甚注重。末流空疏，不周世用。于是晚明诸子，复寻朱子之绪，而盛弘之，考据学遂大行。亭林、太冲，尤为一代学者宗匠。太冲尝病当时讲学家立学社，当时学社，即以学术团体而兼有政治之结合者。欲有所提倡。而本领皆太小，不能收实效。清末以来，由维新以迄学生运动，及各种提倡，皆苦于领导者本领不足，都无善果。故其为学务博通，而未尝不归于切实有用。亭林尤朴厚，其学之方面极广，而所成就皆极伟。然主要者在政治哲学。《日知录》一书，即发表其政治哲学者也，是书外表为一考据家之笔记，而内容博大深远，乃其政治思想之所寄，为极有体系之著作。如教化根原、学风士习污隆、社会习俗好坏、法纪度制得失、食货蕃耗，乃至河渠道路兴废，皆征诸当世。而上下古今，以推其变。根本主张，厥惟民治。故于地方政制，考证极详。废君权而行民主，亭林确有此意。已见前文。比太冲《原君》尤明白彰著。其志隐，其辞微，盖多有未便详阐者。其与友人书曰：所著《日知录》三十余卷，平生之志与业，皆在其中。惟多写数本，以贻之同好。庶不为恶其害己者之所去。而有王者起，得以酌取焉。可以知其书之重要。《日知录》创刻于清康熙乙亥，其甥徐乾学等，以汉奸贵显于东胡，竟不敢刻。门人潘耒始与年友汪悔斋刻之。则凡关于民治、民族等思想者，其所削除必多。现行《日知录》盖非亭林原稿也。亭林治学精神，老而弥厉。其与人书有曰："某自五十以后，笃志经史。其于音学，深有所得。今为五书，以续《三百篇》以来久绝之传。"亭林少壮时，皆奔走国事，故专力经史，在五十以后。今人二十，便欲成名。三十四十，便名流自居，而难言向学，此世所以衰也。亭林之从事考据，志在实用。潘耒序《日知录》曰："潜心古学，九经诸史，略能背诵。尤留心当世之故，实录奏报，手自钞节。经世要务，一一讲求。当明末年,奋欲有所自树,而迄不得试。然忧天闵人之志,未尝少衰。事关民生国命者,必穷源溯本,讨论其所以然。足迹半天下,所至交其贤豪长者。考其山川风俗,疾苦利病,如指诸掌。"详此,则亭林治学,确是以先圣哲精神,而兼具西洋科学家之态度者。清人迄今士子,好为琐碎无聊之考索,不知果何所谓? 亭林勤于考察,尤可爱慕。其《金石文字记序》云:"余自少时,即好访求古人金石之文。比二十年间,周游天下,所至名山巨镇,祠庙伽蓝之迹,无不寻求。登危峰,探窈壑,扪落石,履荒榛,伐颓垣,畚朽壤,其可读者,必手自钞录。得一文为前人所未见者,辄喜而不寐。"此与汉、唐儒生专守书册之风,固已大异。余以为考据之学,必若亭林而后无愧于斯业。晚明之世,精考据者固多,船山此种工夫甚深,不待言。自余,亦无须详述。

综上所举五项,可见晚明诸子学之概要。船山哲学思想,虽宗横渠,而于周子、二程、晦翁,均服膺甚至。亭林自序《下学指南》有云:"有能繹朱子之言,以达夫圣人下学之旨,则此一篇者,其硕果之犹存也。"又祭朱子文曰:"两汉而下,虽多保残守缺之人,六经所传,未有继往开来之哲。惟绝学首明于伊洛,而微言大阐于考亭。不徒羽翼圣功,亦乃发挥王道,启百世之先觉,集诸儒之大成。"又与人书有曰:"昔之说《易》者,无虑数千百家。如仆之孤陋,而所见及写录唐、宋人之书,亦有数十家。有明之人之书不与焉。然未见有过于《程传》者。"亭林于本原之学,确守程朱。其自立卓然,有以也。颜习斋虽诋及宋儒,不过攻其末流之弊而已。四存之论,其有一语一义,不源出程朱者哉? 黄太冲受学蕺山,本阳明嫡嗣。太冲所学方面极多,著述亦最富,振阳明之绪者,赖有斯人。李二曲之学,亦宗阳明而救其后学之失。以上所举,于晚明诸子中,最为大师。而无一非宗主宋学者。此外,宏博之儒,奇节之士,全谢山集中所载甚多,然犹限于江浙一隅耳。盖不可胜数。要皆宋学之所熏陶,无须具论。余故以晚明为宋学再变时代,盖纪实也。皮锡瑞《经学历史》以晚明王、顾、黄诸儒，为汉、宋兼采之派，甚谬。宋学中自有考据一门，不曾依托汉学，当时本无汉学之名也。宋学自阳明初变，而心性学，始上探孔孟之微。程朱派以阳明为禅，适得其反。禅家言心即是性，本有合于孔孟者。汉以来经师皆不悟心性之旨，守文而已。程朱始究心性，而所见犹未的当，至陆王乃澈悟。世儒不知禅之有合于儒，而疑陆王袭禅法，岂不诬哉？此中不及详论，须另为文言之。宋学至阳明，确为极大进步，及末流空疏，而晚明诸子，又复再变。于是思想自由，更注重实用。民治论出，则数千年帝制将倾；民族义明，而文化优崇之族类，方得独立自由。历算地理诸学，是时讲者亦众，科学已萌芽焉。诸子虽皆反阳明，然实受阳明之孕育而不自知耳。明世如无阳明学，则吾人之理性，犹不得解放，而诸子之学术思想，又何从产生乎？诸子当神州沦陷，东胡入主之日，冒百艰，拚万死，潜谋光复。大功未集，乃从事学术思想之改造。期于唤起群众，此等伟大精神，真足挥落日，转大地。使清世儒生能继诸子之志与业，中国何至有今日哉？宋学经一再变，始有上复晚周之机。由今而论，中西文化融通，亦于晚明之新宋学可见其端。余每以晚明为汉以后学术史上最光辉时代，倘亦有识所公认也。

五、宋学衰落时期。晚明新宋学，渐启生机，而东胡谋所以摧之，乃利用汉奸，行收买政策。以网罗天下士子，而束其思想于无用之考据。阎若璩、胡渭之徒，首被宠眷。若璩以康熙元年游燕京，投降臣龚鼎孳，为之延誉。后雍正甚宠之。胡渭游徐乾学之门颇久。康熙南巡，渭献《平成颂》，无耻至极。徐乾学为东胡效用，网罗诸名士，罪不下于李光地辈。亭林固莫如之何。尝戒潘次耕勿主其家云："彼之官弥贵，客弥多，便佞者留，刚方者去，今且欲延一二学问之士，以盖其群丑，不知薰犹不同器而藏也。"又与杨雪臣书曰："惟念昔岁孤生，飘摇风雨。今兹亲串，崛起云霄。思归尼父之辕，恐近伯鸾之灶。"可见其心之苦。自群奸效顺,而天下皆知清廷意向所在,始相率俯首就范,不敢运其耳目心思之力于当用之地。而王、顾、黄诸大儒之学术思想,遂乃相戒而不敢过问。久之习非成是。则且以其业为时主之所奖,王公疆帅牧令之所尚。两宋常有道学之禁,明世王学亦常受禁。独清代汉学,始终为官僚所拥护。乃忘其为一技之长,竟以学术自负,而上托汉氏,标帜汉学。天下之蔽聪塞明,而同出于此一途者三百年。今当吸收西洋科学之际,而固有哲学思想,正须研讨发挥,以识古人之大体,见中外之异同,辨其异而观其同,而后可得中外融通之道。求当世之急务,勉言行之相顾,昔儒务实学,故坐而言,可以起而行。今人腾诸洋装册子,或报章杂志者,皆浮词滥调,不可见之行者也。示人生以归趣。今人只是权利与浮名及淫乐诸下等欲望发展,完全无人生之意义与价值可言。其所以如此者,正由其不识人生真性,故无所归趣,只任下等冲动,向外奔逐去。学者之所应致力者何限,而上庠文科,教者、学者,乃多以琐碎而无关大义之考据是务,岂不惜哉? 历史之学,《春秋经》之枝流余裔也。治史必究大义,本天化以征人事,鉴既往以策方来,其义宏远。若专考琐碎事件,何成史学? 如因一胡人传之文理欠顺,便疑此胡人为李唐之祖,又或以大禹为虫,若斯之类,已足慨叹。更下者,拾唯物史观之余唾,以述吾国史。依他人花样,而剪裁吾之史料铺陈之。何可究吾之真? 就治史者言之已如是,余治经、治子、治集部者,都无有体究义理,只喜作琐碎考证。或缘时下流行之肤杂思想,而张设若干条目,遂割裂古人书中文句,以分述之。如某观念也,某论或某说也。如此方式,列有多目。皇皇大文,公之于世,鲜不赞美。以此为学,求其有得于心,有验于身,有用于世,可成为人,吾不敢信,吾不忍言。呜呼! 国难深矣,民命危矣。士大夫不为实学,将复如何? 吾痛心考据之流风,非有私也。孔子曰:"古之学者为己。"程子曰:"学要鞭辟近里切着己。"此是定论,学不反己,何成学问? 清世考据家将反己一路,堵塞尽矣,今犹不反诸。汉学之焰,至今盛张,托于科学方法及考古学。毒亦弥甚，全国各大学，文科学子，大抵趋重此途。高深理解，断绝其路。夫人必有高深之理解，方得发生真理之爱，而努力以图真理之实现于己。宋学诸大师所以远绍孔孟者，即此精神。今人只务浮杂知识，不求深远之智慧，本实拨，而枝叶有不憔悴者乎？或谓：高深理解，不可期之人人，即有造于此者，不过个人自得而已，于社会何益？殊不知社会之各层，皆互相影响。故大哲人之精神，一般人皆能有所感受。若尧、舜、禹、汤、文、周、孔子，以及程、朱、陆、王、船山、亭林之在中国，其精神永远普遍贯注于一般人，尽未来际，无有断绝。德国之有康德、菲希特、黑格尔、歌德诸公，亦何莫不然。余尝言：凡为学术思想之领导者，其自造若达乎甚高甚深之境，则其影响之及于人群者，必大且善。如自造者太低太浅，则其影响之及于人群者，必浮乱恶劣。若群众习于浮乱日甚，将至不辨领导者之好坏，而唯宜于恶势蔓延，如是者其群危。吾国自清世汉学家，便打倒高深学术，至今犹不改此度，愚且殆哉！又自清儒以来，实用本领，全不讲求。迄今愈偷愈陋。中国哲学，注重经世，所谓内圣外王是也。今各大学文科学子，稍读西洋哲学书，便只玩空理论，不知自求真理。武侯曰："我心如秤，不能与物低昂。"今人却失去自己之秤，而作稗贩事业。又且以找题材，作论文为务。将先圣哲精神，丧失殆尽。余以为哲学界，固应有能创作及能继述之大儒，以著述为终生大业者。而亦应有大多数哲人，能本其对于宇宙人生之深切了解，而发为经国济民之事功。此必于实用知识，加意请求，而后能之。近世若罗、胡、曾、左诸公，在咸、同间能为军政领导，固皆有哲学素养者也。前代更不必论，今日治哲学及文学者，如能以向外浮慕之心，为反求自得之功，毋轻易写作，毋标榜自贱，毋喧腾报章，宝爱精力，探微穷玄而外，必殚究实用之学。随其能之所堪，求有效于世，庶不愧为人，不负所学。今上庠文哲诸生，辄忧卒业后不易得饭吃。其实，哲学文学之徒，当为人群谋温饱，而乃以一己饭碗是忧，则大学教育可知已。长兹以往，如何而可？夫科学，毕竟是各种专科知识之学。至于穷极万化大源，须有超知之诣，辅相人群治道，尤资通识之材。哲学之异乎科学者，在乎能求通识，而不限于某一部分知识也。故可以综万事而达于治理。今之大学教育，科学方面成绩果如何，吾不敢知。若文科，除考据工夫而外，其未曾注意研实学，养真才，则众目睹，非余敢妄诬也。此中实学一词，约言以二：一、指经世有用之学言。二、心性之学，为人极之所由立，尤为实学之大者。为此学而不实者，是其人之不实，而伪托于此学耳。清代汉学之污习不除，而欲实学兴，真才出，断无是事，此余之所忧也。

清初士人无耻者，皆效法阎若璩、胡渭，以考据之业，取容当世，自是成为风尚。王、顾、黄诸大儒之思想，本清儒所不欲知，且不敢求知者。诸大儒之精神志事，更为清儒所绝不能感受。江藩清代《汉学师承记》，以阎、胡列首，可谓征实。阮文达《清史·儒林传稿》第一次顾亭林先生居首，第二次黄梨洲先生居首。而江藩此记，以两先生编于卷末。以其本非汉学家所宗故也。皮锡瑞《经学历史》以此议江藩，实大误。阮元欲首两先生，但欲假以为清世儒林增重，而不悟其厚诬两先生。孔氏之门，流为发冢，无是事也。江藩首阎、胡，血脉相承，自然之感，不可议也。

清世汉学家，实际上本承宋学考据一脉。如疑《伪古文尚书》，疑易图，皆自朱子及其后学。而王应麟辑三家诗与郑《易注》，清人辑佚一派，实承其绪。孔广森治《公羊》亦源出赵汸。江永《礼经纲目》本朱子《仪礼经传通解》，他不具论。独惜其完全丧失宋儒精神，而绝不求宋学之大体。故清人考据学，卒不得不自别于宋学。盖名实之不容混者。清初阎若璩尝执贽亭林门下，江藩谓若璩所著书中，不称亭林为师，疑为亭林没后遂背之。若璩与亭林志业，本绝无似处，宜其然也。惠周惕子士奇、孙栋，三世治经籍，栋名尤著，论者以为拟诸汉儒，在何劭公、服子慎之间。士奇《自题红豆山斋楹帖》云："六经尊服郑，百行法程朱。"皮锡瑞《经学历史》引此帖,作六经宗孔孟,殊误。是直以经学当宗服、郑,而于行谊不必有关。程朱行谊可法,而其行谊又不本于经学。惠氏三世为学,盖全不知经学果为何学,而直以考据之业当之。宜其视程朱为曲谨好人,而不见其有何学术也。生而瞽者,不知日月之明。蚁旋大磨,自以为世界更无有大于此者。非惠氏之谓欤?江藩《宋学渊源记》即本惠氏见解。昔南宋之亡也,其时大儒,真诵法程朱者,皆毕志林壑,不肯仕元。许衡家世陷寇已久,垂死犹念仕胡之耻。惠氏当中夏正朔犹存海外之日,永明绝于缅,而郑氏康熙二十二年始亡。便已晏然仕清,称天颂圣,无丝毫不安于心者。其异于禽兽之几希,尚有存乎?法程朱者如是乎?清人之业,本无可托于宋学,其终以汉学自标榜,固其宜也。

戴震名反宋学,而实于宋学非无所窥者。震盖知汉世经师,只是考据,而宋学确于义理有发明。其心中于程朱极尊崇,而特欲自树一帜,以推倒程朱。震有聪明,而根器太薄,卒以自误误人,此可痛也。震与姚姬传书有曰:"先儒之学,如汉郑氏、宋程子、张子、朱子,其为书至详博。然犹得失中判。其得者,取义远,资理闳,书不克尽言,言不克尽意。学者深思自得,渐近其区。不深思自得,斯草薉于畦,而茅塞其陆。其失者,即目示睹渊泉所导,手未披枝肄所歧者也。而为说转易晓,学者浅涉而坚信之。用自满其量之能容受,不复求远者闳者。故诵法康成、程朱,不必无人,而皆失康成、程朱于诵法中,则不志乎闻道之过也。"与方希原书有曰:"圣人之道在六经。汉儒得其制数,失其义理。宋儒得其义理,失其制数。"《毛诗补传序》有云:"先儒为《诗》者,莫明于汉之毛郑,宋之朱子。震每以康成、程朱并举。且明言宋儒得六经之义理,而汉儒失之。"其《郑学斋记》云:"有言者曰,宋儒兴而汉注亡。余甚不谓然。"又曰:"学者大患,在自失其心。心全天德,制百行。不见天地之心者,不得己之心。不见圣人之心者,不得天地之心。不求诸前古贤圣之言与事,则无从探其心于千载下。"此则归本心学,几欲寻姚江之径矣。然震终不能入姚江之门者,己之心,即是天地之心,亦即是圣人之心,非可判而为三也。故见己心,便识天地之心与圣人之心。则以心无方分,乃通古今内外物我而浑然一体故也。震既云心全天德,制百行,乃不以反求己之心为先务。顾欲从文字中,求古贤圣之言与事,而探其心,然后由圣人之心,以得天地之心,再由天地之心,以得己之心。层层由外转内,殊不知,内不自识,而驰求于外。重重为阻,文字是一重,圣人之心又是一重,天地之心又是一重。如何可由外而转识内心?夫由内达外者,是合内外之道也。由内达外者,源在内也。得其真源,则文字,非外也,皆心德之散著也。否则己之心,与文字为二,而可解文字乎?圣人之心,非外也。为其与己之心为一体故也。否则其能由文字所载之言与事,而得圣人之心乎?流俗读贤圣之书,虽识文字,而终不可得圣人之心者,流俗未曾识得本心,而误以私意或妄见为心,犹如认贼作子。故习文字,而终不得圣人之心也。使其本心发见,即与圣心不隔毫端,为其体之一也。天地之心,非外也。孟子云上下同流者,己之心,与天地之心,本不二故。故曰由内达外者,源在内也。得此真源,即通内外为一。故《中庸》曰:"合内外之道也。"此六经之心印也。若由外转内,则先已不自识真源,而误向外追求。开始便执着文字,即滞于种种名言,而不能于言外得意。佛经呵斥执名言者,譬如以手指月,而愚夫乃仅观指,不观于月。夫名言,犹指也。今执名言,而不知言外之意,岂非观指而不观月乎?名言既多,滞碍滋甚,如何可见圣人之心。若以依名言所起迷执,而更妄计圣心如是,则滔天之恶,云胡可救?名言执着,既违圣心,又云何可见天地之心?一向外驰,不曾反己。闻见蔽塞,云何可识己心?夫依名言所得之知,亦名闻见之知,闻见之知,非可斥绝也,而云蔽塞己心何耶?须知,识得本心,而涵养勿失。即一切闻见,皆是此心之发用。何所谓蔽塞！"孔子谓子贡曰：'汝以予为多学而识之者欤？'曰：'然。非欤？'曰：'非也。予道一以贯之。'"此云一者，正谓本心耳。孟子云，"学问之道无他，求其放心而已"者。此心字，亦指本心。人皆有本心，而不自识，即其心便放失。将任私意私欲作主于内，而一切闻见，莫非意欲之私，妄生分别，妄起执着。云何而非蔽塞？若本心呈露，即一切闻见之知，皆是本心发用，故得此心者，便一以贯之。禅家之学，要在求识本心，余故谓其有合于儒。程朱、陆王，虽悟解有彻与不彻，要皆以反识己心为第一着。己心未识，即真源已失。不唯内外睽而不合，_{不见己心，即不得己与天地及圣人共同之真源，则内外何由合。}而更有虚其内以逐于外之患。戴震知学者大患，在自失其心。而不知己之心，与圣人之心、天地之心，元是一心，如何可不反己，而乃向外展转寻求，将由文字测圣人之心、天地之心再图回向己之心耶？震平生主张由文字入道，其根本错误，即在不识己心，与天地圣人之心，只是一心，故欲由外而转向内。其《原善》《孟子字义疏证》作雾自迷，病源盖在此。震天才甚高，能究历算，精考核，而不以考核自满。期有见于道，而不悟道，非可由文字得之。盖自负聪明，使气太过，横欲凌驾前哲，而不暇虚心以体贤圣之旨，卒归畔道，以自误误人也。当震之时，清廷威柄益厉，民生憔悴。而士大夫殉私欲，媚事东胡，毫无感触。震不自求天理之心，而犹俗灭理以奖欲，是使士节日隳，士气日靡，以此效顺东胡，为虎作伥耳。震言，天理者，如庄周言依乎天理，即所谓彼节者有间也。不知字有本义，有引申义，不知引申，何可言学。天理字本义，诚如震解。然哲学上言心之本体，亦曰天理，则以心体之流行，自然有则而不乱。如事亲便知孝，处事便知敬，格物便知实事求是。遇夷狄侵略，便思抵抗之。睹民生疾苦，便思作动之。随所发见，莫不自然有则，故谓之天理也。而震谓前贤以意见为天理，不知意见一词，含有妄情执着等义。此与天理之心，本不两立，意见起而天理亡，_{理被障，故说为亡。}天理明而意见自消。震本无克己工夫,宜其不自识天理之心,而妄以意见当之,反以诬宋儒也。震曰:"古贤人圣人以体民之情,遂民之欲为理。"与段玉裁书。此言似是,然贤圣所以体民之情,遂民之欲者,为贤圣以其天理之心,而体之遂之乎? 为以其私欲之心,而可体民情遂民欲乎? 震既不承认天理,则体民情遂民欲,云何可能? 又曰:"今人以己之意见不出于私为理,是以意见杀人,咸自信为理矣。"与段书。夫已谓之意见,则安有不出于私者。震既曰今人之言,则不当以是诬宋学也。《原善》《孟子字义疏证》葛藤太多,非可以少文驳正,此姑不及。清代之学者,震聪明称最,而亦以此自害。章实斋深不满其人,盖非无故。震之邪说,今犹盛昌,故不可无辨。余于考据之学,绝不排斥,而所恶乎清代汉学家者,为其斩晚明新宋学之绪,而单以考核一技,倡为风气,将率天下后世而同为无肝胆、无气力、无高深理解、无实用本领之人,此其流风遗毒,不可不矫正。然清儒董理经籍,其成绩有足多者,吾侪读经,犹当参考。不可因其所短,遂弃其所长也。

宋学之至者,心性也。本根固,而后枝叶自茂。程朱诸老先生,的然承孔门血脉,是不容疑。自姚江至晚明,经一再变,宋学已有上复晚周之兆。惜乎遭清人锢绝者几三百年,而中夏式微已至此。剥极则复,今其时矣。

附识:清之季世,宋学已稍苏。戊戌政变,首流血以激天下之动者,谭复生嗣同。复生,船山学也。复生精研船山,其精神伟大,实由所感受于船山者甚深。尝与友人林宰平、梁漱溟言,自清季以来,真人物,唯复生一人足当之而已。惜其学未成熟,感世变已剧,孜孜求知。遇康、梁,则锐意新闻。及以一官需次南京,便访佛法于杨居士。规模甚大,志愿极宏,而知见不免失于浮杂。《仁学》之篇,实未足云著作也。然复生如不早丧,其成就必卓然可观。康、梁诸人皆名士,不当与之较论也。乙巳,王怒涛汉,刺清室铁良,不中,自杀。清廷以光绪三十年,派铁良南下。及铁良离鄂北返,已是三十年腊月二十日左右,许同莘《张文襄年谱》可考。计铁良过豫,必一晤豫抚。其回京过彰德,遇怒涛之刺,当在三十一年春正月也。今人于怒涛刺铁时日,颇有诤论。附记以备参考。怒涛事,见居正《辛亥劄记》,大东书局本。其后遂有吴樾、徐锡麟等继起。而鄂中同志,亦因怒涛之死,始有革命团体运动,为辛亥光复所本。怒涛学宗伊川《易传》,亦得力船山。其年不永,所造未宏。然服膺前哲,一字一句,必印入心坎。发为行事,真可为后学法也。谭、王二公,皆清季宋学家,在政治上影响甚大,而其学之所自,世渐忽之。故附记于此。

学者有志经学,当由宋学上追孔门,汉学家之书,可备读经参考而已。宋学入门。心性,则先究阳明之旨。若先从两宋入手,恐增滞碍。而后探濂、洛、关、闽、象山兄弟,阳明之来历,与所以反程朱之故,自可见。折而考诸船山。生与有及动等,四大基本观念。上承《大易》,中为宋明诸大儒思想之总结,下与现代思想融通,虽本原有未透,而大义已举矣。参稽《新唯识论》,旁治西洋学术,再上溯孟子。孙卿确不见本原,非孔门正统。由孟子而上追孔门得其本矣。

经世大用,其学宜宗船山、亭林、梨洲诸儒。而海瑞遗文,宜兼采焉。民治民族等思想,王、顾诸儒,发明甚透,梨洲亦相羽翼。而均产主义,则海瑞独昌之甚力。其居官竟明令贫民抢夺大地主之田,华亭相国家田过多,亦被夺焉。使当时陕西等省,多得如海公者为之,则明代何至有流寇之祸,而授天下于东胡哉?海公无多著作,而其勇于改造之精神,墨翟、许行后,无第二人,此可法也。由明儒而上溯孙卿经世之学,孟子大体见得好,而不及孙卿活泼。孙卿却与现代思想多吻合。汉、唐、宋诸名儒、名臣,对政治社会,总不外维持现状。不敢为重大变更。如废除帝制等思想，决不发生。然其于用人行政，仅有一副实本领。其担任天下事之志愿，亦有可钦。学者不可不究其专集。今法科学子，只读西文书，不研本国名儒名臣文集，如何养得成人才？余以明儒直接孙卿者，如海公及王、顾、黄诸儒，皆有改造社会废除专制思想，与孙卿"杀然后仁，夺然后义，上下易位然后贞"之论，可相遥契。此外，皆蹈常守故耳。旁及晚周诸子，以逮西洋政治社会诸学，无不兼资。由是归本六经，庶几温故而知新，有本而不匮。余之志愿，期与天下学者，上追尼父内圣外王之大体，而所拟修业之序，略如此。

本讲，始于尚志，继以砭名，申之以三畏，而后博学无方。无方者，不拘一隅之见。科学哲学，宜采西洋。尽性至命，要归儒术。又复鉴宋儒之隘，而识量必期无所不涵。诸子百家，得其微旨，可观中西之通。印度佛法，取其是处，何必华梵之异。至于释经有考核之业，清人托汉，已异汉师。宗经有创作之儒，宋学屡迁，绩侔孙孟。假汉攻宋，中夏由此式微。继宋尊周，今日以为学的。上下数千年学术，源流得失，略备于斯。鉴已往而策方来，去浮伪而务真实，有因而后可言创，今人不深研固有学术，故思想日浮浅，剿窃于外，终不堪自创。真知而未有不行。今人尚浮谈，而不务实行，由其无真知故。学者态度，不可失之小。期于去俗，去隘，健以行其所知，无妄无馁而已矣。本讲尚志至三畏，皆以去俗，自余所言，皆为去隘。健行云云，最吃紧。无妄，仁且智也。无馁，勇也。反是者谓之小人儒。一小字，便不成态度。

余犹有不容已于言者。自五四运动以来，学者盛言科学方法，皆谓治经亦非用科学方法不可。余于此说，固不完全反对，如关于训诂名物度数之考核，何得不用科学方法。但治经而果止于此，则经义毕竟不可得。宋明诸儒，特提出体认工夫，此实穷经之要术，汉、唐经生所不知也。如何是体认，此意难言。旧答罗生膺中书，附录如后。学者详玩之，当可了然。

《论语·学而》一章，学字是何义，学个甚么，此之未解，说甚时习，说甚悦，又说甚朋来之乐，又何得不知而不愠，此是圣人彻上彻下工夫，自始学以至成圣，不外乎此。《论语》全部亦包括于此。学字有两义，曰效，曰觉。朱子取效义，非也。此章当取觉义。觉是工夫，亦即是本体。阳明门下，说即工夫即本体，深得《论语》真髓。读《明儒学案》者，只是胡涂过去。明明不解，而却绝不怀疑，可惜也。何谓本体？汝与天地万物所以生成之理，是谓本体。但克就汝身而言，即此本体，是流行汝身之中，而为此身之主宰者。本体要表现自己，必须凝成一种资具，即身体是也。资具成，而本体的自身，元不曾物化。他即流行于资具或身体之中，而为此资具或身体之主宰。阳明云，身体是心之所运用，意正如此。依主宰义，亦名为心。心无倒妄，亦名为觉。觉也，心也，本体也，随义异名，而所目则一。譬如一人，对亲名子，对弟名兄。名称虽异，而实无别。颜子四勿一章，非礼勿视听言动，四个勿字。此勿者何？即觉也。不觉，则非礼，而视听言动之矣。此不觉中之视听言动，后儒谓之人欲横流。佛氏谓之无明或迷惑现起。觉而视，即非礼勿视。觉而听，即非礼勿听。觉而言，即非礼勿言。觉而动，即非礼勿动。乃至觉而思，即是睿。觉而执事，即是敬。觉而居处，即是恭。觉而事父，即是孝。觉而交友，即是信。觉而入试验室，即是知。达于物理之谓知。总之，人伦日用，万感万应之际，无非是觉，即无非是学。觉或学，固是工夫，亦即是本体。离此工夫，汝便成一顽物，而其所以生成之理，早剥丧无余矣。汝与天地万物所同具之本体，既已丧失。本体元无丧失。但汝任人欲用事，而障蔽固有本体，令其不显，即说为丧失。是谓行尸走肉。庄子呵为不死奚益。故君子不敢一息而废学也，即不敢一息而安于不觉也。即工夫即本体，此义何等森严。不会此意，如何可谈学而一章。学是觉义。觉是工夫，即是本体。圣人始学至成

236

圣，参玩十五志学章。工夫一步深一步，便是本体逐渐显现。吃紧。本体不是一件呆板的物事，吾人工夫愈深，本体显现愈无尽。是以圣人发愤忘食，乐以忘忧，而不知老之将至也。天行健，君子自强不息，此是何义？古今学子，滑口读过，此可惜也。学曰时习，时习即是自强不息。工夫不息，即本体愈显。本体元无凝滞，无枯窘，无系缚，无匮乏，如何不悦。悦非自外，本体恒如是也。学而至此，是谓己立己达。夫人己一体也，己欲立而立人，己欲达而达人。独善自私，是丧其手足，而不知痛也。朋来而乐，乐其一体也。非有人我对待，而蕲人之从我，可以谓之乐也。非有至此为句。朋之不来，君子悯人，而固不改其乐。悯人者，大愿不容息也。不改其乐者，此心本与群生痛痒相关。要当如赤子终日号而不嘎，号者，其痛痒也。不嘎者，不于痛痒相关之外，更着一毫己私也，更着己私，则气动而怒生。好名即己私，己私未克，则视人之不己知，自动浮气而生愠怒。即非本体流行。成年人之号而致伤损者，不能如赤子之犹未离其本体故也。赤子原无涵养本体之工夫，但嗜欲未发，即未离其本体耳。人不知不愠，此义深远。所以继朋来而乐言之。此章意义，广大深微。汝若只效考据家，从训诂方面解去，如何可得圣人意？如以学字言之，经师辈只可训一觉字而止。试问此觉，是常途所云觉悟之谓耶？抑有无穷义蕴耶？经师辈不知去究也。时习是甚工夫，只时时看书，时时思想，便唤作时习否？悦是何等境界？朋来而乐，是乐人之信从我，如世俗一般鄙念否？人不知不愠，又是甚境界？凡此皆考据之徒，所自视为无不训释明白，而其实竟是黑漆一团。乃困处长夜，不自知其暗也，此非人生之大哀欤？凡圣贤经传文字，切忌只依考核方法去解。注意只字，非谓考核可废。务要反在自家身心上理会。理会犹云体认，天地万物所以生成之理，与自家所以生成之理，元是一理。岂有二本？哲学家穷究宇宙本体,却向外界去找理道,所以我之愈力,去之愈远。科学是要假定外界,是要向外找,即所云客观的方法是也。哲学求万有之本原,却须反己体认。此中有千言万语,难为不知者道。其间自有许多真参实究之苦功,莫可言说。要不外从迷乱与尘凡的生活中,努力拔出。然后觉体澄然,一切洞澈。譬如白日丽天,三千大千世界,光明无不遍照。

读经示要卷三

第三讲　略说六经大义

世事孔艰，余心已乱。本讲不及求详，但于六经，略为提要而已。异时有暇，当别为一书。

一、易　经

今时士习，竞尚疑古，遂有谓《大易》非孔子所作者。此实好异太过。《易》之为书，古史称始自伏羲作八卦，文王因而重之。为六十四。《史记·周本纪》曰："西伯盖即位五十年。其囚羑里，盖益《易》之八卦为六十四卦。"《日者传》曰："自伏羲作八卦，周文王演三百八十四爻，而天下治。"扬子《法言·问神篇》曰："《易》始八卦，而文王六十四，其益可知也。"《问明篇》曰："文王渊懿也，重《易》六爻，不亦渊乎?"《汉书·艺文志》曰："殷、周之际，纣在上位，逆天暴物。文王以诸侯顺命而行天道，天人之占，可得而效，于是重《易》六爻。"西汉以后言《易》者，其论重卦之人，虽不一说。而史迁、扬雄、班固等，皆以为文王重卦。是自西汉迄东京初期诸巨儒,尚无异说。皮锡瑞《易经通论》谓解经当以最初之说为主。遂从史迁等说,而判定重卦者为文王。其说固近是。然谓文王以前,《易》只八卦,理不应尔。《连山》《归藏》,汉时尚有其书,不可云伪。郑谔曰:"《周易》以九六为占,而《连山》《归藏》,以七八为占,《周易》占其变者,《连山》《归藏》占其不变者。"李纲曰:"《连山》《归藏》,以静为占,故爻称七八。七八者,少阴少阳之数也。阴阳之少,虚而未盈,故静而不变。"李、郑二说果然否,今难详考,大抵伏羲画八卦,因而重之,为六十四。此本自然之数,不必自文王而始重之也。但文王占法,当别有发明。即卦爻取义,有异夏、殷二《易》。而其功等于创作,故以重卦归之文王。《史记》云:"文王演三百八十四爻。"扬雄云:"文王附六爻。"六爻者,就每一卦言之。盖自文王新创占法,而三百八十四爻,遂无异为文王之所创演,此文王重卦之说所由始也。

羲皇画八卦,文王重之为六十四。皮锡瑞疑孔子未赞《易》之前,《易》只有占法,而无文辞。遂断定卦辞、爻辞即是《系辞》,皆孔子作。而今之《系辞》上下篇,古以为《系辞传》。乃孔子弟子所作。《史记·孔子世家》云:"孔子晚而喜《易》,序《彖》《系》《象》《说卦》《文言》。"所云《系》者,即谓卦辞、爻辞,系于每卦每爻之下,故通谓之《系》。《彖》者,所以解卦辞。《象》者,所以解爻辞。乾坤为《易》之门,居各卦之首。又特作《文言》以释之。盖孔子既作卦辞爻辞,而又为《彖》《象》《文言》,以畅其旨。所谓"言之不足,故长言之"也。《说卦》,汉宣帝时始出。《论衡·正说篇》曰:"至孝宣皇帝之时,河内女子发老屋,得逸《易》《礼》《尚书》各一篇,奏之。宣帝下示博士,然后《易》《礼》《尚书》各益一篇。"所谓《易》益一篇,盖《说卦》也。当非史公所得见。皮氏疑《世家》"说卦"二字,为后人搀入。余谓《世家》言及《说卦》,当有所本。虽《说卦》之篇,当时偶尔散佚。而孔子曾作《说卦》,儒者必有传说。故史迁得据之以入《世家》耳。若疑"说卦"二字系后人搀入,未免擅改古书,以就己意。至卦辞、爻辞,有说并是文王所作。郑学之徒，俱依此说。有说卦辞文王作，爻辞周公作。马融、陆绩等，并同此说。皮氏则以为二说皆无明文可据，不堪信从。谶纬云："卦道演德者文。"则演《易》，即演三百八十四爻之谓。不必为辞演说，乃为演也。故《史记》但云"文王演三百八十四爻"，不云"作卦爻辞"。扬雄《解难》云："是以伏羲氏之作《易》也。绵络天地，经以八卦，文王附六爻。孔子错其象，而象其辞，然后发天地之藏，定万物之基。"扬子但以文王为附六爻，亦不言作卦爻辞。其以爻辞为周公作者，亦始于郑众、贾达、马融诸人，乃东汉古文家异说。西汉今文家说，皆不如是。孔子之学，今文家多得其正传，故当征信于西汉。史迁父子，世为史官，闻见最博。迁作《孔子世家》云："孔子晚而喜《易》，序《彖》《系》《象》《说卦》《文言》。"必有所据于古籍，断非逞臆妄说者。《系》，即卦辞爻辞。皮氏谓今之《系辞》上下篇，古以为《系辞传》。《释文》王肃本有传字，盖古本皆如是。此可证《系辞传》，非即《系辞》，而《系辞》之必为卦辞爻辞无疑。又今本《系辞》有云："圣人设卦观象，系辞焉以明吉凶。"又云："圣人有以见天下之物，而观其会通，以行其典礼，系辞焉以断其吉凶，是故谓之爻。"据此诸文，明是指卦爻辞，谓之《系辞》。《世家》载孔子于《易》，实有《系辞》，则卦爻辞为孔子所作，确然无疑。西汉去古未远，史迁为孔子创例立世家，特致尊崇。其所记载，必有征据。决非掉以轻心，漫不加考者。后学不信史迁，而将何征？皮氏据史迁说，断定卦辞爻辞即《系辞》，皆孔子作，可以定千载之疑案，但谓孔子未赞《易》之前，《易》只有占法，而无文辞，此必不然。二帝三王之世，当有卜辞流传，孔子作卦爻辞，容有采取。然一经孔子之手，便赋以哲学意义，而非卜辞之旧矣。

《世家》称孔子晚而喜《易》，与《论语》"五十学《易》"之言适合。且证以志学一章，学《易》之年，即是知天命之年。是则孔子由学《易》而深澈道体，年已半百。《世家》称其晚而喜《易》，盖实录也。或曰："五十以学《易》，据《释文》，《鲁论》易作亦，连下句读。惠栋云：'外黄今《高彪碑》云："恬虚守约，五十以学。"此从《鲁论》，亦字连下读也。'今本五十学《易》，盖从《古论》。汉时，鲁共王好治官室，坏孔子旧宅，于其壁中，得古文经传，即《论语》等。言古文者，科斗书也。周时通用之文字，汉时人谓之古文。然《鲁》'亦'、《古》'易'，是非难定。犹不当据《古论》，以为孔子学《易》之明证也。"答曰：若如《鲁论》，五十以学断句，则与《论语》所记孔子平日之言，全无相合。子曰"吾十有五，而志于学，三十而立，四十而不惑，五十而知天命"云云。又曰："十室之邑，必有忠信如丘者焉。不如丘之好学也。"孔子岂是五十始学者乎？曰"五十以学《易》，可无大过"，则圣人学《易》而实体之之言也。五十以前，虽已不惑，而未学《易》，此事之所有也。若云五十以前未曾学，则夫子他日自言十五志学，及好学云者，不又为自欺之语乎？故知"学《易》"易字，不应作亦。《古论》出孔壁中，决定无误。又《论语》记子贡曰："夫子之文章，可得而闻也。夫子之言性与天道，不可得而闻也。"子贡云不可得闻，正是闻之而心知其难。以视颜氏之亦足以发，固迥不逮。然心知其难，却已深中肯綮。岂浅夫之所喻乎？夫性与天道之言，莫详于《易》。《论语》所记，只在日用践履之间。今若不信《易》为孔子所作，则夫子之言性与天道，固子贡之所屡闻而极赞其难喻者。赞其难喻，斯已喻之深。夫子岂忍闷此理，而不欲垂文字以示后人之乎？故史迁作《世家》，称孔子序《彖》《系》《象》《说卦》《文言》。明夫子实作《易》。此乃七十子后学展转传来，而史迁得据之以修史也。今之后生，妄翻古史成案，不信孔子作《易》，私心立异，遗害学风，不可不戒也。

《系辞传》即今本《系辞》上下篇。为孔子弟子所作，盖所以发明《系辞》之旨。孔子作卦爻辞，即《系辞》。复作《彖》《象》《文言》，而自解之。然义蕴无穷，固有书不尽言，言不尽意者。其与弟子请说之际，必有口义流传。七十子后学转相传习，或复加以推演，遂成《系辞传》。如佛弟子依据佛说而推演之，为大小乘诸经，亦皆名为释氏金口所宣。则《系辞传》虽非孔子亲制，而其大义微言，要皆出自孔子，固昭然不容疑也。

余尝以《易》与《论语》互证。《易》乾为仁，见第一讲。而《论语》即以仁立教。参考《新唯识论·明心章》。《易》于变易见不易，而《论语》川上之叹，即是其旨。《易》曰"君子以自照明德"，《晋卦·象传》。而《论语》首言学，学者觉义，见《白虎通》。与自照明德义通。覆看第一讲，谈《大学》"明明德"处。《易》之为书，逻辑谨严。而《论语》曰"知之为知之，不知为不知，是知也"。又曰"必也正名乎？"可于两书，见其精神一贯。《易》明万物资始乾元，各正性命。而《论语》曰"人之生也直"，即本其义。孟子继孔而言性善，其根柢亦在是也。《易》言开物成务，裁成天地，辅相万物。而《论语》言治，既庶必富。富归众庶，不可专之一人或一阶级也。既富必教。众庶莫不富，即天下无有不可受教之人。《春秋》太平世，人人有士君子之行者以此。其答子贡问政，曰"足食、足兵、民信之矣"，皆通于《易》。足食、足兵、民信三者，是言立政规模，其实施之曲制法度，要在因时制宜，故不虚拟也。足食之原则云何？证以《论语》"患不均"之言，及一部《周官》大意，则孔子注重社会主义及生产发达可见。此与《易》之开物成务等意思正合。国际未至大同，则足兵为要。否则强凌弱，众暴寡，而人类之祸亟矣。《易》之讼卦甚可玩。孔子曰："自古皆有死，民无信不立。"其教化之根本旨趣在此。《易》言万物各正性命。正者，正直，义极深微。人生真性，元无不正。心为形役，始颠倒而离其正。如此，便丧其性命，而人道绝矣。故国之政教，必使民皆守信。信义不失，即不浇其真性，而性命正。《论语》以此为政化之大本，固与《易》义合也。晚世列强之政，使其民逞嗜欲而习争噬，将使人道毁绝。惜其不闻圣学也。凡此，略举其要，可以《论语》证明《大易》之必为孔子所作。后生不究大义，轻遮古史实录，谓不信《史记》。妄疑先圣制作。经教亡，而民性日偷。国胡与立？浮气之相乘已久，其亦可以反矣。

主周公作爻辞者，或据《左传》，韩宣子适鲁，见《易》象云，吾乃知周公之德。殊不知，韩宣之意，但谓周公能玩《易》象以修德耳。羲、文画卦，皆有所取象。如乾象天、坤象地之类。故云《易》象。周公被流言之谤，而能省身修德。知其有契于《易》象。故称之。韩宣并未说周公作爻辞，何得误取为据？故爻辞亦孔子作无疑。

焦循《易图略》云："说《易》者，必言《河图》《洛书》《连山》《归藏》。"《河图》《洛书》，经前儒驳正，无复遗说。详见毛大可《河图洛书原舛》。胡朏明《易图明辨》。惟《连山》《归藏》，言人人殊。大率多以《连山》为伏羲，而夏因之。《归藏》为黄帝，而殷因之。又谓《连山》以艮为首，《归藏》以坤为首，妇不可以先夫，则坤不可为首也。按乾阳坤阴，故乾有夫象，坤有妇象。男女平等者，言人道不宜相凌也。夫自正以率妇，妇执顺以相夫，则夫妇之伦所当然也。今以妇不可先夫，喻坤不可首乾。子不可以先父，则艮不可为首也。按伏羲初画八卦，八卦之中，乾坤喻如父母。余六卦，谓之六子。若艮居八卦之首，则是子先父也。伏羲作八卦，重六十四卦。其首皆以乾坤。故曰乾坤定矣，何得又首艮？以余推之，《连山》者，当如于令升之说，即"帝出乎震，齐乎巽，相见乎离，致役乎坤，说言乎兑，战乎乾，劳乎坎，成言乎艮"是也。艮位东北，坤位西南，《象》辞及之。四时首春，春始于寅，当东北艮位。艮成终，亦成始。故曰《连山》首艮，非六十四卦之序以艮为首也。《归藏》当如近世徐敬可之说，即子复、丑临、寅泰、卯大壮、辰夬、巳乾、午姤、未遁、申否、酉观、戌剥、亥坤，为十二辟卦是也。始于子，而实受气于亥。坤初生为复，至二为临，至三为泰，至四为大壮，至五为夬，至上为乾。乾初生为姤，至二为遁，至三为否，至四为观，至五为剥，至上仍为坤。故曰《归藏》首坤。由坤而乾，故又曰坤乾。非六十四卦之序以坤为首也。伏羲通神明之德，类万物之情，以乾坤为首，而序六十四卦，无可移者也。取八卦以属八方，即以属四时，又取十二卦以属十二月，以为消息。于重卦序卦之外，别一取义。以始艮终艮，而目之为《连山》。以始坤终坤,而目之为《归藏》。与五运六气之说相为表里。后世谶纬术数之家多本之。余尝思其义,伏羲之卦,明人道者也。《连山》《归藏》,明术数者也。郑康成云:"殷阴阳之书,存者有《归藏》。"谓之阴阳之书,则阴阳五行家言也。大幽堪舆之属,托诸神农、黄帝。《连山》《归藏》,盖即其类。其始本不与设卦观象之意相混淆,而自为用。夏、殷以来术士之说行,而伏羲之卦象,渐失其本。殷人尚鬼,盖更有甚者。其季世之人,第知六十四卦,为占验灾祥之用,而不知其为天道人伦之学。故文王专取伏羲之卦,而系以辞。指之曰元亨利贞,曰吉凶悔吝厉无咎。而阴阳术数之丛杂,一概屏之。周公制官,以《连山》《归藏》,存诸太卜。亦卜筮之占,可参用之而已。按《连山》《归藏》,马国翰《玉函山房辑佚书》经编《易》类,尚可略考。《汉·艺文志》虽不著录,未可便以为伪。《北史》载刘炫伪造书百余卷,题为《连山易》《鲁史记》等。当是刘炫因古之佚文,有所增窜耳。桓谭《新论》云:"《连山》八万言。"后汉时此书尚存。晋皇甫谧《帝王世纪》、北魏郦道元《水经注》,并引《连山》,皆在刘炫前。桓谭谓《归藏》四千三百言。郑氏《礼运注》:"殷阴阳之书,存者有《归藏》。"阮孝绪《七录》云:"《归藏》杂卜筮之书杂事。"此皆可证古有其书。至于首艮首坤之说,或是其时筮法别有取义。或如李过所云,夏、商、周《易》首卦不同,盖寓三统之义。今皆无从质定,不妨付诸盖阙。而焦循必引帝出乎震一节,以言《连山》必据十二辟卦,以说《归藏》,此固可备一说,难作断案。惟夏、殷言《易》,不外占卜之术,此则可由晚周术数尚盛行,而推知二代之更甚于周也。

　　伏羲画八卦,重为六十四。虽有卦象,而未加以说明。然万化之原,物理人事之律则,固皆寓于其中。但当时民智未盛启,罕能阐发羲文之意。辄以术数,附于卦象。至孔子序《彖》《系》《象》《说卦》《文言》,而后《易》始离术数,乃纯为哲学界之高文典册。七十子后学,大

抵承尼山之绪。今可略考者,如孟、孙二子,皆深于《易》理。赵岐称
《孟子》之书,包罗天地,揆叙万类。仁义、道德、性命、祸福,粲然靡所
不载。又言孟子通五经,尤长于《诗》《书》。焦循曰:"孟子深知孔子作
《春秋》之旨。至于道性善,称尧舜,则于通德类情,变通神化,已洞然
于伏羲、神农、黄帝、尧、舜、文王、周公、孔子之道,独《诗》《书》云乎
哉?"又曰:"七十子没,道在孟子。孟子道性善,称仁义,恶杨墨之执
一,斥仪衍之妾妇。按《说卦传》曰:"立天之道,曰阴与阳。立地之道,曰柔与刚。
立人之道,曰仁与义。"孟子言仁义,此其通《易》之明证。《易》道主随时处中,而孟子恶
执一。《易》称大人与天合德,孟子故鄙仪衍以妾妇。非深于《易》而履道深者,不得有此
识趣。皆所以阐明孔子之学,而吻合乎伏羲、文王、周公之旨。故孟子
不明言《易》,而实深于《易》。"见《易通释·叙目》。焦循既作《易通释》等,
等,谓《易图略》及《章句》。又作《孟子正义》,以相发挥。焦氏之所造如何,
姑不论。然以孟子为直承孔子《易》学之传,则所见甚卓,而其说可为
定论。孙卿《天论》之言,见第二讲。与其主张礼治之意,盖本《大易》裁
成天地,辅相万物意思,益加推阐。刘向称孙卿善为《诗》《礼》《易》《春
秋》。西汉去战国季世未远,孙卿之流风犹有存者。刘向称其善《易》,
盖有传授。非止因校定其书,以意推之而已。晚周群儒,今多不可考。
而孟轲、孙卿二氏,皆得孔子《易》学之正传。至汉世,则二氏之书仅
存,而其学几绝。汉人言《易》者,大抵依据战国时术数家言,而各有推
演。战国术数,流派甚盛。《汉书·艺文志》阴阳十六家,皆据《易》立说。
五行三十一家,亦皆据《易》立说。蓍龟十五家,占卜家必有《易》说。神仙十
家,神仙家有《宓戏杂子道》二十篇,盖托于《易》者。后汉魏伯阳之术,必出神仙家。
数术百九十家,《艺文志》曰:"数术者,皆明堂羲和史卜之职也。"史卜自夏殷以来,
必有世传之《易》说。杂占十八家,《艺文志》叙杂占云:"盖参卜筮。"必有《易》说可
知。历谱十八家,《艺文志》曰:"历谱者,序四时之位,正分至之节,会日月五星之
辰,以考寒暑杀生之实。"又曰:"以探知五星日月之会,凶厄之患,吉隆之喜,其术皆出

焉，此圣人知命之术也。"汉人《易》说，于历谱最有关系。详上诸家，可总称以术数。此皆盛行于战国经秦之乱，而其书犹多流传于汉。向、歆父子得著录焉。焦循谓夏、殷之世，《易》晦于术数之说。今考《艺文志》所著录者，战国时术数家言盖甚多。其自秦政并六国以来，诸术数家之书，散佚而不见于《班志》者，当复不少。又考《班志》阴阳十六家，与诸子中之阴阳二十一家，盖分而为二。其言"阴阳家者流，盖出羲和之官，敬顺昊天，历象日月星辰"。又曰："及拘者为之，则牵于禁忌，泥于小数。"此阴阳家，亦必与占卜有关。当有其所推衍之《易》说。据上所述，可知晚周时代，《易》学之滥于术数也滋甚。岂止夏、殷而已乎？孔子作《易》，本远绝术数，而自阐发其哲学思想。但术数家之说，其来源甚远，卒与孔子之学抗行而不稍止，观《班志》所著录，则晚周术数诸家，其说《易》必有承于夏、殷可知已。

《班志》所载，阴阳十六家，五行三十一家，蓍龟十五家，神仙十家，数术百九十家，杂占十八家，历谱十八家，余以为皆诸子中阴阳家之分枝耳。班氏叙述诸家，于其源流，殊欠精核，容当别论。

夫孔子之《易》，虽为创作，要非无所本于古之为术数者。盖八卦广大悉备，其理不外以象与数求之而已。八卦与九章相表里，汉人语。不解数，则无以明其蕴。而一卦之成，一爻之变，皆有所取象。如乾取象于天，亦取象于龙等。乾之初爻，取象于龙之潜，乃至上爻，取象于龙之亢。自余卦爻辞，无非象也。非通象，又何以得其旨乎！孔子作《易》，其辞皆象，而根于数理。象数之传，必得之夏、殷、西周以来诸术数家，此断然无疑者。皮锡瑞疑孔子未赞《易》以前，《易》只有占法，而无文辞，其说甚误。古时必有卜辞及筮法等记载，为孔子所依据与采用。但加以修正，而另赋以新义，遂成其一家之学耳。孔子作《春秋》，而云其事则齐桓、晋文，其文则史，其义则丘窃取之。其作《易》，亦大概类是。卦爻则羲画文演，辞则依据夏、殷、西周以来诸术数家之卜辞及筮法等记载。其义则孔子所创发也。《论语》,信而好古,述而不作,虽孔子之谦辞,然其学实寓创于因。则为治经者所不可不知。后来经有今古文之争,却太过。其实,汉初古文家能传孔子创作之旨,而今文家但节目处有异古说而已。廖平论经今古学,殊失真相。此不及论。或问:"象数之传,何由知孔子必得之术数家乎?"曰:古之为术数者,大抵出于治历与掌卜之官,此辈皆通天文,察物变,谓观察事物之变化。解数理。但其知识欠正确。言天文,则妄度灾异。测物变,则妄臆妖祥。数理虽复粗解,而以人事有吉凶祸福之相乘,本无主,而适遭之者,亦谓为定数所致。因此,以术数之数,与数理之数相结合,此固是其所短。然其中亦有精意焉,不可不察也。古之术数家盖有见于万物之变动不居,要非不依于数理。易言之,即宇宙依数理而形成。此其观想入微,至可赞叹。但误计人生祸福之来,亦有数存于其间。斯不免作雾自迷耳。而正确之知识,究导源于此辈,亦不容疑。《班志》云:"数术者,皆明堂羲和史卜之职。"羲和,古之治历者。明堂之守,盖言阴阳五行者。史卜者,古卜筮与史通。《周官》冯相保章司天文者,皆属太史。此盖据古代之制。《国语》曰:"吾非瞽史,焉知天道?"《左氏传》所载卜筮事,皆属史官占之,此卜筮掌于史官之证。班氏东汉初人,犹能识古事。天算物理等知识,发源于史卜诸官,无可疑也。有问:"班志言诸子出于王官,今谓诸子原本六经,则班氏固有失考者乎?"答曰:孔子六经,实承二帝三王之道,而集其大成。王官之守,其大义皆在六经中矣。故言诸子出王官,与言出六经者,义自相通,不可谓班氏失考也。

伏羲八卦,文王重之。当时虽为占卜,但甚富于哲学思想,则不容否认。后来术数家更利用之,则羲文之哲学思想,渐不为人所注意。而《易》几纯为占卜之书。及孔子因卦爻而系以辞,又作《彖》《象》《说卦》《文言》以畅之。《序卦》《杂卦》二篇,原属《说卦》。其口义流传,则七十子后学述为《系辞传》。自是而《易》始为五经之源,为中国哲学界之根本大典。史迁创例立《孔子世家》，以道术为万世宗，盖有以也。然孔子作《易》，其辞皆象，必多采用夏、殷、西周以来诸术数家之卜辞及筮法等记载，而有所修正，乃另赋以新义。《论语》温故而知新，此孔子所以自况也。今人尚秉和节之，专研《易》象。谓《易》辞，字字皆象，其说诚然。古代占卜，设卦观象，以定吉凶，汉时犹存其术。如《三国志·管辂传》云："初应州召，与弟季儒共载。至武城西，自卦吉凶。语儒云：'当在故城中见三狸尔者乃显。'辂自设卦问吉凶，卦有当在故城见三狸之象。前到河西故城角，正见三狸共踞城侧，前到，言辂兄弟前行到达河西也。兄弟并喜。"卦有当在故城见三狸之象，云何以此为吉兆，此在古时术数家，必有传授。辂生后汉，犹识古法。《辂传》注云："夫术数有百数十家，其书有数千卷。"据此，则《班志》所著录者，三国时存者犹多。以此推知，《易》辞皆象，必采自夏、殷、西周以来之卜辞，及筮法等记载，决不容疑。但《易》之辞，虽原本术数，而其取义，则与术数家意思截然不同。如《春秋》之文，虽出于史，而经孔子笔削，寓以新义，便与史家记述之业，根本异趣。故《易》《春秋》二经，虽同有所因，实皆圣人之创作也。

孔子作《易》而后，得其旨，而自有创发，卒别异于儒，以自立宗者，道家老聃、关尹之徒是也。道家性命之旨，与阴阳之说，源出《大易》，此无可疑。关尹遇老聃，史有明文。老聃稍后孔子，说见第二讲。其承孔子之绪，而在儒家中独成巨派者，如孟轲、孙卿皆是也。道家者流，及孟、孙诸子，皆哲学家，虽俱深于《易》，而皆非以传经为业者。凡传经之儒，皆诵持经文，训释其义而已。哲学家皆自鸣一家之学，虽有得于经，固不以说经为事也。此说曾见第二讲。然传授经文之儒，其所训说，足以供哲学家之研讨，而资其启发。故其关系于哲学思想界者，至深至巨，不容忽视。尚考《易经》之传，据《史记·仲尼弟子列传》所载，自商瞿子木，受《易》孔子，以传楚人馯臂子弘，弘传江东人矫子庸疵，疵传燕人周子家竖，竖传淳于人光子乘羽，羽传齐人田子庄何，何传东武人王子中同，同传菑川人杨何。何元朔中以治《易》。为汉中大夫。《史记》所载如此。史公父谈，受《易》于杨何，其记述大概不误。《汉书·儒林传》则云，商瞿授鲁桥庇子庸，皮锡瑞谓矫疵即桥庇，自是。但《汉书》以桥庇为鲁人，而《史记》则云江东，地籍传说有误耳。子庸授江东𫐐臂子弓，皮锡瑞谓《史记》之楚人𫐐臂子弘，即《汉书》之子弓。按《春秋》以后，江东皆楚地。皮氏此说当不误。子弓授燕周丑子家，皮氏云，周丑即周竖当无误。子家授东武孙虞子乘，皮氏谓《史记》之光羽子乘，即《汉书》之孙虞。子乘授齐田何子装，按装字，当如《史记》作庄。田何授东武王同子中、洛阳周王孙、丁宽、齐服生。田何授四人。同授淄川杨何，字叔元。宽授同郡砀田王孙，王孙授施雠、孟喜、梁邱贺。由是《易》有施、孟、梁邱之学。《汉书》所记，与《史记》稍有出入。《史记》不及丁宽。《汉书》则云宽授田王孙，王孙授施、孟、梁邱，是《汉书》较详矣。又云："至成帝时，刘向校书，考《易》说，以为诸《易》家说，皆祖田何。杨叔、丁将军大谊略同。"据此则田何上承商瞿，而下逮施、孟、梁邱。其授受之世系甚明。而施、孟、梁邱，汉立博士，其盛行亦可想见。然诸师之书，今皆无传。《艺文志》，《易传》，有田何弟子周王孙二篇，齐服生二篇，王同二篇，丁宽八篇，王同弟子杨何叔元二篇，周王孙弟子蔡公二篇，施、孟、梁邱氏各二篇，今皆无存。自余《易》家书，亦皆亡佚。后汉虞翻注《易》，自谓五世传孟氏《易》。清儒张惠言，董理虞注，功足扶微。田何及孟氏之传，犹存一线，亦云幸矣。《汉书》云：孟喜从田王孙受《易》，喜好自称誉，得《易》家候阴阳灾变书。诈言师田生且死时，枕喜膝，独传喜，诸儒以此耀之。同门梁邱贺疏通证明之，师古曰："疏通，犹言分别也。证明，明其伪也。"曰："田生绝于施雠手中，时喜归东海，安得此事？"《汉书》又云："京房受《易》梁人焦延寿。别有一京房，是梁邱贺从受《易》者，非此京房。延寿云：尝从孟喜问《易》，会喜死，房以为延寿《易》即孟氏学。翟牧、白生不肯，皆曰，非也。刘向校书，考《易》说，以为诸家《易》说，皆祖田何，唯京氏为异党。焦延寿独得隐士之说，托之孟氏，不相与同。房以明灾异得幸。为石显所谮诛。房授殷嘉、姚平、乘弘，皆为郎、博士。由是《易》有京氏之学。"盖汉世《易》家立博士者四。施、孟、梁邱、京氏是也。施、孟、梁邱为商瞿正传。京房所受于焦延寿者，本得之隐士。而孟喜先已得《易》家候阴阳灾变书，延寿所得隐士说，《汉书》谓其托之孟氏，不相与同。想亦大同小异，不必甚殊，以其俱明灾异故也。

世儒以焦京之学，明阴阳术数，为《易》之别传。田何传之施、孟、梁邱，为《易》之正传。其言皆主义理，不近术数。余谓此说非是。孔子作《易》，本因术数家言，而予以改造，成立己义。商瞿传《易》，其于孔子创作之旨，固有所识。而于元来术数之说，当亦旁通兼采，不遽舍弃。盖传经之业，以考核为主。非若孟、孙诸巨子，直探孔子之大义微言，而自有开辟创获也。商瞿一再传弟子，其材智不必及商瞿。则能获圣心者或少，又经三传四传以后，源远流长，而渐失其真。且古代术数家言，本与孔子之《易》并行，而其势力当更盛。术数最为人情所易迷信者。商瞿后学，展转传授，罕能发挥圣言。自必驰于术数家种种穿凿之说，穿凿者，纯任意想造作，而不必当于理实也。悉以附于孔子之《易》。如孟喜受《易》田王孙。王孙师丁宽，宽师田何，本商瞿以来正传也。而孟喜得《易》家阴阳灾变书，便托为师田生所传。焦延寿得隐士说，授京房。房以为即孟氏学。高相专说阴阳灾异，自言出于丁将军。即丁宽。虽孟喜托田生，有梁丘贺明其伪。焦延寿托孟氏，翟牧白生不肯。然此特不幸而遇反对耳。若高相专说灾异，自言出丁宽，而不闻有非高相者何耶？孟喜本丁宽再传弟子，喜得《易》家阴阳灾变书，云从师受，而梁邱贺力辨。高相专说阴阳灾异，而言出丁氏。丁氏门人后学，竟无辨其非者。由此可知丁宽以前之传，早杂术数家说。而孟喜所得，乃术数家中别一派之书，流行民间，为当时所罕见耳。其书与丁氏传授，亦必大同小异。盖均为术数，必无根本不同处也。然则汉时《易》家正传，早杂术数之说，不必得孔子意。岂止京氏之徒，以术数为别传而已乎？世儒不究孔子之《易》，宜其于正传别传，妄分轻重，而不知夫二者俱失也。余少时稍阅惠栋、张惠言诸氏所述汉《易》，颇觉汉人滞于象，而不得孔子之意，虽间存古义，而无所发挥。盖汉世《易》家，大都承术数家之遗绪。即田何后学，号为正传，实与孔子之《易》，无甚关系也。

孔子《易》学，在两汉犹存一线者，幸有费氏。《汉书·儒林传》曰："费直，字长翁，东莱人也，治《易》。为郎，至单父令，长于卦筮，亡章句。徒以《彖》《象》《系辞》十篇、《文言》，解说上下经。琅琊王璜平中能传之。璜又传《古文尚书》。"《后汉书》曰："东莱费直，传《易》。授琅琊王璜，为费氏学。本以古字，号古文《易》。"两书并云：费氏未尝立于学官。据前书所称，费氏长卦筮，则亦兼考术数矣。而其说经，独不取术数。班氏称其徒以《彖》《象》《系辞》十篇、《文言》，解说上下经。足征专守孔子之义。徒以二字，甚可玩。必由孔子之文，以求其义。绝不杂术数家说，故曰徒以云云也。费氏大概不满于当时《易》家之违失圣意，故孤守经文，以救其弊。独惜不为章句，而所深造自得者，至今不可窥。《隋书·经籍志》，有费直《周易注》四卷，亡。新旧《唐书志》、陆德明《释文序录》，并作《费直章句》四卷。与本传所称亡章句者不合，当是后人依托。又《隋志》有费直《周易分野》一卷、《易林》二卷，恐亦伪托。汉儒说经，大抵繁碎而无关大义。费氏殆惩其失，不肯造说，此其所得深矣。

费氏《易》本古文，而其学独宗孔子。恪守圣言，不参异说。可见今古学之分派，乃汉世始起。廖平谓经在先秦前，已有二派。一主孔子，一主周公云云，此实妄逞异论。《汉·艺文志》称《易》为五经之原，可谓深达道要，明见圣学之大体。汉去古未远，先师口义流传，故班氏能识之也。若如廖平言，经在先秦前早分二派，古文学不宗孔子而主周公，别为史学派。果如此，则为五经根源之《大易》，既有今古二派。廖氏今古学统宗表，于《易》，则施、孟、梁丘为今学，费氏为古学。而古文学之费氏，应偏重历史，依据术数。不应徒以《彖》《象》《系辞》《文言》，解说上下经，严守孔子大义微言，丝毫不容紊也。不应，至此为句。费氏确尔遵守圣文，虽通术数，而不肯以术数家言，汨乱经义。足见古文学者在西汉，尚非不宗孔而仅以史学标帜者。况先秦以前乎？廖平谓《王制》为今学之主，《周礼》为古学之主，此说尤浅陋。今古学，果在先秦前已分派者，必于根本大义处，异其主张，方有分派可言。《王制》粗略已甚，不得与《周官》并论。旧说《王制》为汉博士作，其然否姑不论。要之，《王制》无根本大义可言，则稍有识者能辨之。何得以此为主而名一派之学耶？夫《王制》言地域、封国、官制、征税、祀典、学制等，与余经有不必合者，此自寻常事。孟子生晚周，已云周制不可得而详。其说周室班爵禄，不过以意推之而已。尚考《论语》，孔子自谓能言夏礼殷礼，而惜其不足征。凡说古事与旧制者，每不免有互歧。由传闻异，而纪载各殊者有之。由故籍散佚，而学者以意推说，遂为后人所据之以成异论者，此事亦所常有。但此等处，与六经根本大义无甚关系。治经者考核注疏家之同异，而分别观之，固亦宜然。但不必过分张大其说，以为经学在先秦前，已有今古学二派也。但不，至此为句。廖平持说，张小为大，流弊甚多，此中不及详谈。皮锡瑞《五经通论》本依廖氏，而绝不称及之，亦可怪。《易》始杂于术数，自经孔子制作，遂为五经之原。易言之，五经根本大义，皆在于《易》。《周官》为万世制太平之意，其根源亦在《易》也。若今古学分派，肇于先秦前，古学是史学者，何故《易》家忽略历史，不谈术数，徒持守孔子之经，至严而不可乱者，乃在号古文《易》之费氏乎？故夫以今古学分派，过事张皇者，实无甚意义。汉世今古文之争，大抵因今文家先立学官，而抵拒古文家不得立。由此，二家互相水火。而于经说中涉及古代度制，或有不一致者，则二家各持一说以相倾。如古文家有持某种异说者，则其同业皆朋比之，以与今文家抗。

而今文家之于古文家也亦然。此乃因争立相仇而后有之事，非先秦以前，早有此二派也。然二家所争，大抵古礼或古制传说不一。乃考据方面枝节问题，罕有关于大义，并无根本歧异处也。晁公武《郡斋读书志》云："凡《彖》《象》《文言》等参入卦中，皆祖费氏。东京荀、刘、马、郑皆传其学。王弼最后出，或用郑说，则知弼亦本费氏也。"赵汝梅《易辑闻》云："陈元、郑众皆传费学。马融、郑元、荀爽、王肃、王弼皆为之注，今《易》乃费氏经也。"案费氏亡章句，只持守孔子之经文，而以经解经，不更以术数家言乱之，不逞臆立说，此其态度谨严，乃传经之正轨也。后儒唯王辅嗣一人，确承费氏家法。如"乾元亨利贞"，"初九潜龙勿用"，辅嗣注云："《文言》备矣。"元亨利贞之义，潜龙勿用之义，皆《文言》所已详故。"九二见龙在田"，注云："出潜离隐，故曰见龙。《文言》曰：'潜之为言也，隐而未见。'潜为未见，则见为出潜矣。潜为隐，则见为离隐矣。处于地上，故曰在田。"《说卦传》曰："兼三才而两之，故《易》六画而成卦。"详此，则五与上为天，三与四为人，初与二为地，初为地下，二为地上。故辅嗣云，"处于地上"也。此即费氏以经解经之法。陈澧、皮锡瑞皆以此称辅嗣，可谓知言。陈元、郑众、马融、刘表、王肃、荀爽、郑玄诸人之《易》，今皆散亡。但爽与玄其佚文可搜集者较多，犹足窥其概要。大抵东京诸儒，虽同用费氏经本，而实各自为说，各自名家，亦皆不脱术数余习。晁氏赵氏谓诸儒皆费学，其说未免侈而失实。诸儒佚文可征者，要皆滞于象，未知假象以会意，得意而忘象，未知二字，一气贯下。故是术数之余习也。

　　术数家取象，只是占吉凶。至孔子作《易》，虽复采用卜辞，其辞皆象。而取象之意自别，只假象以显此理而已。如乾之象为龙，龙者神变之物，即假此象，以明夫生生不息，健动无竭之真元，故曰假象以显理也。善为《易》者，得孔子所以取象之意，而冥会至理，即无所事于象矣。佛氏云，既渡不须筏，象犹筏也。假象以会意，犹假筏以渡也。得意自忘象，犹得渡而应舍筏也。费氏不事章句，盖已得意而遣象矣。

东京诸儒，何足语此。而谓其皆传费学，岂其然乎？凡治《易》者，不通象固不可，然若以能言象即为知《易》，则吾未敢许以知《易》也。

费氏不为章句，其自得固有足多者。然以此传经，后学或守文而不究其义，或转杂异说，而失经旨。东京诸儒，虽承用费氏经本，毕竟不传费学。王辅嗣崛起季汉，其学本出道家。道家元是《易》之别派，说见第二讲。然其治《易》，独能扫象，则亦远绍费氏之传也。辅嗣《易》注，仍承费氏以经解经遗意，并不多下注语。然《易略例》，宏廓深远。又何待章析句解而后无憾乎？前儒病辅嗣者，以其扫象，不知扫象正是辅嗣遥会圣心，真能发明《大易》之奥也。辅嗣《易》注最可法者，在其知象而扫象。清人焦循《周易补疏》，多摘王注，暗用郑、荀诸儒说。如坤"上六，龙战于野"注云："固阳之地，阳所不堪，故战于野。"焦循《补疏》曰："按《正义》解固为占固。占即佔字。谓阴去则阳来，阴乃盛而不去，占固此阳所生之地。故阳气之龙，与之交战。然阳之地，则未实指何所。窃谓王氏暗用郑、荀之说也。荀爽云：'消息之位，坤在于亥。下有伏乾。'盖坤为十月之卦，其辟在亥。以卦位言之，乾处西北，是亥为乾之地，而坤辟之，此乾所以不堪而战也。郑氏以爻辰说《易》。坤初贞未，二贞酉，三贞亥，四贞丑，五贞卯，上贞巳。乾辟于巳，则坤上爻，实为乾之地，而坤爻据之，又乾所以不堪而战也。王氏用荀、郑之说，而浑其辞为固阳之地。不然，坤之上六，何以为阳之地乎？"焦氏议辅嗣暗用荀、郑而浑其辞，其说似是，而实不得辅嗣意。荀、郑之说，盖本术数家遗法，不必据之以释孔子爻辞，故辅嗣知之而不肯言也。《正义》解固为占固，亦失注意。盖固者锢蔽，《论语》："学则不固。"孔曰："固，蔽也。"固阳之地者，地，即指坤上爻。何必取术数家消息之位云云，详上引荀说。及爻辰云云乎？详上引郑说。以干支及方位如西北等方。月分等等分读份。穿凿立说，有何义据？夫坤上爻，阴盛已极也，阴盛极则消阳。消者，消灭。阳非可灭，但为阴所锢蔽而不得显，便谓之灭耳。阳性刚健，任阴之消，必非所堪忍，故必战乎阴。阴与阳战而终不胜也。野者，郊外。上六，则阴处外卦之终，故有野象。战于野，谓阳与阴战也。夫阴为质，而阳为神。神，具云精神，而非谓上帝。阴为欲，而阳为理。阴为乱，而阳为治。宇宙肇始鸿蒙，渐凝为诸天。物质方盛，而心神殆不可见。上六盛阴。为固阳之地，此共征矣。然强阳之运，强阳，本《庄子》"健故曰强"。终不物于物。谓终不物质化。不物于物，故谓之战。宇宙由无机物，无机物，盛阴也，即坤上六之象。而有生物，以至人类，心神毕竟从重阴重固中显发，而成宰物之功，心能了别物，及能改造物质世界，故心神是主宰乎物质者也。战之效也。又反验之吾身，邪欲盛，上六盛阴。则天理之心受其固而不自安。天理之心，阳也。不自安者，阳所不堪。终必克之，而使欲不逾矩。克者，理与欲战也。矩即天理。又如治化败坏至极，社会不平至极，即坤上六之象。此际茫茫不可见治几，治几，阳也。是阴固阳也。然人道恒向于治，终必拨乱而成治。拨乱则阳欲胜阴，不惮于一战也。《易》义无不包通，未可执一端为说。荀、郑徒取术数家言，而不达圣意。辅嗣云："阴之为道，卑顺不盈，乃全其美。"余谓物从心而不以蔽心，欲从理而不至逾矩。乱消而归治，此阴道所以成其卑顺之美也。辅嗣又云："盛而不已，固阳之地。阳所不堪，故战于野。"其辞浑而含义极丰。焦循以考据之小知，未足喻斯神旨。乃议其暗用荀、郑，岂不惜哉？只盛而不已，便是固阳之地。盖坤卦六阴，至上而极，故是盛而不已。阴盛如此，阳不得显，故以固阳之地责之。地字宜活看，何必如荀、郑之必离爻辞本义，而采术数家说，别为之地乎？《易》家言象数者，实承术数旧法，至辅嗣始刊落尽净。此其所以直接费氏，而为二京群儒所莫逮也。然辅嗣实通象数，其辞高浑，即以象数求之，亦不相悖也。故曰辅嗣知象而扫象。焦循《补疏》所摘发多条，兹不暇详论。学者虚怀细究，当知焦氏所议，正是辅嗣之长也。循序诮让辅嗣云："洵童稚之薨识。"又曰："弼盖有见于说《易》者支离傅会，思去伪以得其真,而力不能逮。"如斯狂吠,无知者犹乐道之。呜乎! 上智之见诋于昏浅,盖千古同慨,岂独辅嗣蒙诟而已乎? 余生衰季,将以孤炬,而烛昏城,诚知其无补,而不容已也。真理自在天地间,又何以长夜为虑耶?

西汉诸儒,不为注疏之业,而自成一家言者,尚得一人焉,扬雄子云是也。雄作《太玄》拟《易》,说者病其僭妄,然诚有见于道而后发言,则其言为载道之言,不谓之经不得也。雄虽未足语此,顾其覃思自得者亦多矣。张衡神悟超拔,精究历算。读《玄》而叹其妙极道数,使人难论阴阳之事。则《玄》之未容轻议可知。然雄之为《玄》,所准者卦气。未若费直超然独寻洙泗,但其创作之绩不可没。清人黜辅嗣而尚荀、虞,置《太玄》而崇高密。郑玄,北海高密人也。宋王应麟始辑郑《易注》一卷。清惠栋更补正为三卷。张惠言复辑《郑易》,而称其列贵贱之位,辨大小之序,正不易之伦。经纶创制,吉凶损益,与《诗》《书》《礼》《乐》相表里,则诸儒未有能及之者也。其推崇过当,足征其识之卓耳。以此抑宋,其失更甚,吾何取焉。

孔子之《易》,其源出于术数。故传《易》诸家,每取术数为说,而失孔子创作之旨。术数流派极繁,前引《汉·艺文志》可覆看。商瞿后学,曰已参杂术数,非自焦、京始也。余于汉经师《易》说,殊不重视。子云、辅嗣,各有创发,异乎传经之业,故非经师。然治《易》者,于其思想渊源,毕竟不可弗究。汉时去古未远,间存古义,非有稽古之功,何以为知新之助。今将汉《易》概要,稍为引述,庶俾初学,略识面目。

一、孟长卿《卦气图》

马国翰曰:《汉志》,《孟氏章句》二篇外,又有《孟氏京房》十一篇灾异,《孟氏京房》六十六篇图。以卦气配节候,殆孟、京之遗法。唐《大衍历议》云:"十二月卦,出于《孟氏章句》。其说《易》,本于气,而后以人事明之。"惠栋曰:"孟氏《卦气图》,以坎、离、震、兑为四正卦。余六十卦,卦主六日七分,合周天之数。内辟卦十二,谓之消息卦。按辟卦后详。乾盈为息,坤虚为消。其实,乾坤十二画也。《系辞》云:'乾之策二百一十有六,坤之策一百四十有四,凡三百有六十,当期之日。'夫以二卦之策,当一期之数,则知二卦之爻,周一岁之用矣。四卦主四时,爻主二十四气。十二卦主十二辰,爻主七十二候。六十卦主六日七分,爻主三百六十五日,四分日之一。辟卦为君,杂卦为臣,四正为方伯。二至夏至冬至。二分,春分秋分。寒温风雨,总以应卦为节。是以《周易参同契》曰:'君子居室,顺阴阳节,藏器俟时,勿违卦月,谨候日辰,审察消息,纤芥不正,悔吝为贼。二至改度,乖错委曲。隆冬大暑,盛夏霜雪。二分纵横,不应漏刻。水旱相伐,风雨不节,蝗虫涌沸,群异旁出。'此言卦气不效,则分至寒温,皆夫其度也。《汉书》谷永对策曰:'王者躬行道德,则卦气理效,五征时序。兼《洪范》五行言。失道妄行,则卦气悖乱,咎征著邮。'张衡上疏,亦言律历卦候,数有征效。盖汉儒皆用卦气为占验云。"详惠氏《易汉学》。陈寿熊谓惠氏说犹有未审者。其《读易汉学私记》云:"按六十四卦,皆乾坤之交易。而十二卦,皆乾坤之消息。又阳息为息,阳消为消。消息皆主于乾。注意。故《系辞》以乾坤之策当期。卦气即以六十四卦之爻直岁。六十四卦,一乾坤也。《说卦》以乾为君,卦气即以乾坤消息为辟。乾坤消息,一乾君也。十二卦,为二气之消息,属天,故象君。四正卦,为四时之方位,属地,故象方伯。不计四隅卦者,独用四正。则余六十卦之爻,乃正得三百六十。盖以每卦六日,当三百六十日之大数。复各余七分,以尽五日四分日之一之零数也,惠氏说殊未明备。"

六日七分图

此《卦气图》之一也。《易纬稽览图》曰:"甲子,卦气起中孚。六日八十分,日之七。"郑康成注云:"六以候也。八十分为一日。日之七者,一卦六日七分也。"《易纬是类谋》曰:"冬至,日在坎。春分,日在震。夏至,日在离。秋分,日在兑。四正之卦,卦有六爻,爻主一气,共主二十四气。余六十卦,卦主六日七分。八十分日之七,岁有十二月,三百六十五日,四分日之一。六十而一周。"按旧有六日七分图,象周天圆图,今改排如左表,取付印之便耳。学者可参考惠氏《易汉学》木刻本旧图。

坎	初六	冬至	子	公	中孚
				辟	复
	九二	小寒		侯	屯
				大夫	谦
				卿	睽
	六三	大寒	丑	公	升
				辟	临
	六四	立春		侯	小过
				大夫	蒙
				卿	益
	九五	雨水	寅	公	渐
				辟	泰
	上六	惊蛰		侯	需
				大夫	随
				卿	晋

震	初九	春分	卯	公	解
				辟	大壮
	六二	清明		侯	豫
				大夫	讼
				卿	蛊
	九三	谷雨	辰	公	革
				辟	夬
	九四	立夏		侯	旅
				大夫	师
				卿	比
	六五	小满	巳	公	小畜
				辟	乾
	上六	芒种		侯	大有
				大夫	家人
				卿	井

离	初九	夏至	午	公	咸
				辟	姤
	六二	小暑		侯	鼎
				大夫	丰
				卿	涣

离	九三	大暑	未	公	履
				辟	遁
	九四	立秋		侯	恒
				大夫	节
				卿	同人
	六五	处暑	申	公	损
				辟	否
	上九	白露		侯	巽
				大夫	萃
				卿	大畜
兑	初九	秋分	酉	公	贲
				辟	观
	九二	寒露		侯	归妹
				大夫	无妄
				卿	明夷
	六三	霜降	戌	公	困
				辟	剥

兑	爻	节气	地支	官职	卦名
				侯	艮
	九四	立冬	戌	大夫	既济
				卿	噬嗑
兑	九五	小雪		公	大过
				辟	坤
			亥	侯	未济
	上六	大雪		大夫	蹇
				卿	颐

　　右表：冬至，坎卦用事。春分，震卦用事。夏至，离卦用事。秋分，兑卦用事。

　　十一月，未济、蹇、颐、中孚、复。

　　十二月，屯、谦、睽、升、临。

　　正月，小过、蒙、益、渐、泰。

　　二月，需、随、晋、解、大壮。

　　三月，豫、讼、蛊、革、夬。

　　四月，旅、师、比、小畜、乾。

　　五月，大有、家人、井、咸、姤。

　　六月，鼎、丰、涣、履、遁。

　　七月，恒、节、同人、损、否。

　　八月，巽、萃、大畜、贲、观。

　　九月，归妹、无妄、明夷、困、剥。

十月，艮、既济、噬嗑、大过、坤。

四正坎离震兑。为方伯。震东方也。离南方也。兑正秋也，即西方。坎北方之卦也。见《说卦》。中孚为三公。复为天子。表中复为辟，辟者，君义。屯为诸侯。谦为大夫。睽为九卿。升，还从三公，周而复始。《系辞上》曰："旁行而不流。"《九家易》曰："旁行周合。六十四卦，月主五卦，爻主一日，岁既周而复始。"

六日七分图外，复有六十四卦用事，配七十二候图。见唐一行《大衍历》。宋李溉所传《卦气图》，云出孟长卿者，即本此。今不录，避繁故。

二、商《易》十二辟卦

十二辟卦本《归藏》。前述六日七分图，内有十二辟卦，谓之消息卦。今表如左：

子复	午姤
丑临	未遁
寅泰	申否
卯大壮	酉观
辰夬	戌剥
巳乾	亥坤

徐善曰："此《归藏》十二辟卦，所谓商《易》也。辟者，君也。其法，先置一六画坤卦，以六阳爻，次第变之，即成复、临、泰、大壮、夬五辟卦。次置一六画乾卦，以六阴爻，次第变之，即成姤、遁、否、观、剥五辟卦。十辟见，而纲领定矣。又置一六画坤卦，以复辟变之，成六卦之一阳。复为辟卦之一，故云复辟。下言临辟等者，均仿此。以临辟变之，成十五卦之二阳。以泰辟变之，成二十卦之三阳。以大壮辟变之，成十五卦之四阳。以夬辟变之，成六卦之五阳。更进为纯乾，而六十四卦之序已

定矣。徐而察之,乾之六位,已为递变之新爻。而坤之六位,犹为未变之旧画。即卦中阳爻已变,而阴爻犹故也。于是复置新成之乾卦,以姤辟变之,成六卦之一阴。以遁辟变之,成十五卦之二阴。以否辟变之,成二十卦之三阴。以观辟变之,成十五卦之四阴。以剥辟变之,成六卦之五阴。更进为纯坤,而坤之六位已更新矣。卒之非有两营也。止此六十四虚位。顺而求之,由坤七变,得阳爻一百九十二,而纯坤之体见。逆而溯之,由乾七变,得阴爻一百九十二,而纯乾之体见。一反一覆,而三百八十四爻之《易》以全矣。"按徐善明六十四卦生生之序,亦可备一说。

十二辟卦,亦云十二消息。《系辞传》曰:"变通配四时。"虞翻注:"变通趣时,谓十二月消息也。泰、大壮、夬配春。乾、姤、遁配夏。否、观、剥配秋。坤、复、临配冬。谓十二月消息相变通,而周于四时也。"又曰:"刚柔相推,变在其中矣。"虞翻注:"谓十二消息,九六相变,刚柔相推,而生变化。故变在其中矣。"又曰:"往来不穷谓之通。"荀爽注:"谓一冬一夏,阴阳相变易也。十二消息,阴阳往来无穷已,故通也。"又曰:"寒往则暑来,暑往则寒来。"虞翻注:"乾为寒,坤为暑。谓阴息阳消,从姤至复,故寒往暑来也。阴诎阳信,信读伸。从复至泰,故暑往寒来也。"又曰:"范围天地之化而不过。"《九家易》解:"范者,法也。围者,周也。言乾坤消息,法周天地,而不过于十二辰也。辰,日月所会之宿。谓诹訾、降娄、大梁、宾沈、鹑首、鹑火、鹑尾、寿星、大火、析木、星纪、元枵之属是也。"诹訾以下,谓自寅至丑,自泰至临也。按此皆以经文,附会十二消息卦。郑康成注《乾凿度》曰:"消息,于杂卦为尊。每月辟一卦,而位属焉,各有所系。"惠栋曰:"每月辟一卦者,如乾之初九属复,坤之初六属姤是也。临观以下,仿此。"

陈寿熊云,"六十四卦,皆乾坤之交易。而十二卦,皆乾坤之消息"云云。又曰"《说卦》以乾为君,卦气即以乾坤消息为辟"云云。前文已引。此宜详究。

三、虞氏《八卦纳甲图》

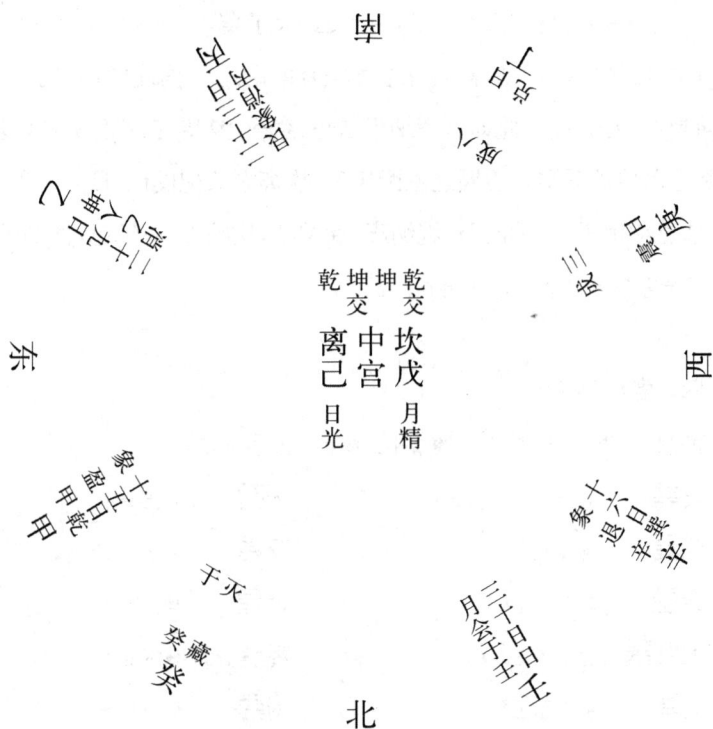

南

乾坤　坤乾
交　　交
离　中　坎
己　宫　戊
日　　月
光　　精

东　　　　　　　　西

北

右图。坎离，日月也。戊己，中央土也。晦夕朔旦，坎象流戊。日中则离，离象就己。晦夕朔旦，以阳通阴。象坎上下二爻阴，中一爻阳。日中则离，以阴通阳。象离上下二爻阳，中一爻阴。故曰坎象流戊，离象就己，戊己土位，象见于中。三十日会于壬，三日出于庚。三日暮，暮即月令所谓昏。推步家以日入二刻半为昏。其时日在西，月在庚，月向日三分之一生光，在下，象震初阳爻。背日三分之二无光，在上。象震二三阴爻，故曰震象出庚。八日见于丁。八日暮，日在西，月在丁。月向日三分之二有光，在下，象兑初二阳爻。背日三分之一无光，在上，象兑三阴爻，故曰兑象见丁。十五日，盈于甲。十五日暮，日在西，月在甲，日月相望。月三分皆有光，象乾三爻皆阳，故曰乾象盈甲。十六日，退于辛。十六日旦，旦亦谓之明。推步家以日出

265

前二刻半为明，其时日在东，月在辛，月背日三分之一无光，在下，象巽初阴爻。向日三分之二有光，在上，象巽二三阳爻，故曰巽象退辛。**二十三日，消于丙。**二十三日旦，日在东，月在丙，月背日三分之二无光，在下，象艮初二阴爻。向日三分之一有光，在上，象艮三阳爻，故曰艮象消丙。**二十九日，穷于乙，灭于癸。**二十九日旦，日在东，月在乙，日月同度。月三分皆无光，象坤三爻皆阴，故曰坤象灭乙。据此图，虞氏实本之《参同契》。兹不及引。此即所谓纳甲法也，京房《易传》曰："分天地乾坤之策，益之以甲乙壬癸。震巽之象配庚辛，坎离之象配戊己，艮兑之象配丙丁。谓乾纳甲壬，坤纳乙癸，震纳庚，巽纳辛，坎纳戊，离纳己，艮纳丙，兑纳丁。"节惠氏《易汉学》及李锐《易虞氏略例》。

四、虞氏消息

消息之卦，前已略及。覆看十二辟卦。兹复加详。

复䷗	坤上震下	姤䷫	乾上巽下
临䷒	坤上兑下	遁䷠	乾上艮下
泰䷊	乾下坤上	否䷋	坤下乾上
大壮䷡	乾下震上	观䷓	坤下巽上
夬䷪	乾下兑上	剥䷖	坤下艮上
乾䷀	乾上乾下	坤䷁	坤上坤下

右息卦六。　　　　　　　　右消卦六。

凡消息之卦十二，孟康谓京房以消息卦为辟。辟，君也。李锐云："此十二卦，辟之消息。余卦，谓之杂卦。"汉儒皆以此十二卦为消息，虞氏亦同之。

自复至乾为息，复初一阳，至临二阳，至泰三阳，大壮四阳，夬五阳，乾六阳。自姤至坤为消。姤一阴，遁二阴，否三阴，观四阴，剥五阴，坤六阴。乾息则坤消，乾消则坤息，易为乾道，故消息皆主乎乾也。此于六日七分，为十二月辟卦。

复	十一月	姤	五月
临	十二月	遁	六月
泰	正月	否	七月
大壮	二月	观	八月
夬	三月	剥	九月
乾	四月	坤	十月

荀氏明阳升阴降之义,见称虞氏。仲翔称颍川荀谞号为知《易》,且谓马融有俊才,解释复不及之。兹附著于此。《乾·文言》云:"乾升于坤曰云行,坤降于乾曰雨施。乾坤二卦,成两既济。离下坎上,☲☵其卦名既济。阴阳和均,而得其正。"又云:"坤五之乾二为离,乾二之坤五为坎。"《坤·文言》注云:"乾二居坤五为含,坤五居乾二为宏,坤初居乾四为光,乾四居坤初为大。"《系》注云:"阳成位乎五,五为上中。五爻之位,上卦之中也。阴成位于二,二为下中。二爻之位,下卦之中也。故《易》成位乎其中。"又云:"阴升之阳则成天之文也。阳降之阴则成地之文也。幽,谓否卦,☷坤下乾上,其卦名否。变成未济也。☵坎下离上,其卦名未济。明,谓泰卦☰乾下坤上,其卦名泰。变成既济也。"☲离下坎上,其卦名既济。此乾坤为三百八十四爻之升降,由泰而既济,由否而未济,为阴阳之大限。通六十四卦为运行。故既济注云:"天地既交,阳升阴降。"未济注云:"虽刚柔相应,而不以正,由未能济。明既未济,为升降之用也。"乾注云:"乾六爻皆君。"二当升坤五,四上跃居五,或下居坤初。上当下之坤三,以乾爻君坤。谓乾六爻,为六十四卦之君。乾坤二卦,成两既济。其义如此。乃爻升之例,非主一卦而言。节张惠言《易荀氏九家义》。

五、虞氏旁通

师☷	坎下坤上	与同人旁通	谦☷	艮下坤上	与履旁通
小畜☴	乾下巽上	与豫旁通	豫☳	坤下震上	与小畜旁通

比	坤下坎上	与大有旁通	蛊	巽下艮上	与随旁通
履	兑下乾上	与谦旁通	临	兑下坤上	与遁旁通
同人	离下乾上	与师旁通	离	离下离上	与坎旁通
大有	乾下离上	与比旁通	恒	巽下震上	与益旁通
剥	坤下艮上	与夬旁通	夬	乾下兑上	与剥旁通
复	震下坤上	与姤旁通	姤	巽下乾上	与复旁通
大畜	乾下艮上	与萃旁通	革	离下兑上	与蒙旁通
颐	震下艮上	与大过旁通	鼎	巽下离上	与屯旁通
坎	坎下坎上	与离旁通			

乾二五之坤成坎，坤二五之乾成离。坎离者，旁通之本也。虞氏于师、比、谦、豫、小畜、履、同人、大有八卦，皆以乾之坤、坤之乾而成，皆有坎离象，师内体坎，比外体坎，同人内体离，大有外体离。谦二至四，豫三至五，有坎象。小畜三至五，履二至四，有离象。离注云："乾二五之坤成坎，体师象，师即坎也。"比注云："师二上之五，比自师来，即坎来也。"小畜注云："需 乾下坎上，其卦名需。上变为巽， 巽下巽上，其卦名巽。巽本坎也。"履注云："谓变讼 坎下乾上，其卦名讼。初为兑也。 兑下兑上，其卦名兑。兑本坎也。"此八卦皆有坎离象，则皆与坎离同义。合六十四卦论之，十二消息，乾坤消息也。六十四卦，乾坤往来也。坎、离及师、比，至大有八卦，皆乾之坤，坤之乾也。极而言之，六十四卦皆乾坤也。乾流坤形，坤成乾性，乾足以统坤，以是知六十四卦皆乾也。故曰乾为《易》。其非坎、离及师、比等八卦，亦有云旁通者。复、姤、夬、剥四卦，以一阳五阴，一阴五阳之卦，皆相与为旁通。故此四卦，与之同义。革、鼎二卦，以坎初至五体蒙。 坎下艮上，其卦名蒙。二至上体屯。 震下坎上，其卦名屯。离初至五体革，二至上体鼎。离旁通坎，故革鼎旁通蒙屯也。颐卦以大过体复一爻，潜龙之德。大过 巽下兑上，其卦名大过。初至五体姤。震阳入伏巽阴下，所谓龙蛇之蛰也。

268

颐初至五体复,颐一爻,即复一爻。复旁通姤,故颐旁通大过也。小畜以豫四至坤初为复,复小,故名小畜。萃䷬坤下兑上,其卦名萃。五之复二成临,临者大也,故名大畜。小畜旁通豫,故大畜旁通萃也。临卦则以经八月有吉,周八月,夏之六月。于消息为遁,故旁通遁也。蛊、恒二卦,以终变成随益,䷐震下兑上,其卦名随。䷩震下巽上,其卦名益。故旁通随益也。六十四卦,虞氏注言旁通者二十一。皆有义例可寻,余卦或无取乎旁通,故虞注不及之欤? 节李锐《易虞氏略例》。

六、京氏《八宫卦次图》

						游魂	归魂
乾	姤	遁	否	观	剥	晋	大有
上世 不变	一世	二世	三世	四世	五世	用离	
震	豫	解	恒	升	井	大过	随
						用兑	
坎	节	屯	既济	革	丰	明夷	师
						用坤	
艮	贲	大畜	损	睽	履	中孚	渐
						用巽	
坤	复	临	泰	大壮	夬	需	比
						用坎	
巽	小畜	家人	益	无妄	噬嗑	颐	蛊
						用艮	
离	旅	鼎	未济	蒙	涣	讼	同人
						用乾	
兑	困	萃	咸	蹇	谦	小过	归妹
						用震	

一乾宫

上世	五世	四世	三世变否	二世	一世
不变	变剥	变观	下体成坤	变遁	变姤

张行成曰:"若上九变,遂成纯坤,无复乾性矣。乾之世爻,上九不变。九返于四,而成离。则明出地上,阳道复行。故游魂为晋,归魂于大有,则乾体复于下矣。"

二震宫

上世	五世	四世	三世变恒	二世	一世
不变	变井	变升	下体成巽	变解	变豫

三坎宫

上世	五世	四世	三世变既济	二世	一世
不变	变丰	变革	下体成离	变屯	变节

四艮宫

上世	五世	四世	三世变损	二世	一世
不变	变履	变暌	下体成兑	变大畜	变贲

五坤宫

上世	五世	四世变	三世变泰	二世	一世
不变	变夬	大壮	下体成乾	变临	变复

张行成曰:"若上六变,遂成纯乾,无复坤性矣。坤之世爻,上六不变。六返于四,而成坎。则云上于天,阴道复行。故游魂之卦为需。归魂于比,则坤体复于下矣。"

六巽宫

上世	五世变	四世变	三世变益	二世变	一世变
不变	噬嗑	无妄	下体成震	家人	小畜

七离宫

上世	五世	四世	三世变未济	二世	一世
不变	变涣	变蒙	下体成坎	变鼎	变旅

八兑宫

上世	五世	四世	三世变咸	二世	一世
不变	变谦	变蹇	下体成艮	变萃	变困

张行成曰："阴阳相为用。用九以六，故乾之用在离。用六以九，故坤之用在坎。《参同契》曰：'易谓日月。'《说文》云："秘书，日月为易。"日月合为古文易字也。坎离者，乾坤之妙用。二用无爻位，周流行六虚。是乾坤互变，坎离不动，当游魂为变之际，各能还其本体也。"惠氏注："经云：'乾道变化，各正性命。'性命者，坎离也。言乾坤互变，坎离不动，故云各正。坎为性，离为命。"又云："凡八卦游魂之变，乾坤用坎离，坎离用乾坤，震艮用巽兑，巽兑用震艮，皆为阴阳互用。以至六十四卦，若上爻不变，则皆然。是故诸卦祖于乾坤，皆有乾坤之性也。其正以坎离为用者，惟乾坤为然，坎离肖乾坤，故用乾坤。"

右引《易汉学》。

每卦有六爻，初爻为一世，二爻为二世，乃至上爻为上世。其一至五世皆变，而上世不许变者。因上世变，即是六爻变尽。则乾返成坤，坤反成乾。坎离以下，准知。如此，则八卦皆不得还其本，而八宫皆乱矣。故五世变而穷，乃以上世不变，而返于四，是为游魂。四在外卦，故曰游魂。如乾之世爻，上九不变。九返于四，而成离。则明出地上，阳道复行，故游魂为晋。又于内卦一世二世三世既变之后，重行变之，而内卦还复其本。如乾宫游魂为晋。晋上离下坤，变之为上离下乾，是为大有。即内卦复还乾体，故曰归魂。张行成云，"归魂于大有，则乾体复于下"是也。兹以乾宫为例，表之如左。余可准知。

271

乾宫

☰ 乾

姤　　　　　　　遁　　　　　　　否

☴ 乾一世　　　　☶ 乾二世　　　　☶ 乾三世
　 变为姤　　　　　 变为遁　　　　　 变为否

观　　　　　　　剥　　　　　　　晋

☴ 乾四世　　　　☶ 乾五世　　　　☲ 乾上世不变而返
　 变为观　　　　　 变为剥　　　　　 于四是为游魂

大有

☲ 内卦复乾体
　 是为归魂

八宫卦次之说，荀爽、陆绩、干宝等皆承用之。如《恒·象》曰："恒，亨，无咎。利贞。久于其道也。"荀爽曰"恒，震世也。巽来乘之。震三世，下体成巽。阴阳会合，故通，无咎"云云。《蛊·象》曰："蛊，元亨，而天下治也。"荀爽曰："蛊者巽也。巽归合震，巽三世至游魂，皆震也。故元亨也。蛊者事也，备物致用，故天下治也。"京房乾《传》曰："精粹气纯，是为游魂。"陆绩曰："为阴极剥尽，阳道不可尽灭，故返阳道。道具云阳道。不复本位，为游魂，例八卦。"干宝《易·蒙卦》注曰："蒙者，离宫阴也。"此皆用八宫世变之说，余不胜引。

七、郑氏爻辰及互体

郑玄注《易》，以爻辰为说，其书久佚，学者或未知何谓爻辰。自王应麟集郑注后，姚士麟、惠栋摭采尤多。栋作《十二月爻辰图》，及《爻辰所值二十八宿图》，见《易汉学》。于是学者可一览而知。陈寿熊曰："郑氏求象，多用爻辰。虽亦玩占者所不可废，而以爻配辰，又就辰而求其星象肖属，于《易》之本义，殆不无隔越矣。故其于诸经，皆不愧为博通，独于《易》，未可谓之精诣。"《读易汉学私记》。然议爻辰者，不自寿熊始。自晚明王船山迄清焦循,皆攻之甚力。独何秋涛作《周易爻辰申郑》,义虽为高密解围,而实无关《大易》本旨。

王应麟曰:"康成学费氏《易》为注九卷,多论互体。以互体求《易》,左氏以来有之。凡卦爻二至四,三至五,两体交互,各成一卦。是谓一卦含四卦。《系辞》谓之中爻。所谓'八卦相荡','六爻相杂,唯其时物','杂物撰德'是也。唯乾坤无互体,盖纯乎阳,纯乎阴也。余六子之卦,皆有互体。坎之六画,其互体含艮震。☵坎二至四,震卦也。三至五,艮卦也。而艮震之互体亦含坎。离之六画,其互体含兑巽。☲离二至四,巽卦也。三至五,兑卦也。而兑巽之互体亦含离。三阳卦之互体自相含,三阴卦之互体亦自相含也。王弼尚名理,讥互体。然注睽六二曰,'始虽受困,终获刚助',睽自初至五成困,兑上坎下,其卦名困。睽下卦则兑也。其三至五,则坎也。虽坎上兑下,若覆之,以兑为上,坎为下,即成困卦。此用互体也。弼注比六四之类,或用康成之说。钟会著论力排互体,而荀𫖮难之。"余谓互体说见《系辞》,康成确然有据,义不容遮。

上来略举汉《易》概要,将令初学得识汉学面目。汉诸《易》家之说,不外采术数家占验遗法,而加以推演。以附会孔子之《易》。其于孔子本旨,殊少会心。清人治《易》,确守汉学。虽有稽古之绩,而宣尼穷神知化之妙,广大悉备之蕴,穷极化源,究尽物则。博观万事万变,而得其理。以会归于无待之极。故《系传》称《易》之为书,广大悉备,诚穷于赞叹也。乃愈晦而不可明,岂不惜哉?

清儒治汉《易》而不欲蹈术数家之术,思就经文别有创发者,焦循其人也。焦氏之《易》,穿凿至纤巧,学者号为难读。然如以耐心临之,耐者,谓心力堪任繁碎故。取《通释》及《章句》与《易图略》,往复数番,识其途径,握其端绪,则脉络分明,却甚易简。但在习浑沌而拙解析,此是一种人。尚超悟而厌琐碎者,此又是一种人。恐阅之未肯终卷。故焦氏之书,求知音于后世,殊非易事。初学治焦氏《易》,须先究汉儒之卦,与旁通、升降诸说。之卦本诸《象传》，荀慈明、虞翻等皆用之，而其说皆不能画一。焦循论卦变上下篇，驳荀、虞甚详。而其结论曰："凡传称外内、刚柔、往来、上下，皆指旁通。以为卦变，非也。以为反对，亦非也。或举而悉归之乾坤，益泛而不可通矣。然而卦变之说，何所来乎？曰亦有之。乾二之坤五为比，谓比之来，由乾二之坤五可也。然离五之坎二，亦为比。师二之五，亦为比也。坎三之离上为丰。谓丰之来，由坎三之离上可也。然巽上之震三亦为丰。噬嗑上之三，亦为丰也。辞也者，各指其所之，所之或当位或失道而辞则指其所之以明之，谓此卦之吉，由某卦之所之如此。此卦之凶，由某卦之所之如此。此卦之悔吝，由某卦之所之失道而能变通如此。随举其所之以为辞，谓之之卦可也。谓卦由某卦而生，不可也。故谓噬嗑上之三为丰可也，谓泰二之四为丰，则不可也。谓旅初之四为贲可也，谓否三之五为旅，则不可也。谓晋上之三为小过可也，谓观四之五为晋，不可也。谓讼四之初为中孚可也，谓遁三之二为讼，不可也。盖汉魏之时，孔门说《易》之遗，尚有影响，而荀、虞不求其端，不讯其末，不知各指所之之义，而以为卦爻可随意推移，遂成千古谬说之所由来。余既为当位失道等图，以明其所之之吉凶悔吝，此即荀、虞之卦之说之所本。去其伪，存其真。惜不能起荀、虞而告之耳。"又曰："《易》重旁通，乃卦之序，不以旁通，而以反对。用反对者，正所以用旁通也。无反对，即用旁通为序。见反对有穷，而旁通不穷也。中略。一阴一阳之谓道，反对之卦，不能一阴一阳，即不能合于道。故必旁通以为道焉。中略。卦之有旁通，如人之有夫妇也。序以反对，而辞则指其所之。所之者，旁通也。且《易》之为书也，参伍错综，引申触类，其辞每以比例互明。反对于旁通，亦比例互明者也。屯旁通鼎，革旁通蒙。屯犹革也，鼎独蒙也。故屯蒙与鼎革，互为比例。丰旁通涣，节旁通旅。丰犹节也，旅犹涣也。故丰旅与节涣，互为比例。反对旁通，四卦交互如九数之维乘，《序卦》

一传,全明乎变通往来之义。而《杂卦传》,前用反对。自大过以下顿破之,而明之以君子道长,小人道消。所以示反对之序,必散而旁通,以合消长之道也。不特此也,离四之坎初成节贲。犹离上之坎三成丰井,贲旁通困,丰旁通涣。经于困初六,称三岁不觌,明贲上之困三。于丰上六,称三岁不觌,明涣初之丰四。丰可例贲,则例节可知矣,困可例涣,则例噬嗑可知矣。屯旁通鼎,犹蹇旁通睽。经于屯六二,言匪寇婚媾,明蹇通睽,而睽成泰。屯可例蹇,则例革可知矣。睽可例鼎,则例解可知矣。小畜二之豫五,而后上之豫三,为中孚二之小过五,而后中孚上之三之比例。经于小畜象,称密云不雨,自我西郊,为中孚成既济之例。于小过六五,称密云不雨,自我西郊,为豫成咸之比例。小畜可例中孚,则例谦可知矣。豫可例小过,则例履可知矣。小畜上之豫三,即小过也。履四之谦初,即中孚也。凡此经文,互相比例,明白显然,于是传之赞经,亦每以互明之。家人旁通解,犹革旁通蒙。传于家人六二云,顺以巽也。于蒙六五云,巽以顺也。一以家人例革,则例蹇可知矣。一以蒙例解,则例鼎可知矣。井旁通噬嗑,犹谦旁通履。传于井上六云,元吉在上。于履上九亦云,元吉在上。一以井例谦,则例贲可知矣。一以履例噬嗑,则例豫可知矣。然则以反对为序者,示人以比例之端也。"详原序。又曰:"《史记·孔子世家》,称孔子读《易》,韦编三绝。非不能解也,正是解得其参伍错综之故。读至此卦此爻,知其与彼卦彼爻相比例。遂检彼以审之,由此及彼。又由彼及彼千脉万络,一气贯通。前后互推,端委悉见,所以韦编至于三绝。即此韦编三绝一语,可悟易辞之参伍错综。孔子读《易》如此,后人学《易》,无不当如此。非如此,不足以知《易》也。"《易图略》。又曰:"余既明九章,又得闻洞渊九宫奥义。读《测圆海镜》卷首识别一册,而其所谓正负寄左,如积相消者,精微全在于此。极奇零隐曲之数一比例之,无弗显豁可见。因悟圣人作《易》,所倚之数,正与此同。夫九数之要,不外齐同比例。以此之盈，补彼之朒，数之齐同如是，《易》之齐同亦如是。以此推之得此数，以彼推之亦得此数。数之比例如是，《易》之比例亦如是。说《易》者执于一卦一爻，是知五雀之俱重，六燕之俱轻，而不知一燕一雀，交而适平。又不知两行交易，遍乘而取之。宜乎左支右绌，莫能通其义也。余既悟得旁通之旨，又悟得比例之法。用以求经，用以求传，焦氏据西汉以后之臆说，以文王、周公之卦辞、爻辞为经，孔子《十翼》为传。其实爻辞及《象》《彖》《文言》《系辞传》等，皆孔子作，皆经也。而经传之微言奥义，乃可得而窥其万一。"详《易图略》。综前所述，而焦循治《易》方法与其书之大旨，已可概见。焦氏承汉人之卦之说，而异其运用，本荀、虞旁通与升降之意，而兼用比例之法，以观其会通。要归于变通趣时，焦氏《易图略·叙目》云："升降之妙，出于旁通。变化之道，出于时行。"又曰："《传》云，'变通者，趣时者也'，能变通即为时行。"此其旨要也。然焦氏之书，贯穿六十四卦，三百八十四爻，而以旁通、相错、时行及比例，以说明之。《易图略·叙目》云："余学《易》所悟得者有三：一曰旁通，二曰相错，三曰时行。"时行者，言其变通也。其于全《易》，盖无一辞一字，不参伍错综之以求其通者。以为《易》之辞，皆"文在于此，而意通乎彼。如人之络与经连贯，互相纠结，针一穴而府藏皆灵"。详《原翼》。其所得固在是，而短亦见焉。焦氏以比例求卦爻，焦云"读此卦此爻，知其与彼卦彼爻相比例，遂检彼以审之。由此及彼，又由彼及彼，千脉万络，一气贯通"云云。以参伍错综，触类引申，求《易》之辞，而其智亦止于此。其于圣人画外之意，或言外之旨，固不见其有所超悟。《易》之为书，广大悉备。其所以范围天地之化而不过，曲成万物而不遗者，正以设卦观象，虽设言诠，而毕竟不落言诠。以方便显示神无方易无体之妙。无方，谓无方所。无体，言无形体。焦循于此，全无触悟。故其言变通，总不外穷则变云云。此虽本之《系传》，然《系传》此处，乃专就人群事势得失言之，人情怙其故常而不知变，则必穷。故须法天道，以善变也。天道元是变动不居，无一息而守故。参看《新唯识论》。善为《易》者，当深达此旨。夫子于乾之象，首明乾元。又曰乾道变化。坤之元，即乾元也。坤亦乾之变化也，非坤别于乾而自为本也。变化者，乾之行健不息也。《系传》言变动不居，以此见乾元之为行健而无息也。三百八十四爻所发挥者，皆示人以乾元之变动不居。其变也，至赜而不可乱，至动而贞于一。故曰六爻发挥，旁通情也。宇宙万有，一入一切，随举一物而言，即此一物，遍通于一切物，而非孤存。一切入一。一切物，都与此一物相涵相容，互不相离，而通为一体。旁通之情，于此可见。然物之相为旁通，至赜而不可乱者，则以万有之原于一故也。王辅嗣《易略例》有云："物无妄然，必由其理。然者，犹言如此。物之如此，非虚妄所致，必由其理。理者，即下云宗也，元也。统之有宗，会之有元。故繁而不乱，众而不惑。故六爻相错，可举一以明也。邢璹注："六爻或阴或阳，错杂交乱，举贞一之主，以明其用。"刚柔相乘，可立主以定也。"邢云："六爻有刚有柔，有逆有顺，可立主以定之。"辅嗣此言，洞明真极。真极有二义：一至真之极，曰真极。二即真即极，曰真极。不悟贞一之主，贞一之主，即上云宗也，元也，但非如宗教家所云上帝。而言变动，则将为盲目之冲动乎？是造化如机械也。不悟贞一之主而言旁通，则仅知万有之互相涉入而已，犹未逮知万有之原于一也。一者，为有之本体也。焦循固不识乾元。其《易通释》有曰："元之义为始，自乾六爻，依其序推之，初三五已定，所动而行者，二四上也。乾二之坤五为始，乾四之坤初应之，乾上之坤三亦应之。中略。诸卦之生生，始于乾二之坤五，故乾元为资始。中略。凡六十四卦之生生，皆从八卦而起。而八卦之生生，则从二五而起。初四三上未行，而二五先行，乃谓之元。"据此，则焦循徒以之卦义，与旁通义释元。即以二五先行，乃谓之元，是袭荀、虞之肤表，而昧其原也。《九家易》释乾元曰：《九家易》，以荀爽为主。"元者，气之始也。"元为气之始，而非即是气。则言其为万有之本体也。元本冲漠无朕，而显为气，即成万有。虞翻释《系传》"天下之动，贞夫一也"云："一，谓乾元。"此亦以乾元为万化之源，与《九家易》同旨。荀、虞言乾元，俱未失孔子意。盖田何与费氏之传，于此大本处，不容有误也。虞《易》本孟氏，田何之传也。荀《易》本费氏。独惜荀、虞于此，无所发挥耳。焦循取荀、虞之卦，与旁通诸义，而不谈本体，只以二五先行，谓之元。不以本体释元，故是不谈本体。此所以但袭肤表也。总之，焦循之《易》，拘拘于卦与卦、爻与爻之比例。全书字字，求其勾通缝合。穿凿虽工，而超悟却太缺。又只详人事，焦氏《当位失道图说》有云"六十四卦，本诸乾、坤、坎、离、震、巽、艮、兑之八卦，而八卦之生生，不外元亨利贞四字。而所以元亨利贞，则穷则变，变则通，通则久，九字尽之。括以一言，则谓之易而已矣"云云。焦氏言变通，实只就人事言，而暗于天道。乾之《象》曰："天行健。"屯之《象》曰："雷雨之动满盈。"《系传》曰："变动不居。"夫天道无待，备万理，涵万化，至圆满而无所亏欠，故其变动也，恒无留滞，而新新不住，生生不息。孔子发明天道，可谓至矣。焦循只穿凿以求卦与卦爻与爻之比例，而短于超悟，暗于天道，此可惜也。天者，人生所资始也。不知天，而能真知人乎？夫穷则变云云者，言乎人群事势也。天道其有穷乎？谓焦氏能耐繁琐则可，若云知《易》，吾何敢许焉？焦氏若生近世，或宜治数理哲学。

焦氏谓卦气纳甲等说，皆《易》之外道。此说固是，而犹欠分别。余以为伏羲画卦，当初或因观测日月与气象而有悟。纳甲法，本之观测日月。《系辞传》，羲皇仰观于天，是其证。世儒谓虞翻得之道家，非也。道家亦自得之古《易》家。卦气则因观察气象之变，而妄臆灾异。太古时之科学思想，与迷信相夹杂，自所难免。羲皇以后，诸术数家皆承其遗法。至孔子赞《易》，乃置术数不道，而独发挥其哲学思想，遂为诸子百家之祖。孟子称孔子为生民以来所未有，盖有以也。《易》自孔子赞修后，卦气纳甲诸说，自不得不黜为外道。然由《易》之历史言之，则纳甲卦气等法，当远肇羲皇，而为八卦之所自出。言八卦，即谓六十四。决非术数家所依托也。商瞿传《易》，必非仅传孔子之说。而《易》之原始思想，为诸术数家所承者，商瞿亦必博采而并传之。此意已见前文，可覆玩。扬雄作《太玄》拟《易》，其根底亦在卦气。可知卦气之传甚古，故雄亦依之为《玄》，以拟《易》也。

宋儒图书，亦古代术数之遗。清人多攻之甚力。然周子之学，要不当与康节并论。《太极图说》虽未尽精微，自朱子为之注，乃多所发挥，根极理要。王船山于动极而静，静极复动之说，亦不谓然，且攻五行说之谬。然于图说大旨，仍推尊甚至。横渠《正蒙》为船山《易传》之所本。而船山宏阔，非《正蒙》比。宋学自此一变矣。见第二讲。伊川《易传》，两宋以来学者宗之。清儒攻宋，无所不至，独于伊川《易》，犹多遵守。戴东原治三礼，宗康成，而《易》独尊《程传》。段玉裁《戴东原年谱》有云：先生言《周易》，当读程子《易传》。唯船山议伊川详于人事，而犹未足语于穷神知化。斯可谓知言已。朱《汉上易》，颇有规模。余亦各有所见，此姑不及。大抵宋儒为学，贵创获，而不以墨守传注为贤，务实践，而亟以驰逞虚玄为戒。故其治《易》也，一方面超脱汉师，一方面排斥辅嗣，其精神气魄，不可不谓之伟大。然体认之功虽切，而思辨之用未宏，此亦宋儒所以自画也。此处吃紧。唯其言皆根于践履，虽复不无拘碍，要其大较，归本穷理尽性至命之旨，而体天地神化之妙于人生日用之中，则孔门嫡嗣无疑也。清世《易》家，独胡煦犹承宋学一脉。其《周易函书》，颇有新义。足以羽翼前贤，胡煦《易说》，与法人柏格森之哲学，颇有相通者，兹不暇论。治《易》者不可不究心于其书也。胡氏《易》，《清经解》不收，世罕知其人与书。焦循《易通释》，曾两引其说，皆无关弘旨。清末，章太炎、梁任公时称说清儒，而皆不知有胡煦其人也。民国以来，牟生宗三，肄业北庠，作文表章之，始渐为人所注意。然胡氏书，唯《图说》可玩。《易注》《中庸说》，殊无精采。

初学读《易》，且先治《易纬》。纬书当是商瞿后学之传。不可与谶并论。《易》之原始思想，多存于纬。孔子大义，亦有可征于纬者，弥足珍贵。古说散亡，尚赖有此耳。近者国文编译馆，拟选定《十三经新疏》印行之，于《易》则取李氏《周易集解纂疏》，吾殊不谓然。《集解》但采众说，殊无根底。《纂疏》固有功《集解》，然不妨供涉猎耳。董氏《周易会通》，虽纂辑之业，而宗主程朱，以众说相互发明，不无可取。总之，《十三经新疏》，欲于汉宋，择善而从，殊难其选。不如任学者旁收博览，自求心得。毋取效帝制之世，由在位者妄立标准也。

《易》之源流，略述如上。若其大义，当依据孔子之辞以求之。卦辞、爻辞及《象》《彖》《文言》《说卦》等，皆孔子作《系辞传》亦孔子口义流传，已说如前。吾平生之学，穷探大乘，而通之于《易》。尊生而不可溺寂，（**附说一**）彰有而不可耽空，（**附说二**）健动而不可颓废，（**附说三**）率性而无事绝欲，（**附说四**）此《新唯识论》所以有作，而实根柢《大易》以出也。上来所述，尊生、彰有、健动、率性，此四义者，于中西哲学思想，无不包通，非独矫佛氏之偏失而已。王船山《易外传》颇得此旨。然其言散见，学者或不知综其纲要。魏晋人祖尚虚无，承柱下之流风，变而益厉。老庄不言刚健，而言虚静。魏晋人不善学之，竟成颓废。故是变本加厉。遂以导入佛法。后汉魏晋间，凡努力吸收印度佛教思想者，皆深于老庄者也。宋儒受佛氏禅宗影响，守静之意深。而健动之力，似疏于培养。寡欲之功密，而致用之道，终有所未宏。《易》戒非几之萌，即不主纵欲。然言智周万物，言备物致用，言开物成务，则后儒所不省。二千年来，《易》之大义，湮绝已久，晚明王船山作《易外传》，欲振其绪，然于体用之义未融，此中却有千言万语道不得，学者若于《新论》，肯下一番功，方识吾意。情性之分莫究，（**附说五**）天人之故，犹未昭晰。羽翼《大易》，疑于弗备。《新论》之作，庶几船山之志耳。

　　附说一：《易》曰生生之谓易。故易道，尊生也。吾人顺其生生之本然，而无使私欲得乘之，则虽动应万变，而未尝不寂也。周子《太极图说》，以主静立人极。而自注曰："无欲故静。"明此静，乃邪欲不作，而动静合一之谓，非屏动以求静也。故儒学亦主归寂，但决不溺寂。

附说二： 宇宙间，万变不穷，万化不测，唯其富有而已，《易》之大有卦，明有者大，若为耽空者戒也。龙树之学，遮有以明空。虽云其密意，但对凡情迷执有实物而遮之。然般若一往遮拨，则其流极不免耽空。故乾坤变化，乃大乘所不言。而空教终有反人生之倾向。

附说三：《易·无妄》之《彖》曰："动而健。"此全《易》主旨也。天道人事，于此得其贯通。佛氏出世之道，以寂静为主。宋以后儒者顿染其风，而误解周子主静之说。不免厌动喜静，故言进修，则难语于有本有末。言治化，则不足以备物致用。进退之节虽严，而胸怀拘隘，气魄薄弱，不能勇往以当改造宇宙之任。盖厌动喜静者，必流于颓废而不自知也。夫动而健者，天之化道也。而人体之以自强，所谓尽人合天是也。

附说四： 生生之本然，健动，而涵万理，备万善，是《易》所谓太极，宇宙之本体也。其在人则曰性。吾人率性而行，则饮食男女，皆有则而不乱。推之一切所欲，莫不当理。如此，则欲即性也，何待绝欲而后复其性乎？夫性者，生生之本然。其存乎吾人者，即《大易》所谓"乾以易知"之知也。阳明子所谓"良知"，吾《新论》所云"性智"也。吾人反己而识自性，凡生心动念处，必皆有所不忍纵、不可乱者，必有不为物役，而恒超然不容瞒昧者，此吾人天然自有之则也。诚能顺此天则，而无违失，则从心所欲，而皆天理流行，故曰欲即性也。凡以绝欲为道者固甚谬。若反对绝欲，而不知性，不务率性之功，则未有不殉欲而丧其生生之本然也。《易》之道，以率性为主，故无事于绝欲。备物致用，大通而无不正，一皆畅其真性，《易》道所以为至也。若夫以人生为迷乱之丛，众苦之聚者，其果有见于生生之本然乎？

  附说五：情与性，不可作二元看去，则以情非别有本故也。然情、性毕竟有分。性是本有，情则后起之妄也。此意须详《新论·功能》《明心》诸章。船山挟一反对阳明之成见，故终不悟性。时而说得近是，时而又成差谬。既不见性矣，而心之发用，何以不即是性，而成乎妄情或私欲，则亦不能知其所以也。余常欲订其得失，而终未有暇。

  《易》道含宏万有，即撮举大义，何止数千。马迁称《春秋》其旨数千，而《易》广大悉备，何止数千之旨乎？姑抉根极，根者，根本。极者，极至。以便学者，识其统纪。

  《系辞传》曰"《易》有太极"，此言《易》之为书，建立太极，是为宇宙本体。太者，赞词。极有二义：曰中，曰至。至者，谓理之极至。即斥指万有本体而目之也。中者，屋栋，此本义也。引申之，曰不偏之谓中。不偏者，谓此极至之理，为万理所会归，万化所自出，是乃绝待而至圆满。非若现实界之事物，彼此各囿于一偏也。故以不偏形容之，太极亦名太易。《乾凿度》云："孔子曰：易者，易也，按此易字，当读为难易之易，谓无烦扰相。变易也，按此易字，与上异，乃变化义也。不易也。按此易字，是变异义。不易犹云不变。谓虽成变化，而其德性，恒不变异也。管三成为道德苞龠。按管，统也。三者，易与变易、不易也。统此三义，而成为道德之苞龠也。本体者，以其在人，则曰性。一切道德，皆自性中流出如苞之含芽，如龠之司要也。

  易者，以言其德也，通情无门，按此情字义宽，犹言心灵也。心灵遍通无碍，而不可诘其所由，故曰无门。门者，由义。藏神无内也。按神者，精神，亦谓心灵。心灵者，无定在而无所不在。故言其通感，则若不知所由。言其藏密，亦复谁为其内。夫无门无内者，是绝待也。是人之真性，即万有之本体也。光明四通，按性体圆明，本无惑障。**效易立节**。按郑康成注："效易者，寂然无为之谓也。"郑氏，立节无解。余以为立节，则无为而无不为矣。节者符节，所以为信也。信者，信实。光明寂然之体，无形而为有形之本，始成万物，是至实无妄之理之昭著也，故曰立节。**天地烂明，日月星辰布设**。按此承上立节而言。万物各得自遂者，皆以太易为其实体故也。易言之，万物皆至实无妄之理之显现也。**虚无、感动**，按亦虚无，亦感动。异乎耽空之学者徒以空寂言本体也。**清净、炤哲**，按郑注："炤，明也。"性体清净炤哲，二德兼备。若只是清净而不炤哲，则是以无明为本体也。今人谈佛法，有偏言性寂，而恶言性觉者。此不独吾《大易》所不许，而亦何可以此言佛法乎？俚俗至有拾其唾余，以破吾《新论》者，是固不足辨。夫不寂之觉，非性觉也。不觉之寂，非性寂也。即觉即寂，即寂即觉，方是性体，非见性者，何可语此。**移物致耀**，按郑注："移，动也。"清净，故动而成物。炤哲，故去惑而致耀也。**至诚、专密**，按真实无妄曰至诚，纯一不杂曰专密。**不烦不挠，淡泊不失**。不烦不挠、淡泊不失，形容其至寂也，寂则炤明。**此其易也**。按此段释易义，正显本体具有虚无感动、清净炤哲诸德。德者，得也。言其所以得为万有之本体者也。

变易者，其气也。（附释）天地不变，不能通气。按天地虽大，而常在变化中也。如诸天与地球皆为坚固不变之物，则世界何堪设想。变即气化流通，不变则死物耳。气化流通者，谓大用流行，无滞碍故。**五行迭终**，按古者分析自然界之物，以金木水火土，谓之五行。五行迭终，无有一物能守其故而不变者。**四时更废**。按准上可知。**君臣取象，变节相和**，按古者臣民听命于君，若为节制之一定而不可易者。及民主之义倡，则专制之害去，而天下以安，是变节相和也。易道，范围天地之化而不过，于此可见。**能消者息**，按消者，灭义。息者，生义。灭故乃生新也。**必专者败**。验之人事，专怙其已成，而不知变，终未有不败者。**此其变易也**。

　　附释：凡《易》言阴阳二气之气，与后儒言理气之气，皆当为作用之名。吾于《新论》已言之。汉人于此气字，似均无明了之观念。夫本体清净炤晢，虽无形质，而非无作用。作用者，言乎本体之流行也。言乎本体之显现也。其流行，其显现，只有猛烈势用，而无实质。故以气形容之。若常途所云气质之气，与四时寒暑之气等气字，则已是斥指现实界之物事而名之。岂可以言《易》乎？惜乎汉儒释经，未深究也。

不易者，其位也。天在上，地在下；君南面，臣北面；父坐，子伏。此其不易也。

　　附释：按郑玄作《易赞》及《易论》云"易一名而含三义。易简，一也。变易，二也。不易，三也"云云，即依此义。然此不易义，郑玄以来皆不得其旨。夫易者，象也。象者，假彼以明此也。不易之义，盖谓本体之流行，虽现作万物，变化不居，而其虚无感动、清净炤晢，与不烦不挠、淡泊不失诸德，实恒自尔，无有变异。譬如水，可成冰，亦可化汽，此其变易也。而其湿润诸德，终不改易，是谓不易。《纬》言"不易者其位"云云，盖以位之不易，象本体之成变化，而恒不改易其德也。夫天上地下，君南面、臣北面，父坐、子伏，古人皆以此为定位不易。今欲明本体之有常德而不可变易也，故取象于定位以明之。所谓假彼以明此也。取象于位，而意不在说位。犹乾之取象于龙，而意不在说龙。特因人皆以龙为善变化之物，故象之，以明乾道变化耳。而惑者拘执于龙之象，不复求象外之意。岂不惜哉？郑玄等徒以天地定位，不可相易，明不易之义。而不能忘象以会意，此所以暗于大道也。惜不能起康成于地下而与之论《易》耳。

故易者，天地之道也。按此易字，即谓太易。道者，本体之名。盖言太易为

读经示要卷三

天地万物之本体也。**乾坤之德**。按乾坤变化，本于常德也。常德即太易。**万物之宝**。按万物自常德而生，宝莫大焉。**至哉易一元以为元纪。**"按此立太易以为一元也。康成注云："天地之元，万物所纪。"

　　详此所云与孔子《系辞》《彖》《象》《文言》之旨，互相发明，可见纬书确为商瞿后学传授。郑玄既为之注，又依此义，以作《易赞》及《易论》。《汉》以来言易者皆宗之。六十四卦之宗要，盖在乎此。夫纬以三义言本体，其一曰，易者，言其德也。其三云不易，即谓其德性恒常，而不可易耳。周简子云："不易者，常体之名。"常体者，正以其德常也。其二云变易，则以本体备万德，涵众理，故显为大用流行。譬如大海水，显为众沤。大海水，喻本体。众沤，喻大用或变易。**现似万物**，现似二字，吃紧。万物无实自体，只依大用流行而为之名耳。**变动不居，故谓之变易也**。详《纬》之三义，实以不易与变易二义，最为重要。由体成用，是不易而变易。如大海水，全成众沤。即用识体，是于变易而见不易。如于众沤，而识其即是大海水。至哉斯义，哲学之洪宗也。古今谈本体者，或析变易与不易而二之，如佛家即有此失。或以为不易之体，超越于变易世界之上，如有神论者，即堕此过。或以为潜隐于变易世界之后，哲学家误作此计者亦不少。或即承认变易世界为实在，而否认本体。譬如童竖观海，只知众沤为实在，不知有大海水。其实众沤无体，其体即是大海水。而童竖之智不及知之也。余穷玄累年，深觉东西哲学家言，于此一大根本问题，都无正解。常旷怀孤往，豁然有悟。以为体用不二，确尔无疑。遂求征于《大易》，而得纬文。乃知即不易即变易，即变易即不易。古圣已先获我心，非余小子独得之秘也。《新论》由是作焉。

　　《乾凿度》曰："夫有形生于无形，乾坤安从生？伪《列子·天瑞》引此，作"天地安从生"。故曰有太易，有太初，有太始，有太素也。太易者，未见气也。

附释一：郑玄云："以其寂然无物，故名之为太易。"张湛《天瑞》注谓"如《易·系》之太极，老氏之浑成也"。按太易即太极之异名，非如之而已。未见气者，盖太易一名，乃剋指本体而目之，则只言其冲寂而已。至其显为作用，于此不涉及之，故曰未见气也。此处须善会。若以太易为一层级，太初以下，又各各为一层级。而谓在太易层级之中，无气之可见，如此作解，便成极大迷妄。夫气者，作用之名，前已言之。若离作用，而别求冲寂之太易，太易又何在乎？

太初者，气之始也。

附释二：郑玄曰："元气之所本始。太易既自寂然无物矣，焉能生此太初哉？则太初者，亦忽然而自生。"按太易冲寂，而非无作用也。作用盛大，但非如实物然，故以气名之。气者，气势，谓其势用盛也。

太始者，形之始也。

附释三：按形者，形象。作用盛大，即动势迅疾，而形象昭著，自不容已，故继此而言太素也。太素者，质之始也。

附释四：按太素，犹今云元子、电子也。动势猛疾而有形见，则必凝成无量数之波动，如微粒状者，是名太素。无量太素，各成联系，遂有天地万物可言。

气形质具，而未相离。

附释五：按气形质，不可作三层级看。若妄分之，则是先有气，次有形，又次成质也。须知，全宇宙只是气。易言之，只是太易显为盛大之作用。譬如大海水，全现作众沤也。亦可云只是流行无息之动势，但以不可执为实物，姑名之为气而已。气势盛大，自然形见。形见故，便似有无量粒状之波动者然，而名为质矣。故形者，气之形也。质者，形之似也。似者，谓似成乎质，而究无实质也。气便形，形便似成质，遂有气形质三者之名。其实，则气而已矣。气之必有形及质与俱。犹旋火轮，与旋转之火相俱也。旋火轮者，如燃香楮生火。猛旋转之，便见火轮。此轮相虽不实，然与旋火相，却同时俱有。气形质具而不相离，亦犹轮相、火相，俱而不离。非气为父而形及质为其子若孙也，故曰气形质不可作三层级看。此中义趣渊微，学者深思而自得之，亦至乐也。

故曰浑沦。

附释六：郑玄曰："虽含此三德，而犹未有分判。老子曰：'有物浑成，先天地生。'"按康成言太易虽含三始，而实无分判。此其超悟，有足多者。世徒以现实界之眼光，而解析宇宙，将谓三者有分。其实，宇宙本体即所谓太易是也。太易虽含三始，即气形质具。而形与质并无实，只浑然一气而已。气亦非离太易而别有自体，只是太易之显现而已。如大海水之现作众沤，众沤无实自体也。然则气形质，都非实物，而太易恒不改其冲寂矣。故于变易而见不易也。夫不易妙体，寂然无物，何可得而分判之乎？

浑沦者，言万物相浑成而未相离。

附释七：郑玄云："万物莫不资气形质三者也。"按离气形质，则无所谓万物。而形者，气之形。质者，形之似。形质皆非离气而别有物也。气者，太易之显现，则气又非离太易而别有物也。然则因气形质具，而假名万物。即万物元无实自体，而同以太易为其本体也，故曰万物相浑成而未相离，为其同体故耳。

视之不见，听之不闻，循之不得，故曰易也。易无形畔。"

附释八：郑玄曰："此明太易无形之时，虚豁寂寞，不可以视听寻。《系辞》曰'易无体'，此之谓也。"按郑氏"太易无形之时"云云，一时字，下得太谬。何者为太易无形时，何者为太易有形时耶？郑氏毕竟不悟太易，故有此妄计。若真证解太易，则于万象森罗，而实证冲寞无朕，孰谓有太易无形之时欤？夫不可以视听寻者，非离视听之地而别存也。郑玄欲求之于无形之时，亦大谬矣。

详此言太易含三始，三始，气形质也。以说明《易经》之宇宙论。宇宙论一词，从狭义言，只约现象界。从广义言，则通现象与本体，此中取广义也。义极深广，辞极简要。此必夫子口义流传，而商瞿后学记之也。郑玄注《易》复注《易纬》，殆以其传授有自欤？

或有问曰："先生云太易即太极之别名，窃恐未然。太极，元气之目。而太易，未见气也。"虞翻《易》注曰："太极，太一也。"《礼记·礼运》曰"夫礼，必本于太一"云云。《正义》曰："太一者，谓天地未分，混沌之元气也。"盖自汉人多以气言太极，而未深究其旨，后来多沿其误。答曰：否，否。夫言太易未见气者，盖恐人只认取气为太易，而不知气之本体乃名太易。故说太易未见气，欲令人悟气不即是太易耳。其实，离气不可得太易。譬如离众沤，不可得大海水。若于气而透悟其本体者，本体谓太易。则于气，而直谓之太易，亦无不可。此乃即用见体之说也。谓即于作用发现，而直悟此乃其本体呈显。譬如于众沤，不执为众沤相，而直见其是大海水。体用不可分，譬如大海水与众沤不可分，而又不得无分。譬如剋就众沤言，沤相条然各别，故当见为沤相之时，即不见是大海水，而众沤与大海水自有分。若未真了体用义者，而妄以混沌元气名太极，则戏论而已。明儒曹端曰"孔子而后，论太极者皆以气言，此乃大谬"云云。曹氏宗元公晦翁，其学笃实，于本原有悟，故能辨汉儒之谬。总之，太易、太极，皆为本体之名。不可以太极为气，太易为体也。但如真了体用义者，而即用显体，则于气，而目以太极或太易，义亦无妨。唯此非汉儒所及知耳。汉儒之所谓气，其观念极不明确。与吾以作用言气者，绝不同旨。体用之义明，而后汉以来《易》家谈太易与太极者，其得失自见。学者详之《新论》可也。《系辞传》曰："乾坤其《易》之门耶？"言乾、坤二卦，只余六十二卦之所自出，故曰《易》之门也。审此，则乾坤为《易》之纲宗。纲者，纲领。宗者，宗主。纲宗得，而全《易》可识矣。今取乾、坤二卦，《系辞》《彖》《象》，《系辞》，即卦辞爻辞，说见前。略释如下。

《易》六十四卦，每卦，实合两卦而成。如乾卦☰上下皆乾也。下卦三爻皆阳，名乾。上卦亦三爻皆阳，名乾。合上下两卦，六爻皆阳，总名乾卦。然则卦皆六爻何耶？略言其义盖有二：《系辞传》曰："兼三才而两之，故六。六者非他也，三才之道也。"天地人名三才。朱子曰"三画已具三才。下卦三画，已具三才也。重之，故六。重之者，重以上卦也。而以上二爻为天，中二爻为人，下二爻为地。故曰三才之道"，此一义也。《乾凿度》曰："物有始，始者，始生。有壮，壮者，壮盛。有究。究者，究尽，物之终也。故三画而成乾，因而重之，故六画而成卦。"举乾卦，可例其余。详此，盖即《中庸》所云诚者物之始终之义。太极亦名太易。本至诚无妄之理。故《中庸》名之以诚，万物皆以诚为其实体。易言之，即每一物，皆具太极全体。

譬如众沤，皆揽大海水而成。即每一沤，皆具全大海水。故物之有始壮究，乃物之循序以实现其所秉之诚，而不容已也。故曰诚者，物之所以成终而成始也。盖剋就物言，则物资于诚，以始以壮乃至于究。究者终也，终则又始。故三画已成，重之以六。明物由始至终，终又成始，至诚之化，无有已止也。此布爻以六之又一义也。或曰："何不重之至九？"答曰：下卦三画，从始至究，究者，终也。终则又始，故重之至六。故观六爻，已知终则又始，大化无有穷尽。岂可更增，将重为无量爻乎？

☰

乾下乾上，其卦名乾。乾卦六画皆奇，奇者，表乾元无对也。坤☷六画皆偶，偶者，表坤成物，便为相对。太极寂然无形，太极者，宇宙本体之名，亦云太易，已说如前。而其显为作用，（**附说一**）即说万物资始，（**附说二**）故曰乾元。盖言此至神至健之作用，乃为万物所资之以始，故称之曰乾元也。乾元，即太极也。（**附说三**）

附说一：云何名作用？作者，动作，有势能也。用者，势能盛大无有穷竭，是成万有，即名为用。作即是用，故名作用。太极显为作用，如大海水，愿为众沤，众沤，喻用。大海水，喻体。故作用无自体，而太极乃一切作用之本体也。譬如大海水，显为众沤，即众沤无自体，而其体元是大海水也。

附说二：作用者，势能之名耳。势能者，其德至健，而妙不可测，固不妨字之以神也。非科学上所谓能力也。万物资始者，言万物所由始，即资乎作用或势能以始。若离作用或势能，则亦无所谓万物也。

附说三：乾元是用，太极是体，体用不得无分。而云乾元即太极者，以即用显体故，得名太极耳。譬如于众沤，而知其体即是大海水，则直目众沤为大海水可也。用者，作用之省称，他处准知。

或有问曰:"乾元,用也。而由即用即体故,亦名为太极,是义无疑。然乾卦表以六爻,则元极似非浑一之体欤? 元极者,取乾元太极二名,合用为复词。如众阳不可为首,元极既非浑一之体,则是众阳并为元,而无有独立无匹,可为庶物之首者。乾卦六爻之旨似如是,此难者意也。则无对义不成,先生云何?"难意云,多元便非无对。答曰:元极者,超越万物而为其元。此中超越一词,以其为万物本体,故云超越,非谓其超脱于万物之外也。《系辞传》指出易有太极,而《易纬》亦名之为太易,所以明其无对也。无对,云何不为全体? 原其寂然无物,而显为作用,变易万状,变化不穷,现作宇宙万象。则万物繁然,莫非元极。故元极者,乃于一一物,皆见为元极。非可离一切物,而别有造物主,谓之元极也。非可,至此为句。是故即用显体,则六阳俱为元极,可谓多元。乾卦六爻皆阳,六者,多数,即表众阳。六阳者,即于六爻所表事物,而皆见为元极也。随举一爻,即是元极。易言之,随举一物,即是元极。如此,则无有一物而非元极者。故近多元之论也,然多即是一,虽大用繁兴,而本体毕竟是一。故多元即是一元。一不碍多。此所以异乎偏执之论也。参考《新唯识论》。

乾,元、亨、利、贞。

此卦辞也,亦云《系辞》。说见前。《程传》曰,"乾,天也。天者,天之形体。乾者,天之性情"云云。窃有未安。夫乾亦取象于天。亦者,乾之象甚多,不唯有天象,故置亦言。而乾不即是天也。古之言天,本指彼苍而目之,即星体也。天一日一夜,过周一度,其行至健,故乾以之取象。然则乾者果何物欤? 曰:乾,不可以物求之也。乾,非物也。乾之为言健也。其生生不已之势能欤? 生生不已,即是健义。其太易之所为欤? 言此大势能,即太易之显为如此。譬如众沤,即大海水之现作如是。此其运行不息,神化难思,故象之以天,形容其健也。而伊川直以乾为天,则是泥于象,而不求象外之意矣。此不唯伊川之失,而实汉以来相承之误也。

元亨利贞者，乾之四德。德者，得也。言乾之所以得成其为乾也。乾无形，而举其四德以显之。元，始也。言其为万物所资始也。始万物者仁也。非仁，何得为万物之始。故《文言》曰：文言者，孔子作卦辞而自释之也。刘瓛曰，依文而言其理，此曰文言。"元者，善之长也。"夫生生之谓仁，生生者备万理，生生，则不是无条理的。理无穷尽，故曰万。众善自此出，出者，发现义。故是善之长。只是一个仁体，而万善由此发现，故说仁为长。又曰："君子体仁，足以长人。"又曰者，亦文言之言也。前言元者善之长，是克就仁体言。此言君子体仁，则克就吾人分上而言。夫仁体者万物所资始，而以其在人言之，则曰性。以其主乎吾身言之，则曰心。此谓本心。若夫随形骸而有之一切私欲，则是后起，非本心也。体者，保任之也。唯君子能保任其固有之仁体，而会万物为一己。此僧肇语，即孟子万物皆备于我之意。盖见仁体，则无物我可分也。故有长人之义也。长者，君义、主义。我能以物为一体，则足以益物，而为物之主矣。物之于我，亦一体相亲，足以益我，则亦我之主矣。故物各不失其仁体，则能互相益，互为主也。详孔子以乾具元德，直释为仁体。证之《论语》，弟子多问仁。可见孔子学术之本源确在《易》。参考《新论·明心章》。后来宋明诸师，皆一脉相承。虽复吸收禅法，固百变而不离其宗也。宋明儒无一不言仁，而明道《识仁篇》，阳明《大学问》，尤为群儒所宗。罗念庵主归寂，世或以禅议之，然念庵极表章《大学问》，终不失儒学根源。盖儒家谈本体，特着重在生化之方面。而与耽空溺寂之学，毕竟殊途。学者参考吾《新论》中卷《功能章》可也。

亨，通也。亨德，即元德之发现也，非离元而别有亨也。利贞准此。元德，谓仁体也。万物同此仁体，故物莫不互相交遍。交遍者，谓物各同处互遍，而不相碍。譬如张千灯于一室之内，千灯之光，各各遍满于一室，而互不相障。宇宙间一切物事，各各遍满于全宇宙，互不障碍。良由万物同此仁体，故其通畅有如此者。

《文言》以礼属亨，盖礼亦只是性分上有此通畅之德，非从外面矫揉造作也。性分，谓仁体。吾人得此生生不息之仁以有生，即此仁体之在吾人，名为性分。

利，和也。和之为德，亦元德之发现。阴阳以相反而成化。反者，若故为之，所以成其和也。万物同此仁体，本无不相和谐者。而惑者以私智测天化，但知化道之不能无其相反，而不知相反所以成其冲和。则将以大宇为斗争之府，人生堕冲突之场，《易》不可见，而乾坤熄，此之谓矣。

《文言》以义属利。义则无私也，无私即和。然有时严义利之分者，则私利之利，争而违和，非真利也。非真利故，不可谓之义也。

贞，正而固也。正固之德，亦元德之发现。仁体湛寂，无有倒妄，说为正固。倒者颠倒，是迷乱相。妄者虚妄。无倒妄故，说名正固。《文言》云："贞者，事之干。"迷妄则不可以干事。故贞固干事，即谓智也。李鼎祚《集解》可参看。四德以元为首，元谓仁体。《彖》云"大哉乾元"是也。亨、利、贞，皆元也。乾元即仁体。亨利贞，皆仁体之发现，故曰皆元也。若将四德截作四片说去，便是剖析物质之见，只缘不识仁体故耳。仁之为德，生生不已，备万理，含万善，即太极也。以其为万物之本体，故名仁体。亨利贞，乃至万德，只因仁体之发现不一形，而多为之名耳。须知，言四德，即备万德。

乾坤二卦，皆举四德。在他卦，则有具举或否者何耶？《易》以乾为君，君者，主也。坤元，亦乾元也。坤者，乾之所为。故坤之元，即乾元。乾之六爻，皆乾元也，即四德备矣。坤之六爻，其体即乾元，四德备可知。六十二卦，皆本乾坤。凡坤又皆本乾。则六十二卦，莫非乾元所为。即无不备四德。而有具举或否者，则从修为方面而言，故有具举与不具举。其具举者，如屯卦等。屯卦具举乾之四德。此四德，在物为性。屯者，万物资乾元而始生。物生，而资阴以成形。则形有障性之可能，故曰：屯，难也。然物皆具四德以生，则皆可以努力进修，以显其性，而不为形缚。故屯卦，具举元亨利贞也。不具举者，如蒙卦等。蒙卦，明阴盛，而阳犹未离阴之锢，即性未遽显也。蒙不言元，而非无元，但隐而不显耳。乾元者，物之本体，岂可云无。蒙卦，明物之性犹未得遽显。如无机物始成，只是顽然一物质宇宙耳。及植物始生，则生命渐著。即乾元之性若将显，而犹未也。至动物虽有心灵，而心为形役，其性终不克显。此正屯卦所云难也。唯至人类，则阴闭之势将解。即其形已改造，而大脑发达，迥别于动物，故云阴闭之势将解。形属阴也。夫形者，心灵之工具也。工具改进，而心灵乃得利用之以发展，于是而性有全显之可能。然亦仅曰可能已耳。人固常有心为形役之患，而易为鸟兽之归。心为形役，即阳被阴锢，蒙昧之象也。故必愤悱求通，而后可资先知先觉之启迪。以开其蒙，而复其性。此蒙之所以贵亨通，而利贞也。蒙卦不具举四德，非谓其无乾之四德也，但从修为而言，则始于求通，而终以利贞。此其所以举三德而不言元也。

乾之四德，自乾卦而外，或具举，或不具举，各有深意，须分别求之。大底乾卦举四德，系直显本体。元者，谓本体只是个生生不息之仁体。而通畅、谐和、正固诸德，皆仁体之发现。乃统六十三卦而言。即万化或万物，无不具乾之四德，无有一卦一爻而或缺此四德者。

坤卦以下，其或具举四德，或不具举，则皆就修为方面而言。如坤虽具四德，而于贞，曰牝马之贞。牝马性顺，贞正也。则明坤以顺阳为正。形不可以役心，欲不可以胜理，物质不可以之碍其精神，是皆坤道以顺阳为正之义。故乾卦以下，于乾四德，具举或否，要皆就修为方面言。学者即各卦，而深求其旨，则知所以修德矣。如蒙之亨、利、贞。则以蒙之自修，求通为先。而利、贞从之。故只举三德也。又如比卦，云"元永贞"。比，助也，万物莫不互相比助而生。但比之道，非可徒以利害相结也，必互敦乎仁，而同出于正。故举元及贞也。贞者，正固。

元,仁也。不本于仁,不出于正,而可相比助者,未之有也。故比卦以修元德、贞德为至要。今兹大战,即由凶顽违反比卦之德,而自取覆亡也。随举蒙及比二卦,余皆可类知。

是故即万物而言其本体,则无有一物不具乾之四德者。故乾卦举四德,实统六十四卦,三百八十四爻,而无所不冒。

若剋就修为而言,则吾人随其时位不齐,而修吾所性之德,<small>所性云者,谓乾之四德,即吾性故。</small>功在对治。如坤利牝马之贞,则以对治阴暗,利在正固也。蒙之亨,则以求通,而对治蒙昧也。比之元与贞,则以不仁与狡诈,成乎人相食之祸,唯互敦仁德,守正固,可以对治之也。他卦,皆可准知。总之,大化不齐,吾人以形气之累,而遭不齐之化。常至中不自持,而隐于凶德。故非修其所性之德,则未能对治凶德,以全其性,而保元吉也。吉,非避祸得福之谓,全性为吉。故或全修四德,充其性量。或偏有扼重,<small>如坤利牝马之贞,蒙之亨,比之元永贞。</small>及其至也,则四德充周,而性分无亏矣。六十三卦,于乾四德,虽有具举,不具举,苟得其旨,又何偏全之可分乎?

初九,潜龙勿用。

下爻为初。<small>汉人云:《易》气从下起。</small>九,阳数之盛,故以名阳爻,凡阳爻皆称九。马融曰:“物莫大于龙,<small>沈麟士曰:“龙之为物,能飞能潜。”</small>故借龙以喻阳气也。”余谓乾元,备万理,含万德,藏万化,其本具无限之可能性,潜隐而未显者,是所谓玄之又玄。盖难以言说表,故假象于潜龙以明之。马云,借龙以喻是也。《象》曰:“潜龙勿用,阳在下也。”在下者,潜藏义。初九在一卦之下,示乾阳之具有无限可能性,潜而未显也。

《文言》但据人事为言。如为学,则博学不教。<small>学非可自私者,然当其博学以广益,则不可急于施教也。</small>内而不出。<small>内自收敛含蓄,不可以浮明浅见,轻为发表。</small>于为治,则克己以奉法,而无竞于物。<small>不能克己奉法,则奋其私以与物竞,</small>

非潜龙之道。力行以责效，而弗耀其功，皆潜龙之义也。《易》道广大，无所不冒。一爻之象，一辞之蕴，学者宜从各方面去理会，注释何能尽。

九二，见龙在田，利见大人。

田，地上也。《易》之六爻，初二地位，三四人位，五上天位，曾见前文。初爻为地下，二爻则地上也，故曰田。出潜离隐，故曰见龙。乾元始物，其几初动，乃其固有成物之理，潜而未形者，至是而将形。喻如龙出乎潜而见于地上也。元德生生，元德即乾元。万物同利赖之。譬犹大人德施周普，为天下所利见也。

若就人事言，则君子德修学成，而可以立教。政治家审当世之得失，而合群力以图改造，躬犯大难而不肯退藏，皆为天下所利见也。

九三，君子终日乾乾。夕惕若厉，无咎。

三四皆人位，故于此言君子之道。内卦已成，故曰终日。日者，乾阳之象。三处内卦之终，故有终日之象。内卦三爻皆阳。九二德施已普，而三尤健行不已，故曰乾乾。乾，健也。承前二阳，健而又健。阳刚已极，就内卦言，则三为已极。而犹安于外卦之下，求进未止。日夕不懈而兢惕，若有危厉将至者。若字，连厉字读之为是。以学言之，君子无终食之间违仁，（附释）造次必于是，造次，急遽也。任何急遽时，必不违仁。颠沛必如是。颠沛，偃仆。虽偃仆危殆，而中恒澄定，必不违仁。此正乾乾惕厉之象。唯健进不息者，乃常怀惕厉。一念悠忽，即失其健。

附释：君子务本原之学，所谓仁学是也。仁者，乾元，为万物始。其在于人，则谓之性，以其主乎吾身，亦谓之心。《系传》云："大德曰生。"《易纬》云："虚无感动，清净炤哲。"皆指仁体言之。故求仁之学，只在返而识得固有仁体，任其流行无间，勿使私意私欲得起而违碍之。日常语默动静，皆是仁体呈露，是谓不违仁。

终食之间,至暂也。暂时无可或违于仁,其严至矣。

以治化言之,当治功已著,而犹强力求进。利之未兴,弊之未去,度制之未尽适宜,群生之未得休畅,无不本大公以运明察,竭至诚以策实行。兢业于万几,而常戒怠荒之生于不觉,祸患之伏于无形。此亦乾乾惕厉之象。夫勇于进学者,或以急迫致咎。勇于求治者,或以操切致咎。唯常存惕厉,则调节不失,措置得宜,而无咎矣。

三爻虽言人事,而实亦通天化。《象》曰:"终日乾乾,反复道也。"三居下卦之终,下卦亦名内卦。终者,所以开上卦之始也。上卦亦名外卦。终则又始,反复之道,于此而见。如万物资乾元以始,既始,渐壮。壮已,必至于究。究者,终也。终又将始,是谓反复。故反复者,明大化推荡,推者,推迁不住。荡者,动荡不息。无有已止。此其所以为乾而又乾,健之至也。虞翻云"至三体复,故反复道",非是。或以反复作循环解者,亦大误。自物之由始而终,终则又始言之,似属循环。然物非实有,但幻迹耳。若扫迹而谈,只是大化之行,乾而又乾,非有实物重叠也。将显大化推荡之妙,不得不假迹以为征。万物终始,皆化迹也。由物之终则又始,即可见神化之虚而不屈,动而愈出。故反复之义乃假迹以征妙。未可妄作循环会去。

九四,或跃在渊,无咎。

四,超出于下卦之上,故曰跃。居上卦之下,仰承二阳,而为退爻。以阳处阴,四为阴位,九为阳爻。九四,是以阳处阴位。故又曰在渊。或跃也,或在渊也,疑于上下无常,进退无恒矣。此以生命言之,当无机物成时,生命犹未发现。无机物非无生命,只是未发现耳。详《新论·成物章》。及有植物,则生命已突跃而出。由动物以至人类,则生命之奋进,殆如旭日方升,其盛大不可思议。人类中而有圣哲,生命跃进,庶造其极。此从跃之方面以言,生命诚无时不在上进之中。然生命每一度跃进,而其元来所经之阶地,并不因其上跃而遂毁弃。如生命之发现于植物时期,而其元来所经无机物之阶地,并不毁弃。及其跃进于动物时期,而其元来所经植物之阶地,仍不毁弃。自此以往,每跃一度,而皆不舍其元有阶地。生命本为全体性,而其表现自力也,则不能不成为各个物,所谓物者,只是生命自力所为,而以之为表现其自力之工具。遂于全体而有分化。参看《新论·功能》《成物》诸章。故从宇宙大生命之进程而言,一方面固见其上进无已,即所谓跃。一方面又见其保留元来阶地,即所谓在渊。龙之或奋跃而欲上于天,或复不离于渊,正可以象宇宙大生命在进程中之情状。此爻之义,深微极矣。《文言》曰:"上下无常,非为邪也,进退无恒,非离群也。"纯健之体,生命,纯健者也。上进者其本性。而上以下为基,进以退为据。则上下若无常,而实非无常,故曰非为邪也。进退似无恒,而实非无恒,故曰非离群也。生命跃进上一阶地,若与其元来下一阶地相离异。其实,上下元为一体,何离异之有?从全体之进程看去,生命毕竟是一直上进。《象》曰:"或跃在渊,进无咎也。"夫子于此爻,直以"进无咎"三字赞之,意深远哉! 吾人欲吾生命超拔于堕没之中,而远于咎,亦唯果于进而已矣。此爻以人事言,则如图革命之大业者,以刚健而任天下之重,期与群生共济艰难,固时奋跃以图功。而或群情有未孚,事有未集,时有未可,不得不处潜以广化,谓化导群众也。奉正以率物,当改革之任者,秉正义以为号召,必躬自奉行之。若习骗诈,则无以率物而成事。俟时而后兴,则跃而不忘乎在渊矣。或跃,或在渊,志健而虑深,其究必果于跃,而莫之御。故《象》曰:"进无咎也。"

九五,飞龙在天,利见大人。

九以阳居天位。五与上,皆天位。上者,谓第六爻为上。是龙之果于跃,而飞至于天也，故曰飞龙在天。就乾元始物而言，万物资潜在之势能以生，此势能之潜移默运乎万物也，将令万物时时舍故创新。而物皆始乎微隐，以成乎盛著。如自然界，其始但鸿濛一气，隐微极矣。及至凝为诸天，则灿然盛著。又如原形质为生物之始，其后生机体日益复杂，乃至物种嬗变。生物界之由微而著，莫可究诘。人群万事之始乎简单，终乎繁以巨，亦与自然同例。盖皆由潜能运物，使之舍故创新。故物得由微隐，至盛著也。此亦如龙之由潜而见，而益笃其健。九三虽不明言龙，而以上下各爻推之，则此爻自伏有龙德益笃其健之意。以至于跃，而飞在天也。夫万物者，本潜能之发现。潜能，犹言潜在之势能，此势能即乾元也。其发现也，由微隐而底于盛著。故以龙之由潜藏，以至飞而在天象之。飞龙在天，盛著之象也。大人之德，为天下所利见，亦是盛著之象。故复以此，象万物之实现其潜能，至盛著之极，有如是者。

就人事而言，如革命势力，其始本潜伏无形也。刚健之德，真积力久，一旦天佑人助而大业成。天者何？自然之理，必至之势也。佑亦助也。改革之业，顺乎理而乘其势，物莫之逆，佑莫大焉。群众咸晓然于公利公害之所在，为人生最高之理想而效死，是人皆互助也。大业之成，夫岂偶然？则飞龙在天之象也。

前言大人为天下所利见，只取盛著一义而已。今于此中，则大人者，即能成革命大业之群众，皆大人也。《文言》曰"九五曰飞龙在天，利见大人，何谓也？子曰，同声相应，同气相求"云云。故知大人，互以声气之同，而相应求。非奉一尊以为大人也。若奉一尊以为大人，则是群品低下，而使权力操之一尊，犹帝制之余习耳，不得为革命也。真能革命之群众，必皆为大人也。或问："皆为大人，将人各自雄，而不相从属。奈何？"答曰：一群之内，人各自雄，而不相从属者，则以人各怀其私故也。人之不能去私而奉公者，以其甘为小人，为鸟兽之归故也。若群众皆大人，即皆知去私奉公。易言之，即互以公义相从属，焉有挟私以自雄之患乎?《文言》又曰:"夫大人者,与天地合其德,无私而敦乎仁,乃与天地合德。天无私覆,地无私载。与日月合其明,日月贞明,无私照故。与四时合其序,四时变通,有序。与鬼神合其吉凶。鬼神福善祸淫,吉凶不以私。先天而天弗违,运会未启,大人开物成务,而天应之。后天而奉天时。运会将启,大人因时兴功,不爽其则。天且弗违,而况于人乎? 况于鬼神乎?"鬼神者,人情之所敬畏,以为冥中有是物也。其实,无有也。鬼神生于人之心,人莫违也,而况鬼神乎? 详此之言大人,实指能成革命大业之群众而言。《易》与《春秋》相表里,《春秋》离据乱,进升平,又由升平而进太平。非群众皆成大人,何得革据乱之污习,致太平之盛治乎? 利见大人者,人皆大人,互相利见也。若群众共戴一人为大人,则群品污下可知。斯乃最不利见者,而九五之盛,固如此乎?

有问:"此爻利见大人,先生作两解,而不必同旨,未免任意说经。"答曰:《易》道广大,无所不包通。故《系辞传》曰:"书不尽言,言不尽意。"圣人以无尽之意,难以言宣,故假象以广喻。广喻者,谓可从多方面去理会,而不宜执一例以求之也。汉人言象,多作譬喻解。故得圣人之意者,或于象中,取其少分相似。如言潜能运物,由微至著。则于大人利见,只取盛者一义,以为比况。至言群众猛进,一切改革,趣向至治,则于大人利见,取义又别。此《易》象之所以为妙也。使象而可以一端解之,则圣人作《易》,何故其辞皆象,而不朴实说义,使义尽辞中哉?

上九,亢龙,有悔。

王肃曰:"穷高曰亢。"干宝曰:"亢,过也。九五盛而得中。上犹健行不已,故过而有悔也。"夫乾元为万物始,健行不已,其本性也。故天道之行,天道,谓乾元也。其行,则健而不已也。无所谓亢。疑天道有亢,则是以察物之智而测天也。更何所悔? 天道之行,健而又健,恒无已止,惟其诚之至也。天道无作意而成化，何悔之有？亢而有悔者，就物言之也。万物资于乾元以始。既始，则日益壮盛。壮盛极，而不得不归于究。究者，究尽。物过盛即亢，必归究尽。此物则之不易也，故物至于盛极而亢，则有悔矣，为其邻于尽也。盛极时，非遽尽也。而灭尽之机，于此已伏，故曰邻于尽。夫物不能无亢，而非天道之可以亢言，前既明之矣。故此爻曰亢龙，则以喻夫物之处盛极之运也。夫物秉天道以生，物既生，而天道固在物也。然物生，即囿于成型，而天道隐。隐者，谓物日益成为滞碍之物，天道乃被锢也。物盛而至其极，则成型益固。天道将不得流行，而物失其性矣。物秉天道以生，即天道是物之本性。物之囿于成型也日益甚，既足以障碍天道之流行，故是物之丧失其本性。物失其性，则未有能生者也。不归于灭尽不得也。灭尽之谓究。物盛而极，将违失天道，是物之穷也。故以亢龙象之。九五飞龙在天，是恰到好处。上九之龙，欲更上乎？则穷高而无可复之，故是亢龙。以喻物之极盛而穷也。夫天道之行，健而又健，莫可为阻者。物至极盛，而益成滞碍，以违天道，则必为天行之所摧灭。天行，犹言天道之行。灭故所以生新，以此见天道生生之仁也。物生而有成型，至于盛之极，而益为成型所限，将无以继天。天道，亦省云天。继字，甚吃紧。万物本资于天道以生，然物既生，则将渐成为机械性的死物，而不能显发其所得于天之生生之仁，故云无以继天也。此其所以穷也。推而言之，凡人事之处满居盈，而有违于天道生生之仁者，皆天之所不佑，而其穷以至究也，无可幸而免矣。近者希特勒当德国勃兴之运，而凶狡以逞，卒陷其族类于危亡。亢龙之象，其寄意深远哉！

用九，见群龙无首。吉。

乾、坤二卦，有用九用六之文。向来《易》家解此，似均欠正确。惟清儒胡煦《周易函书》，别创一义。颇觉新颖。其说如详引之，殊嫌繁。简述则不便初学，故不叙及。胡氏书北平尚流行，武昌官书处，杭州文澜阁，亦皆有之。余

昔颇主其说，后渐怀疑。将来或另为一文评之。窃意乾、坤二卦，所以有用
九用六之文者，盖乾坤实非可分折为二片。言乾，而坤在其中也。言
坤，而乾在其中也。今乾卦六爻皆阳，则于乾坤大备之全作用中，而特
举乾以言，故曰用九。九者阳数，乾也。坤卦六爻皆阴，则亦于乾坤大备
之全作用中，而特举坤以言，故曰用六。六者阴数，坤也。故用九用六云
者，明乾坤皆用也，其体则太极也。亦云太易。太极本寂然无形，而其显
为大用，则有乾坤二方面可言。只是二方面，不可截作二片也。余《新论》之
言翕辟，实与《大易》互相发明，学者详之可也。

六十二卦，皆本乾坤，故更无用九用六之文。

今人不解《新论》。有引严又陵译天演界说，翕以聚质，辟以散力
等语，谓此为《新论》翕辟之说所本，此乃大谬。又陵以翕辟言质力，其
所谓质力，乃科学上之观念。《新论》中卷《功能章》，已辨之甚明，而读
者犹如此误解，何耶？又复须知，《易》者象也，其辞非直抒一义，而假
象以寓无尽之意。故学《易》者，若果通象，则必不拘一例以求之。而
可从多方面去理会，亦必各有义界而观念不致相混。如科学上质力之
观念，固可假《系辞传》中翕辟二词以言之，但只是借用，而与《系辞传》
本义不必相符。

《新论》则站在哲学或玄学之立场，其以翕辟显大用流行之妙，与
《系辞传》辟户之谓乾，阖户之谓坤，意义颇有相通。但《系辞传》辟户
阖户之象，须善解，方不陷于谬误。辟户只是开发的意思，阖户只是收
凝的意思。不可误计一阖一辟不同时也。因明学言，譬喻，只取少分
相似，不可求全肖。《易》之取象，往往亦然，兹不暇具论。

若夫科学上质力之观念，《大易》亦可赅摄。《易纬》太易含三始。
气之始，《新论》所谓翕与辟也。气者，用义，余已言之。大用流行，即
有翕辟二方面，义详《新论》。

形始，余以动势迅疾解之，已见前文。此与科学上能力之观念

相通。

质始，便与科学上物质之观念略近。

三始之义，须善解，不可妄作三截去会。以《新论》摄之，形质二始，皆于翕上，别义说之耳。形始者，《新论》所谓翕势之将兆乎形，亦名形向者也。形向者，谓有成为形物的倾向。质始者，《新论》所谓翕势之分化，为各个动圈。幻似有质，亦名小一者也。详《新论·转变》《成物》诸章。

又复须知，科学上之质力，亦可以阴阳言之。《易》之阴阳二名，本无处不可应用。如以乾坤言，则乾阳而坤阴也，以翕阖言，则阖阳而翕阴也，以心物言，则心阳而物阴也。此皆就哲学上言之。若就科学上所谓质力言，则不妨说力阳而质阴。然就哲学言之，科学所谓能力，实亦属阴，而不得属阳。唯心或神说为阳耳。就人生论言之，如理为阳，而欲为阴也。善为阳，而恶为阴也。君子为阳，而小人为阴也。治为阳，而乱为阴也。如上所举，已示方隅。阴阳二名，皆最大之公名。唯视所表，而定其义。义各有据，不可混淆。此治《易》者所不可不知。学者昧于正名定辞，不独难读《易》，而亦无可解《新论》。闻更有以俚俗之知，教徒之僻，而驳《新论》者，余惟一笑置之而已。

见群龙无首者，于大用流行，而特举乾之方面以言。则见众阳俱为君长，更无有超越众阳而为首出之上神者，故以群龙无首象之。如乾卦，自初九，九二，乃至上九，是谓众阳。且不独乾卦而已，坤之元即乾元，是坤卦六爻，所表之一切动端，或一切物事，皆乾阳隐为之主。坤阴非离乾阳而独在也。六十二卦，皆阴阳相待成变，而凡阴皆以阳为主。阴为质，而阳为神。遍运乎群阴之中而为其宰者，阳也。故乾卦众阳，已统摄六十三卦之阳。易言之，六十四卦，三百八十四爻，所表一切动端，或一切物事，莫非乾元也。故以群龙象众阳焉。既于一切动端，或一切物事，而皆见为乾元。则非独不承认有超越万有之上神，即亦不可离现象而觅本体，乃即于一切现象而识本体，故为群龙无首之象。

呜呼！斯义微矣，至矣！

譬如于甲沤，而识其体即是大海水。于乙沤，而亦识其体即是大海水。乃至于无量沤，皆然。由此譬况，可知无有超脱现象而独尊之本体，颇与群龙无首义符。哲学家或计本体为超越于现象之上，及以为本体隐于现象界之后，而为现象作根源者，此皆妄计有首也。佛家所说生灭法，即目现象界。其所谓不生灭法，即真如，是为万法本体。然彼决不许说真如自身有变易。易言之，即不许说生灭法是真如所成。如此，则生灭与不生灭，截成二界。《新论》责其析体用为二，诚探得其根本迷谬。夫体超用外，亦即有首。折以《大易》，而佛氏毕竟非知道者，无可曲护已。

复次以治化言，则人道底于至治之休。其时，人各自治，而亦互相为理也。人各自尊，而亦互不相慢也。人各自主，而亦互相联系也。人各独立，而亦互相增上也。增上者，扶助义，借用佛典名词。人皆平等，而实互敦伦序也。全人类和谐若一体，无有逞野志，挟强权，以劫制众庶者。此亦群龙无首之众。《春秋》太平，《礼运》大同，皆自乾元之义，推演而出。

自初九至此，通为爻辞，与卦辞并称《系辞》。孔子或采古之占辞而修正之，另予以新义。即当视为孔子所作。《彖》《象》皆所以发明卦爻辞，参观之，则其义自见矣。

《彖》曰："大哉乾元，万物资始，乃统天。

刘瓛曰："彖者，断也，断一卦之才也。"王弼《易略例》曰："夫彖者何也，统论一卦之体，明其所由之主者也。"此亦孔子所作。"大哉乾元，赞乾元始万物之道大也。"《程传》。按乾元者，乾即是元，故曰乾元。元者，仁也。仁体备万理，含众善。偏言之，则与亨、利、贞并举。偏言之者，如偏取其始物之一义而言，则云：元，始也。亨，通也。利，和也。贞，正固也。详

《子夏传》。专言之，则仁统万德，亨、利、贞皆仁也。专言之者，谓专就仁之全体而言之也。此言乾元，即专指仁体而目之。万物资始者，仁体生生不息，万物所资之以始。先儒云：生天生地，生人生物，只是此个仁体。譬如众沤，资始于大海水也。大海水，喻仁体。众沤，喻万物。乃统天者，统者统御。天，谓诸星球或星云。诸天灿然散著，皆乾元以为资而肇始，故曰统天。夫诸天乃形气之最大者，大且为乾元之所统，而况物之细者乎。

云行雨施，品物流形。

此言乾元始万物，而大亨通也。云行雨施，喻乾元生生之力，油然沛然，盛大而不可御。品物，物类不一而各成其章之谓。流形者，流，谓流行。形，即谓品物各成其形。乾元以其刚健之力，流行于品物成形之中而无不贯，所以为大亨也。

大明终始，六位时成，时乘六龙以御天。

此通释利贞之义。大明，谓乾元也。乾元之体，明觉湛然，此明觉一词之意义极渊微，非有明解觉了之相可得故。湛然，形容其冲寂之至也。无知而无不知。无知者，非有知解之相故，亦非预储有对于一切事物的知识故。无不知者，此明觉湛然之体，是一切知识之源故。故谓之大明。《易纬》云"清净焰哲"，盖本此。终始者，言此大明之体，其德纯健不息，乃万物所资之以成终成始也。万物之所以始而终，终则又始，皆资乎大明纯健之体，以成其终始。哲学家如印度数论，以为万物之生，亦由迷暗。西洋叔本华等，有所谓盲目追求的意志，皆不识乾元。六位，六爻之位，所以表物之终始也。时成，随时而成其化也。物之始也，有所以始之理，非虚妄也。其终也，全其所以始之理而终，亦非虚妄。夫万物所以终始者，皆由乾元刚健之德，随时成化，而无穷竭故也。六龙、六爻皆阳，故以龙象之。乘者，载而有之之谓。天，亦谓乾元也。乘龙御天者，言万物资乾元以始。既始，即物有自相，则乾元遂为物所载有而内足于己者。譬如众沤，资于大海水以始，既始，即沤有自相，则大海水遂为沤所载有而内足于己者。内足者，无待于外。而其充实不可以已，故日益上达，极乎实现乾元性体而无所亏。乾元性体四字，系复词。于是德用无穷，若龙之乘云气以御天，而神变不测也，故曰以御天。乾之六爻，皆取象于龙。由潜而见，而跃，而飞在天，是谓御天。此以象物之实现其乾元性体也。

乾道变化，各正性命。保合太和，乃利贞。

乾道变化者，言乾，即有坤。阴阳相待而变化成，万物繁然并生，至赜而不可恶。自然界，繁赜极矣。而有物有则，不可厌恶也。至动而不可乱。**（附说）**故知品物虽万殊，而各得乾道之大正，大正之大，赞词也。正者，正直，无迷乱故，不颠倒故，故谓之正。乾道只是正。道者，由义，乾元为万物所由之而成。故变元言道。其实，乾道即谓乾元。以为其性命。自乾元之赋予于物而言，则曰命。自物之秉受乾元以生而言，则曰性。此无妄之象，所以云物与无妄也。与，犹畀也。谓天命于万物，皆畀以无妄之理。无妄，犹云正。天命谓乾元也。物资乾元以始，假说为天命之畀于物。《论语》"人之生也直"与此云各正性命，互相印证。可见《论语》散见之言，必通《大易》，而后可得其根源。佛家说万物缘起，无明为导首。无明者，迷暗义，惑乱义。缘起亦云缘生。佛家有十二缘生之论，而无明于十二缘中居其首。可参看余所著《佛家名相通释》。《大乘涅槃经》卷四十云："善男子，一切众生，身及烦恼，俱无先后，一时而有。佛书言烦恼，即惑义，乱义。其意义甚深微，即谓有一种迷暗的实法也。世俗以身心有不畅时，便名烦恼，此非佛书所云烦恼，切忌误会。虽一时有，要因烦恼而得有身，终不因身有烦恼也。"详彼所云，要因烦恼而得有身，则以烦恼为众生之本。与此中各正性命义，根本殊途。佛氏不识乾元性海，乾元性海四字，系复词。海者，形容其至大无外，含藏万理、万德、万化，无穷尽也。妄计有惑乱法，为物所资始，毁生人之性，趣寂灭之乡，岂不惜哉？佛之徒，崇佛籍而抑圣经，妄诋孔子以人乘，愚不可救，罪不可逭。保合太和者，太和，谓乾元性海,虽以反而成化,乾元,阳也。其成化时,必凝为坤,此即一种反作用,所谓阴也。要归于太和。太者,赞词,和之至也。**太和,仁也。**黑格尔有见于反,而不识仁,正是未见乾元性体。**保谓常存,合谓常和。**二语本《程传》。保合,谓不失其太和也。常存、常和,正是工夫。却即于此见本体,须深玩。**君子坦荡荡,圣人从心所欲而不逾矩,一己之保合也。凡有血气,莫不尊亲,**言众生莫不互相尊,互相亲也。**天下为公,毋或以强凌弱,众暴寡,全人类之保合也。保合太和,是以利且贞。**

　　附说:万物恒在变动不居之中。而其动也,若有自由意志,而非迷乱。试通观全宇宙之发展,自无机物而有机物,又由动物以至人类,一步一步,以渐显发其极崇高而无限之灵明,则知万变不息之乾元性体,元无迷乱,所以谓之大明也。

首出庶物,万国咸宁。"

此结归乾元,而重赞之也。首出庶物者,以大君超越庶物,喻乾元性体,独立无匹也。前言用九见群龙无首者,谓即用即体,非有超脱于大用流行之外而独在之体也。譬如于众沤,而见其即是大海水,非可离一一沤,而别觅大海水也。此言首出庶物者,乾元既为万物之本体,今克就乾元而言,则乾元自是超越万物而独立无匹。譬如众沤,是大海水之所为。若克就大海水言,则大海水亦是超越众沤而独立。两义互不相妨。万国咸宁者,以大君统万国,而万国咸宁。古代中国,内而九州,外而四裔,无数国家,联合而共戴一王。喻乾元始万物,而万物各正也。万物各得大正之理,以为其性命。大正,谓乾元也。

《象》曰:"天行健,君子以自强不息。"

李鼎祚曰:"象者,象也。取其法象卦爻之德。"伊川曰:"卦下

《象》,解一卦之象。爻下《象》,解一爻之象,诸卦皆取象以为法。"亦孔子作。

天行健者,虞翻曰:"天一日一夜,过周一度,故自强不息。"朱子《语录》:"天形苍然。南极入地下三十六度,北极出地上三十六度,状如倚杵。其用则一昼一夜,行九十余万里。人一呼一吸为一息,一息之间,天行已八十余里。人一昼一夜,有万三千六百余息,故天行九十余万里,天之行健可知。"按今天文家言,太阳自身旋转,大概需时二十五日有余,才兜一转。地球自转,经二十四小时一周。公转,经三百六十五日五小时四十八分四十六秒,绕太阳一周。诸天皆运转不已,故云行健。此以天之行健,喻乾元之化,至健而无留滞也。夫大用流行,大用,谓乾元也。若即用而显其体,亦得名之以太极。譬如于众沤,而不作沤相观,直显其是大海水。则于一一沤,而径以大海水名之亦得。夫乾元本大用之名,而亦可名为太极者,以即用显体故耳。自无而有。《易纬》云:"易起无,从无入有。"此义深微至极,但切忌误会,以为从无入有,可分先后二阶段,先时是无,后时由无成有,若作是想,便成大迷谬。夫无者,言乎宇宙本体,所谓太极或太易是也。体则寂然无形,故说为无,非空无之无。有者,言乎本体之显为大用,所谓乾元是也。譬如大海水,全现作众沤。大海水,喻体。众沤,喻用。众沤与大海水,非异,非不异。非不异者,大海水,全现作众沤。一一沤相,不即是大海水相故,故非不异。非异者,众沤之体,即是大海水故,非离大海水别有一一沤之自体故,故非异。由非不异与非异义故,众沤与大海水,元无先后。由此譬喻,应知无者,以体言。有者,以用言。用,是体之自身现为如是用相。体,是用之本体。体用,非不异,而复非异。云何可分先后?是故言无,即已有。言有,即本无。故有无,非可作先后二阶段想。总之,至有元是至无,至无而竟至有。宇宙本源,其妙不可致诘。有也者,言其生生之盛也,言其变化不测也,万物固资生化之势能以成。生化之势能,即说为有,亦名乾元。但就万物言，则万物本无实，惟依生化势能，诈现物相，喻如水中游沵已耳。游沵，洄流中波粒也。水，喻生化势能。游沵，喻万物。生化势能虽成万物，而其阴驱潜率乎物也，常使物舍故创新，而无一瞬可容暂住。故曰万物本无实也。此生化势能，只是生而不有，故乃不穷于生。才生即灭，才灭即生，如此，则常生而实未有所生也。使其有之，则一度生已，即成滞碍。岂得生生不息乎？化而不留，故乃不竭于化。变化常新，何故之留。以是知其健而又健，德至盛也，故以天之行健象之。

生而不有，化而不留，此《大易》了义也。老庄于此，乃以沦虚溺静之习，只从任运处理会。谓其只见为任自然之运行，而不见其本于刚健之德也。却不悟生而不有，化而不留者，正由其德至健。故生化之威势，如是其迅疾，而毫无所滞也。不有、不留，即是生化之威势迅疾，新新而起，绝无凝滞。老庄不曾理会天德之健，天德，谓乾元。于是其宇宙观、人生观及修养之要、治化之道，皆与吾儒异趣，所谓差毫厘而谬千里者也，此意容当别论。

君子以自强不息者，此言人当体乾元之健德，尽其在己，而无所亏也。天道不唯任运而已，任自然之运行，曰任运。天道，谓乾元，后仿此。要本之健德。董子云："天积众刚以自强，可谓达于天化。"天化，犹云乾道变化。天道固是任运，然实由其积众刚以自强，故若无为而化耳。道家不知天德之健，是其大谬。人道当体天德之健而实现之，积至刚以持之终身。百年之内，万变之繁，无一息不在强毅奋发之中。智周万物，而不敢安于偷以自固。秦以后儒者，怠于求知，不自强也。道济天下，而不敢溺于近以自私。吉凶与民同患，犯天下之大不韪，任天下之重，是道济天下者也。近者，卑近。凡为一己之嗜欲，与名利权势等计者，皆习于卑近，未能自强也。立成器以为天下利，其勇于创作也。器物之新创，固是立成器。政治与社会度制之改造，亦然。洗心退藏于密，其严于自修也。凡私意、私欲、种种杂染，皆心之障，必涤去务尽，是曰洗心。密者，渊微幽独之地。天理不昧，而隐然在中者也。退藏者，存养而勿失之。退者，返求义。存养工夫，只是向里着力也。此所以体乾之由

309

初至上，潜见跃飞，积健不已，尽人道而合天德，故曰君子以自强不息也。智周万物，至洗心退藏，皆本《系传》。此君子自强之实也。汉人象数，于此等处，全没理会。宋学只道洗心退藏，而参以禅师宗教气味，又多失孔门渊泉时出意思。以者，用也。君子实用自力，以修其所固有之天德，非可曰天德在我，不假修为也。夫人禀天德以生，既生，则形气限之，而天德难显也。若非人能奋其自力，以修养所性之德，则将蔽于形气，而不得显发内在宝藏。所性之德者，此天德乃为吾人所禀之以为性者，故云。内在宝藏，亦谓天德。此人道所以常陷于险阻也。坎卦之象，其取义极深远，而忧虞已切矣。坎卦，阳锢于阴，人道之大险也。阳谓天德，阴谓形气。《论语》："人能弘道，非道弘人。"道，犹此云天德也。道者，人所固有。故人能强于自修，以弘大其道也。然道虽在人，而人若不能自强以体道，即心为形役，而人乃丧道以成为顽物，故非道可以弘大其人也。义与《易》通。所贵君子体天德之健，以自强不息也。

天德者，万德皆备之称。而一言乎健德，则已统万德也。健，仁也。仁者，生生也。生生不息者，健之至也，故曰健，仁也。人道体天德，体其健而至矣。

健即无挂碍，挂者，陷于迷乱，不堪向上。如马挂于枙，不可进也。碍者，种种滞碍。如水浑浊，无明净相。健即澈体刚明，一直向上，如日之升，故无挂碍。无挂碍，则虚寂矣。道家贵虚静，佛氏证空寂。空寂一词，解见《新论》。然《大易》于虚寂意思，引而不发者，何耶？虑人之沦虚溺寂也。体天德者，体其健，而虚寂凝焉，凝者，虚寂貌。谓无迷乱杂染相。生化茂焉。体其虚寂，则将有逆生化而反人生。如佛氏之出世。亦或委心任运，而归颓废。斯尤下劣之极。道家之学，至庄子而弊极矣。故曰体天德者，体其健而至矣。余少嗜老庄，旋复不契。三十以后，勤探佛氏，而卒不与同。平生饱经忧患，愿在求真，仰观俯察，近反远取。近反者，反求之身心间。远取者，博求之物界也。久之脱然超悟，证以《大易》，乃有冥契。参看《新论》中卷《功能章》。

此理非可从文字悟入，要在自得之，而后于古人知所抉择耳。

天行健，明宇宙大生命，常创进而无穷也，新新而不竭也。君子以自强不息，明天德在人，而人以自力显发之，以成人之能也。此中天德，即上云宇宙大生命，常创进无穷，新新不竭者是。吾人之生命，即是宇宙大生命，元来不二，故曰天德在人。

《系辞传》曰："圣人成能。"此《易》之大义也。人能未进，无以显天德也。佛言天德之虚寂，而使人法之，以起修，求证。求证者，谓求证得虚寂的本体，释道之学是也。人将耽虚溺寂，以为享受自足，而忽视现实生活，不能强进智力以裁成天地，辅相万物，备物致用，以与民群共趋于富有日新之盛德大业。不能二字，一气贯下读之。以上，须参考《系辞传》。是健德遏绝，而乾元性海，有枯竭之患也。《新论》融空寂于生化之中，以救耽空溺寂之病。颇闻世俗佛徒不学者，妄兴攻诋。盲俗习非成是，千余年矣，固非一旦可廓清也。汉以来，《易》学首亡于经师，复厄于二氏，中夏之衰，有由来矣。

自天化言，天化，犹言乾道变化，亦即前云生化势能。生物进化，固若有大力者负之而趋，大力者，指生化势能而言。而非生物自力所造也。其实，生物若不自努力，以发挥其固有之潜能，（**附说**）则又何有变迁进化之事乎？《大易》明天化，而必重人能，言人能，即必注重生物自身之努力可知。真达天人之际，非世学所逮闻也。

附说：此中潜能，即谓生化势能，乃生物所禀之以为性者，切勿误会为本能。盖生化势能，即是宇宙大生命，万物莫不禀此而生。本能则是生物由适应环境之努力而习成者。习惯之势力，储蓄既久，成为种族经验，如鼠生而畏猫是也。故本能亦与生俱有，然若谓本能即是此中所云潜能，则大误矣。

达尔文虽知生物之战胜环境，由其自身之努力，然实不了生命。柏格森、杜里舒诸氏，于生命颇有体验，但所体验者，生类从无始来，一切习气之潜跃者而已。此意略见《新论》中卷《功能章》。彼等终不识乾元性海也。其所云生之冲动，非天德之健也。是习，而非性也，斯义当别为文论之。

已释大象，小象从略。小象，即爻下象。此孔子自释其爻辞也。今次当疏坤卦。

䷁

坤上，坤下，其卦名坤。坤卦六画皆偶。偶者，表坤成物，物界即有对也。夫坤，非异乾而别有本，坤之元，即乾元也。而所以成乎坤者，则老子"反者道之动"一语，见老子书第四十章。解释最透。原夫太极之显为大用，必先有一种凝聚处，此中先字，非时间义，只是着重之词。以为其自身表现之资具，此即所谓坤也。《新论》说为翕，义实相通。殷《易》首坤。《礼运》孔子曰："吾欲观殷道，是故之宋而不足征也，吾得坤乾焉。"郑玄注云："殷阴阳之书，存者有《归藏》。"是《归藏》为殷《易》，以坤为首，最有微意。《说卦》曰："坤以藏之。"藏者，造化有所凝聚，此中造化，指大用言之。凝聚，谓坤也。而生化势能，常于此藏，乃即利用所藏处，得以自表现也。生化势能，亦即是大用之异名。使造化无凝聚处，只是莽荡无物，莽者，空洞貌。则生化势能，又如何可见。故凝聚者，乃大用流行，不可无资具，而凝聚遂为势所必至也。夫太极寂然无形，元无封畛。譬如大海水，本无封畛。其动，而在所凝聚，动者，显为大用之谓。即有成为各别形物之倾向，才凝聚，便现似各别的形物，参考《新论·成物章》。此理，须旷怀超悟始得。便于本无封畛中而现似卦畛。譬如大海水，现作众沤，而一一沤相各别，即有封畛。故凝聚即与太极体性不相似，可以谓之反也。譬如众沤，虽是大海水自身显为如此，但一一沤相，已成个体的物事，而与大海水体性之浑一者不相似。老云"反者道之动"，盖深得于《易》。道，即太极之异名。夫坤之凝聚而成物，虽为一种反作用，而实非反也。反者，所以为和也。大用流行，惟因有所凝聚，而得显其生化之盛，故曰反者，所以为和也。

总之，大用流行，必先有所凝聚。先字，义见前。即依凝聚，而立坤之名。

大用者，谓生生化化不息之势能也，是太极之显也。譬如大海水，显为起灭无尽之众沤。生化势能，必假坤为资具，始遂其生化。坤成物，将至重坠，而似舍其本体。坤之本体，即太极是也，太极非物也。太极之显为用，而先成乎坤。坤则有成为重坠的物质之倾向。如此，则坤似是舍失其本体也。然而，生化势能，毕竟不可物化。物化，谓变成重坠的物质也。不可二字吃紧。《易纬》所云不易，只是不可物化。此处须深切体认。常运行乎一切物之中，此中物，即谓坤，下物字同。而遍包乎一切物。包者，包含。遍者，言其至大无外，无物不为其所包含也。无定在，而无所不在。升进不退，升进者，向上义。清净不杂，无有杂染。灵明不衰，不衰竭也。裕乎理而动也神，生化势能之发现，自有条理，而不可乱也，故云裕乎理。动神者，生生化化不可测也。能转物而不为物转。以是是字，综括上述种种义。知其德之健而又健也，乃太极之显也，是故谓之乾。称其始万物之德，复曰乾元。言元，即赅亨利贞，乃至万德，说见前。即用显体，则乾元亦得名太极。此义，已见前。

殷《易》首坤，谓乾道变化，必有坤以先之也。先字，非时间义，可覆玩前文。周《易》首乾，则以乾于坤为君故也。乾运乎坤之中，而为主宰。坤但为乾之资具而已，故乾有君象。会而通之，义不相妨。

体用分疏，则说太极为体，太极，亦名太易。乾坤皆用也。

克就用言，则惟乾元独称大用，坤有物化之虞，而难以用言矣。

坤凝聚而似有质，其实，无实质也。坤，本非异乾而别有其原，故应说坤亦乾也。然而乾坤二用毕竟有分。乾曰用九，坤曰用六，是于大用流行的整体，而分此乾坤两方面也。则以用不孤行，必故反之。有所凝聚，将成为物，乃得为乾元之资具。而乾之生化势能，遂有所仗以表现也。

乾,即是生化势能。而曰乾之生化势能者,则以立辞须有主语耳。此所以有乾即有坤。虽坤本不异乾,而卒与乾及。又且赖有此反,以成和同之化。然则造化之奇诡谲怪,真不可思议。吾人之慧解,亦只能窥到不可思议而止,更不能进诘其所由然。穷理至极,乃见理穷。上穷字,是穷究之穷。下穷字,是穷乏之穷。理穷者,犹言无有道理也。此余所以有宇宙终是一大奇兽之戏言也夫。兽类之行为,是无有道理可说的,故常以此为譬。以上参考《新论·转变》《成物》诸章。

坤,元、亨、利、牝马之贞。

坤,乾之反也。乾清刚而无形,坤凝聚而似有质。注家多曰"坤有质",此大误。坤之为质,只是似之,而非果有实质也。使坤有实质,则是坤与乾相对,为二元矣。《大易》非二元论。郑康成注《易纬》亦知之,坤者,乾元运行之资具也。故坤有阴象,以柔顺为德,谓其当顺以从乾也。船山《易内传》曰:"陨然委顺之谓坤。"此从其德以彰名也。

坤具乾之四德。而于贞,则曰牝马之贞,颇与乾异。乾以刚固为贞,坤则以柔顺而贞。牝马柔顺而健行,故取其象。盖乾卦以四德显体,本体无形可睹,唯即其德以显示之。此六十四卦,三百八十四爻之所同具也。无有一事一物,得遗四德而成其为事物者。而自坤卦以下,凡举四德,或全或否,则皆就吾人之修为而言。明儒所谓由工夫说到本体,即此意。形不可以役心。心,乾也,阳也。形,坤也,阴也。心不能主乎形,而为形所役,则是坤不顺从乾,阴侵阳,此佛氏所呵为颠倒也。故君子存心养心之功,必时时提醒,不使心为形役。如颜子之非礼勿视,非礼勿听,非礼勿言,非礼勿动,即使形不得役心。坤守顺以从乾也,欲不可以违理。违理之欲,邪欲也。邪欲,阴也,属坤。理,阳德也,乾也。邪欲不守顺而违理,人道绝矣。私不可以背公,如帝制与独裁之治,以独夫专政柄,而违天下之公道,此恶德也。恶德即阴也,属坤。少数人剥削群众利益,与强国兼并弱小,皆以私害公,并是恶德,属坤可知。凡事之出于公道者,皆阳德,属乾。以私背公,则阴犯阳,大逆大乱之道也。故知坤道守顺,而不可侵乾,则无敢以私背公者。明坤道在顺以从阳而得贞,故以牝马象之也,君子知此,当不迷于所行矣。

君子有攸往,先迷,后得主,利。

君子所行,当辨阴阳之几。阳者乾德,纯乎健而无私也。阴者坤类,阳明所云随顺躯壳起念者皆阴私,坤之类也。阳明此语,深广至极。学者若非反己体察,而徒以粗浮知见,作一句话会去,则必不觉其有何意义,此真可惜。随顺躯壳起念者,先儒所云己私。佛氏谓之身见,亦云我见。一切私意,私欲,细自一念之微,大至灭国覆族之重。近之如饮食男女之违其则,远之如权利角逐之殄身以祸物。其发端只是随顺躯壳起念。躯壳,坤也。随顺躯壳而起之一切己私,故是坤之类也。总之,万恶之源,只是己私。己私更无根,人生只随顺躯壳起念,而不知趣求超越躯壳之灵性生活,便成己私。此须反己察识。若以阴私为先,小人居心,无往不以阴私为先。而障蔽固有之健德,健德,乾元也,吾人禀此以生。孔子所谓仁,阳明所云良知,《新论》所云性智,皆指健德而目之也。阴私炽,则障蔽健德,犹如云雾兴,即障蔽太阳。人生便长溺迷惑之深渊。故曰先迷。言以阴私为先,即成迷乱也。反之,而能以小己躯壳之私为后,即阴私被抑,后者,抑制之也。则障蔽不生,而健德常为一身之主,流行无间,故云后得主。得主,即内部生活和谐,无不利。世皆知人生最苦者,莫如内部生活之陷于理欲交战,此即患在中无所主,得主便无斯患。

附识: 李氏《集解》云:"卢氏曰:'坤,臣道也,妻道也,后而不先。先则迷失道矣。故曰先迷。阴以阳为主,当后而顺之则利。'"汉儒并同此释。盖帝制时代附会之曲说也。伊川《易传》云:"君子所行,柔顺而利且贞。"又曰:"阴而先阳则为迷错。居后乃得其常也。"此仍承汉人之谬解。且与老氏之旨相类。夫君子之行，唯取臣妾柔顺之道，不敢为天下先。则唯任禽兽夷狄横行，天下事尚可问乎？此与乾卦自强不息，《论语》见义勇为之说，明明相反。而以此释《易》可乎？余于此等处，最无取焉。须知，坤道柔顺者，谓形不可役心，欲不可害理。

西南得朋，东北丧朋。安贞吉。

同志曰朋，阴志在求阳，故以阳为朋。西南阴方，唐崔憬曰："西方坤兑，南方巽离，二方皆阴。"阴居阴位，而不侵阳，则与阳相得，故云得朋。此喻形气不以役心，形气，谓身体，阴也，坤也，下同。而刚健之心，得为形气之主。刚健之心，即前云健德，阳也，乾也。即坤乃顺乎乾，而适得其志也。东北阳方，崔云："东方艮震，北方乾坎，二方皆阳。"阴居阳位，即阳被侵而失位，阴妄逞而丧其朋，凶道也。此喻形气乘权，而心失其驭。如《礼记》云："见色思淫，见利思得，临难思免。"只是阳明所云随顺躯壳起念，心不能统驭其身也。夫形气必听命于心，而无妄动，然后安贞而吉，形气，坤阴。心，乾阳也。坤阴得乾阳为主，即无妄动，是以安贞。安者，寂静义。不妄动，故动而寂也，所以贞吉。此坤之常道也。

《彖》曰："至哉坤元，万物资生，乃顺承天。

坤之元，即乾元也。乾道变化，必先有所凝聚，先字，义见前。是名为坤。坤者，乾之反。而乾资之以成化，乾非坤，则无所借以运行。故于坤言元者，谓坤含乾元耳。王船山《易传》，主张乾坤并建，颇近二元论，此非孔子旨也。（**附说一**）万物资于乾以始者，理也。乾者，即是生化不息的势能。而此势能的本身，却是万理具备的，元非迷乱，故于乾而名之以理。资于坤以生者，材也。坤便构成材质了，因此有物。理健而主施，生化势能，具有无穷的条理，即名之为理。此理体至健，所以开发无碍。施者，开发义。材顺而主受，

（附说二）顺以承健，譬如地承天施，故曰乃顺承天也。世俗共计天以光热雨露之泽，施于地，而地承之。故《易》乃顺俗以取象，其意在明万物之材质，莫不受成于乾，易言之，即莫不受成于理也。

附说一：船山《易内传》较伊川为佳，然不及《外传》。《外传》好处，即其明有、尊生、主动等大义，足为近代思想开一路向。但未免于粗，船山于哲学上之问题，犹乏精究。然其思想宏阔，于治理、群化，尤多卓见，汉以来未有其人也。

附说二：乾为生化势能，为理，生化势能是含万理的，故亦名为理。坤为材质，生化势能之运行也，不可无其具，故必翕而成物。克就其翕之方面言，即此翕，便是成物的材质已具了。为物。坤以顺承乾者，如自天化言之，万物莫不资始于乾道变化，物所以成之理，即乾也。自人能言之，如吾之心心即理，亦即乾。其开通发动，以主宰乎吾身，身为坤。及了别与改造乎物。物为坤。此可见理健而施，坤但顺受。参考《新论·转变》《成物》诸章。

坤厚载物。德合无疆。

坤以凝聚之势，含载乾元之健德，为万物所资以生，则坤德之厚，亦同于乾德之无疆也。无疆犹言无穷，故以地德合天象之。象，犹比喻也。

含弘光大，品物咸亨。

曰弘，曰光，曰大，皆谓乾也。含之者坤也。坤凝聚，而成万有不齐之品物，大用流行，元是浑全的。但凝聚则于浑全中而有分化，分化即成各别的物事。参考《新论·功能》《成物》诸章。则品物宜有互相对碍之患。然而万物卒莫不互相联属，成为全体，亨畅无碍者，则以坤含乾元。而乾元则遍运群阴，无所不在。群阴，谓一切物，即坤也。故坤含乾，毕竟不失其浑全，所以咸亨。

牝马地类，行地无疆，柔顺利贞。

取牝马为象者，以其柔顺而健行，与地德类也。地者，所以象坤，非坤卦即说地也。坤之取象于地者，取其德也。古者以地承天之施，其德柔顺，故坤象之。然坤不惟有地象，亦取象于牝马，谓其柔顺而健行，与坤德类也。坤德唯顺，含载乾元。而乾以其至健，周运乎坤之中，而挟与俱行，如草木之形干，则属坤。而生命力，则乾也，此乃周运乎形干之中，而形干之生机畅发，即生命力之挟形干以俱行也。故曰行地无疆。无疆谓健也。坤随乾转，乾健而坤亦健也。坤德唯在柔顺，而不可自逞。顺以承乾，故得主，而利贞。

坤谓物质，物质之势过盛，即成乎重浊，则乾阳乃受其障碍而不得显。于是而坤终陷于迷矣。乾阳者，心也。心本其刚健之德，以行于物之中。物惟柔顺以从心，而与之俱行，即物乃得主而不迷，所以利贞。

君子攸行，先迷，失道。后顺得常。

君子所行，以阴私为先，则迷而失道。此言道者，置以此言，谓此处道字，与见于他处者，不必同训也。谓事物当然之则也。事物之有则，只是当然。如火之炎上，水之润下，此本当然，不可更诘所由。吾人居处必恭，执事必敬，言必忠信，亦只当然，不可更诘所由。阴私故迷。迷，故不解事物当然之则不可违，而有失道之咎。后其阴私，后者，抑制义，见前。即固有刚健之心，不受障蔽，恒炯然为主于中，于是事物之感，虽万变不常，而中恒有主，即应之以各当其则，而不可乱，故曰得常。

西南得朋，乃与类行。东北丧朋，乃终有庆。安贞之吉，应地无疆。"

西南得朋，阴居阴位，而不侵阳。即顺以承乾之施，而与乾俱行，故曰与类行也，类谓乾。此正申上行地无疆之义。东北丧朋，阴居阳位，而阳失位，是阴之丧其朋，盛极而将穷，若上六是也。阳必乘之，终当胜阴，而使之顺从得贞。则元黄之血，所以成永贞之利，故曰乃终有庆也。私欲炽盛之余，而良知终不容昧，以此征乾阳之健，必不受阴私之障也。乱极，而治几已伏。光明战胜黑暗，亦坤道终于守顺之庆也。安贞之吉，应地无疆，此申上德合无疆义也。

《象》曰："地势，坤。君子以厚德载物。"

王船山曰："势，形之势也。"按地形椭圆，故其势委顺。先圣测地之精可见。此以地之势顺，象坤德之顺也。象，犹喻也。他处言象者仿此。坤德唯顺，此义深微至极。坤，谓物也。物质，省云物。乾，谓心也。在《新论》之体系中，心与精神及生命三名，所目是一。但取义有别，而名不一耳。详《新论·功能》《成物》诸章。心与物，就某种意义言，元是大用流行之两方面。言两方面，即不可折作两片去会。详《新论·转变》诸章。另就某种意义言，则相反相成之整体，心物两方面，以相反而相成。详《新论·转变章》，《唯识章》亦言及此。仍不能不假分主从以说明之。心为天君，君者，主义。天者，形容其至尊也。而物为工具。一主一从，物是从属于心的，而心则主宰乎物者也。名分秩然，不容紊乱。须详究《新论》。心之德健，物之德顺，物不顺，则将成乎顽钝，而丧其生理。生理，谓生生不息真几也。其生生而有条理，故谓之生理，此即心也。心不健，则无以潜运于物之中，解其闭锢，而流通无碍，转物从己。心不至此为句。己者，设为心之自谓。物随心转，即上述行地无疆义也。参考《新论》。健顺者，乾心，坤物，所以合德，而成变化。大用流行，毕竟不可以矛盾法测之。非浅夫所及知也。夫失其主，丧其健，则将有持唯物之论，而逐物不反，迷以失道，生人之祸亟矣。

君子以厚德载物者，此言君子体坤之顺，其德乃厚，而可以容载万物也。王船山曰："顺以受物，合天下之智愚贵贱，皆顺其性而成之。按孔子有教无类，释氏为阐提说法，顺其性而成之，人皆可进于善，天下有弃物哉？我之德薄,而不足以载物,不能顺物性而成之,则我且为弃物,而况天下乎?**不以己之所能,责人之不逮。**按此处最难,凡以己之所能而责人者,未有能容物者也。尺有所短,寸有所长,此不可以人不逮我而责之者一也。己所独能,人或不逮。人有独能,我所不逮者尤多,此不可以己之能责人者二也。略举二义,以之自省,平怀顺物,而物莫我离矣。**仁礼存心,而不忧横逆之至,**按仁以敦爱,遇横逆而忧,则知平日自为之私深,而爱人之意未诚也,可不反其仁乎?礼以闲邪,横逆之来,是吾师也。**物无不载也。"**按上述三者,皆可以载物之道。船山所言,虽未及为政,而为政亦不外是。夫受众庶之推,而持天下之柄者,不忧群志之不孚,而开诚以与天下相见。则顺物之性而成之,何不孚之有?不恃己之能,以宰制万类,而天下皆有其可尽之能。独裁之治,恃一己之能,不独未必果能,即能矣,而残万物之性者,终亦自毙。仁以贞天下之志,礼以通天下之情,天下自消其险阻,而游于大同之宇。大同之世,人各自由,而互不相碍也。人各自治,而亦互相助也。不相碍而互助,亦自有组织,与经纶大业。老庄偏尚放任、无为,便成极端个人主义,如何可行?故厚德载物,《易》所以立人道之极,定至治之则。由之则吉,失之则凶。近世列强,以残刻相尚,内劫制其群,而外肆侵略,人相食之祸未已。厚德载物之义,不可以喻诸凶獝。《易》不可见,而乾坤熄,圣人之忧来世,曷有极哉?

初六,履霜,坚冰至。

一阴初动于下,其势将盛。如人履霜,而知坚冰将至,自然之数也。如宇宙始于洪濛一气,此阴凝之端也。太极寂然无形而其显为大用,必有所凝聚。此凝聚之势,开端甚微,只是洪濛,一气而已。乃渐凝为液体,复凝成固体。盖分化而为散布太空之诸天。吾人所栖地球,渺如沧海一粟。地球之上,渐生植物、动物以至人类,生命著见,始睹乾阳之盛。生命,乾阳也。未有动植以前,非无生命或乾阳,只是隐而未见耳。参考《新论·成物章》。而在动植未发现时期,固是群阴亢极之象。无机物,属坤阴。及至人类,乾道虽盛,人类则心灵特别发展。心灵,乾阳也。而仍有物化之惧。人虽有心灵,而或不能保任之,扩充之,则将丧其心,而成为顽物。庄生所以有哀莫大于心死之叹。则阴势之盛,盖可知已。夫生命力之发挥不得不有资具。故阴之凝聚,乃若生命隐有鹄的,成其如此。乃若二字注意。若无所凝聚,即浮虚无据,而生命力亦无表现之具矣。乾阳之必有坤阴,良有以也。虽然,阳生命以阴凝聚成物为资具,利在,而害亦伏。资具既成,即自有权能,常使用资具者转为资具所用。如奴仆,资具也,而豪奴悍仆之势成,主人反为其所用。法制,资具也,积久弊生,而其余势犹足使人群力量不易越过成法旧制,而另有创新。技术,资具也。军械设备既精,而足以驱役人类之野心,共赴自毁之途。举此数例,可见资具之权能甚盛。阴,资具也。阴之势将过盛,而阳反受其障碍。此圣人于坤之初六,取履霜,以明坚冰之将至,慎之至也。儒者之学,以变化气质为先,防阴暗之渐也。

《象》曰:"履霜,坚冰。阴始凝也。驯致其道,至坚冰也。"

船山曰:"上坚冰二字,盖衍文。"《本义》按《魏志》作初六履霜,义较顺。凝,聚也。霜,以喻阴之始凝。坚冰,喻阴之凝聚益盛。

人心私欲之萌,私欲,阴也。其几甚微。犹如履霜。若不即克伏,则滋蔓难图。如坚冰至。不容不戒。

六二,直、方、大。不习,无不利。

九五,乾之盛也。六二,坤之盛也,位皆中。九五,乾上卦之中。六二,坤下卦之中。而乾五得天之正位而不过,上九,便过。坤二出于地上而不匮。故乾莫盛于飞龙,坤莫盛于直、方、大。大者,言其体也。坤与乾同体。乾坤皆以太极为其实体,太极至大无外。于坤而识其体,则一微尘,即太极也,岂非至大。直、方,言其德也。顺以承乾,位乎中,顺也。无邪曲之谓方,无迷妄之谓直。坤唯顺乾,故直、方。直、方,故不失其大也。乾之《象》曰:"大哉乾元。"乾元即太极也,故至大。坤之体,即太极。本至大,但如不顺乾,则将不守直方,

321

而失其大矣。**直、方、大，故与乾同健。新新而不守其故，曰不习。**<small>新新，常新也。方生方灭，方灭方生。故无故物可留，而常新也。参考《新论·转变章》。凡物若守其故，即囿于惯习。常新，即创进不已，故云不习。</small>**不习，则盛德日新，无不利。**

《象》曰："六二之动，直以方也。不习，无不利，地道光也。"

承乾而动，故直以方。物不受裁于心，欲或纵肆而不从理，是坤之动，不克承乾，必失其直方也。变化日新，不狃故习，坤德配乾，故曰地道光也。<small>地者，坤象。坤顺乾，即与乾同行，其德配乾之健，故光显。</small>

六三，含章可贞，或从王事，无成有终。

六二，柔顺中正，德足配乾，而光显盛著。六三居其上，成乎坤体。所含者，六二之光也，故曰含章，章犹光也。虽以阴居阳，<small>三为阳位。</small>而有含章之美，不失其正，曰可贞。坤以承乾为德，而不可自逞，形必听命于心，欲必受裁于理。喻如人臣或从王事，虽有成功，而不自居，故得终其美也。<small>六三，则内卦已成，故有终象。言坤德克终于顺也。</small>

《象》曰："含章可贞，以时发也。或从王事，知光大也。"

坤虽凝聚而成物，然与乾同体。<small>乾坤同以太极为实体。</small>故内含直方之美，而不失其正。<small>故云可贞。</small>虽有物化之虞，<small>凝聚，便有成为物质的倾向，故云物化。</small>而以含直方之美故，则乾元之力，默运于坤阴之中者，终当以时发见。如宇宙肇始无机物，几纯属坤阴，其时乾元默运于坤阴之中，但隐而未发见耳。然经历相当时期，乃植物、动物以至人类，则生命盛著。生命，乾元也，终以时发见而不容已，故曰以时发也。坤以直方，能顺乎乾，而不碍乾之发见。喻如人臣或从王事，臣奉君命而从事，喻坤道顺乾，而乾得利用坤为资具，以自发见。是坤之顺乾，犹臣之从君也。臣供职，而王业盛，喻坤顺乾，而乾始物之知，乃益光大也。<small>《系辞传》曰"乾知大始"，此义后详。</small>

六四，括囊，无咎，无誉。

此爻以人事言也。四与初同道，初居内卦之下，四居外卦之下。而初居地位之下，初与二皆地位，就见前。伏阴自怙。故有履霜之戒。四处重阴之中，坤卦六爻皆阴，故云重阴。而为人位。三四皆人位，说见前。乃有意沈晦，退而自守，四居下卦之初，未至于五，故非进。故以括囊为象。伊川云："晦藏其知，如括结囊口而不露。"若王船山当明之亡，屡谋光复，而卒不获，乃窜身猺洞，著书以待后，符此义也。

《象》曰："括囊无咎，慎不害也。"

船山曰："欲退藏以免于咎，则无如避誉而不居。危言则召祸，诡言则悖道。括囊不发，人莫得窥其际，慎之至也。"按船山释此爻之义甚精。君子处变之道，有时不得不如此。注意有时二字。然后世隐沦之士，守此为常，且以为藏身之妙术，则不达此爻之旨也。夫子于需卦系之辞曰："利涉大川。"大川，险也。涉险而不忧乎困穷，刚健之至，宜与此爻参互观之。

六五，黄裳，元吉。

黄者正色，于五色为得中。吾国古时以黄色为中，以其异于黑白之黝素，尤非青赤之炫著。裳在下，而又有芾佩以掩之，饰在中也。六五虽以阴居尊，五上皆天位，说见前。而处中故，五居上卦之中，故云处中。有黄裳之象。黄者，五色之中。裳者，饰在中。喻阴之处中而不亢，其德顺也。夫二五皆中，六二，下卦之中。六五，上卦之中。大顺之积。坤之德顺，至于六五，则积顺也厚，故云大顺。承乎乾，而助乾之发。坤为乾之资具，故有助义。德配无疆，无疆谓乾，见前。是以元吉。

《象》曰："黄裳元吉，文在中也。"

王肃曰："坤为文，坤有文象。五在中。五爻，在上卦之中。故曰文在中也。"按王肃但以象言，而未明其义。夫六五处中而不亢，坤之顺德，至此所积益厚。以是，征其能承乾之施，施者，谓乾元之力，默运乎坤阴之中，而使坤阴随己俱转，心之宰乎物是也。此中己者，设为乾元之自谓。而与乾同行也。同行，犹云俱转。坤随乾转，则坤亦乾也。岂其滞于对待之域哉？

上六，龙战于野，其血玄黄。

上六，阴亢已极，则阳必奋起，龙谓阳也。阳取象于龙。于野，卦外之象。乾阳不见于坤卦，故以于野象之。坤六阴毕见，则六阳隐伏，而终不予阴之自专，必将破重阴之锢，而流通无碍，以显其主宰之胜能。乾阳运行于坤阴之中，而实主宰乎坤阴者也。如宇宙肇始无机物，唯是顽然物质。而生命或心灵，殆经长期犹不可见。物质属坤阴，生命或心灵，则乾阳也。然其时，非唯有坤阴而无乾阳，坤阴亦省云阴，乾阳亦省云阳。但阴方盛，阳乃隐而未见耳。然阳终必战胜群阴，而救其失道之迷。阴不顺阳，即迷以失道。唯人也，禀阳德之盛，乃以官天地，宰万物，转物而不为物转。自植物、动物，以至人类，则生命或心灵，发展渐至极高。故人者，天地万物之主宰也。阳之胜阴，征之植物出现时期，而始见其端。至人类发达时期，则益以著明矣。未有生物之时，阳固隐而不见，非无阳也。及自植物出现以后，生命或心灵渐著，始运用物质而无碍。此阳之战阴而胜之也。通观宇宙全体之发展，始于阴盛而阳隐，终至阳道大行，统驭群阴。若非阳之力战，则阴暗之势，将不可解。然阴亢极，而阳之战，自不容已，斯亦奇耳。

其血玄黄者，战必有伤，故血玄黄。血不足惜，乾道所以大亨也。《文言》曰："阴疑于阳，必战。按阴亢而侵阳，故阳疑之，疑则必战。为其嫌于无阳也，按如生命或心灵未发现时，全宇宙只是群阴，几无所谓阳。故称龙焉。按称龙者，明群阴之世，非无阳也。虽暂为阴所伏，终不能不战也。汉人皆于此误解，谓阴盛似龙，故称龙。不知乾坤互相涵，乾卦中有坤象，如品物即坤也。坤卦中有乾象，如上六之龙是也。何可以龙为阴之象乎？犹未离其类也，按阳不孤行，必资于阴。故阴者，阳之类也。阳之战阴，但伏其侵逼之势已耳，非灭之也。若灭之，则将离其类，而为孤阳矣。宇宙岂其如是。阳战胜阴，要非离阴而独在也，故曰未离其类。王弼、侯果误以龙为阴象，其解此文，并误。兹不及详辨。**故称血焉。**按战不能无所伤也，故称血。血不足忧，阳道所由开通也。荀爽曰："血，以喻阴顺阳也。"**夫玄黄者，天地之杂也。天玄而地黄。"**按天者，阳之象。地者，阴之象。干宝曰："阴阳色杂，故曰玄黄。"此言阳战胜阴，即阴顺阳，而成其冲和。《九家易》曰："玄黄天地之杂，言乾坤合居也。"干宝曰"阴阳合则同功"。按阴阳本非异体。但阴偏盛，而阳不显，故说阳受侵逼，而若不合也。今阳战胜，而阴顺阳以成化，故曰合则同功。此借用干宝语，而义与干宝不必全符。**可知阴阳本一体，**乾坤本浑一之全体，以其同为太极之显现故。譬如众沤，同为大海水之显现，众沤实非各各异体。**毕竟不相矛盾也。**阴阳以相反而相成，矛盾非其本然也。

《象》曰："龙战于野，其道穷也。"

六阴皆见，于象穷极而无余，阳必起而乘之。以人事言，如暴秦之专制已极，陈胜、项梁、刘季始兴。蒙古之蹂躏夏人已极，而徐寿辉、陈友谅、明玉珍、张士诚、朱元璋乃不得不起。近者德国希特勒之徒，凶暴狡诈之毒，极至而穷，于是同盟国奋起而覆之。后此如有为希特勒者，其穷亦可知。夫人事之狂惑昏乱，皆阴象也。阴迷失道，而不知反，穷所必至。阴穷，而阳道必兴。阳之初兴，不得不与亢阴之余势相战，战则不避其伤，以此见阳德之健也。

用六，利永贞。

乾曰用九，坤曰用六，其义见前，兹可不赘。坤凝聚而成物，乃乾元所凭以发见之资具也。故坤道以承乾为正。坤不顺乾，即失其主，乾元者，主宰乎坤者也。坤自专而不顺乾，故失其主。**将至物化而不反。**坤顺乎乾，即与乾同行，而德合无疆。坤不顺乾，便成为重浊的物质。而刚健大明之力用，即所谓乾者，乃受坤之障碍而不得显。**此其失道之迷，为可惧也。**故坤道之利，唯在永贞。贞者，卦辞云牝马之贞，以顺阳为正之谓也。贞而曰永，无可改易之辞也。坤必顺阳而不可侵阳,是坤道之永恒也。

《象》曰:"用六永贞,以大终也。"

万物之生,秉乾之知以为性,资坤之质以成形。故乾,始万物者也,而坤终成之。乾惟知故,至神而含万化,为万物始。坤惟质故,而万物资之以各成其个体之形。使惟有乾而无坤,则只是冲寞无形,万物何所资以成乎? 故知乾始万物,而终乾之化,以成万物者,坤效其质故也。或曰:"乾坤为二元乎?"曰:否,否。坤与乾同体,但作用异耳。此意详在前文,覆玩之可也。坤唯顺乾,永得其贞。故能承乾,而终其成物之功。是以赞之曰大终也。

《坤卦·文言》,兹不及释。学者深思而自得之可也。或有问言:"乾之上九,有亢龙之悔。坤之上六,有龙战之穷。然则造化固不能无过欤?"答曰:深微哉斯问也。造化只是德盛化神,其流行自不容已。其创进固日新富有,不可谓其有过。但万物资于造化以始以生,造化者,乾坤合而成化之谓。乾曰万物资始,坤曰万物资生,覆玩前文。则造化即在物。譬如大海水,成众沤,则大海水即在众沤。岂可离众沤而别觅大海水哉? 物成,而各有形限,则缘形限之拘,不复能体现造化之德,而其力之所用,不能超形限而同于大通。则亢与穷之患,于是乎起。物与物互相对立,物各用其力,而不知超形限以同于大通,则患由斯作。大通者,忘乎形而得其性,万物一体也。而昧者遂以之归过于造化,其实,造化不当任过也。呜呼! 斯理微矣。

如上略释乾坤二卦,今于《系辞传》中有一二处,节取而释之如下:

乾知大始,坤作成物。

古今哲学家,多以为宇宙人生,由一大迷暗之势力而开始。佛家十二缘生之论,首以无明。无明即是一种迷暗的势力,为万物所资始。《数论》三德,一曰暗,亦为万有之因,与佛氏无明说略同。叔本华等主张有盲目追求的意志。而吾国《易》家伏曼容,释蛊卦曰:"万事起于惑。"虽非《易》之本义,而伏氏之思想于此可见。今哲学家谈生命者,其言生之冲动,大概与叔本华之意志论较近。此皆未了生化之真源也。夫子赞《易》曰:"乾知大始。"明乾以知故,而大始万物也。大者,赞辞。此所谓知,自非常途所云知识之知。《乾·彖》言大明,即此知义。《易纬》云"清净炤哲",与"通情无门,藏神无内,光明四通"云云,见《易纬·乾凿度》上。本讲前文,已经引述。皆释此知义。乾元即太极也,即用显体,故说乾元即是太极,此义详前。太极备万理,含万德,灵明无碍,无障蔽,无倒妄,是云无碍。无知而无不知,本无一毫迷暗,是谓灵明。故说为知。惟知故神,神故发起万化,为万物所资始,故曰乾知大始。

坤作成物者,作犹言能。能者,能力。坤之凝聚,现似有质。现似二字,注意。其实,无有实质,只是能而已。能现似质,能力之运行,至猛至疾,便现似物质。似有质故,万物依之成形,故曰坤作成物。

乾以易知,坤以简能。

乾以易知者,易字,读如难易之易。易者,平易义。但此平易一词之意义极深。《易纬·乾凿度》言,易有三义:一曰易者,易也。下易字,即作难易之易读。彼自释云:彼者,谓《乾凿度》。下同。"不烦不挠,淡泊不失,此其易也。"参考《正义序》。详彼云不烦者,言不为私欲或惑染所烦扰也。不挠者,言不为惑染所屈挠也。此即清净相。淡泊不失,亦是寂静相。与清净义同。盖以寂然不乱,故说为平易,正释此中易字。《易纬》当是七十子后学所传,其说多依据卦爻辞,及《彖》《象》《系辞传》等。乾之所以为知,而非是迷暗,乃以其易故。易者,省言之,即寂然不乱之谓。已见上文。寂然不乱,故大明。故说为知,故曰乾以易知。乾元之体,动而恒寂,本无嚣乱,故非迷暗。哲学家谈本体者,罕能证解及此。

坤以简能者,简与易同义。清净不扰曰简,亦寂而不乱之意。坤与乾非异体故，同以太极为其实体。其德同也。易简之德同。上言坤作，今变作言能者，作以功言，能以力言，其义一也。功亦力义。坤有成物之能，正以其简故。简者，寂然清净也。寂然无形者，神也。神故有胜能，遂成万物，故曰坤以简能。

易简，德也。言知能之所以得成其为知能者也。夫无知而无不知，无能而不无不能者，其德易简，寂然不乱故也。韩康伯注云："天地之道，不为而善始，不劳而善成，故曰易简。"其言似是，而犹未究其所以也。今之谈者，或更以易简作简单解，其胡乱至极，又康伯所不屑道也。

易则易知，简则易从。易知则有亲，易从则有功。

此就修为言也。夫乾知、坤能，乃所谓天地之心也。而天地之心，即是吾人之心，非可判而二之也。此心元是易简，无有杂染，儒者所云私欲，佛氏谓之惑，亦云杂染，自儒者言之，此实后起，非本体上所有也。反求即得，故云易知。敬而勿失，故云易从。吾人易简之心，即是天地之心。吾人日用之间，能不失之放肆，即易简之心恒存，其与万事万物相流通者，自毫无阂碍。如此，则即知即行，何难从之有。易知则能恕，反求易简之心，即知万物本吾一体。故能推己及物。故有亲。《论语》："一日克己复礼，天下归仁。"易从则无妄，从其易简之心，而发为万行，则万行真实，无有虚妄。故有功。不求功，而功归之。后文易解，略而不释。

易有太极，是生两仪，两仪生四象，四象生八卦，八卦定吉凶，吉凶生大业。

此一节，从来人自为说，家各异义，皆支离而不究其旨。案易者，变易。变易不从空无而起，故说易有太极。太极者，变易之本体也。是生两仪以下，即明太极妙体，现作变易大用。太极妙体四字，作复词用。变易大用四字，亦复词。太极显为大用，譬如大海水现作众沤。三生字，皆发现义。非所生者为子,生之者为父之谓。太极生两仪者,两仪,谓阴阳也。太极寂然无形,凡言无形者,谓无有如现实界所见实物之形也。无形,非空无之谓,太极固至真至实,为万有之本体也。而显为大用,则有阴阳两方面可说,用不孤行,必以相反而相成。此固太极妙体之所为,故曰是生两仪也。两仪生四象者,四象谓四德,四德,元亨利贞也。以其在人言之,则曰仁义礼智。其实,言四德即已赅万德。旧以四象为四时。其实,四时即以象四德。春生,春时万物发生。元或仁之象也。夏养,夏时万物长养,莫不通畅。亨或礼之象也。秋成,秋时万物成熟。利或义之象也。义主裁制得宜,故以秋成象之。冬藏,冬时万物收藏。贞或智之象也。收藏,静象也,静则明智。四时配四德,汉人固已言之,但于此中独不作四德解,是其蔽也。太极固含四德,离四德,无所谓太极。然必现作两仪,而四德始显。盖一言乎两仪,则是太极已成为用也。而所谓德者,正于用上见之。太极本无不成为用之时,然吾人不妨设想,如太极未成为用,则冲寞之中,虽含万德,而究未发现。故曰两仪生四象。

四象生八卦者,言八卦则赅六十四,非止举八卦而已。太极生两仪,两仪生四象,此明太极流行之妙。四象生八卦,则明圣人体太极之德以画卦。六十四卦,三百八十四爻,无一卦一爻而非表太极之蕴也。即无一卦一爻而非明四德之流行也,此其所以定吉凶而生大业者,一皆原于天德而无妄也。故曰四象生八卦,八卦定吉凶,吉凶生大业。圣言昭明如此,而后来《易》家,各逞臆说,亦不可解。

《易》之为书,广大悉备。方面极多,不可以一隅之智测也,故谓之广。规模极巨,含藏万有,故说为大。天道、人事、物理,无所不包通,故云悉备。范围天地之化而不过,范围者,拟范天地,而周备其理也。曲成万物而不遗。曲成者,穷物之则,因物之宜,裁制万物而不遗其利。盖乃浅识之所困于仰钻,上哲之所穷于赞扬。欲赞扬之,而难得如分之辞也。上来略释乾坤大义,稍为学者津梁,若其蕴奥,则有非文字所能尽者。

讲至此,本欲结束,然犹不能已于言者,《序卦》一篇,昔人多疑为非圣人之言,此陋见也。余以为《序卦》,非圣人不能作。其义宏阔深远,尝欲取而释之,而未有暇也。兹略举上篇数节,稍疏之,以见其概。

有天地,然后万物生焉。盈天地之间唯万物,故受之以屯。屯者,盈也。

乾、坤二卦之后,继以屯卦。乾有天象,坤有地象,屯者,万物始生之象。故云有天地然后万物生也。太空之中,诸天体凝成,而地球为太阳系中之一行星,其凝固之势,与气温之度,至适宜于生物时,则万物始生。此屯之所以继乾坤也。

屯之《彖》曰:"屯,刚柔始交而难生。动乎险中。大亨贞。雷雨之动满盈。"富哉斯言!刚柔始交而难生,动乎险中者,刚谓阳,柔谓阴,交者,相反相成义。阴阳若反,而实融和,万物以之生。故老曰:"万物负阴而抱阳。"万物禀阴而成形,故曰负阴。形成,而生生真几,运于形中,此生生真几,亦云生命力,亦云心灵,即阳也,故云抱阳。难生者,物虽禀阴阳以生,而物之初成,则皆为重浊的物质,其生命力或心灵,犹不得显发,所谓无机物是也。当此之时,宇宙大生命,将实现其自力,若不得不自造工具者,于是成为物质过盛的无机物。此工具或物质,本生命力之所自造。但其造成,则与生命几成对立之势,而于生命将不利,以其几举全力而物化之故也。然则,阴阳始交而生物之时,即是生命陷于险难之时,故曰难生也。夫物化即失其生命,险难孰大乎是? 生命不得不以自力造工具,即物质。而险难亦于是乎生。但生命之意义与价值,亦以战胜险难而始见。使无险难,则何以显生命之刚健、创新,与易简等德,易简,即清净或寂然不乱等义。而见其神圣与崇高,为不可屈[1]挠者乎?

"动乎险中"云云者,生命奋进乎险难之中,以开通物质,而使之顺

---

[1] "可屈",原作"屈可",据南方印书馆本正。

己以俱行。己者,设为生命之自谓。斯大亨而全正。亨,通也。贞,正也。是故生命力,充周法界。法界一词,系借用。犹云全宇宙,与佛典本义不符。盛大无匹,喻如雷雨之动满盈。雷雨之动,形容其盛大也。

屯之《象》曰:"云雷屯,君子以经纶。"此言吾人之生命,即是宇宙大生命。吾人当自努力,以显发吾所固有之生命力,超有限而证无限。有限,谓身体。此是物质的,个别的,乃有分限者也。无限,谓生命。吾之生命,元与天地万物之生命为一,是生命固遍运乎一切物之中。无定在,而无不在者,故云无限。是不啻吾人从险难之中,自创新生命。吾人虽固有生命,而锢于有限之中,即不啻丧其生命。今能超有限而证无限,则虽复其固有,而实自力创进之所新得也。喻如君子经纶之盛,悉由自造也。云,喻真积力厚。雷,喻震迅发起之勇。处屯之时,将发挥其生命力,以出险难。非如云如雷之威势,何以克济? 故曰云雷屯也。

有天地,而后万物生。万物生矣,而其生命在险难之中。即以动乎险中,而生命力,乃奋进益盛,故曰屯者盈也。乾坤之后,受之以屯,其义宏远矣哉。夫怖险难,而求出离者,佛氏之妄也。今之佛徒,每不肯承认佛为出离。此求顺俗,而适自甘迷罔也。自阿含以至后来小宗大乘诸经,明明以出离为教旨,恶容矫乱耶? 处险,而奋其智力,以与物竞。同人道于虎狼,丧其生命而不惜者。此中生命一词,与常途所用者不同义,说见《新唯识论》。盖此云生命,即谓吾人与天地万物所同具之本体也。是又佛氏之所呵为颠倒者也。然则履险而健动,知本而全正者。本谓生命。《大易》其至矣乎!

屯者,物之始生也。物生必蒙,故受之以蒙。蒙者,蒙也,物之稚也。

物始生必蒙,蒙者蒙昧,童稚之象也。生物之始,若无机物,则完全蒙昧,无心理现象可征也。实非无心,只是全不显发。若植物,则似有心理现象,而未著也。若动物,则其心作用已著见,而不能发展以至高明,此皆不离乎蒙昧也。人类自动物进化而来,虽不能无蒙昧,而皆可

求通,以抵于极高明之境,此人道所以终远于禽兽也。蒙之《象》曰:
"蒙,山下有险,险而止,蒙。"按蒙之上卦为艮,艮有山象,下卦为坎,
坎,陷也,故云险。物之始生,其生命或心灵,犹为物质的形躯所锢闭,
而不得显发,是为险陷之象。当初未得遽通,若山为之障,故云山下有
险。遇险而不求通,乃止乎险,即终于蒙。故曰险而止,蒙。审此,则
济险之道,在自强以求通,而不可止于险,此蒙之所为以亨行,乃得时
中也。亨,通也,详蒙卦。

物稚,不可不养也,故受之以需。需者,饮食之道也。

生类繁殖,则资生之事急矣。故屯、蒙二卦之后,受之以需。需者,
饮食之道也。《尚书》言民生,厥惟食货,义亦通此。人群未开化时,犹如
童稚。生养之道,未知精究也。愤以求通,则智德力俱进,乃能讲求生
产,开发物资,大辟利源,而后四海无困穷之忧,群黎有生遂之乐。此需
卦大义也。需之《系辞》曰:卦爻辞,皆名《系辞》。说见前。"需有孚,光亨,贞
吉,利涉大川。"按有孚者,人群相生相养之大计,惟相矢以孚信,而后可
行。孚信不有,则尔诈我虞,此攘彼夺,而生产事业无所措手,故贵于有
孚也。光亨云云者,光者,明之象。亨者,通义。明明无暗也。通,通则均
也。而后不以私害公,不图小己之利,以剥大群,毋使群己俱蒙其祸,小己
者,个人之在一群,固是小己。一国之在世界,一民族之在全人类中,皆谓之小己也。是
为得正而吉,故曰光亨贞吉。今吾国之官僚资本主义,与列强之侵略主义,皆非光
亨,故不正而凶。利涉大川者,《彖》云:"险在前也。"凡不便于民生之度制,
欲改造之,恒有险难在前,而难于图始。非刚健以持之,未能涉险而不陷
也。《彖》云:"刚健而不陷,不陷于险。其义不困穷矣。"《彖》之释利涉大
川,可谓博深切明。凡言民生国计者,不可不知需卦之义也。

饮食必有讼,故受之以讼。

讼,争也。争端必起于饮食。凡权力、名位,乃至一切利害之争,

皆饮食之推也。养生之资有限，而待养者过繁，则争不得不剧。争之起也，首由强者凌弱，智者欺愚。而愚弱受智强之毒，遂不得不互相勉于智且强，以与欺凌我者抗，此自然之势也。讼卦，实为被侵者说法，此不可不知。讼之《系辞》曰："讼，有孚。窒惕，中吉。终凶。利见大人，不利涉大川。"按斗争之事，由受欺凌者之互相结合，以抗凶暴，故贵有孚信。若暂以利害相要约，而无信义可持守，则内自离散，何以御敌？此有孚所以为讼之要道也。窒，塞也。心怀畏惧，若抑塞也。惕，惧也。当争之时，昏偷者必败，惧则好谋而成，故尚窒惕。中吉者，中谓中正，争而胜，必以中正之道自处，乃吉也。终凶者，争而不知所止曰终。夫争而胜，犹不务息争，将以暴易暴，是终于争也。凶孰大于是？利见大人者，凡群之不得已而有争，而总持大计者，必须有大人之德，公而守信，明而不诈，凡以骗诈为能者，必图近利而无远计者也，故诈生于不明。乃为天下所利见也。今次世界大战，同盟国，正需要此等领袖。不利涉大川者，大川，险之甚也。狂逞以冒险，而不惜其过，无不覆亡者。老言狂风不终朝，骤雨不终日，即此义也。德之民族极可爱，而误于昏狂之希特勒，惜其不闻吾《大易》之义也。斗争，为愚弱者求自存自立之武器，愚而能争，虽愚必明。弱而能争，虽弱必强。故讼卦六爻无不吉。初六曰终吉，九二曰无眚，六三曰终吉，九四曰安贞吉，九五曰元吉，上九亦不言凶。从来《易》家，多以讼为恶名，则由误以讼为诉讼之讼。而不知讼者争义，乃指愚弱者对于凶暴之一种斗争，须知，言斗争，必指愚弱对于凶暴而言。若强陵弱，智欺愚，则名为侵害，岂可以斗争名之乎？未可以讼为恶名也。且《易》辞皆象，讼之爻辞，固有取象于诉讼者，是在善通其意，要未可以讼卦为说诉讼之卦也。讼之九五曰："讼，元吉。"九五以阳居中，九阳爻，五者位之中。争而胜，自处中正，故元吉。汉武战胜匈奴，而未尝虐待其种类，颇符此爻。王弼以九五为听讼之主，弼云："为讼之主，以断枉直。"则失之远矣。

讼必有众起，故受之以师。师者，众也。

争之甚者为战，大战之后，每有一番群众运动。凡国内，或国际间之种种不平，足为斗争之原因者，战后，必由群众共起而灭除之。故讼卦之后，受之以师。师者，众也。师卦，上坤下坎。坤为众，众见于上，是群众发动之象。坎卦，一阳居二得中。二为下卦之中。是有德之丈人在下，而为群众之领导者也。在下者，谓其未执政柄也。今者甘地之在印度亦近之。师之《系辞》曰："师，贞，丈人，吉，无咎。"此言群众运动，必出以正固，若非所持者，正而且固，即是群盲妄动，而可名群众运动乎？其凶危无可幸免矣。而有丈人长德领导其间，然后吉，无咎。圣人重群志，而于群情，有戒辞焉。《象》曰："师，众也。贞，正也。能以众正，可以王矣。"王者，往义。此言群众所持者正，以此动天下，而天下无不归往于其所呼号之下也。非谓有一人在上，而天下归往之也。师之爻辞，多取象于兵事，而意不在兵事。犹之乾以龙为象，而意不在龙。坤以牝马为象，而意不在牝马也。爻辞，此不及释，学者须善通之。

众必有所比，故受之以比。

比，辅也，助也。群众必互相辅助，而后可共存共荣。故比次师而言之。比卦，上坎，下坤，水在地上，坎为水，坤为地。物之相切比无间，莫如水之在地上。故为比也。比之《系辞》曰："比吉。原筮，元、永贞。无咎。不宁方来，后，夫凶。"按卦辞，方举卦名，而首赞之曰吉，圣人之重视比道，情见乎辞矣。原，本也。筮，择也。孟子曰："道二，仁与不仁而已。"推原二者之间，而慎择之。要以仁为常道，不仁则其变也。反常之谓变。达尔文物竞之论，使人有天地不仁万物刍狗之憾。达氏但据一方面之观察，而妄臆物性恒如是，则大谬矣。元，仁也，元为仁，见乾卦。物之本性也。万物皆禀此生生不息之仁德而生，故说仁为万物之本性。永者，永恒。物之争竞而不仁，非其性之常也。而其仁之本性，自永恒不失。故吾人择于仁不仁之间，能依仁而行，则物我无间，息其争竞，互相比辅若一体。如是，则万物各得其所性之正，故曰元永贞，无咎。从来《易》家，释此中元字，皆谓有道之君，为人臣之所择而亲比者，此甚误。船山《内传》亦踵其谬。今谓元指九五，九谓乾元，即仁也。九五言"失前禽"，正显仁德。不宁方来者，人之不能自保其安宁，方来互相比助，若独立自恃，以逞志侵略为先，视求比为后，则虽夫也，《程传》："夫者，刚立之称。《传》曰：'子南，夫也。'"而无可免于凶矣。今者德国之亡，正是后夫凶。伊川曰："凡生天地之间者，未有不相亲比而能自存者也。"此互助论之始。比卦之义，确然有征，非物竞之论所可撼也。《彖》曰："比，吉也。比，辅也。下顺从也。"此言人互相辅，必各自下，以互相顺从，乃可互相辅也。先儒皆以臣下顺从君长释之，大谬。《象》曰："地上有水，比。先王以建万国，亲诸侯。"夫物相亲比而无间者，莫如水在地上。故比卦取象于此。比道大明，而后世界大同可期。建万国，亲诸侯，即联合世界上一切国家，而为统一之结构，此大同初步也。《春秋》太平之治，于斯肇端。

比者，比也。比必有所畜，故受之以小畜。

比之为比，人互相下，以互相辅也。互相辅，则各有所畜以相济也，故小畜次比。畜而曰小，比道之始。初行比道，国界种界，未尽泯也。尚非大通之道，所以畜者小也。小畜卦，乾下，巽上。六爻之中，唯四为阴爻，余五爻皆阳。六四以一阴系五阳，下卦三阳，健行方锐。而六四在上以止之，五上二阳，复为阴用，故云一阴系五阳也。敛群动而养其有余，阴为凝敛。群动谓五阳。阳健于行，是有余也。阴间其中，以敛阳之势，所以养其有余。故谓之畜。畜而未宏，谓之小畜。《系辞》曰："小畜，亨。密云不雨，自我西郊。"案六四一阴在上，而近于天。五上皆天位，四近五也。故为密云之象。李鼎祚曰："云雨者，阴之气也。"案六以阴居四，而近天，故为密云象。李氏《集解》云："四互居兑,西郊之象。"互体义,详前。兑卦以方位言,居西。于时为秋,秋季收成,凝敛之象也。夫密云不雨,以喻敛而不发,小畜之义也。《象》曰:"风行天上,小畜。此卦乾下,巽上。巽为风,乾为天。君子以懿文德。"此言世运愈进,人类当畜养其力,以增进文明与道德之懿美,畜道唯在乎是。固非凶猘之日修战备者所可伪托也。今列强唯务侵略,平时努力战备,当其未发,亦未尝不曰且畜养吾力也。其实,此等本为人类自毁之痴狂工作,与畜义正相反也。

物畜,然后有礼,故受之以履。

小畜,畜以文德,故礼兴焉。此履卦所以次小畜也。履者,礼也。履卦,兑下,乾上。故有上天下泽之象。乾为天,兑为泽。履之《系辞》曰:"履虎尾,不咥人,亨。"案此卦,六三以阴居阳,三为阳位。而履二阳,履之下卦,兑也。兑之初二皆阳,六三以柔而履之。故有履虎尾之象。《象辞》所谓"柔履刚"是也。夫礼,非由外铄,乃因人心自然之理而为之礼数。自然之理,亦云天理。如事亲,有冬温夏凊之礼,因人子之心自不忍忘其亲,故为之制礼以达之。非人心本无爱亲之理,而故立法以饰之于外也。礼以自抑为质,礼之质,在于己之外,知有他人。否则恣小己之私欲,无礼可言。故有柔顺义。然其持守甚严,有以非礼相干者,虽威势甚盛,必执礼以抗之。虽铁钺在前,必秉礼以当之。虽外诱极厉,必守礼以绝之,此履之所以体柔顺而行刚健,有履虎尾之象也。不咥人者,内行坚实,不忧虎咥,而虎亦不能咥之,故亨。《象》曰:"上天下泽,履。君子以辩上下,定民志。"辩上下者,上谓上达,下者下达。《论语》:"君子上达,小人下达。"上达则隆礼,下达反是。上下之辨明,然后民知正趋向,故曰定民志。此中志字,以心之所之言,即趋向义。《诗》曰:"相鼠有体,人而无礼。人而无礼,胡不遄死。"唯其不甘下达,故志定如此。

汉以来《易》家皆以辩上下为正尊卑之分。如君尊而臣民卑,男尊而女卑之类,皆有定分而不可易。此非圣人意也,容当别论。汉以后,二千余年经师,其释经皆囿于帝制时代之心习,而不究于大道,深可慨也。

履而泰，然后安，故受之以泰。

人皆由乎礼，即天下之志通。故泰卦次履，泰者，通也。泰卦，乾下，坤上。《系辞》曰："泰，小往大来，吉亨。"按蜀才云："小谓阴也，大谓阳也。"泰卦，坤阴往而之外，上卦亦云外卦，坤在上，故名之外。乾阳来而之内。下卦亦云内卦。乾在下，故名之内。谓乾气下降，坤气上升，天地之气通也。天者乾之象，地者坤之象。以天地气通，喻万物之情通，所以为泰。《象》曰："天地交，按交犹通也。泰。后以财成天地之道，辅相天地之宜，以左右民。"案虞翻以后为君，非是。后与後通。言泰，然后人道大亨，有以财成天地之道云云。财、裁通。天地之化不齐，如自然界之繁赜奇诡，其势力每足抑伏吾人，而若不可抗者。吾人终必尽其智能以深穷之。自官能所接，以至视听不行之地，无不据实测以推求，探赜索隐乃使自然宝藏，泄尽天机，而吾人得伸于自然之上。凡所以备物致用，设成器以为天下利。因天造地产之宜，而益之以人力，肇创伟大之功化者，无所不用其极，裁成辅相之盛如此。人类之知能，与乾坤之知能，通一无二。岂不伟哉！以左右民者，左者，佐也。右者，助也。此言人互相佐助也。泰卦与履相次，履，礼也。人道成至治之休，必非徒恃法治，而礼治其本也。通天下之志，畅万物之情，莫盛于礼。礼者，自抑而不忘乎人，自抑其私，故公。公即通，而能不忘乎人也。故能互相佐助也。夫裁辅天地者，徒任知能而已。其于通志达情，犹未逮也。必人人相勉于互助，然后群情不隔于形骸，众志无分于彼此，斯乃大通之运，泰安之极也。故言裁辅，而必极其效于左右民。

泰者，通也。物不可以终通，故受之以否。

泰之后，次以否者，世界非绝对也。万有本无常也，物不可终通，将变而成否。否，塞也。泰安日久，人将习于偷。偷也者，万恶之源也。万善本乎刚健，万恶成于偷懈，非严于自反者不知也。故泰久而否。否卦，坤下乾上，言乾气不下降，坤气不上升。则是天地不交，而万物不通也。《系辞》曰："否之匪人，不利君子贞，大往小来。"此言否塞之世，人失其性，而不成为人。故曰匪人，谓非人道也。然人道衰绝时，亦非无孤阳之存，君子为阳之象，匪人之世，犹有君子，即能独存人道者。但孤阳为群阴之淫势所掩，淫者，不正之谓。而无以行其志，故曰不利君子贞。王船山曰："不利君子贞，非利于小人之不贞。亦非君子可不正而利。阴据要津，阴在内卦，是据要津也。君子无所往而得利，贞且不利，况可不贞乎？然君子虽不利，而固保其贞也。"此言利者，与害相对之辞。大往小来者，阳往外，乾在上，上，外卦也。阴来内。坤在下，下，内卦也。与泰恰相反。《象》曰："天地不交，否。君子以俭德避难，不可荣以禄。"世运方否，君子虽欲救天下之溺，而志不获通，则且俭其德以避难。俭德避者，谓隐晦其身，不以德见于世也。而于乘权处势之徒，弃之如粪蛆。方将以姓字彰于昏俗为耻，而况可荣以禄乎？虽然，君子终不以俭德避难，为处否之常道也。君子固有时不得不出于此，但若以此为处否之大常，则君子唯独善自私而已，复何补于世运？明之季世，吾乡有杜苍略先生者，杜濬，于皇之弟也。于皇事迹，见李元度《清先正事略》。终身不交一人，不出户。常默然无言，居宅近一小山，每日夕，必登临其上，或望云而啸，或仰天而哭。偶见有人过山下者，即急伏地面，若恶人之瞻视也。如是以终其身。或曰：先生当明之亡，痛心胡祸而至此也。或曰：先生于人生之感，其必有独至而不犹乎人者也。非徒亡国之戚而已。先生入清世，久之始卒。有著述，不示人。临终，索火自焚之。后人竟不可考其思想。先生当否之运，可谓俭德避难矣。余独惜其止乎此也。否之上九曰："上九，倾否。先否后喜。"案上九，阳刚之极。故能倾覆否运，而使之转泰。其先否极，今乃否倾而泰，则有喜矣。《象》辞俭德避难，自是权时之宜，而上九之爻，特示倾否大义。一倾字，直显回转天地本领，非刚健至极，何能收此奇功。圣学广大，于斯可见。而汉以来诸君子，遇否，只知俭德避难，罕闻有体刚健以任倾否之大业者，何怪世运日下乎！

或曰："世运一泰一否，是万化之情，无往不复，乃循环之论也，斯与进化论相反欤？"答曰：否，否。世之言循环者，以为今之所见，于古为重规。后之所呈，于今为叠矩。以此言循环，则宇宙唯守其故，往复不已，仍是故物。而无创新可言矣。《大易》之义，岂其如是？夫以事物之自相言，则刹那生灭，元无实质，不容暂住。自相犹云自体。参考《新论·转变章》。是其创新无已，谓之进化可也。以事物之类型言，则若有大常，前者灭，后者生，而新生者，犹与前物同类也。如后生之人，与前灭之人，同属人之类型。夫以事物万殊，万殊，即互相对待也。前云世界非绝对者以此。而各事物之自相，实皆无常，但各有类型而不易。如个人生灭无常，而人之类型，则是有常而不易。由事物之自相无常，而其类型为不易故，遂于同一类型之事物，虽本生灭无常，而不守其故者。今或见为有实物焉，往而复返，目以循环。如日之朝出于东，夕没于西，常如是往复而不已，则谓之循环也。其实，日之自体，确是刹那生灭，未曾暂守其故。今者东出西没之日，已非昨者东出西没之日。而以今之日，与昨之日，其类型同故，遂觉有实日体，如是出没循环。其实，日体非故，不可以今此之东出西没，为昔之东出西没者也。世运之一泰一否，本无所谓循环。但以前代常否泰迭乘，后世亦常否泰迭乘，故通前后观之，常若古今皆一否一泰之局。此循环之论所由兴。然试深察古今之变，则后世之否或泰，与前代之否或泰，其在精神与物质各方面之表现，要自有各时代特具之点，不可谓后之所为，一切皆返于前之故辙也。《大易》本明刚健日新，与变动不居之盛德，岂可以循环论之曲见，妄测《易》义哉？夫宇宙万象，唯是相对，而非绝对也。克就万象言，故非绝对。若于万象而识其本体，方是绝对。故老曰"天下皆知美之为美，斯不美矣。皆知善之为善，斯不善矣。故有无相生,长短相形"云云。是故世运,否泰迭乘。由其后后,返观前前,虽常在进化之中,而每一进化之阶段,有其泰运,即不能无否运之微伏,而将乘隙以著。有其否运,即亦不能无泰运之微萌,而将乘时以盛。所谓否泰迭乘者以此。世运进化,似有若干阶段之殊。如狩猎之社会,是一阶段。农业社会,又是一阶段。过此以往,可推知也。而每一阶段中,各有其所谓否或泰即最后达于吾人理想之大同世界,恐亦不能长泰而无否,或既否而不复泰。恐亦至此为句。则以世界元为相对,而人间世终无绝对的善与美。佛经说一切众生,皆可成佛。即皆登究竟位,恒无退转。此固宗教家最高之愿望,要亦只可托之于西方极乐国,佛教中有净土宗,其说以为西方有极乐世界,无量诸佛皆生其间。而阿弥陀佛实于此主化,众生诚心念之,即得生西。非必人间有是境也。大乘有宗言,众生有五种姓。此词若详解,便极繁琐,兹略释大意。盖以众生根器有五种,如具有佛性,及菩萨性者,皆得作佛。不定性者,可作佛,亦可沉溺。小乘则难作佛,唯阐提终不得作佛云。其阐提者,毕竟无成佛期。世间既有阐提,何得唯有极净之泰而无否乎?然则佛法终亦不离《易》道也。夫万物固常在进化之中,而进化云者,要非一直向上。如佛书设喻有云:若箭射空,箭箭相承,终不退坠。佛书以此,喻进修工夫无间断。以此策励个人用功,取喻极有妙趣。而人群进化,决不如是。余尝游履危峰,径途险阻,无可直行而前,时须退而旁绕,再图上登。虽在前进长途之各阶段中,尝不免忽前忽却,然通而计之,则只有进前,而未曾后却也。人群进化之程,略近于是。否泰迭乘,为进化中所不能免。亦犹山行之前却不定,前,喻泰。却,喻否。终必达于高峰耳。若误计否泰迭乘,为反进化之循环论,则其不究理道,而暗于《易》义已甚矣。且进化无终极也,造化固时时毁其成功,而创新不已。人群进化亦无终点,即无圆满之止境。然此非人道之忧,唯常在不圆满中,而后人生有自奋于行健与日新之乐。否则一登止境,更无所事。而人生意义,亦黯淡无足言矣。泰、否二卦,义趣深广，学者所宜尽心也。

物不可以终否，故受之以同人。

否则思通，故否卦次以同人。同人之卦，离下乾上。乾为天，离为火。二至四，互巽。巽为风，天在上，火炎上而从之，得风益炽。参考郑玄《易注》。是盖否极之世，群众悔祸，渐去昏浊，而向于文明。同人之下卦为离，何妥曰："离为文明。"其始必由少数善类，正己以率物。渐成风尚，天下之人皆知向善，而不甘污下，善类多而善气昌，故为火炎于天之象。《系辞》曰："同人于野，亨。利涉大川，利君子贞。"案同人者，天下之人，皆有向善之心，即皆能去私以同乎人。自私则不能同人，惟心存乎善，便无往而不同人也。于野者，野谓旷远。同人以廓然大公之心，而无所私昵，故言于野。形容其心量之虚旷广远，无私欲之累也。同人承否之后，将通天下之志，以除天下之患。非无险阻，故有大川之象。然六二以顺德处中，二者，位之中。五阳和同，以众君子刚健之德，而当移风易俗之任，险无不济，故曰利涉大川。君子之贞，不利于否之世。今否势既倾，人皆怀善，以与人同。君子秉大公至正大道，而乐与天下人共由之。如风行草偃，无所不利，故曰利君子贞。《象》曰："天与火，同人。君子以类族辨物。"同人，下离，上乾，为火炎于天之象。此喻善道大昌，文明之运，世界大同之几也。君子以类族辨物者，天下将进大同，必非以一部分优胜之力，宰制他部分而纳之同轨。必各民族各展所长，各汰所短，于平等之中，有互助之美，是谓类族。员舆之大，洲别壤分。天异气，地异产，辨其物宜，以通有无。财无不均，生无不遂，故言辨物。是故否之世，人道绝而不通。同人之时，人兴于善，而否倾，会通之德大行。君子当否运，所为独立不惧，吾非斯人之徒与而谁与，不信人道终绝也。

《序卦》篇首，释其数节，用示方隅。余所未释，学者深思而自得之,亦一乐也。

《易》道广大,无不包通。无所不包含,无所不通贯。汉儒象数,既不究其旨。如大哉乾元,万物资始。此义何等深远,若推演之,即无量文句,亦说不尽。而荀爽释曰:"谓分为六十四卦,万一千五百二十策,皆受始于乾也。策取始于乾,犹万物之生本于天。"如此作释,便与圣人本旨,全无关涉。汉儒不论何家,其说《易》皆此类。王辅嗣虽扫象数,而纯本老氏虚无之旨,不悟刚健与创新之盛德,其于孔门外王之道,尤漠然未足闻焉。宋明诸师,大抵承辅嗣扫象之流风,而原本性命以立说,但解悟或有未澈,而其言又多拘于日用践履之间。其于治理,又不过敷陈君道、臣道,与上天下泽之分等等义趣。此亦远绍汉儒。盖本秦以来帝制之思想而释经,分明与圣人范围天地,曲成万物,与时偕行之道,全无似处。二千余年学术,名为宗孔,而实沿秦汉术数之陋,中帝者专制之毒。《大易》本五经之原,《易》义不明,余经更何可说。余少时,由注疏以窥经,而不悟注疏自为注疏,经自为经。因妄诋圣文,中年以后,始遗注疏,而密探圣意。欲有所造述,而余年且衰矣。后之学者,将有成吾之志,是所望也。注疏虽不得圣意,要不可不读。以前儒之解供吾参考。而虚怀以究圣人之旨,则得失易见。若鄙注疏而不治,亦未见其能穷经也。

《易》义且止于此。《春秋》以下,更不及详。然略提纲要,以待后之达者,何必成之自我乎?

二、春秋及尚书

《春秋》一经,自汉时有以《左氏》与《公》《谷》争立。至魏晋时,为《左氏》学者有杜预,遂昌言《春秋》非孔子所作。预序《左氏传集解》有曰:"《春秋》者,鲁史记之名也。记事者,以事系日,以日系月,以月系时,以时系年。所以纪远近,别同异也。故史之所记,必表年以首事。年有四时,故错举以为所记之名。《周礼》有史官,掌邦国四方之事,达四方之志。诸侯亦各有国史。大事书之于策,小事简牍而已。《孟子》曰:楚谓之《梼杌》,晋谓之《乘》,而鲁谓之《春秋》,其实一也。韩宣子适鲁,见《易》象与鲁《春秋》曰:'周礼尽在鲁矣。吾乃今知周公之德,与周之所以王。'韩子所见,盖周之旧典礼经也。周德既衰,官失其守,上之人不能使《春秋》昭明。赴告策书,诸所记注,多违旧章。仲尼因鲁史策书成文,考其真伪,而志其典礼,上以遵周公之遗制,下以明将来之法。其教之所存,文之所害,则刊而正之,以示劝戒。其余,则皆即用旧史。史有文质,辞有详略,不必改也。故《传》曰:'其善志。'又曰:'非圣人孰能修之。'盖周公之制,仲尼从而明之。左丘明受经于仲尼,以为经者,不刊之书也。故传或先经以始事,或后经以终义。或依经以辩理,或错经以合异。随义而发其例之所重,旧史遗文,略不尽举。非圣人所修之要故也。"又曰:"其发凡以言例,皆经国之常制。周公之垂法,史书之旧章,仲尼从而修之,以成一经之通体。其微显阐幽,裁成义类者,皆据旧例而发义,指行事以正褒贬。"据此所云,杜预直不承认孔子有作《春秋》一事。彼以为《春秋》发凡标例,皆经国之常制,周公之垂法,史笔之旧章,仲尼从而修之耳。由杜预之说,《春秋》只是史书,不得为经。史之凡例,远承周公。孔子何得尸创作之名?预注《左氏》,乃宗周公而抑孔子。不知其果何用意。预怀党篡之逆,或因孟氏有孔子作《春秋》而乱臣贼子惧之言,遂抑孔子以逞其奸欤?陆淳《春秋纂例》驳预之说曰:"杜预云,凡例,皆周公之旧典礼经。按其传例云:'弑君,称君,君无道也。称臣,臣之罪也。'然则周公先设弑君之义乎? 又曰:'大用师曰灭。弗地曰入。'又周公先设相灭之义乎? 又云:'诸侯同盟薨,则赴以名。'又是周公令称先君之名,以告邻国乎? 虽夷狄之人,不应至此也。"柳宗元曰:"杜预谓例为周公之常法,曾不知侵伐入灭之例,周之盛时,不应预立其法。"案周公预为鲁史记定义例,断无此事,本不足辨。杜预怀奸心以逞臆说。近时谈今古文者,遂据此,而谓古文家宗周公。不知此乃杜预一人之奸言,何可谓古文家原来有此根本主张乎?

孔子作《春秋》,其说首见于《孟子》。孟子后孔子仅百余年,又自称愿学孔子,其言必不妄。《孟子·滕文公篇》有云:"世衰道微,邪说暴行有作,臣弑其君者有之,子弑其父者有之,孔子惧,作《春秋》。《春秋》,天子之事也。是故孔子曰:'知我者,其惟《春秋》乎?罪我者,其惟《春秋》乎?'"朱子《集注》云:"胡氏曰:'仲尼作《春秋》,以寓王法。惇典庸礼,命德讨罪,其大要皆天子之事也。知孔子者,谓此书之作,遏人欲于横流,存天理于既灭。为后世虑,至深远也。罪孔子者,以谓无其位,而托二百四十二年南面之权,使乱臣贼子禁其欲而不得肆,则戚矣。'愚谓孔子作《春秋》,以讨乱贼。则致治之法,垂于万世,是亦一治也。"又《离娄篇》有云:"孟子曰:'王者之迹熄,而《诗》亡。东周承幽厉之后,文武之政教久不修,故云王迹熄。民间讽刺之谣,不得上达,故云《诗》亡。《诗》亡,然后《春秋》作。《诗》亡,则群情之所公好公恶,不得宣达。政制与群俗之不良,皆习焉而莫知为计,故《春秋》不得不作。晋之《乘》,楚之《梼杌》,鲁之《春秋》,一也。其事,则齐桓、晋文。其文,则史。'孔子曰:'其义,则丘窃取之矣。'"孟子书明言孔子作《春秋》者二处。《公羊·昭十二年传》有云:"《春秋》之信史也,其序,则齐桓、晋文。其会,则主会者为之也。其词,则丘有罪焉尔。"《春秋》中贬绝讥刺之辞,皆孔子断之以义,而于史之旧文,有所修正。司马迁所谓"贬天子,退诸侯,讨大夫"云云是也。故孔子自谦曰:"丘有罪焉尔。"此与《孟子》其事则齐桓、晋文一节,大同小异。是孔子自明述作之怀,为七十子之徒转相传授,《孟子》《公羊》,并见称引,绝不容疑。夫曰其义则丘取之,其词则丘有罪焉尔。可见孔子所修之《春秋》,绝非鲁史记之旧,其间所陈甚深宏远之义,用为万世法者。既当时诸侯与霸者之所嫉恶,而孔子行素王之事,又厚自谦退。故曰:"其词则丘有罪焉尔。"又曰:"知我以《春秋》,罪我以《春秋》。"孔子作《春秋》之深意,既于此可征矣。使如杜预之说,只是钞录旧史,则孔子何故曰其义则丘窃取,又云知我罪我,皆以《春秋》哉?

孟子之后,董仲舒为醇儒。《史记·儒林传》曰:"言《春秋》,于齐、鲁自胡毋生。于赵,自董仲舒。"仲舒,广川人也。以治《春秋》,孝景时为博士。汉兴至于五世之间,惟董仲舒名为明于《春秋》。其传,公羊氏也。仲舒作《春秋繁露》有云:"孔子明得失,差贵贱,<small>贵义而贱利</small>。反王道之本,讥天王以致太平。刺恶讥微,不遗大小。善无细而不举,恶无细而不去。进善诛恶,绝诸本而已矣。"《繁露》演《公羊》义,以《春秋》为孔子作。与孟子之言,适相符应。《史记·太史公自序》云:"夫《春秋》,上明三王之道,下辨人事之纪,别嫌疑,明是非,定犹豫。善善,恶恶,贤贤,贱不肖。存亡国,继绝世,补敝起废,王道之大者也。是故《礼》以节人,《乐》以发和,《书》以道事,《诗》以达意,《易》以道化,《春秋》以道义。拨乱世,反之正,莫近于《春秋》。文成数万,其旨数千。万物之聚散,皆在《春秋》。《春秋》之中,弑君三十六,亡国五十二,诸侯奔走不得保其社稷者,不可胜数。察其所以,皆失其本已。故《易》曰:'失之毫厘,差以千里。'故曰:'臣弑君,子弑父,非一旦一夕之故也。其渐久矣。'"又曰:"故《春秋》者,礼义之大宗也。夫礼,禁未然之前。法,施已然之后。法之所为用者易见,而礼之所为禁者难知。"又曰:"上大夫壶遂曰:'昔孔子何为而作《春秋》哉?'太史公曰:'余闻董生言"周道衰废,孔子为鲁司寇,诸侯害之,大夫壅之。孔子知言之不用,道之不行也。是非二百四十二年之中,以为天下仪表。贬天子,退诸侯,讨大夫,以达王事而已矣。"子曰:"吾欲托之空言,不如载之行事之深切著明也。"'"《孔子世家》:"子曰:'弗乎! 弗乎! 君子病殁世而名不称焉。吾道不行矣,吾何以自见于后世哉?'乃因史记作《春秋》,上至隐公,下讫哀公十四年,十二公。据鲁,亲周,故殷。运之三代,约其辞文,而指博。故吴、楚之君自称王,而《春秋》贬之曰'子'。践土之会,实召周天子,而《春秋》讳之曰,'天王狩于河阳'。推此类以绳当世,贬损之义。后有王者举而开之,《春秋》之义行,则天下乱臣贼子惧焉。"详史公所言,皆闻之董生。是《春秋》为孔子作,自孟子、公羊以来,累世群儒,都无异说。晋范宁《穀梁传集解序》曰"昔周道衰陵,乾纲绝纽,礼坏乐崩,彝伦攸斁,弒逆盗篡者国有,淫纵破义者比肩。中略。孔子睹沧海之横流,乃喟然而叹曰:文王既没,文不在兹乎? 言文王之道丧,兴之者在己。于是就太师而正《雅》《颂》,因鲁史而修《春秋》,按修犹作也。因鲁史而修之,则《春秋》与旧史不同可知。于时则接乎隐公。故因兹以托始,该二仪之化育,赞人道之幽变"云云。据此,则《穀梁》之后学,亦皆知《春秋》肇修于孔子。与《公羊》传授相同。《礼记·中庸》曰:"仲尼祖述尧舜,宪章文武。上律天时,下袭水土。"郑玄注曰:"此以《春秋》之义,说孔子之德。孔子祖述尧舜之道,而制《春秋》。而断以文王、武王之法度。《春秋传》曰:'君子曷为为《春秋》? 拨乱世反诸正,莫近诸《春秋》。其诸君子乐道尧舜之道欤?'又曰:'是子也,继文王之体,守文王之法度。'又曰'王者孰谓? 谓文王也。'此孔子兼包尧、舜、文、武之盛德,而著之《春秋》。以俟后圣者也。律,述也。述天时,谓编年,四时具也。袭,因也。因水土,谓记诸夏之事,山川之异。"据此,则孔子作《春秋》,《中庸》已有明征。《说苑·至公篇》:"夫子道不行,退而修《春秋》。精和圣制,上通于天而麟至,此天之知夫子也。故夫子曰:'不怨天,不尤人。下学而上达,知我者其天乎?'"《礼记疏》引《钩命决》云:"丘为制作之王。"《书疏》引王愆期注《公羊》,以为《春秋》制文王,指孔子耳,非周昌也。夫孟子之时与地,邻接圣人,其言孔子作《春秋》,自可信据。两汉诸儒去古未远,亦无有谓《春秋》只是鲁史而非孔子所作者。足征七十子后学传授全同。杜预生于魏晋之世,独以奸心,而造臆说。欲以圣人制万世法之大经,降为记事之史书。又尊周公以抑孔子。无忌惮已极矣。

释《春秋经》者,最古厥惟三传。曰《公羊传》,曰《穀梁传》,曰《左氏传》。三传当以《公羊》为主。孔子大义微言,惟《公羊》能传之。太史公曰:"《春秋》者,礼义之大宗也。"其于当时行事得失,一断以礼义,是谓大义。若三世义,则微言也。《穀梁》,昔人以为小书,于大义颇有得,而不足发微言。《左氏》则记事之史耳。汉博士谓其不传《春秋》,诚然。今以次略述于后。

《左氏传》,决为左邱明作,但其书,非邱明原本。赵匡始谓"《左氏》解经,浅于《公》《谷》,诬谬实繁。若邱明才实过人,岂宜若此?"王安石《左氏解》,疑左氏为六国时人者十一事,而其书不传。郑樵《六经奥论》,断定左氏非邱明,曰:"《左氏》终纪韩、魏、智伯之事,又举赵襄子之谥,若以为邱明,自获麟至襄子卒,已八十年矣。使邱明与孔子同时,不应孔子既没七十有八年之后,邱明犹能著书,此左氏为六国时人,明验一也。《左氏》记战于麻隧,秦师败绩,获不更女父。又云,'秦庶长鲍、庶长武帅师',及晋师战于栎。秦至孝公时,立赏级之爵,乃有不更、庶长之号,明验二也。《左氏》云:'虞不腊矣。'秦至惠王十二年初腊,明验三也。《左氏》师承邹衍之说,而称帝王子孙。案齐威王时,邹衍推五德终始之运,明验四也。《左氏》言分星,皆准堪舆。按韩、赵、魏分晋之后,而堪舆十二次,始于赵分,曰大梁之语,明验五也。《左氏》云:'左师展将以公乘马而归。'案三代时,有车战,无骑兵。惟苏秦合从六国,始有'车千乘、骑万匹'之语,明验六也。《左氏》序吕相绝秦、声子说楚,其为雄辨狙诈,真游说之士、捭阖之辞,明验七也。《左氏》之书,序晋、楚事最详。如'楚师熸''犹拾沈'等语,则左氏为楚人,明验八也。"据此八节,以断定左氏非邱明,是为六国时人。王应麟曰:"'八世之后',其田氏篡齐之后之言乎?'公侯子孙,必复其始',其三卿分晋之后之言乎?'其处者为刘氏',其汉儒欲立《左氏》者所附益乎?"或问伊川曰,左氏是邱明否?曰:《传》无邱明字,不可考。朱子亦谓《左传》有纵横意思,不腊是秦时文字二条。盖本郑樵。腊祭,据《史记》张守节《正义》云:"秦惠文王始效中国为之。"则以不腊为秦时文字,正未足据。林黄中谓

《左传》"君子曰"是刘歆之词。刘逢禄以《左氏》凡例、书法,皆出刘歆,其说虽未必尽然,歆当有所附益改窜。如《传》载韩厥称赵盾之忠,士鞅称栾书之德。弑君之贼,为其奸党所赞美。而史无诛绝之辞,理不应尔。想是刘歆有所删削,史墨"君臣无常位"云云,正为逐君之贼张目。明与《论语》贬三家意思不符。有难:"《春秋》张三世,欲致太平之美。君无道,自可弑,而胡为拥护君权乎?"答曰:《春秋》义通三世,据乱与升平世,皆未能废君也。乱贼之弑君父,逞兽欲而灭天理,其罪不可不诛。若夫升平进太平之道,明无首以张民主,去独裁以舒众志,则又是一义。岂乱贼之行,可托于此乎?《春秋》义旨宏远,不当执一端以求之。《传》载史墨之词,刘歆必有改窜处。

自赵匡以后,辨左氏者,多不以左氏为《论语》之邱明。余以为论经籍者,当征诸《史记》。史公世为史官,博识旧闻,且生当汉初,去古未远,其所记述,自可信据。《史记·十二诸侯年表序》曰:"孔子明王道,干七十余君莫能用,故论史记旧闻。兴于鲁,而次《春秋》。上记隐,下至哀之获麟。约其辞文,去其烦重,以制义法,王道备,人事浃。七十子之徒,口受其传指,为有所刺讥褒讳挹损之文辞,不可以书见也。鲁君子左邱明,惧弟子人人异端,各安其意,失其真,故因孔子《史记》,具论其语。成《左氏春秋》。"据此,则史公以《左传》作者为鲁君子左邱明。此与《论语》之左邱明当是一非二。《论语·公冶长篇》:子曰:"巧言,令色,足恭,左邱明耻之,丘亦耻之。匿怨而友其人,左邱明耻之,丘亦耻之。"详此,则孔子于邱明,举其姓字而不名,邱明当是字。《史记·自序篇》"左邱失明,厥有《国语》",言左邱而遗"明"字者,以行文之便,从省略故。足见其非弟子。《论语》孔子于弟子,皆名之。史公称之为鲁君子,而别于七十子之徒,正与《论语》合。据孔子所称美之辞,则邱明是一严正之史家。刘歆谓其好恶同于圣人是也。史公《自序》,称其有《国语》,则邱明之精熟于史事可知。孔子作《春秋》,虽因鲁《史记》而论次其行事,但其取义,则纯由孔子发抒己意,以制万世法。其说既不便于当时天子诸侯及大夫，故口授七十子之徒，使转相传授。盖孔子所修之《春秋》，与其所因之《史记》原本，绝不相同。七十子传授口义，必渐漓其本事。邱明为史家，必欲保存史实。故惧弟子各安其意，失其真。遂因孔子《史记》，具论其语，成《左氏春秋》。据此，则邱明之传，大抵不依弟子所受孔子口义，而只就孔子所因《史记》原本，考订其本事，以存旧史之真。其自称《左氏春秋》，殆与孔子之《春秋》并行，实非为孔子《春秋》作传也。孔子制万世法，是为经学。邱明则保存史实，只是史学。刘歆欲立《左氏》，以邱明好恶与圣人同，亲见夫子为言。而博士惟争邱明不传《春秋》，并不谓作传者非邱明也。可见博士之论，与《史记》所载之事实全同。作传者为邱明，汉人承晚周传授，都无异说。后人妄兴疑难，徒为多事。如郑樵所举八节，其中亦有谬误，腊祭不始于秦，张守节《正义》已言之。《春秋》时伯者，齐桓虽盛而不久，独晋、楚两强相争持。序晋、楚事最详，纪其实也。若以此断左氏为楚人，果何义据？"左师展以公乘马而归"，不足为骑兵之证，近人已有辨驳。故以左氏为六国时人者，其说不足成立。唐、宋人疑左氏非邱明，大抵疑《左传》文字有诬谬处，或涉及六国时事。不知古代简策，易致残脱，后世好事者，妄为附益，或以更私意改窜。如《文十三年传》，"其处者为刘氏"，刘炫、孔颖达已明言汉儒插此以媚世。此特偶举一事言之，其他增窜处当不少。《汉书·刘歆传》曰："初《左氏传》，多古字古言，学者传训故而已。及歆治《左氏》引传文以解经，转相发明，由是章句义理备焉。"刘逢禄以为刘歆改窜传文，其说决不尽诬，且非独刘歆而已。如涉及六国时事者，当由战国季世之为《左氏》学者所增益。如庄子书末后诸短篇，显为其后学所增入。即杂篇中，亦时有增窜处，前人论及此者已多。古书全无后人改窜者盖甚少。《左传》之失其真，当六国之季世已然，不必自刘歆始也。刘逢禄《左氏春秋考证》曰"左氏后于圣人，未能尽见列国宝书。又未闻口授微言大义，惟取所见载籍，如晋《乘》

楚《梼杌》等相错编年为之。本不必比附夫子之经，故往往比年阙事。刘歆强以为传《春秋》，或缘经饰说，或缘本文前后事，或兼采他书以实其年。如此年之文，或即用《左氏》文，而增春夏秋冬之时。遂不暇比附经文，更缀数语。要之，皆出点窜，文采便陋，不足乱真也"云云。逢禄谓《左传》不为传《春秋》而作，此说自是。盖邱明惧七十子之徒，承尼父口义，而渐变乱不修《春秋》之本事。《公羊》所引不修《春秋》，即孔子所因之鲁《史记》原本。故复因《史记》原本而作传，使与孔子《春秋》并行，得存旧史之真。邱明本意如此。汉博士谓其不传《春秋》，决非诬妄。逢禄于此承汉博士之说，固是。但又疑左氏非邱明，而谓其后于圣人。则又苟异汉博士，而逞无稽之谈也。惟刘氏考证《左氏》传文，与经之年月相附，则传文阙者甚多。如隐二年，"纪子帛、莒子盟于密"。《证》曰："如此年《左氏》本文全阙，所书皆附益也。"十年六月戊申，《证》曰："十年《左氏》文阙。"桓公元年，《证》曰："是年《左氏》文阙。"七年冬，"曲沃伯诱晋小子侯杀之"。《证》曰："即有此事，亦不必在此年。是年《左氏》文阙。"九年冬，曹太子来朝。《证》曰："是年《左氏》文阙。《巴子篇》年月无考。"十年冬，"齐、卫、郑来战于郎，我有辞也"。"是年《左氏》文阙。《虞叔篇》年月无考。"十一年，《证》曰："楚《屈瑕篇》年月无考。"十二年，《证》曰："是年《左氏》文阙。楚《伐绞篇》当与《屈瑕篇》相接。年月亦无考。"十三年，《证》曰："是年亦阙。《伐罗篇》亦与上相接，不必蒙此年也。"十四年，《证》曰："是年文亦阙。"十六年，《证》曰："是年亦阙。"十七年，《证》曰："是年文盖阙。"庄元年，《证》曰："此以下七年文阙。楚《荆尸篇》《伐申篇》年月亦无考。"十三年、十五年、十七年，《证》曰："文阙。"详刘氏所举阙文极多。论者以为，《左氏传》不解经，固有合于汉博士之说。然邱明作传，期于对照经文，存其本事。凡言经者，皆指孔子所修之《春秋》，他处仿此。不应阙文如是之多，故知见存《左传》，非邱明原本。《汉志》："《春秋》古经十二篇。"班氏无注。钱大昕曰："谓《左氏》

经也。汉儒传《春秋》者，以《左氏》为古文，《公羊》《穀梁》为今文。称古经，则知其为《左氏》矣。"《汉志》又载有《左氏传》三十卷。班氏注云："左邱明，鲁太史。"说者谓《左氏》经与传各为单行本，故《汉志》分载之。今《左氏》古经本，已不可考，甚足惜也。使其尚存，则见存《左传》之阙文，可资考核。而不修《春秋》之文，与经文犹堪对照。史公谓孔子兴于鲁，而次《春秋》，约其辞文，去其烦重，以制义法者。必曾亲见《左氏》古经，非臆说也。

《穀梁传》，为穀梁氏作，穀梁氏之名，传说不一。桓谭《新论》云："《左氏》传世后百余年，鲁人穀梁赤为《春秋》，残亡，多所遗失。"应劭《风俗通》云："穀梁子名赤。子夏弟子。"麋信则以为秦孝公同时人。阮孝绪则以为名俶，字元始。《汉书·艺文志》颜注云："名喜。"《论衡·案书篇》又云"穀梁寘"。岂一人有四名乎？抑如公羊之祖孙父子相传非一人乎？名赤，见桓谭《新论》。《新论》较为近古，故后人多从之。桓谭云："左氏后百余年。"麋信以为与秦孝公同时。王应麟曰："《传》载尸子语，而尸佼与商鞅同时，故麋氏以穀梁子为秦孝公时人。"《史记》秦孝公渠梁之元年，距获麟百有二十一年。是麋信与桓谭之说相合也。《风俗通》谓穀梁氏为子夏弟子，殊无据。或穀梁尝受业于子夏之后学，遂妄传为亲受经于子夏耳。《史记·儒林传》曰："瑕邱江生为《穀梁春秋》。自公孙宏得用，尝集比其义，卒用董仲舒。"《汉书·儒林传》曰："瑕邱江公，受《穀梁春秋》及《诗》于鲁申公，传子至孙为博士。武帝时，江公与董仲舒并。仲舒通五经，能持论，善属文。江公呐于口，上使与仲舒议，不如仲舒。而丞相公孙宏，本为《公羊》学，比辑其义，卒用董生。于是上因尊《公羊》家。诏太子受《公羊春秋》，由是《公羊》大兴。太子既通，复私问《穀梁》而善之。其后浸微。宣帝即位，闻卫太子好《穀梁春秋》以问丞相韦贤、长信少府夏侯胜，及侍中乐陵侯史高，皆鲁人。言穀梁子本鲁学，公羊氏乃齐学也，宜兴《穀梁》，由是《穀梁》之学大盛。"案

《穀梁》只暂盛于宣帝之时,终不足与《公羊》并行。郑樵曰:"《儒林传》,学《公羊》者凡九家,而以《穀梁》名家,独无其人。此所谓师说久微也。瑕邱、江公既无传于后。范宁当晋世,作《穀梁传集解》。自谓所见释《穀梁》者近十家,皆肤浅末学,不经师匠,辞理典据,都无可观。"今唯范氏《集解》见存,亦无精彩。清季,钟文丞依范书作《补注》,虽远过范氏,然以章句之卑识,欲扬《穀梁》以抑《公羊》,多见其不知量也。郑玄论三传曰:"《左氏》善于礼,《公羊》善于谶,《穀梁》善于经。"此无识之言。朱子曰:"《左氏》说礼,皆是周末衰乱不经之礼,无足取者。"《公羊》实不言谶,汉儒以谶附《公羊》耳。《穀梁》于三世义,全无所知。岂得为善于经乎?

《公羊传》,《汉书·艺文志》:"《公羊传》十一卷。"班固自注曰:"公羊子,齐人。"唐徐彦《春秋公羊传注疏》引戴宏《序》云:"子夏传与公羊高。高传其子平,平传其子地,地传其子敢,敢传其子寿。至汉景帝时,寿乃共弟子齐人胡毋子都,著于竹帛。"何休《解诂序》:"恨先师观听不决,多随二创。"彦《疏》云:"此先师,戴宏等也。戴宏作《解疑论》,难《左氏》,不得《左氏》之理,不能以正义决之。故云观听不决。"陈立《疏》曰:"戴宏不知何时人。"案戴宏自在何休前,彦明见其书。陈立疑之,非也。彦《疏》,《唐志》不载。《崇文总目》始著录。董逌《广川藏书志》称,世传徐彦不知时代。明人考疏中邲之战一条,犹及见孙炎《尔雅注》完本,知在宋以前。又葬桓王一条,全袭用杨士勋《穀梁传疏》,知在贞观以后,故定为唐人。而王鸣盛疑其即《北史》之徐遵明,亦无确证。彦《疏》引戴宏《序》自可据。何休《解诂》。隐二年,"纪子伯、莒子盟于密"条下,有云:"春秋有改周受命之制。孔子畏时远害,又知秦将燔《诗》《书》,其说口授相传。至汉,公羊氏及弟子胡毋生等,乃始记于竹帛。"彦《疏》引戴宏《序》与休说大同。宏《序》详公羊氏五世之传,在两汉自甚明白彰著,休注偶从略耳。《汉书·儒林传》:"胡毋生,字子都,齐人。治《公羊春秋》,为景帝博士。与董仲舒同业。仲舒著书称其德。年老,归教于齐。齐之言《春秋》者宗事之。公孙宏亦颇受焉。"太史公云："言《春秋》于齐鲁，自胡毋生。于赵，自董仲舒。"而又云："汉兴至于五世之间，惟董仲舒名为明于《春秋》，其传，公羊氏也。"似于仲舒推崇独重。可见西汉《公羊》之学，董氏为盛。班固言仲舒称胡毋生之德，何休《解诂序》谓略依胡毋生条例。即固与休之言推之，可见东汉人又重胡毋生之学。彦《疏》云："胡毋生虽以《公羊》经传，传授董氏，独自别作条例。故何氏取之以通《公羊》也。"此则彦《疏》诬妄。史公只谓言《春秋》者，于齐鲁自胡毋生，于赵自董子。班固亦只言胡毋生与董子同业。皆不言胡毋生以《公羊》经传传授董子。彦《疏》欲尊胡氏，而于迁记固书，两无所考，诚诬妄之极也。仲舒承公羊之传，《史记》有明文。《汉书》亦谓胡毋生与仲舒同业，二人并为孝景时博士。年辈当相若，或同师公羊寿欤？

　　孔子作《春秋》，其说既不便于当时天子诸侯，《史记·太史公自序》，称[1]《春秋》贬天子，退诸侯，讨大夫。故不著竹帛，而口授七十子。公羊高亲受之子夏。世传口义，至玄孙寿乃与弟子胡毋生，著于竹帛。同时董仲舒，著《春秋繁露》。十七卷，见存。广大精微，盛弘《公羊》。其后何休作《解诂》。虽云依胡毋生条例，而义据亦大同《繁露》。故治《春秋》者，当本之董、何。《左氏》本不传《春秋》，《穀梁》实出《公羊》后。庄二年，公子庆父帅师伐于余丘，《穀梁传》有云："其一曰君在而重之也。"此所谓"其一曰"云云者，即指《公羊传》"君存焉尔"之语。隐二年，无骇帅师入极，八年无骇卒。《穀梁传》皆两说。亦足征其曾见公羊之书而附益之。此上二条，见刘原父《权衡》。陈澧谓穀梁不得亲受子夏。盖生公羊之后，而研究《公羊》之说，或取之，或不取，或驳之，或与己说兼存之。其所发见颇多，确然不诬。兹不及述。皮锡瑞亦赞同陈氏说。《穀梁》虽粗识大义，而不知存微言。实与夫子作经本旨无关。《春

---

[1]　"称"，原作"种"，据南方印书馆本改。

秋》有大义,有微言。大义者,如于当时行事,一裁之以礼义。家铉翁谓之因事垂法是也。《穀梁》于此,尽有得处。晁说之曰:"《穀梁》晚出于汉,因得监省《左氏》《公羊》之违畔而正之。至其精深远大者,真得子夏之传。"说之虽未足知言,然以《穀梁》出《公羊》后,却不误。《穀梁》即事而明其是非,大体平正。说之盖有见于此。微言者,即夫子所以制万世法,而不便于时主者也。如《公羊》之三科九旨,多属微言。《穀梁》于此,却避而不道。此其智不足以知圣人故也。说之称其精深远大,可谓寡识。《穀梁》承《公羊》而不达其冲旨。使两汉无董、何,则《公羊》之学遂绝,而《春秋》一经之本意,终不得明于后世矣。钟文烝《穀梁补注》卷首《论经篇》曰:"《公羊》之三科九旨,皆不足言矣。"文烝固陋如此,由其习于穀梁氏之说,而不求超悟故也。余今兹所讲唯据《公羊》,而于《左》《谷》,不欲及之。

董子《对策》云:"孔子作《春秋》先正王,而系以万事。见素王之文焉。"卢钦《公羊序》云:"孔子自因鲁《史记》而修《春秋》,制素王之道。"《公羊疏》引《春秋说》云:"伏羲作八卦,丘合而演其文,渎而出其神,作《春秋》以改乱制。"据此等文,盖以孔子《春秋》之作,乃通万世而权其变,以制治法,仁及未来世无量众生而无穷竭,所以为素王也。董子言《春秋》先正王。《公羊传》曰:"王者孰谓,谓文王也。"此云文王,实非主谓周昌,乃假以明含育天下万世之仁道。假者,假借。如《易·乾卦》之龙,假以明乾元。《春秋》即假文王,以明仁道。孟子学《春秋》,其七篇言仁政,每称文王,即《春秋》之旨也。孔子为《春秋》制作之主,亦以素王自命。乃当仁不让之义。后人必谓孔子不合自号素王,则以俗情而度圣心,大谬不然也。《家语》称齐太史子余叹美孔子言,"天其素王之乎?"素,空也,言无位而空王之也。孔子曰:"文王既没,文不在兹乎?"是孔子以素王自居之证也。故《春秋》言王,有二义:一曰假文王以明仁道;二曰孔子自居素王,制万世法,亦假文王以明己志也。孔子作《春秋》,本为万世制法。而汉儒乃有《春秋》为汉制法之说。如郑玄《六艺论》云："孔子既西狩获麟，自号素王，为后世受命之君，制明王之法，此意为刘帝制法也。"《解疑论》云："圣人不空生，受命而制作。所以生斯民，觉后生也。西狩获麟，知天命去周，赤帝方起。麟为周亡之异，汉兴之瑞。故孔子曰：'我欲托诸空言，不如载诸行事。'遂修《春秋》。"又曰："周灭火起。汉以火德王。薪采得麟。《春秋》为汉制，明矣。"《解疑论》据彦《疏》，则戴宏所作。乃何休所谓为先师者。此特略引二家之说，汉儒盖无不持此论者。而纬书之文甚荒诞，其为汉人附会无疑。《春秋纬·演孔图》血书端门之说，最荒诞不经，而何休《解诂》，于哀十四年引其文。盖东汉人重谶纬故也。昔孔子成《春秋》，制万世法，对于君权时代之乱制，力主改革，故有知我罪我之叹。孟子言周制不可详，由诸侯恶其害己，而皆去其籍。秦政时，儒生复经焚坑之祸，公羊高亲受经子夏，世传口义，而不敢著于竹帛。至四世孙寿，乃与弟子胡毋生共著竹帛。可见当时儒者避祸之心理。寿与胡毋生以口义笔之书册，必多所变易。而其微言之大者，又不可尽没而无传也。于是投好时主，托为为汉制法。如《纬书》云："得麟之后，天下血。书鲁端门曰：趋作法。彦《疏》引此文，解云："疾作王者之法也。"孔圣没，周姬亡。彗东出，秦政起。旧解云：秦始皇名政。胡破术，旧解云：二世名胡亥，继政而破先王之术也。书记散，孔不绝。旧解云：书契纪网，尽皆散乱。唯有孔氏《春秋》口相传者，独存而不绝。子夏明日往视之，血书飞为赤鸟，化为白书，署曰《演孔图》。中有作图制法之状。孔子仰推天命，俯察时变，却观未来，豫解无穷，知汉当继大乱之后，故作拨乱之法以授之。"据此，可知为汉初《公羊》家所托，冀以免害。盖公羊氏之徒，惧《春秋》将行世，"其中多非常异义、可怪之论"，见嫉于时。此何氏《解诂序》中语。所谓非常异义及可怪之论，大抵皆夫子掊击当时乱制，及为未来世人类之利乐计者，必多甚深高远之理想，为当时人所震骇而不易喻者。公羊寿与胡毋生既畏祸，其著竹帛时，必多所遗弃，而未敢公然传世。故今求之经传，亦多不可见。何休当汉世，《公羊》家口义，当犹有流传。其序称《春秋》多非常异义可怪之论，而作《解诂》时，亦不敢尽笔之于书。后之疏家，乃以浅见，强于经传取证，而皆失其旨。自纬书巧附为汉制法之文，而群儒亦皆依纬书以张大其说。初时本期远害，后则更以取媚时主，而后之人犹不辨其伪，岂不惑欤？皮锡瑞曰："《春秋》为后王立法，虽不专为汉，而汉继周后，即谓为汉制法，有何不可？且在汉言汉，推崇当代，不得不然。今人生于大清，大清尊孔教，即谓为清制法，亦无不可。"锡瑞此解，卑陋邪谬已极。《春秋》之道，归于去尊以伸齐民，贬天子，退诸侯，讨大夫，是不容有统治阶级也。人民皆得自治自由自尊自主，所以致太平。诛暴以兴灭绝。吴楚及秦，皆持侵略主义，《春秋》皆狄之。兴灭国，继绝世，《春秋》大义也。汉之帝制，清人覆二帝三王之统，皆《春秋》之所必诛绝而不容宽假也。而云《春秋》为彼制法乎？圣人制万世法，将使群生随时而进于善，万物各得其所，岂为专制或凶狝之徒制法，以鱼肉兆庶乎？

孔子之道，内圣外王。其说具在《易》《春秋》二经。余经《诗经》《书经》《礼经》《乐经》（即《乐记》）。皆此二经之羽翼。《易经》备明内圣之道，而外王赅焉。《春秋》备明外王之道，而内圣赅焉。二经制作极特别，皆义在于言外。《易》假象以表意，惟王辅嗣能知之，而俗儒恒不悟也。《春秋》假事以明义，孔子已自言之。孟子引孔子曰："其事则齐桓、晋文，其文则史，其义则丘窃取之矣。"而汉、宋二派之儒，罕能得其旨。皮锡瑞曰："孔子自明作《春秋》之意曰：'载之空言，不如见之行事，深切著明。'后人亦多称述，而未必人人能解。《春秋》一书，亦止是载之空言，如何说是见之行事？即后世能实行《春秋》之法，见之行事，亦非孔子之所及见，何以见其深切著明？此二语，看似寻常之言，有令人百思而不得其解者。必明于《公羊》借事明义之旨，方能解之。盖所谓见之行事，谓托二百四十二年之行事，以明褒贬之义也。孔子知道不行，而作《春秋》。斟酌损益,立一王之法,以待后世。然不能实指其用法之处,则其意不可见。即专著一书,说明立法之意如何,变法之意如何,仍是托之空言,不如见之行事,使人易晓。犹今之大清律,必引旧案,以为比例,然后办案乃有把握。故不得不借当时之事,以明褒贬之义。即褒贬之义,以为后来之法。如鲁隐非真能让国也,而《春秋》借鲁隐之事,以明让国之义。祭仲非真能知权也,而《春秋》借祭仲之事,以明知权之义。宋襄非真能仁义行师也,而《春秋》借宋襄,以明仁义行师之义。所谓见之行事,深切著明,孔子之意盖是如此。故其所托之义,与其本事不必尽合。孔子特欲假借之,以明其作《春秋》之义。使后之读《春秋》者,晓然知其大义所在。较之徒托空言而未能征实者,不益深切而著明乎? 三《传》,惟《公羊》家能明此旨。"又曰:"春秋初年,王迹犹存。及其中叶,已不逮春秋之初。至于定、哀,骎骎乎流入战国矣。而论《春秋》三世之大义,《春秋》始于据乱,即借隐、桓、庄、闵、僖,为据乱世。中于升平,即借文、宣、成、襄为升平世。终于太平,即借昭、定、哀为太平世。世愈乱,而《春秋》之文愈治,其义与当世之事正相反。"盖借十二公时代之行事,而假说三世。以明通变不倦,随时创进之义。《易》曰"通其变,使民不倦"。不倦,即随时创造而常新,进化无息也。与《大易》穷变通久之旨,相发明也。《易·系辞传》曰:"穷则变,变则通,通则久。"《公羊》何氏注云:"至所见之世,著治太平。"《疏》曰:所见昭、定、哀世,亦非太平,但《春秋》著治太平于此世也。即借所见昭、定、哀世,以著明太平之治应如何耳。故文、宣、成、襄之世,亦非实升平,《春秋》之义,治之升平尔。即借文、宣、成、襄之世,以著升平之治应如何耳。《公羊》家明言借事明义,而为《左氏》之学者,必欲以考订史事之眼光,而论圣人之经,岂不惑哉?

《左氏》是史学,古文家虽亦作此说,但言今古文者,必欲张而大之,以为古文皆祖周公,皆是史学。今文始是宗孔子,始是经学。此乃大谬不然。西汉《公羊》学盛,以《左氏》本不传《春秋》,故摈之。刘歆谓左氏亲见夫子,何尝不宗孔氏。杜预去古已远,以奸心而饰邪说,本不足道。何可据此以为今古学不同祖之证哉?近世谈今古文者,妄事张皇,甚无谓。

《易》《春秋》二经,并为名学之宗。《春秋》以正名为先。董子《繁露》推演《公羊》之义,其《深察名号篇》曰:"古之圣人,謞而效天地,谓之号。謞音孝。謞,謞声。太古之圣,俯仰之间,睹天地万物,而不安于茫然无所析别也。故欢謞而思有以则效之。鸣而命施,谓之名。鸣者,音声。命施者,循物之实,而不违其则。因以效法其实,而命之名,故曰命施。名之为言,鸣与命也。号之为言,謞而效也。"又曰:"号凡而略,凡者,都凡。名详而目。目者,偏辨其事也。偏辨者,于事物之散殊,而以分析之术求之。《荀子》所云散名之加于万物者。由分析至精,而随物各为之名也。凡者,独举其大事也。董子亦曰:号者,号其大全。谓玄名与公名也。享鬼神者号,一曰祭。祭之散名,春曰祠,夏曰礿,秋曰尝,冬曰燕。猎禽兽者号,一曰田。田之散名,春苗,秋蒐,冬狩,夏狝。物莫不有凡号,凡号,谓玄名与公名。号莫不有散名。如是,是故事各顺于名,事物万殊矣,而有散名以举其自相。有凡号以举其共相。乃至赜而不可乱,故曰事各顺于名。名各顺于天。天者,自然义。名者,因事物之实而命之,无淆乱也。天人之际,合而为一。名发于人,而应于天理,故天人合一。同而通理,依于散殊,而求其统类,观其会通,是谓同而通理。动而相益,先物而起判断,征之动用,而效益不爽,是谓动而相益。顺而相受,各个命题,于其全体系中,互相顺成,而无相违反,是谓顺而相受。谓之德道。德者,得也。道者,由义。思维所以得成规范,而行为所必由也,故云谓之德道。《诗》曰'维号斯言,有伦有脊',此之谓也。"伦者伦序。脊者,脊理,即条理或规范等义。又曰:"名生于真,非其真,弗以为名。名者,圣人之所以真物也。名之为言真也,故凡百讥有黮者,黮,深黑色,喻不明也。各反其真,则黮者还昭昭耳。凡有不明于理,而受讥责者,诚能反而求真,则不明者,必转而为明。欲审曲直,莫如引绳。欲审是非,莫如引名。名之审于是非也,犹绳之审于曲直也。诘其名实,观其离合,则是非之情,不可以相斓已。中略。《春秋》辨物之理,以正其名。《庄子》曰:"《春秋》以道名分。"从来解者,皆以名分,为辨上下之等。此以帝制思想附会,实非《春秋》旨也。案分者,分理。辨物之理,以正其名,是曰名分。名物如其真,不失秋毫之末。故名陨石,则后其五。见《僖十六年》。闻其田然,陨也。视之则石,察之则五。言退鹢,则先其六。亦见《僖十六年》。《孔丛子》:"平原君曰:至精之说,可得闻乎? 答曰:其说皆取之经传,不敢以意。《春秋》记六鹢退飞,睹之则六,察之则鹢。"圣人之谨于正名如此。君子于其言,无所苟而已。五石六鹢之辞是也。"如上所述,董子发明《春秋》名理,已见大概。其曰:"《春秋》辨物之理,以正其名。名物如其真。"又曰:"名者,圣人之所以真物也。名之为言真也。"此与以名为假诠者固殊。如火之一名,所以诠火。而名非火,故口呼火,不得热与燃。故曰:名者,假诠也。然名必如其真,如火之名,必诠于能燃之物。而不诠于湿润之物,故口呼火,而应者不以水。是名必应实。即如人之公名,如张人、李人是散名,而人则是公名。依于各个人所具之实德,而立此名,彼视公名纯为思想所抽象而撰成之空名者,如中世纪之唯名论。自是一偏之论。至董生之言凡号,似属公名,如所举祭与田之例。而实亦兼摄玄名。如天、道、性、命等名。若其言"同而通理、动而相益、顺而相受",此三者实为逻辑上甚深宏大之义。晚近言名理者,亦多能征详此义。

《尹文子》曰:"形以定名,形者,意象或概念也。名以定事,事以验名。察其所以然,则形名之与事物,无所隐其理矣。"《墨子》曰:"夫辩者,将以明是非之分,审治乱之纪,明同异之处,察名实之理。处利害,决嫌疑焉。摹略万物之然,论求群言之比,以名举实,以辞抒意。"详二家之言,其源皆出于《春秋》也。而孙卿名学,直绍《春秋》,又不待言矣。

《春秋》与《大易》相表里。《易》首建乾元,明万化之原也。而《春秋》以元统天,与《易》同旨。《春秋》托始隐公,而于其即位之始年,首书元年春。春者,天时也。先言元而后言春,明乾元始万物而统天之义,与《易·乾卦·彖辞》合也。何氏《解诂》于隐元年，发其义云："变一为元。旧解云：元年以下，有二年三年等。则知始年宜云一年。今不言一年，而变言元年，故知元者，别有取义。元者，气也。气者，大用流行之称。参考《新唯识论》。无形以起，无形者，大用之开发的方面，《新论》所云翕也。此无形象，故曰无形以起。有形以分。有形者，大用之凝聚的方面，《新论》所云翕也。翕便成物，物乃散殊。故云有形以分。造起天地，天地之始也。"余谓，气者，太极之显。譬如众沤，为大海水之显。故于气，而识其本体。则亦可名以太极也。《易》谓之乾元也，天地万物皆资始乎一元。一元者，太极显为大用也。《春秋繁露·重政》云"唯圣人能属万物于一而系之元也。按董子此语，最深邃，学者宜虚怀深玩之。故不及本所从来而承之，不能遂其功。按此上疑有脱文。万物所从来者，谓之元，物若不能本其所从来之理，而承之以不失，则何以遂其生育之功乎？万物并育者，由同禀一元之真，而承之以各畅其生耳。是以《春秋》变一谓之元，元犹原也。按天地万物由之而成，故说为万化之原。其义以随天地终始也。按此谓天地万物所以成终成始，皆元为之。故元者，为万物之本，而人之元在焉。安在乎，乃在乎天地之前"云云。详此言，人之元，即是万物之元，非有二元也。元者，绝待而自存，故曰在乎天地之前。夫天地乃形物之最大者，天地本资始乎元，则一切物莫非元之所为。天地万物皆以元为其实体，而元更无所待，故云在天地之前也。《重政》又曰："人始生有大命，是其体也。"又《王道》云："《春秋》何贵乎元而言之？元者，始也。元者，《易》云乾元也。《易》曰"大哉乾元，万物资始"。言乾元者，万物所共资之以始也。故元有始义，谓其始万物也。言本正也。"元者，万物之本。是乃清净纯善，至正而无倒妄者也，故云本正。物禀此至正之理以生，必全其所受之正，而无伤之，人道乃太和也。又《玉英》云："谓一元者，大始也。王弼曰："一者，数之始也，物之极也。"《尔雅》："元，始也。"《春秋元命苞》曰："孔子曰：某作《春秋》，始于元，终于麟。王道成也。"知元年志者，大人之所重，小人之所轻。"《论语》：君子务本。孟子云立本。《中庸》云：尊德性。此皆《春秋》始于元之意，故云大人所重，小人不知本，故轻。又《汉书·董仲舒传》曰："臣谨按《春秋》谓一元之义，一者，万物之所从始也。元者，辞之所谓大也。谓一为元者，视大始而欲正本也。"如上所述，可见董子言《春秋》，首发明元义，以为此经之宗极。与《大易》首建乾元同旨。内圣外王之学，其源底在是也。夫元者，万化之宗主，万物之本命，学必极乎此。如水有源，而千派万流无穷竭。如木有底，而千枝万叶滋生不息。穀梁氏继《公羊》而传《春秋》，已不能会孔子微言之旨，而不究乎元矣。汉以后言《春秋》者，又皆失其本。即在《公羊》家，如胡毋生之传，自公孙宏外，已不可考。《汉书·儒林传》但云齐之言《春秋》者，多受胡毋生而已。宏肤学阿世，固不见本原。唯董子传授之人多可稽，然其著述无存。后汉何氏《解诂》幸未亡，其书多述《繁露》。而其释元，则一依《繁露》之义。然但存故训而已，何氏固非能实体斯理者。《春秋》之亡也久矣。夫元者，言乎生生不测之仁体，健以动也，《易》之乾元，即仁也。乾卦曰天行健，无妄卦曰健以动。至诚无息也。宋明诸师，以存养仁体为学，其用力不为不深，然不免杂于释、道。寂静之意深，而生生健动之几，殆于遏绝。程子《识仁篇》，宋明诸儒所宗也。然玩其大旨，毕竟归寂之意味深。唯王阳明《大学问》，从恻隐之几，指出天地万物一体之实，令人当下超脱小己。其于《易》《春秋》之元，颇有契焉。从一元处，演之为治化。则天下和均，人皆得其养，而贫富不均之患去矣。人皆得受教以自奋于学，而智愚不均之患去矣。人皆互相比辅，而强弱不均之患去矣。立成器以为天下利，而自然势力之险阻，又得而均之矣。全人类相生相养，无有不均，和之至也。而大同太平之治成。董子所谓奉元之应也。奉元云云，见《繁露·王道篇》。奉元之奉，谓敬以承之而勿失也。人皆自识真元，即能以天地万物一体为量，本此以立政教，则群俗趋善，而太平之应不爽。

《公羊》家旧有三科九旨。徐彦《疏》："问曰：'《春秋说》云，《春秋》设三科九旨，其义如何？'答曰：'何氏之意，以为三科九旨，正是一物。若总言之，谓之三科。科者，段也。析而言之，谓之九旨。旨者，意也。

故何氏作《文谥例》云,"三科九旨者,新周,故宋,以《春秋》当新王,此一科三旨也"。又云,"所见异词,所闻异词,所传闻异词,二科六旨也"。又"内其国,而外诸夏,内诸夏,而外四夷,是三科九旨也"。'问曰:'宋氏之注《春秋》,说三科者,一曰张三世,二曰存三统,三曰风外内,是三科也。九旨者,一曰时,二曰月,三曰日,四曰王,五曰天王,六曰天子,七曰讥,八曰贬,九曰绝。时与日月,详略之旨也。王与天王,天子,是录远近亲疏之旨也,案王者因所对而异其称,乃《左氏》义。《左疏》引贾逵云"诸夏称天王,畿内曰王,夷狄曰天子"。宋云录远近亲疏之旨,盖本《左氏》家说。非《公羊》义。讥与贬绝,则轻重之旨也。'"据此,宋氏与何氏说有异。徐彦《疏》云:"《春秋》之内,具斯二种理。故宋氏又有此说,贤者择之。"案三科九旨,当传自胡毋生。何休《自序》称略依胡毋生条例,当以何氏说为正。然何氏殊无统类。余以为三科九旨,本孔子微言所存,当以三世义为宏纲。余义谓三科九旨中,除三世义外,其余诸义。随世分疏之,则圣人制万世法之密意,可得而窥矣。

三世义者,案《繁露·楚庄王》云:"《春秋》分十二公之世,以为三等。有见,有闻,有传闻。有见三世,有闻四世,有传闻五世。故哀、定、昭,君子之所见也,案君子谓孔子,下同。襄、成、文、宣,君子之所闻也,僖、闵、庄、桓、隐,君子之所传闻也。所见六十一年,所闻八十五年,所传闻九十六年。"据此,则《春秋》三世,本依孔子之所见、所闻,及所传闻,而区分之。但三世之义,则别有所寄。何休承《繁露》而申述加详,盖参考胡毋生之说故也。隐元年《解诂》云:所见者,谓昭、定、哀,己与父时事也。己者,设为孔子之自谓。昭、定、哀三公时事,是孔子与其父所见也。所闻者,谓文、宣、成、襄,王父时事也。四公时事,即孔子之王父时事,孔子不得见,故是其所闻。所传闻者,谓隐、桓、庄、闵、僖,高祖、曾祖时事也。孔子之高曾时事,故是其所传闻。于所传闻之世,见治起于衰乱之中。用心尚粗觕,故内其国,而外诸夏,先详内,而后治外。

录大略小。内小恶书,外小恶不书。大国有大夫,小国略称人。内离会书,外离会不书是也。于所闻之世,见治升平,内诸夏,而外夷狄。书外离会。小国有大夫,宣十一年秋,"晋侯会狄于攒函",襄二十三年,"邾娄鼻我来奔"是也。至所见之世,著治太平。夷狄进至于爵,天下远近小大若一。用心尤深而详。故崇仁义,讥二名,晋魏曼多,仲孙何忌是也。据此,《春秋》所为以十二公之世,十二公,共二百四十二年。分为所见、所闻、所传闻之三世。实借以寄托其最高之理想。所传闻世,见治起于衰乱之中,是为据乱世。所闻之世,见治升平,是为升平世。所见之世,著治太平,是为太平世。表之如下:

$$\left\{\begin{array}{ll}\text{所传闻世} & \text{据乱世}\\\text{所闻之世} & \text{升平世}\\\text{所见之世} & \text{太平世}\end{array}\right.$$

孔子依所传闻及所闻、所见,立据乱与升平等三世义。等者,谓太平世。由远而近,群化渐进于美。所传闻世为远,拟之据乱。所闻世稍近,拟之升平。所见世更近,拟之太平。此可见孔子为持进化论者。与《大易》变动不居,创进日新之义,互相发明。原其推世变之大齐,而张设三世,治化则随时变异,要当渐进于美。虽世运不齐,时有盛衰倚伏。如据乱世之长期中,亦伏有向治之几。故得进升平。而升平世之长期中,亦未得全离乎据乱之象。但终必向太平之鹄而趋。果至太平矣,将亦不必有圆满至高之境。而极盛之际,或又有不测之忧患焉。《春秋》终于麟,圣人之意深矣。然人道归于舍黑暗向光明,则为不容疑之事。人生与忧患俱来,所以强于迁善而不息也。使有登峰造极,毫无缺憾之一日。人生亦将安于凝滞,而无所复用其力,不又为斯人之大戚乎?故治至太平,终无止境。即忧患不必遂绝于太平之世,而人类终亦必不舍其太平复太平之愿望，复之为言，进而又进也。以自奋于光明之途。《春秋》于所见世，著治太平，而以获麟绝笔。获麟，伤感也，《史记·孔子世家》云："及西狩见麟，曰：'吾道穷矣。'喟然叹曰：'莫我知夫。'"而亦瑞应也。《说苑·至公篇》："夫子道不行，退而修《春秋》，精和圣制，上通于天而麟至。此天之知夫子也。"何氏哀十四年《解诂》曰："必止于麟者，欲见拨乱功成于麟。《春秋》记以为瑞，明太平以瑞应为效也。"瑞应，明太平可期。伤感，以太平犹未至也。伤感兴而瑞应存焉，知此者，可与论《春秋》太平义矣。

世运虽日进于治，要非一直上进，亦非可进至绝顶而休。其进也，回环曲折。时若却退，而总归向上。终不守故，上进无已，亦无绝顶可休。非深于化者不足与言斯义也。

三世义，通万世之变，而酌其大齐，以立治纲。《易》所谓范围天地之化而不过，曲成万物而不遗，其道在是世。据乱世，内其国而外诸夏。言据乱世之诸国，各自以己国为内，而于他国，则虽诸夏之族，亦摈斥之。此以国家思想为根核，而一切政教皆本之也。在万国竞存之时，必内自固，而不可妄启事于外，故云先详内而后治外。凡所以理国缮群之道，必详正而不敢偷邪也。据乱世之慎邦交，必不可轻忽强大，故云录大略小。旧疏云：录大略小者，谓录大国卒葬，小国卒葬不录是也。即此可见对大国交涉之慎重。内小恶书，内者，国内。谓执政有小恶，必书。所以戒乱德，防失政之渐也。为政不可违舆论，小恶必慎，而况大恶？执政者必顺从众意之公是公非，而不敢肆于民上，此治之原也。外小恶不书者，外谓邻国，邻国之内治有小恶，未至影响国际，故不书。大国有大夫，小国略称人者，据乱之世，列国有大小强弱之不齐，大国之体制尊，而小国反是。邦交因之有隆杀也。内离会书者，旧疏云：内离会，即隐二年春，公会戎于潜是也。何氏曰："凡书会者，恶其虚内，务恃外好也。"案不可虚内而恃外好，此乃立国精神所系。吾国今日之忧，正在虚内，务恃外也。又曰："外离会不书，书内离会者，春秋王鲁，明当先自详正,躬自厚而薄责于人,故略外也。"案王鲁者,非真以鲁为天下王也,特欲明仁道之休,而寄之于鲁耳。详上所云,皆关内政外交,为立国于据乱世之根本至计。

升平世,内诸夏而外夷狄,此以民族思想为根核,而一切政教皆本之也。诸夏者,不必谓同种族,而贵有高深文化,始称诸夏。夏者,大义。中国神明之胄,隆礼义而远于卑陋,故称为大。诸之为言众也。九州万国,今人谈九州,多任意缩小地域,殊不深考,容当别论。并是夏族,种类极繁,故置诸言。夷狄者,蛮昧无知之称。蛮者野蛮,无礼义故。昧者暗昧,无有智慧及学术与政治等方面之创造能力故。虽同种族,而无高深文化可言,或虽有文化,而习于凶狡,务逞侵略,弃礼义者,如吴、楚、秦。皆谓之夷狄。内诸夏者,谓诸夏之国皆相联合,休戚与共。无复有如据乱世国界之严也。虽升平世,犹未全泯国界,但国与国之联合日密,非如据乱世诸国各各自私自利,而唯侵略是务也。外夷狄者,谓诸夏之国,以其和同之力,摈斥夷狄之暴行,使不得逞,故说为外。外者,摈斥之辞也。书外离会者,《春秋》宣十一年秋,晋侯会狄于攒函。《通义》云:"会文在狄上者,殊狄也。殊者,外之之辞。所谓内诸夏也。"襄二十三年夏,邾娄鼻我来奔。《传》曰:"邾娄无大夫,此何以书?以近书也。"注曰:"以治进升平书也。所闻之世,于此著治升平。内诸夏,治小如大。"按据乱世,小国虽有大夫,而不以大夫视之,故云小国略称人。今升平世,内诸夏,即凡诸夏之国,无论大小,皆不当歧视。易言之,即须尊重小国之权利与地位,而不可侵陵之。"廪廪近升平,师古曰:"廪廪,言有丰采也。"陈立曰:"廪廪,犹渐渐也。"故小国有大夫,治之渐也。"综上所言,皆谓诸文明大国,能崇礼义,协和为治,以抑凶暴,是升平世之道也。

太平世。夷狄前既被抑于诸文明大国,前者,谓升平世。文明大国,犹云诸夏。已销其野心,而隆礼义,故不当复以夷狄视之。于是夷狄进至于爵，吴、楚皆称子是也。吴、楚本皆子爵，其后横行侵略而僭王号，故《春秋》狄之。及能崇礼义，则复称其本爵，而同之诸夏。夫吴、楚非真敦礼义者，《春秋》特借其事，以明太平世，无复有夷狄之行，即全世界一视同仁耳。夫夷狄进至诸夏，诸夏，即能服习礼义，而有高尚智慧，与富于创造之民族。则全人类无不平等之患，而世界乃臻大同，故曰天下远近小大若一。《礼记·中庸》云："舟车所至，人力所通，天之所覆，地之所载，日月所照，霜露所队，凡有血气者，莫不尊亲。"言血气之伦，莫不互相尊重，互相亲爱也。此言太平世，天下大同之象，与《春秋》相发明也。天下，犹云全世界。太平世，无国界，无种界，无特殊阶级，更无枭杰怀恶，得利用群众。更无二字，一气贯下。人人之学术与职业不必同，而有其皆同者，即无不究于大道，习于礼义。如吾孔子六经之道，其纲领与条目，具于《礼记·大学篇》。而三纲领八条目之枢要，则在致知格物。致知者，推致吾之良知，而不使有私欲或私意之障也。《新论》所云性智是也。格物者，极吾良知之明，以量度乎事事物物，而皆得其理是也。故《大学》之道，乃人人所必由之大道也，礼义之大宗也。《春秋繁露·俞序》云："天下之人人，有士君子之行，而少过矣。"故曰用心尤深而详。此时之人，皆能用功于内，即作鞭辟近里工夫。深于内心生活，而复能详察物理，所以少过。仁义之道行，侵害之风息。《春秋》哀十三年，"晋魏多帅师侵卫"《传》："此晋魏曼多也。曷为谓之晋魏多？讥二名，二名，非礼也。"哀六年，"仲孙忌围邾"《传》："此仲孙何忌也。曷为谓之仲孙忌？讥二名，二名，非礼也。"彼注云"春秋定、哀之间，文致太平，欲见王者治定，案太平世，人人皆有王者之德，故成至治。无所复讥，唯二名，故讥之"云云。以此见太平世，人人无失德，鲜可讥刺，至以二名为非礼而讥之。则其时民德归厚，群品极高，故致太平也。《繁露·观德》云："鲁晋俱诸夏也。讥二名，独先及之。"又《俞序》云："亦讥二名之意也。"何休说讥二名，皆同董子。

何氏《解诂》说三世义，略释如上。何氏说，盖本之董子、胡毋生。

汉人犹传口义,后世渐失其本。然依群经及诸子疏通证明之,则《春秋》制万世法之概要,犹可考见也。

《春秋》始于元,与《大易》首乾元同旨。元者,仁也。《论语》言仁处甚多,盖夫子之学,在求仁而已。《雍也篇》云:"夫仁者,己欲立,而立人。己欲达,而达人。"立,即三十而立之立。志定,而不为外诱所移也。达,即君子上达之达。《易》曰"穷理尽性以至于命",即上达之谓。穷理云云,见第二讲。明人与己,本同体也。王阳明作《大学问》,发其义云:"大学者,昔儒以为大人之学矣。敢问大人之学,何以在于明明德乎?"阳明子曰:"大人者,以天地万物为一体者也。其视天下犹一家,中国犹一人焉。若夫间形骸而分尔我者,小人矣。大人之能以天地万物为一体也,非意之也。其心之仁,案仁即是心,而曰心之仁者,则行文须有主词耳。读者勿泥。本若是其与天地万物而为一也。案仁者,吾人之本心也。亦即是宇宙的心。是心,为吾人与天地万物所以生成之理,元无分段,故其视天地万物,皆与吾人同体也。岂惟大人?虽小人之心,亦莫不然。彼顾自小之尔。是故见孺子之入井,而必有怵惕恻隐之心焉。是其仁之与孺子而为一体也。孺子犹同类者也。见鸟兽之哀鸣觳觫,而必有不忍之心焉。是其仁之与鸟兽而为一体也。鸟兽犹有知觉者也。见草木之摧折,而必有悯恤之心焉。是其仁之与草木而为一体也。草木犹有生意者也,见瓦石之毁坏,而必有顾惜之心焉。是其仁之与瓦石而为一体也。是其一体之仁也,虽小人之心,亦必有之。是乃根于天命之性,而自然灵昭不昧者也。是故谓之明德。小人之心,既已分隔隘陋矣。而其一体之仁,犹能不昧若此者,是其未动于欲,而未蔽于私之时也。及其动于欲,蔽于私,而利害相攻忿怒相激,则将戕物圮类,无所不为。其甚,至有骨肉相残者,而一体之仁亡矣。是故,苟无私欲之蔽,则虽小人之心,而其一体之仁,犹大人也。一有私欲之蔽,则虽大人之心,而其分隔隘陋,犹小人矣。故夫为大人之学者,亦惟去其私欲之蔽,以自明其明德,复其天地万物一体之本然而已尔，非能于本体之外，而有所增益之也。"如上所述，阳明直就本心恻隐之端，显示仁体，最极亲切。善发《易》《春秋》乾元之旨者，莫如阳明。然阳明亦自孟子所谓不忍之心，体会得来。孟子善《春秋》，与《公羊》家传授不异。容当别论。七篇虽不明言《易》，而实深于《易》。前讲《易经》，已略言之。故能上承孔氏，下启宋儒以逮阳明也。治化之大原，厥在天下之人人，能自节其欲，欲不可绝，而宜节也。节者，任吾之仁心作主，而欲自不过其则，即欲莫非仁之流行也。抑其私，私者，顺形骸起念，而失其仁体。即只知有小己，而不知天地万物皆犹手足之在吾身也。私，即万恶之源，故宜抑制。以复其固有之仁体。而后人人有天地万物一体之乐，而后知互相尊亲，互相比辅，以谋相生相养之均安。均者，无不平之患。安者，有各足之乐。此《春秋》所为始于元，以建王道之皇极也。皇者，大义。极者，至义。识得仁体，即是宇宙本体，即是万化真源。穷理至此，便称极至。故赞之曰皇极也。内圣外王，元是一贯。而不明儒家之本体论者，即未足与言儒家之政治理想，学者不可不知。

三世之治，皆以仁为本。据乱世，所以内治其国者，仁道而已。升平世，所以合诸夏而成治，抑夷狄之侵略者，亦仁道而已。太平世则仁道益普，夷狄慕义，进于诸夏，治化至此而极盛，仁体于是显现焉。

或有难曰："《春秋》之义，期于天下归仁。归仁者，言天下之人人，皆能反求其固有之仁体，而无有甘为鸟兽，习于不仁者。恐理想过高。达尔文物竞之论，明与《春秋》反，先生将何以释之？"答曰：物竞之论，亦偏曲之见耳。《春秋》与《易》相表里。《易》之比卦，明万物互相比辅而后得生。《春秋》所以贵礼义而恶战斗，非迂也，盖亦有科学思想为其根据，非空谈仁道而已。且《春秋》书灾异特详，竖儒或谓圣人以神道设教，此大谬也。《繁露·盟会要》曰："至意虽难喻，盖圣人贵除天下之患。贵除天下之患，故《春秋》重而书。重之，故书之。天下之患遍矣，以为本于见天下之所以致患，其意欲以除天下之患。"据此，则书灾异者，实以其为天下之患,故重而书之。夫天下之所以致患者,实由人智未启,人力未尽也。使能解析自然而利用之,则灾异何患之有?《春秋》记日食、星陨等变,欲人之审察物理也。记水旱等灾,欲人之修备也。《易·系辞传》曰:"智周万物。"又曰:"备物致用,立成器以为天下利。"又曰:"开天下之物,成天下之务。"此等意思,与《春秋》书灾异之旨,本同条共贯,不可不察也。圣人所贵乎智周万物,与立成器为天下利者,将使人类互相比辅,而遂其生,享其乐。以人智之日进,利用自然之丰富,则所以养人之欲,给人之求者,本无忧其匮乏。而人类必出于争竞,以取自毁之祸者,此非生齿过庶,不足于养之患。而实斯人之自迷其本,自丧其真,自凿其天性,自昧其与天地万物同体之实理,私其形骸,而过逞私欲,恃其机智,机诈狡变之智,曰机智。而遂趋颠狂。《春秋》时,楚之初兴,未免凶横。其后文化日高,至庄王则已美矣。故《春秋》进之。唯吴与秦,始终为狡诈残忍之蛮俗,皆颠狂好斗,而亡不旋踵。今之德人倭人,亦以凶狡覆败。然犹有尚凶狡而不顾信义之国家,不鉴德、倭之已事者,则佛氏所以有众生常陷颠倒之悲也。《易》《春秋》之仁学不明,而思人类有善治,是犹缘木求鱼也。庄周曰:"人之生也,固若是芒乎?"其可悲也。《春秋》始于元,而终于麟,伤夫人之长迷而不知反也。

夫奉元以修化,本仁以为治者,仁即元也,重复言之耳。必贵义而贱利。案义者,宜也。宜者,仁之节也。人己之间,公私之际,疑似之地,酌其至正,而无过差,是之谓宜。故曰宜者仁之节也。仁,本心也。本心应感,而随在不失其正,毋有邪欲干之。即事事无拂乱,故曰宜者仁之节也。世儒每曰,义者事之宜。则将专求宜于外,而谓内无权衡可乎? 告子义外之论,早见斥于孟子,奈何仍之? 利之用,利其正者,即利亦是义。今此利字,乃别于义而言之,则但为财利之目。《繁露·身之养重于义》云:"天之生人也,使之生,义与利。利以养其体,义以养其心。案义者,仁之节。易言之,即是内心应万感,而恒有一权衡在。此权衡不失,即心常超物,而不为物役,故说养其心。心不得义,不能乐。体不得利,不能安。义者，心之养也。利者，体之养也。体莫贵于心，故养莫重于义。义之养生人，大于利矣。何以知之？今人有大义而甚无利，虽贫与贱，尚荣其行，以自好而乐生。原宪、曾闵之属是也。人甚有利而大无义，虽甚富，则羞辱。大恶恶深，祸患重，非立死其罪者，即旋殃伤忧尔。莫能以乐生，而终其身刑戮，夭折之民是也。夫人有义者，虽贫，能自乐也。而大无义者，虽富，莫能自存。吾以此实义之养生人，大于利而厚于财也。民不能知，而常反之。皆忘义而徇利，去理而走邪，以贼其身，而祸其家。此非其自为计不忠也，则其知之所不能明也。今握枣与错金，凌曙曰：以金银饰物，曰错金。以示婴儿，必取枣而不取金也，握一斤金，与千万之珠，以示野人，野人必取金，而不取珠也。故物之于人，小者易知也，其大者难见也。今利之于人小，而义之于人大者，无怪民之皆趋利而不趋义也。固其所暗也。圣人事明义，以炤耀其所暗，故民不陷。《诗》云：'示我显德行。'笺云：示导我以显明之德行。此之谓也。案欲民之务义而无陷没于利也，则必有负领导之责者，居心行事，一切由乎公义，而不近私利，然后群众化之，不至逐私利而忘公义矣。如在位执政，及学校师儒，皆领导群众者也。执政贪污，争持权利，而不知有国政。师儒卑陋，竞逐浮名，而无所谓道义，则其群皆没于私利，不危亡不得也。先王显德以示民，民乐而歌之以为诗，说而化之以为俗，故不令而自行，不禁而自止，从上之意，不待使之，若自然矣。案从上意者，谓上之人，好公义而轻私利。群众亦受感化而从其意，皆重义轻利也。故曰圣人天地动，四时化者，非有他也，其见大义，故能动。动故能化，化故能大行。化大行，故法不犯。法不犯，故刑不用。刑不用，则尧舜之功德。此大治之道也。先圣传授而复也。故孔子曰：'谁能出不由户，何莫由斯道也。'今不示显德行，民暗于义不能炤，迷于道不能解，因欲大严憯，以必正之。直残贼天民耳，其势不行。仲尼曰：'国有道，虽加刑，无刑也。国无道，虽杀之，不可胜也。'其所谓有道无道者，示之以显德行与不示尔。"据此，则《繁露》述《春秋》之旨，要在执政者自有显德行，足以示群众。然后群众知所向往，轻利而重义。其国乃为有道之国。《春秋》之治，仁治也，孟子传《春秋》者也。综七篇言政之旨，不外仁治。德治也。德与仁，异名同实。与言法治者异趣。吾于第一讲曾言之，此不复赘。第一讲，谈及六经治道，凡有九义，宜覆玩。夫德治，非可立条教规章，以责人之遵循也。必为领导者，以身作则，乃可化民成俗。民众服领导者之化，皆尊重德义，而成为俗尚。君人者之大号，曰王。王者，往也，言为天下所归往。《春秋》化民以义，驯致太平，责重领导。故于嗜利之君，必重刺之。《繁露·玉英》云："公观鱼于棠，隐五年经："公观鱼于棠。"《传》曰："公曷为远而观鱼？登来之也。百金之鱼，公张之。"何恶也？凡人之性，莫不善义，然而不能义者，利败之也。故君子终日言不及利，欲以勿言愧之而已。愧之以塞其源也。夫处位动风化者，徒言利之名耳，犹恶之，况求利乎？故天王使人求赙，隐三年经："武氏子来求赙。"求金，文九年经："毛伯来求金。"皆为大恶而书。今直使人也，亲自求之，是为甚恶，讥。讥字为句。何故言观鱼，犹言观社也，皆讳大恶之辞也。"庄二十三年经："夏，公如齐观社。"注："观社者，观祭法，讳淫。"夫不斥言其好利，而以观鱼言之，与不斥言其淫，而以观社言之，虽皆讳，而实以见其恶之大也。据此，以君之嗜利为大恶。其贬绝之深，严于斧钺。《说苑》云："周天子使家父毛伯求金于诸侯，《春秋》讥之。故天子好利，则诸侯贪。诸侯贪，则大夫鄙。大夫鄙，则庶人盗。上之变下，犹风之靡草也。故人为君者，明贵德而贱利，以导下，下之为恶，尚不可止。今隐公贪利，而身自至济上，以此化于国人，国人安得不解于义？言解散于义而不顾及之也。解于义而纵其欲，则灾害起，而臣下僻矣。"案僻者，邪僻。若晚世衰乱，百官肆行贪污，毫无人理，邪僻已极。此申述《繁露》之旨，至为深切。太史公曰："余读孟子书，至梁惠王问'何以利吾国'，未尝不废书而叹也。曰：嗟乎！利诚乱之始也。夫子罕言利，常防其源也。故曰：'放于利而行，多怨。'自天子至于庶人，好利之弊，何以异哉？"案史公闻董子之学，故于义利之辨甚严。前乎董子而深辨义利者，莫如孟子。可见《公羊》之学，与孟子同出孔门。后来宋明诸师，皆以义利，为人禽之分。弃义而专私利者，是为禽兽。超乎利而笃于义者，乃克尽人道。朱子注《孟子·梁惠王》曰："仁义根于人心之固有，天理之公也。利心生于物我之相形，人欲之私也。循天理，则不求利而自无不利。徇人欲，则求利未得，而害已随。如晚世官吏贪污者，既自丧其人格，而同于禽兽，又陷其族类于危亡。又如凶狯之徒，欲逞野心，而煽惑其群众，以侵夺弱国为务，卒以此自毁。所谓毫厘之差，千里之谬。此孟子之书，所以造端托始之深意。"朱子此解，判明义利，极深极微。善发《春秋》之蕴，学者非反己体会，则亦不能知其言之切也。

　　夫惟先义而后利者，则能敦诚信而远欺诈。《繁露·楚庄王》曰："《春秋》尊礼而重信。信重于地，礼尊于身。何以知其然也？宋伯姬疑失礼，而宁死于火。齐桓公疑失信，而愿亏其地。《春秋》贤而举之。"又《对胶西王》曰："《春秋》之义，贵信而贱诈。诈人而胜之，虽有功，君子弗为也。"桓三年夏，"齐侯卫侯胥命于蒲"《传》曰："胥命者何？相命也。何言乎相命？近正也。此其为近正奈何？古者不盟，结言而退。"宣十五年，夏五月，宋人及楚人平。《传》曰："外平不书，此何以书？大其平乎己也。何大其平乎己？庄王围宋，军有七日之粮耳。尽此不胜，将去而归耳。于是使司马子反乘堙而窥宋城。宋华元亦乘堙而见之。司马子反曰：'子之国何如？'华元曰：'惫矣。'曰：'何如？'曰：'易子而食之，析骸而炊之。'司马子反曰：'甚矣惫。虽然，吾闻之也，围者析马而秣之，使肥者应客。是何子之情也？'华元曰：'吾闻之，君子见人之厄则矜之，小人见人之厄则幸之。吾见子之君子也，是以告情于子也。'司马子反曰：'诺，勉之矣。吾军亦有七日之粮耳。'揖而去之。反于庄王，云云。庄王曰：'嘻，甚矣惫。虽然，吾今取此，然后归耳。'司马子反曰：'不可。臣已告之矣。军有七日之粮耳。'庄王怒曰：'吾使子往视之,曷为告之?'司马子反曰:'以区区之宋,犹有不欺之臣。可以楚而无乎? 是以告之也。'庄王曰:'诺,舍而止。虽然,吾犹取此,然后归耳。'子反曰:'王请处此,臣请归耳。'王曰:'子去我而归,吾孰与处乎此? 吾亦从子而归耳。引师而去之。'故君子大其平乎己也。"案此一事,可见中华民族之伟大,华元之不欺固未易,而子反之诚尤难。庄王与诸将士,足以取人之国,乃舍而不取。其让德尤高矣。今之列强,习于兽性狂噬,焉得有此伟度。

先义后利者,能守礼让而抑侵夺。襄三十年,五月甲午,宋灾。伯姬卒。秋七月,叔弓如宋,葬宋共姬。《传》曰:"宋灾,伯姬卒焉,其称谥何? 贤也。何贤尔? 宋灾,伯姬存焉。有司复曰:火至矣,请出。伯姬曰:不可。吾闻之也,妇人夜出,不见傅、母不下堂。傅至矣,母未至也。逮乎火而死。"《淮南子·泰族训》曰:"宋伯姬坐烧而死,《春秋》大之。取其不逾礼而行也。"襄十九年,晋士匄帅师侵齐,至谷。闻齐侯卒,乃还。《传》曰:"还者何? 善辞也。何善尔? 大其不伐丧也。"庄二十三年,荆人来聘。《传》曰:"荆何以称人? 始来聘也。"何注云:"《春秋》王鲁因其始来聘,明夷狄能慕王化,修聘礼,受正朔者,当进之,故使称人也。"桓二年,夏四月,取郜大鼎于宋。戊申,纳于太庙。《传》曰:"何以书? 讥。何讥尔? 遂乱受赂,纳于太庙,非礼也。"以上所引,如个人当生死之交,守礼不渝。国际上征伐与交涉等事,亦各有礼而不可犯。举此数事,可见其概。至《春秋》之恶侵夺,则随在可见。如隐二年,无骇帅师入极。《传》曰:"无骇者何? 展无骇也。何以不氏? 贬。曷为贬? 疾始灭也。"案极者,杜云附庸小国。鲁人灭极,《春秋》讳之而言入。实夺极国而有之也。故无骇不氏者,贬疾其始灭人国,为大恶也。

先义后利者,先自正而后责人。僖九年,九月戊辰,诸侯盟于葵邱。《传》曰:"桓之盟,不日。此何以日? 危之也。何危尔? 贯泽之会,桓公有忧中国之心。不召而至者,江人黄人也。葵邱之会,桓公震而矜之,叛者九国。"据此,则己不自正,未可责人之我从也。《繁露·仁义法》曰:"《春秋》之所治,人与我也。所以治人与我者,仁与义也。以仁安人,以义正我。故仁之为言人也。义之为言我也。是故《春秋》为仁义法。仁之法在爱人,不在爱我。义之法在正我,不在正人。我不自正,虽能正人,弗予为义。人不被其爱,虽厚自爱,不予为仁。昔者楚灵王讨蔡、陈之贼,齐桓公执袁涛涂之罪,非不能正人也,然而《春秋》不予,不得为义者,我不正也。夫我无之,求诸人。我有之,而非诸人。人之所不能受也。其理达矣。何可为义?"据此,则责人必先正己。如今者吾国素无侵略野心,故可击倭寇也。若己不正,虽暂胜人,终必有击之者。此皆《春秋》之明训洪范,而惟上义轻利者,能服行之也。_{服者,服习。}夫万善同于崇义,而万恶出于私利。义利之辨不明,好尚不正,而欲世臻上理,其何可能?《春秋》辨义利,其传在公羊、孟子,_{公羊高,亲受子夏。孟子之学,多与公羊同。盖孔子没后,七十子之徒言《春秋》者,同禀圣言,未始有异。故孟子虽受业子思之门人,而其所得于《春秋》者,亦与公羊氏之传相合也。}以逮董生。《繁露·对胶西王》云:"仲尼之门,五尺之童子,言羞称五伯。五伯假仁义而实嗜利故也。"此其同于孟子者。但其言性,则近孙卿。董生虽为《公羊春秋》之学,而于《春秋》之元,犹未能反己实体之。殆以万有之大源为外在者耳。董生与孙卿,皆非真见本原,但孙之言礼,董之辨义利,而皆不违孟子,而确守《春秋》之旨也。程朱、陆王,皆承此一脉。_{宋明诸儒,其为学皆严于义利之辨,此不可忽。}天下万世之为治者,由乎义,则人极立,王道行,_{王道者,仁道之名。}太和成。_{太和即世界大同。}弃公义而争私利,则人失其性,伯术行,而其极至于兽性炽,人类将自毁,此二途,不可不慎也。

或有难曰:"《春秋》恶言利,将毋使人类陷于贫穷乎?"答曰:汝不解《春秋》义也。孔子系《易》,言智周万物,与备物致用,立成器为天下利,前已言之矣。岂以贫穷不利为治道耶? 夫明物备物,_{不明乎物理,则}

不足以用物,是物不得备于我也,故明物而后能备物。丰天下之财,厚斯民之生者,此乃天下大公之道。其利不以私,是即《春秋》之所谓义。前云利之用得其正者,即利亦是义。非私利之利也。《春秋》所恶之利,私利也。私利者,以己与人相形,而以利私己。以其国与他国相形,而以利私己国。以其族与他族相形,而以利私己族。族者,具云种族。皆谓之私利。私利,即仁义之心不存,而人生之目的,只是财利而已。易言之,即人生已变为财利,而实无生命或精神可言也。是故但言利,而以之与义对举者,则此利字,不待加私之言以别之,而固已知此利字只是财利之目,而为人之所蔽于私欲,以殉没于其中者也。利之用不得其正,即与义相违,故《春秋》以为大戒。

《春秋》立三世义,与《易》之鼎革二卦,互相发明。革,去故也。鼎,取新也。《系辞传》曰:"变动不居。"此虽言天化,天谓宇宙本体。天化者,犹云本体之流行。而人治实准之。三世义者,明治道贵随时去故取新,度制久而不适于群变,凡社会之一切组织,与政制,及其风俗习惯等等成为定型者,可通名度制。群变万端,前进无已。而过去已敝之度制,必不可执之以应方兴之变。故宜随时变易,以有功也。善变,故有其功。不善变则敝,何功之有?《易》曰:日新之谓盛德。富有之谓大业。乘时兴变,故德业富有日新而无穷也。三世者,通万世无穷之变,而酌其大齐。假说三世,实不可泥执三世之言,而谓万古只此三变也。譬如一人之变,析以少壮老三期,亦只大段作如是说。其实,吾人之心灵与体质任何方面,固无一瞬一息不在变迁中也。但酌其大齐,不妨假说三期。《春秋》张三世,义亦犹是。孟子称孔子为圣之时,盖谓其能随时善创,不狃故常耳。但谈变者,有二义宜知。一曰,仁义以立本。仁义,真常也。《春秋》之元也。《易》以乾元为仁,前文屡言之。而此以仁义并为元者。盖仁统万德,或单言仁,或连义而言,均无不可。万变皆真常之发现,故变而莫不有则。每一段改革,即是一段创造。改革与创造,实只一事,而从二方面分言之,其改革时,正是其创造时。若只革旧,而不足言创新,则是颠倒以事破坏,何可尸改革之名乎?当其改故创新之际,必有实而非伪,袭革新之名,无革新之实,虚伪骗诈,是乱亡也,非能变也。必有序而非乱。凡百更张,自有先后缓急之序。若凌杂丛错,则政俗皆无正轨,而危亡随之,非能变也。万变贞于仁义,即变原于不变。仁义真常之道,曰不变。不变而变,仁义,不变也。而其为用无穷,故随时兴变,皆仁义之妙用。是以改故而无所滞碍,创新而无有穷竭,人治所以同天化也。《春秋》以桓、文能忧中国,抑侵略,而美之。以楚庄能用夏变夷,而进之。《繁露·观德》云:"《春秋》常辞,夷狄不得与中国为礼。至邲之战,夷狄反道。中国不得与夷狄为礼,避楚庄也。"以宋襄不厄人,而贵之。《繁露·俞序》云:"故善宋襄公不厄人,不由其道而胜,不如由其道而败。《春秋》贵之。将以变习俗而成王化也。"此皆借桓、文之事,桓、文为五伯之首,故举桓、文,即赅其余。以明仁义为真常之道,桓、文虽非真行仁义者,然其事近乎仁义。故《春秋》借之,以明仁义为不可违反之常道。通三世之万变不穷,而皆以仁义为礼。昔之强秦,今之德、倭,皆尝以暴力,刍狗万物,亦可谓天地间之巨变矣。然皆狂风不终朝,骤雨不终日,则其变也,无仁义以为体,毕竟不足以言变。徒扰乱一时耳。今后有效德、倭之尤者,其终亦必如德、倭。贾谊论秦之亡曰:"仁义不施。"可谓千古殷鉴。然扰乱终于速灭,且将由此而使人群为正当之变更,则可以征仁义之恒不息,而为真常之道,所以为万变之源也。世之谋变革,而不本于仁义者,何可迷而不悟。二曰,变者,改故创新。宜治时,而不贵因时。后儒言治,大抵以因时为贵。因者,老氏之道也。顺应自然以为功,静以俟几,而非动以创化者也。因应之道,未始无得,然其流至于任天而废人,习苟偷而惮改造,则不胜其弊矣。方正学作《汉高帝论》,但举一事言之。即高帝初定天下,已定都洛阳,闻刘敬一言,即时驱车长安,绝不迟延瞬息。其废既定之策也,既毫不费力,而新立百年大计,亦毫不费事。以此而观高帝,其高也至矣。夫刘敬尔时本一车夫之微耳,而帝纳其言,如是之明且勇,不以其微贱而忽之也。盖惟富于创造力量,故择善易,而行之也猛。今之人,浑是一团昏惰习气,如下等动物,绝无创造力量。故怙其过失，而无择善之明，行善之勇。世运衰微，由来者渐矣。王船山《春秋世论》曰："太上治时，其次先时，其次因时，最下亟违乎时。亟违乎时，亡之疾矣。治时者，时然而弗然。消息乎己，以匡时者也。"案如今之列强，竞尚侵略。有能本仁义而抑侵略者，则是奉元以治时也。又如学术思想之偏邪浅薄，宜深穷理道之真以矫之，亦治时者也。"先时者，时将然而导之。先时之所宗者也。"案如今者世界大战，由诸侵略者以独裁主义，拑束民众，而造成人类自毁之祸。今侵略者已惨败，则自由主义将代之而兴。有先时之识者，察其几而导之，无不利。"因时者，时然，而不得不然。从乎时以自免，而亦免矣。"案如今者盟国之相结合以抗侵略，此时然而不得不然者也。从乎时以免患，而遂亦免患，因之效也。"亟违时者，时未为得，而我更加失焉。"案如吾国今者值强敌狡焉思逞之世，此时未为得也。而吾之众志不伸，群力尽萎，内治无可言，是更加失也。夫时方不利，宜令众志得伸，群力得奋，方可内自正以治外，《春秋》之道也。今时当自振，而不知所以振，故亟违时。"或托之美名以自文，适自捐也。"按政乱，则国式微，而无以自持，必将假美名以自文。如春秋时，鲁僖扬颂声，吾国人今日尚宣传，皆是也。夫时危，则莫急于务实，而更虚美自文，此违时之甚者，凶可知已。船山所云，盖得于《春秋》者甚深。《春秋》务正始，盖贵治时。治时者，勇于自创，以拯天下于昏迷。主动而不为被动，此刚健之极。诚明交尽，故每突变而无不利也。斯宾塞尔有言：群俗可移，期之以渐。此主渐变也。然世运常有突变，不由乎渐。老氏不敢为天下先，彼主因时故也。《易》曰：开物成务。则先时而开通万物，正是先天下也。先天下者，突变之谓也。

三世治法，其略有可言者。据乱世，治起衰乱之中，人民之智、德、力未进也。其时，天下不可无君主。及民品渐高，即智、德、力三者俱日进。将进至升平世。则君主制度，虽犹不废，然已改定其职位，仅为百官之长,而失去其至尊无上之意义。其权力即受限制,而不得恣意横行于上。至升平之治愈进,则国之主权,全操于民众。而君主但拥虚位,虽尊宠之至极,而只如偶像,为群众所具瞻而已。及进太平,则君位殆全废,而任公共事业者,一由乎选举,此君权蜕变之大略也。

《礼记·礼运》曰:"今大道既隐,案隐,不明也。天下为家,案古者天子与诸侯,传位于子或弟。是以天下为其一家之产也。各亲其亲,各子其子,《正义》曰:君以天位为家,故天下民众,各亲亲而子子也。货力为己,案人各藏货财以为身,其出力亦赡己而已,公共观念未发达。大人世及以为礼,案天子诸侯之位,皆由一家世有之。城郭清池以为固,郑注:盗贼繁多,为此以服之也。礼义以为纪。以正君臣,以笃父子,以睦兄弟,以和夫妇,以设制度,郑注:设为官室、衣服、车旗、饮食、上下、贵贱之制度。以立田里,郑注:田,种谷稼之所。里,居宅之地。以贤勇知,郑注:贵贱异品。贤,犹崇重也。以功为己。案有功则受赏于朝,亦以为己。故谋用是作,国与国,皆以计谋相侵夺。一国之内,众庶亦每互相谋害,赖有法以治之。而兵由此起,兵者,所用以内平盗贼,外御敌国也。禹、汤、文、武、成王、周公,由此其选也。此者,指上所云之世。选,谓其治道特异。此六君子者,未有不谨于礼者也。以著其义,《正义》:著,明也。义,宜也。民有失所,则用礼,明裁断之使得其宜也。以考其信,考,成也。民有相欺,则用礼,成之使信也。著有过,著,亦明也。过,罪也。民有罪,则用礼,明之使知愧也。刑仁,民有仁者,用礼赏之,使为人型范也。讲让,民有争夺者,用礼,与民讲说之,使推让也。示民有常。以礼,行上之五德。是示民为常法也。以上,皆郑注。如有不由此者,在势者去,郑注:势,位也。去,罪退之也。在位者,民之表率。民不由礼,必在位者未身教之。故罪退在位者。众以为殃。民有不由礼者,则众皆知其将有祸殃也。如此,则其时之天下,皆谨于礼可知。是谓小康。"详《礼运》此文,即《公羊》家所谓治化起于衰乱之中。而禹、汤等六君子,以圣德而领导天下之民,使由于礼义,成其小康。将由此而离据乱进升平。凡《春秋》之大义,多就小康治法而言。故采求毫毛之善,贬纤介之恶,拨乱世反之正。人道浃,王道备,所以检押摩薄之俗者,悉其密致。王者欲致世升平,不得不如是。

据乱世有君,以其为民众之领导,不可不尊也。升平世,民品已大进。而未至天下之人人有士君子之行,则犹未可废君也。然民质既优,则民众皆有自主自治之权,不当使君主专制于上,故君之号虽如故,而其职位,视前已截然迥异。《春秋》成八年,秋七月,天子使召伯来锡公命经。秋七月云云,皆经文也。故置经字。何氏注:"天子者,爵称也。"孔《疏》:"《春秋》称天王者二十五,称王者六,称天子者一。即此事是也。"《穀梁传》曰:"天子,何也?曰:见一称也。"范注:"天子、天王,王者之通称。自此以上,未有言天子者。今言天子,是更见一称。"其义以称天子,与称王及天王者同。惟《左疏》引贾逵云:"诸夏称天王,畿内曰王,夷狄曰天子。"据贾逵说,王与天王及天子三号,虽同为大君之称。言大君,以别于列国之君。列国之君,谓之诸侯。而此三号,实因所对故异。对京师臣民而称王,以亲近故。对诸夏列国称天王,以稍疏远,而明其尊极,以临之也。对夷狄称天子,夷狄不识尊极之理,唯知畏天,故举天子威之也。许慎、服虔并依此说。《独断》云:"王者,圻内之所称。王有天下,故称王。天王者,诸夏之所称。天下之所归往,故称天王。天子者,夷狄之所称。父天母地,故称天子。"此亦同贾逵说。总之,《左氏》家不以天子为爵称。《穀梁》于此,亦同《左氏》。独《公羊》家以天子为爵称。此一问题,关系重大。惜乎《公羊》家自何邵公以来,未能发明。邵公只存此义,而未有阐发。左邱明本史学,不传《春秋》。说见前。《穀梁》出《公羊》后,而尽弃孔子之微言,说见前。但作史评而已。昔尝与蔡子民先生谈《公》《谷》。子翁谓皆史评。余曰:《穀梁》实是史评。若《公羊》,确是借事明义。其字里行间,实含蕴有极高远幽深之政治哲理。而足以范围天地,曲成万物,尽未来际,无有能外之者。岂可以史评视之。故《左》《谷》不以天子为爵称,自据史实而言之。《公羊》说天子为爵称,乃承孔子创作之义,本非历史事实也。余尝以《易》《春秋》二经,皆宣圣亲作,二经相为表里。言《春秋》者不征之《易》,必难通其微旨。《易乾凿度》云:"孔子曰:'《易》有君人五号也。案此言《易》书之中,其言君人者之号有五。帝者,天称也。案称天曰上帝,而大君之号亦为帝。是用天之称,明其尊极也。王者,美行也。天子者,爵称也。大君者,与上行异也。郑注:"临卦之九二,有中和美异之行,应于九五。故百姓欲其与上为大君也。"大人者,圣明德备也。变文以著名,题德以别操。'"据此,以天子为爵称,不同《左氏》说。《易》孟氏京氏俱说《易》有君人五号。帝,天称,一也。王,美称,二也。天子,爵号,三也。大君,兴盛行异,四也。大人者,圣人德备,五也。此与《易乾凿度》同。故以《易》说与《春秋》公羊家言互证。可知天子为爵号,实孔子之创说也。《繁露·顺命》曰"故德侔天地者皇,天佑而子之,号称天子。其次有五等之爵以尊之"云云。夫曰其次有五等之爵,即影显天子之爵,为第一等。影显者,文在于此,而义亦显于彼也。此与孟子所说大同。北宫锜问周室班爵禄之制于孟子。朱注:班是列其等次。孟子曰"其详不可得闻也。诸侯恶其害已也,而皆去其籍。然而轲也,尝闻其略也。天子一位,公一位,侯一位,伯一位,子男同一位,凡五等也"云云。后略。据孟子此文,既云诸侯毁去周室班爵禄之典籍,其详已不可得闻,而复曰尝闻其略云云,以答北宫之问。盖孟子所言者,本非周制。而实本其所私淑于孔子之《春秋》说,以语北宫,而冀其能弘斯义耳。董子《春秋繁露》以天子为爵称,其说适与孟子相同。孟子本深于《春秋》者。其书盖以孔子作《春秋》,为乱后之一治。观其答北宫之语,与其民为贵之主张,国之主权,操之民众。人各自主自治,而大君不敢独裁于上,故曰民为贵。原为一致。民贵,故天子有爵,与百官之有爵无异。不过其爵居第一位,为百官之首长而已。下士不解圣制,乃妄援古《周礼》说天子无爵。"同号于天,何爵之有?"不知《周礼》盖有《左氏》之徒所窜乱。刘歆有所窜乱无疑。若从《周礼》大体衡之,固犹是《春秋》升平治法,将以驯至太平,何至与《公羊》天子为爵称之义相反乎? 考订经籍,须得其旨要。则后人稍有窜乱处,亦不辨自明。或复问曰:"诚如《公羊》义,天子仅为百官之长,无复如从前至尊无上之义。而《易》举其五号,仍存天称何也?"一号曰帝,是天称也。答曰:太史公云:《春秋》贬天子,退诸侯。此明升平世,君主之权力既已减削,无可为恶。故存其大号,以示优崇。且自有国以来,人民对君主之信念甚深。今治进升平,君权虽受限制,而仍其尊称,以为群情信仰所系,是乃无用之用,其用益大也。

升平日进,人民自主自治之权能日高。君主但拥虚号而已。今称英国为虚君共和之制,盖《春秋》之理想,实现于彼矣。《繁露·离合根》曰:"故为人主者,以无为为道,以不私为宝。案无为则虚寄耳,虚寄于天下之上,自无私系。立无为之位,而乘备具之官,自中央以至地方政区,百官无不备,而各司其职,各治其事。足不动,而相者导进。口不自言,而侯者赞辞。心不自虑,而群臣效当。故莫见其为之,而功成矣。"据此所云立无为之位,则君主只虚寄于天下之上可知已。

世近太平,虚君将废,而犹有存三统之说,使民群信仰有所系也。三统者何?《繁露·三代改制质文》曰:"《春秋》作新王之事,绌夏,亲周,故宋。"庄二十七年杞伯来朝。经何氏注:"杞夏后,不称公者,《春秋》黜杞,新周,而故宋。按新当为亲。以春秋当新王。"案统之为言,宗也,一世。言其统一天下众志,而为天下之所共宗也。统以三,春秋当新王,一也。仲尼祖述尧舜,宪章文武,周之道为《春秋》所直接,故亲周,二也。宋者商后,商汤承尧、舜、禹之道,而传至于周。以逮春秋,故亲周而不得不上及商。是以故宋,三也。故者,述古之词。《春秋》推原所本,由周而溯宋先王,则已古矣,故曰故宋。三统原是一统,一者仁也。《春秋》始于元,元即仁。虽随世改制,而皆本仁以为治。治起于据乱之中,用仁道也。驯至太平,治制当屡变,要皆本于仁以行之。春秋当新王,即以仁道统天下也。由春秋而上溯周之文武，亦以仁道统天下也。又上推宋之先王成汤，亦以仁道统天下也。故《春秋》以仁垂统，而又推其统之所承，于是而亲周，而故宋。明春秋之统，绍于周先王，周之统又绍于宋先王，依次相承，假说三统。其实，一以仁为统而已。仁道，真常也，不可易也。所以通三世之万变，而皆不失其正者，仁为之本故也。故曰三统实是一统，一者，仁也。或曰："杞之先王大禹，宋先王成汤之统所自承也。《春秋》何故黜杞乎？"《春秋》黜退杞，不称公，知其不复有继统义也。此设难。答曰：新王之统，承之于周，新王谓春秋。周承之宋先王汤，汤承之杞先王大禹，乃至尧舜诸帝。中华开基自五帝，五帝皆以仁道统天下也。孔子祖述尧舜，盖以尧舜能集诸帝之大成耳，故祖述二帝，而已摄其余矣。此在《孟子》《中庸》均言之。《中庸》言仲尼祖述尧舜，而不及禹，避辞费也。盖举尧舜，则已摄禹矣。今叙统，由春秋而上，止于周、宋。而黜夏者，举近以摄远也。春秋视周最近，故存周统以亲之。商为周统之所自承，视夏犹较近。故于宋存商统。凡以著春秋新王之统，有所承受。盖仁道自古迄今，未尝一日绝于天下也。然叙统至商，则其数已足。由春秋而周而商，逆数之，而说为三统。三者多数。商虽较近，而已故矣。故叙统至宋而止。宋，商后也。存商统，则夏禹以上，皆在所摄。故以春秋之统，继周、宋为三也。中华民族，自昔历圣相承，皆以仁道统天下。仁者，生生不息也，厚爱也，厚者，形容词。万物虽有相反，然实以反而成其和同。和同者，爱至厚也。物之本性只是爱，所以生生也。虚寂也，无恶也，无迷乱也，故云虚寂。健以动也。无有停滞，故云健动。以上皆形容仁体之德。大地万物皆依仁体而生，吾人之本性，即此仁体。但拘于形骸，蔽于私欲，则人乃成为顽物，而不获全其本有之仁体。然人能反而求之，则仁体未尝不在。如前述阳明《大学问》，学者试反而体之自见。从上圣哲，以求仁为学，即以行仁为治。天下之人人，皆能保任其本有之仁体，而无蔽于私欲，则皆有天地万物一体之量。有天地万物一体之量，则其共同生活之组织，与一切施为，皆从物我一体处着想。自无有私其一身或一国家一族类者。而国内之阶级,乃至国与国,种与种之界畛,早已不存。全人类共同生活之一切机构,皆基于均平之原则而成立。譬如人体各部,皆平衡发展,无有一部偏枯,累及全体之患。是乃以仁心而行仁政也。始于己立立人,已达达人。立、达,并见前。极于位天地,育万物。而仁道始成,即仁体全显。《春秋》以元统天,元者,仁也。仁道至大。此大不与小对,乃绝待之辞也。无量诸天,乃至尽未来际,无量众生,皆仁道为之统驭。至哉仁也!《春秋》作新王之事,此承周、宋先王,皆以仁道垂统,但依行仁之人,而说三统。宋先王成汤,周先王文武,皆行仁之人也。孔子作《春秋》,为素王,即行仁之人。其实,三统,一于仁而已矣。自素王殁后,夷狄盗贼横行中土,已二千数百年。晚世列强,皆以凶狡狂噬,迷失仁道,而有人类自毁之忧。然则三统其绝乎?此亦不然。濂、洛、关、闽,金溪、姚江、昆山、衡阳,固犹延一线之绪。今有为理学者,妄议顾亭林先生为未见道。亭林于本原处,所造殊浅。然其平生之学,注重实用。孜孜以开万世之太平为己任,其愿力宏,其气魄大,其勇毅无所馁,庶几方正学笃信王道可行于后世之志矣。真仁人也。迂陋之托于理学者,何足知亭林。方正学不别举者,盖已摄于程朱派下也。仁道未尝绝也。今世虽不淑,而斯统未坠。上天启予小子以一隙之明,勉思大统,虽甚不肖,又何敢让焉?

世进太平,天下之人人,有士君子之行。此《春秋繁露》说也。士君子之行云何?《礼记·表记》云:子曰:"案子谓孔子,下皆仿此。君子庄敬日强,安肆日偷。郑注:"肆,犹放恣也。偷,苟且也。"君子不以一日使其躬儳焉如不终日。"案儳焉,生命垂尽之貌。如不终日,言精神惰散,如死期促近,不能终竟一日也。一般人,中无所存,其日常大概如此,惟君子不然。又,子曰:"仁之难成久矣,唯君子能之。郑注:"言能成仁道者少也。"是故君子不以其所能者病人,能,谓知识技能也,下同。己之所能,用以辅人之所不及,而无自私与自矜之心,是不病人。不以人之所不能者,愧人。"天下之人人,各有所能,有所不能。小人每于人之所能而忽之,于人之所不能而咎之。此人与人之间,所以难相安也。君子则不然。愧者，咎尤之或轻之也。又，子言之："君子之所谓义者，贵贱皆有事于天下。案贵贱以事言。贱者，如繁琐劳役。贵者，若受公众委任，持重居要之类。天下事无论贵贱，君子处之，必无所简择，而为天下事其事。所以然者，人之在天下，当各尽其力，为众服勤，不可一日偷安苟逸，无所酬答于天下也。天子亲耕，粢盛秬鬯，以事上帝。"案当据乱世，天子至尊。及升平世，则天子有亲耕之义。耕，贱役也，天子须亲操之。是时天子与平民等，故不能不劳而食。又，"是故君子恭俭以求役仁，案自持以恭，不敢侮狎于人。自持以俭，不敢侵夺于人。君子如此，所以抑私欲而尽力于仁也。役者，尽力之谓。信让以求役礼。案不信则伪，不让则争。不自尚其事，案博学而不自炫，多能而不自矜，有功而不自伐，积德行仁而犹惧寡过未能。皆不自尚其事也。不自尊其身。"案自尊其身，则万恶之本也。不自尊其身，则万善之源也。佛家千言万语，不外破我执。我执，儒者谓之己私，即此云自尊其身是也。又，子曰："无欲而好仁者，案此中仁字，非谓仁体，乃就仁体之发用处而言。如一切爱人利人之事，皆仁体之发用也。好仁，谓好作爱人利人之事。其好之也，乃从其仁心自然之流露，非有所私欲而然。是无欲而好仁也。仁心亦云仁体。有以私欲而好仁者，如沽誉而行仁者之事，或以仁待人而期人之我报，皆是也。无畏而恶不仁者，案凡人之畏不仁者，皆有所畏。或畏刑戮，或畏清议，而因以不仁之事为可恶。是其恶不仁，非出于内在之自觉，乃慑于外力而然也。内在之自觉，亦谓仁体。惟无畏而恶不仁，方是仁体之明，不容自昧处。天下一人而已矣。案好仁恶不仁，皆不杂于私欲，是则浑然与万物同体。其视天下人，直若一人，未始分彼此也。是故君子议道自己，案君子谋议庶事，求其合道，必自己实践之。而置法以民。"君子若为社会设置共守之法，必由民众之共公意力制定之。此语已涵民主与法治精神，惜汉后儒者不悟。又，子曰："仁之为器重，案仁者，万物之元，人生之本，人失之，则亡其所以为人。故云其为器重。其为道远。《正义》曰："以广博覆物，是为道远也。"举者莫能胜也，案重故举之莫胜。行者莫能致也。案远故行莫能致。取数多者仁也。《正义》："言利益于物，取数最多者仁也。"案体仁以益物，则益物之数自多。不能体仁，即自私而已，何能益物乎？夫勉于仁者，不亦难乎？是故君子以义度人，则难为人。以人望人，则贤者可知已矣。"案以义度人者，以至高之义，严责于人。则人皆难如吾之所求，故云难为人。以人望人者，因人之所能及者，而望其日进乎善。则人皆易副吾之望，可知此为贤者之用心也。又，子曰："子不以辞尽人，《正义》："言君子与人交，必须验行。不得以其言辞之善，谓行之尽善。"故天下有道，则行有枝叶。案行有枝叶，谓行之茂也。天下无道，则辞有枝叶。"案辞有枝叶，谓文辞务虚华也。又，子曰："君子不以色亲人。情疏而貌亲，在小人则穿窬之盗也欤？"《正义》："君子不以虚伪善色，诈亲于人。言情疏貌亲，心不悫实，恒畏于人，则穿窬之盗也。"子曰："情欲信，辞欲巧。"郑注："巧，谓顺而说也。"《正义》："君子情貌欲得信实，言辞欲得和顺，不违逆于理，与巧言令色者异也。"子曰："王言如丝，其出如纶。《释文》：纶，绶也。案此谓言虽微，及其发出于外，影响甚大也。王言如纶，其出如綍。《释文》：綍作绋。大索。准上可知。故大人不倡游言。案游言，谓浮浅混乱之言。不出于实得，不见有义蕴，不曾具条理。凡衰世之倡言者，皆如是。可言也，不可行，君子弗言也。高美之言，可出诸口。而度吾人之力不可行，则宁弗言。为其犯言不愿行之咎也。可行也，不可言，君子弗行也。"偏畸之行，虽可行，而不可以风示众庶，则君子必不行也。君子履中和，不贵畸行也。详上所述，则所谓士君子之行，大端可见。群经言士君子之德者，不可胜穷。然如上所举，已足贯穿一切义，故不备述。盖庄敬日强以畜德，庄敬即不昏惰，不悠忽，不放恣，精神凝聚专一。故日进于刚健强盛，常创新不息。体仁同物以复性。体仁之体，谓体认之也。体认吾所本有之仁体，而保任勿失。便证知天地万物皆吾同体，无自他之隔。如是，则超越小己，而复吾浑全之本性矣。好恶发于天真，天真故无私欲之杂，而人人相与于太和之中。言行必求相顾。言行不欺，故人人相乐于真实之宇。人各为天下事其事，不见有可贵事而起欣，不见有可贱事而起厌，惟各勤其职，而皆有佳趣。必人人如此，世乃太平。人各出其能，以互相济。君子不以其所能者病人，盖尽所能，以与人相济，而无自矜也。不以人之所不能者愧人，盖取人之所能，而以辅己之所不能也。则我于彼之不能，无所愧怍。人亦于我之不能，无所愧怍也。人各有能，有不能，互相济，则如百骸之在一身。各如其分，而无不足。各如其分之所应得，则彼此无不均之患，而人道太和。盖所谓士君子之行者，虽万德纯备，难以具称，而握其体要，略如上述。夫万行本乎仁，立乎强，归乎中和。中，无私也。无私，故同己于物。而物我无间，即贪嗔不作，故太和。士君子之行，如是而已。天下之人人皆如是，则大同之基已固，而太平之运日新。何事以世间为罪恶薮，悼众生沦生死海，将求趣涅槃，如佛氏之所为哉？何事至此为句。《春秋》其至矣。现代言治者，徒知注意经济条件，与社会结构之改造，而于宇宙人生之本源，漫不穷究，其视人类，直同鸟兽，不复知有内在之生活源泉，此中内字，并非与外字为对待之词。内不与外对，而乃曰内者，防人之误求诸外耳。生活源泉，其充盈于吾身之内者，亦即遍在天地万物。是乃遍为万有实体，而渊兮无待者也。无以名之，名曰仁体。今人既自视同鸟兽，故不能反识内在之生活源泉，习于物化故也。不复有自我之真觉。此中自我，即谓仁体。是乃泊然至寂，烔然至明，所以应万感而起万事者，是非善恶吉凶之几，恒自明而不昧。虽私欲朋兴，而此至明不容昧者，终未尝不在。如云雾四塞，而太阳自存也。仁体之明，是云真觉。凡人不务反己，便亡失真我，无有真觉。但上文吉凶二字以理言，善与是，皆当理之名，皆谓之吉。恶与非，皆不当理之名，皆谓之凶。故吉凶二词，不同世间所云祸福。而吉自得福，凶自招祸。理实如此，无或爽者。则求其有高尚纯美之行，如所谓士君子之行者，固决不可得。而人人惟挟私智，机巧变诈之智曰私智。伏杀机，以相交涉。盟好之辞，屡播而动听。侵夺之事，厉行而无惭。弱者献媚，图旦夕之安。强者逞欲，忘殷鉴之戒。修罗之技弥多，修罗，魔也。蛮触之争奚止？圣学不修，人极不立。吾于斯世，有余恫焉。

夫教化修，人皆全其所性之正。全犹复也。而免于狂迷之行，此治本也。然亦必改造社会结构，使与大同世界相适应，而太平之治始成。《礼记·礼运》孔子曰："大道之行也，天下为公。"案此言天下为一家，全人类若一体。故一切共同生活之组织，皆本天下人之公共意力以为之。无有一人得参私意于其间者。又曰："选贤与能，讲信修睦。"案大同之世,国界观念,虽已破除,但其时全地球上,当划分为无数自治区,亦云治区。各治区之疆域,大概依地势之便利,与气候之相近,而划分之。凡分区,必依其疆域大小,设为定制。均归一律,不可有特别过大之区。凡地势与气候虽相同,而地域过大,不宜仅划为一区者,则宜酌为析区,使其大小合于定制。夫所以分为众多自治区者,因共同生活之便利,不得不有各治区之组织。而此治区之意义,只是一种文化团体而已。为同居一地域内之民众,有共同之结构,得以表现其公共意力而已。此等治区之性质,其截然不同乎前此之国家者,一为对内无统治层级,二为对外不得利用之以为向外侵略之工具。所云只是一种文化团体者以此。每一治区,既有自治机构,则其间各部分执事者,必由区内群众公同选举贤能任之。任有定期,期满改选。决无有以少数人强奸民意,而委托事权于非类者。故曰选贤与能。或问:"治据乱之世,固须尚贤,至太平世,则人人之智德力宜跻平等,胡为尚贤耶?"答曰:人之气禀,不能齐一,虽太平世,不能谓人人之智德力皆平等也,只是其时一般社会之水平线远高乎从前,但此时社会内之各个分子,毕竟如十指之各有短长,无法齐一。小德大德,宏材偏长,亘古难齐。恶乎平等? 尚贤之说,其可非乎? 又世至大同,交通尽利,远近若一。其时全球之上,无量治区,共讲信义,互修睦亲,而无量治区之间,又必有联合之总机构,庶几全世界融通为一体,无麻木不仁之患。又曰:"故人不独亲其亲。"案此谓社会有养老院,奉养老者,一切费用,公家任之。子女时入而省亲。又曰:"不独子其子。"案此谓社会有慈幼院,教养儿童,其费用归公家担负,抑或酌收其父母之费,则视治区之计政,对人民之私有财产限制如何而后定。父母随时入院检视。又曰:"使老有所终。"案天下之老者,皆得赡养,终其余年。又曰:"壮有所用。"案人自幼小以至成年,皆由公家设置各级学校以教育之。人各随其资分,努力学业,而皆能成德,成材。故各以其长,效用于世,而无有暴弃不中用者。且治区之内，生产与文化各方面事业，极其众多。人才自无旷废也。又曰："幼有所长。"案世至升平，早已废除大家族制。至太平世，则人人皆有天下为一体之观念，无复有狭隘之个人主义，而共知有社会生活之乐。故幼孩即由公家设立之慈幼院抚育之，所以养其群性也。但慈幼院之设立，必酌其附近居民之数量，使居民距院不甚远。为父母者得随时入院顾复，而亲子之爱，不至疏淡。养老院亦准此例，为子女者，必时常入院，省侍父母。孝与慈乃一切道德之根芽，不可无以养之也。又曰："矜寡孤独废疾者，皆有所养。"案无妇曰矜，无夫曰寡，幼而无父母曰孤，老而无子女曰独。及废疾之民，皆可悯惜。社会皆有以安养之，不使一夫不得其所。又曰："男有分。"案天下之人人，各尽其职之所当为，各尽其能之所得为，各取其分之所应受，故曰有分。言男者，举男即摄女，非单就男子言之也。又曰："女有归。"《正义》："女谓嫁为归。"案太平世，一夫一妇之小家庭，必不容废。夫妇有别之义，无可变易。非独道德问题，杂交亦妨生理。又曰："货恶其弃于地也，不必藏于己。"案一切财利资源，天然之产，极其丰富。必以人功开发之，制造之，而不可委弃于地。但财货者，天下人之所共有也。任何人不得据为一己之私有，故曰不必藏于己。然亦不妨许私人得有法定若干限度之财产。为其夫妇间成立小家庭，需于经济上由公家予以合法之独立储蓄故。然夫妇均死亡时，其财产全部归公。又曰："力恶其不出于身也，不必为己。"案智识技能，总称智力。身手勤动，总称体力。故力之一言，包括智力体力二者。太平之世，人之智力弥高。其所发明与创作，愈多愈精。自然之神秘，启发无余，悉为吾人效用。是时需要体力者盖少，然人生必不可无劳作。一切事业，未可纯用机械而废四体之勤也。又世已太平，人将有乐于享受，而倦于用脑者，则文化将倒退，尤当以为大戒。故一人之身，智体二力，宜求并进，否则人类有退化之忧。故曰力恶其不出于身也。然人类自无始时来，长处衰乱之中，迷执小己，与物相竞。凡所以运其体力智力者，皆为小己之私利而已。虽有君子导之于礼，渐化其私，而致小康，进至升平。无奈其为己之私，积习甚深，不易拔除。及世进大同，人之为学，不仅驰于知能之域，乃有以超知能，而盛发其智慧。不仅明征万事万物之理则，乃深穷造化真源，而实证天地万物皆吾一体。人之脱然超悟至此，于是其智力体力之用，皆为众生之福利计，非为小己之私也。故曰不必为己。然众生为全体，而一己则全体之分，犹手足为全身之分也。全身利，而手足有不利乎？今之科学家发明战具，乃以其智力用之于为一己，及己之国家与族类，其所为终不出乎己。惨毒极，亦迷暗极矣。此非科学之咎，乃仅恃科学而不知更有穷本究元之学，所以有斯咎也。力恶其不出于身，而不必为己。则尽人皆士君子也，皆圣也，皆佛也。此世之所以太平欤？又曰："是故谋闭而不兴。"案天下皆仁人，一心一德，更无有怀野心，兴奸谋者。又曰："盗窃乱贼而不作。"案侵略他人或他群之财富与领土者，均谓之盗窃。逞兽欲，运奸谋，而祸天下者，均谓之乱贼。今德、倭虽败，而天下之为盗窃乱贼者，犹实繁有徒也。太平未卜何时也。又曰："故外户而不闭，是谓大同。"案《礼运》此文，盖《春秋》太平之义。经七十子后学传授，而戴氏录之于此。《论语·公冶长篇》：子路曰："愿闻子之志。"子曰："老者安之，案使天下之老者，皆有所养。朋友信之，旧注：朋友是同辈之人。案即天下人讲信修睦。少者怀之。"案即使天下之幼者，皆有所长。详此所云，与《礼运》之理想适合，但辞稍略耳。又子路曰："愿车马、衣轻裘，与朋友共，敝之而无憾。"即货不必藏于己意思。颜渊曰："愿无伐善，朱注："伐，夸也。善，谓有能。"无施劳。"案施谓有功及人，便居功而自张大也。劳，谓有功。即力不必为己意思。凡人所以伐善施劳者，因人类自无始时来，其力皆以为己，故有能即自夸，有功即自张大。伐与施，正从为己之心发现，此心是万恶之根。若今世侵略者，祸及天下苍生，无非自伐其能，及欲为自己之国家立功，以自夸大而已。颜子愿无伐无施，便将为己之私克尽。程子曰："子路、颜渊、孔子之志，皆与物共者也。"又曰："颜子不自私己，故无伐善。知同与人，故无施劳。"从来鄙陋之徒，不通《春秋》。至有妄疑《礼运》，而以为汉人窃道家或墨家之旨，以托于孔氏者。信乎夏虫不可以语冰也。墨氏兼爱兼利之义，实本于《春秋》。然但承此原则而已。其于太平世为治之规模与条理，墨氏盖未之究也。道家厌文明，而怀想上古未开化之社会，以为浑朴。此与《春秋》主进化意思，根本不同。且道家本个人主义，只不以己宰物，而实不知同己于物，即于物无互助辅相之功。故道家任自然，不务改造社会。其于社会生活之观念实薄弱。《礼运》太平之治，恰与老氏主张相反，何可混为一谈。

《春秋》之土地政策，颇主张井田制。后世私有制，有兼并之患，《春秋》盖已深防之。宣十五年，初税亩经。时宣公新令，盖遣吏按行民田，择其谷最好者税取之。何氏注曰："民以食为本也。夫饥寒并至，虽尧舜躬化，不能使野无寇盗。贫富兼并，虽皋陶制法，不能使强不凌弱。是故圣人制井田之法，而口分之。一夫一妇，受田百亩，以养父母妻子。五口为一家，案此规定五口为一家，若一丁壮，有父母及妻，共四口。如生一子，即共五口。合为一家。其多于五口者，名余夫。详在后文。公田十亩，即所谓什一而税也。庐舍二亩半，凡为田一顷，案百亩为一顷。十二亩半。八家而九顷，共为一井。故曰井田。庐舍在内，贵人也。案以人为重也。公田次之，重公也。私田在外，贱私也。案私田，谓八家各私得百亩。井田之义，一曰无泄地气，二曰无费一家。案八家均力合作。三曰同风俗，四曰合巧拙，五曰通货财。因井田以为市，故俗语曰市井。案八家共井，互通货财而立市，犹今之合作社也。种谷不得种一谷，以备灾害。田中不得有树，以妨五谷。环庐舍种桑荻杂菜，畜五母鸡，两母豕。瓜果种疆畔。女工蚕织，老者得衣帛焉，得食肉焉。死者得葬焉。多于五口，名曰余夫。余夫以率受田二十五亩。案余夫，是廿九以下，未有妻室，故受口田二十五亩。有妻室,即另立家。十井共出兵车一乘。司空谨别田之高下善恶,分为三品。上田一岁一垦,中田二岁一垦,下田三岁一垦。肥饶不得独乐,硗埆不得独苦。故三年一换主易居,财均力平,兵车素定,是谓均民力,强国家。在田曰庐,在邑曰里。案《周礼》四井为邑。一里八十户,八家共一巷。中里为校室,选其耆老有高德者,名曰父老。其有辩护伉健者为里正,皆受倍田,得乘马。父老比三老孝弟官属,里正比庶人在官吏。民,春夏出田,秋冬入保城郭。田作之时,春,父老及里正旦开门,坐塾上。晏出后时者不得出,暮不持樵者不得入。五谷毕入,民皆居宅。里正趋缉绩。男女同巷,相从夜绩,至于夜中。故女功一月得四十五日作。从十月尽,正月止。男女有所怨恨,相从而歌。饥者歌其食,劳者歌其事。男年六十,女年五十,无子者,官衣食之。使之民间求诗,乡移于邑,邑移于国,国以闻于天子。故王者不出牖户,尽知天下所苦,不下堂而知四方。十月事讫,父老教于校室。八岁者学小学,十五者学大学。其有秀者移于乡学,乡学之秀者移于庠,庠之秀者移于国学。学于小学,诸侯岁贡小学之秀者于天子。学于大学,其有秀者,命曰造士。行同而能偶,别之以射,然后爵之。士以才能进取,君以考功授官。三年耕,余一年之畜。九年耕,余三年之积。三十年耕,有十年之储。虽遇唐尧之水,殷汤之旱,民无近忧。四海之内,莫不乐其业。”

　　如上所述。井田之法,盖由据乱进升平之治,去《礼运》太平大同之治盖甚远。如国界,及君主,与兵戎之事,皆未能除之。此其显异者。其规模颇类今之所谓集体农场。如采其精意,变而通之,以行于今,务求切合时宜,则社会无兼并之患,农民免于穷厄。而世运进于升平矣。何休之注,盖得自胡毋、董生之传。《繁露》多残缺,今难考其详。胡毋承公羊寿,以口义著竹帛时,亦有略而不详。又由《演孔图》以异说媚汉。可知《公羊》家鉴秦之祸,其于《春秋》之非常异义,及所以反古之弊政,而为后世制法者,盖多避而不载。故口义流传,间有散见他籍者。如《礼运》大同小康诸义，显为《春秋》家言。何休此注，自是《公羊》家世传之说，然亦见《汉书·食货志》及《韩诗外传》。盖《春秋》口义之流布广矣。其与《孟子》谈井田之制，同井之民，出入相友，守望相助，疾病相扶持云云，《滕文公篇》。适相映证。孟子之时与地近圣人，又深于《春秋》之学。《公羊》口义流传，竟与孟子合。则井田制为《春秋经》之理想，非秦汉间儒生倡说，甚明矣。

《春秋》张三世，其蕲向在太平。而于治据乱与升平之法，则言之甚悉。太平不可骤几，其进必以渐也。据乱世，书内离会，内者，据鲁对列国言，则鲁自为内。当据乱世，凡鲁君与他国之君会者，则书以示戒。离与会异者，二国会曰离。二人议事，各是所是，非所非，无从取决，故言离也。三国以上始言会，三人议，则从二人之言，故云会也。明立国之道，贵内自治，不可虚内而务恃外好。何氏注，于隐二年春，公会戎于潜经，特发斯例。盖本胡母子都条例，非邵公创解也。何氏自序，称略依胡毋生条例。王船山《春秋世论》据此例意，以论当时郑国之得失，可为千古道国者之金鉴。《论语》：“道千乘之国。”道，治也。国民皆有自治其国之责，而在政治与社会各方面居领导地位者，其责尤重。其说曰：“有道而恃有道者安。”案如升平世，大国能秉礼义，戒侵略，而弱国亦知励精图治。其时弱小之恃强大，可谓以有道而恃有道也。弱国内有所自恃，其外所恃之大国，亦复可恃。故弱小之国可安。又曰：“不能有道，而恃有道者弱。”案如春秋时，齐、晋诸强，能尊中国，攘夷狄，犹不失为有道。其时中原诸国，皆不能有道，而恃齐桓、晋文以图存者也。然内无以自恃，徒虚内以恃外好，终于微弱而已矣。又曰：“无道而恃无道者，必于亡。”案如战国时，六国皆不务自治，又于同盟不能互以信义相结，是无道也。当时六国各欲自屈而事无道之暴秦以图存，终亦必亡而已。又曰：“无道，而不恃无道者，仅以存。”案无道，而值侵略者横行之世，未有能存者也。然能不割己之疆土与利源，以奉之侵夺无耻之强暴，妄冀博欢，而恃以偷旦夕之安也，则亦有仅存之道焉。"故恃人者，不如恃己。恃己之势，虽无道而不亡。况有道乎？郑人春秋之始，强国也。厉公不振，恃宋而始羸。既逼于楚，恃齐而始毁。齐失其怙，恃楚而始破。晋争之楚，恃晋而几亡。晋与楚争郑，郑人恃晋之能庇己也，乃不可恃而几亡。郑之弱以向亡者，百二十年。君勤于内，臣勤于外，政粗修，民粗睦，然而无以自救，盖百二十年，郑无一日而释人之恃也。言其唯以恃人为务，而终不释此恃人之一念也。孔子称郑国谨于外交辞令，盖有以也。恃之不可，无已而竞。或曰：竞，非保国之道也。晋定楚昭之世，郑南竞楚而灭许，北竞晋而联齐，民劳国敝，介然仅存。而与二大竞，疑其必亡矣。而郑乃历百年，而始灭于韩，奚以支持百年之久耶？曰：竞之害，不若恃之烈也。所恶于竞者，恃于此而竞于彼也。吃紧。恃于此，役于此矣。恃此而竞彼，所竞无能。注意。胜其所恃，强固必胜之气，只在吾所恃之友邦耳。而泄于恃者矣。恃人者无自固之气，徒欲恃人，其气早已泄尽无余，为死灰，为槁木，犹望其有生人之气乎？不竞而恃，与有恃而竞，其亡一也。此千古定论。夫无恃而竞者，其犹有自竞之心乎？能自竞，则人莫予侮也。故郑之将欲贰晋而先背楚，殆乎亭亭以立，而有生人之气矣。晋失其霸，贰之得也。唯恶夫恃无道之楚，以贰晋也。背楚以钳天下之口，然后贰晋以长自立之势，齐不能不许之从，鲁不能不中辍其兵。郑乃以自为郑而行其所欲，孰能丧之，故无道而不恃人，犹救乎亡。有道而不恃人，不仅以安。《诗》曰'不闻亦式，不谏亦入'，文王之德也。今闻直谏之不恃，奚况于强有力之相庇者乎？"船山此论，盛发《公羊》之蕴。自古有国者，虚内而结好于外，将恃以不亡，则其亡可立而待也。恃人者，无论恃一二强国，或结好于数强之间，要皆速其亡。惟卓然求内有以自恃，而不予人以可乘之隙。国权所在，据理力争。争之不得，终不献赂。彼侵略者，虽强力侵夺，亦必犯世界之忌，而有多行不义必自毙之日矣。且恃人之患，不独执政者宜戒。凡在下而领导群众者，尤贵自立自主，而不可有恃人之一念也。《春秋》炯戒昭然,今人奈何不省?

徐《疏》云:"《春秋经》与《传》,数万之字,论其科旨意义,实无穷。"然撮其论治之要,必在计政调均。计政一词,从严又陵译《原富说》。《春秋繁露·度制》云:"孔子曰:'不患贫,而患不均。'"案今世界上多患贫之国,实由侵略者以弱国为鱼肉,而财利无从均故也。又如一国之内,官僚资本主义盛行,垄断全国之利,则其人民必贫不聊生,而祸至于亡国。故圣人极言贫不足患,而患在不均。诚以救贫莫急于均也。不均,则生产终操于侵略者之手,而贫者何从得救乎? 又曰:"故有所积重,则有所空虚矣。大富则骄,太贫则忧。忧则为盗,骄则为暴。此众人之情也。圣者则于众人之情,见乱之所从生,故其制人道而差上下也,使富者足以示贵而不至于骄,贫者足以养生而不至于忧。以此为度,而调均之。是以财不匮,而上下相安,故易治也。案治起衰乱之中,必使贫富不甚悬殊。则升平之治,更无贫富不均之患矣。太平世,天下为公,如《礼运》说。《春秋》之道,所以通万世而不可易也。今世弃其度制,而各从其欲。欲无所穷,而俗得自恣,其势无极。大人病不足于上,案大人谓君主。富者专国之利,则国家亦贫于上,大人病之也。而小民羸瘠于下,则富者愈贪利而不肯为义,贫者日犯禁而不可止。是世之所以难治也。孔子曰:'君子不尽利以遗民。'案此中君子谓在位者。尽有其利,以遗弃人民。则君子所不敢为也。《诗》云:'彼有遗秉,《传》云:"秉,把也。"五谷收成时,富农常以谷草成把,遗置田中,待寡妇取去也。此有不敛穧。穧,穗也。不敛谓不收之,亦遗也。准上可知。伊寡妇之利。'彼此之遗秉与穗,皆听寡妇取之以为利也。故君子仕则不稼,仕者有俸禄,故不可与民争田也。田则不渔,田猎,则不可更夺渔人之利。食时不力珍。《礼记》注:食时,谓在上位者食四方之膳,不可力致珍贵。防其逞嗜欲,而将夺民食也。大夫不坐羊,士不坐犬。《孔子闲居》疏:"言大夫不得无故杀羊坐其皮,士不得无故杀犬坐其皮。"案晚世在位者,淫侈无度,贿赂公开,国贫民毙,然后知《春秋》制法之严,为官僚资本主义立之防也。《诗》曰:'采葑采菲,无以下体。孔子

《闲居注》：采葑菲之菜者，采其叶而可食，无以其根美，遂并取之。并取之，是尽利也。德音莫违，及尔同死。'以此防民，民犹忘义而争利，以亡其身。天不重与，有角，不得有上齿。《戴记》"戴角者无上齿"。天不重与，此一证也。故明圣者，象天所为，为制度，使诸有俸禄，亦皆不得与民争利业，乃天理也。凡百乱之源，皆出嫌疑纤微，以渐寖稍长，至于大。吃紧。圣人章其疑者，别其微者，绝其纤者不得嫌，以早防之。圣人之道，众堤防之类也。谓之度制。谓之礼节。案度制、礼节，所以酌乎群己之间，而立之准。察诸日用之际，而求其中也。若去其度制，使人人从其欲，快其意，以逐无穷，是大乱人伦，而靡斯财用也。"案《大学》言理财，主张为之者疾，用之者舒。此固《春秋》之旨。而董子于此，以节欲为言，非与《大学》反也。夫生产技术日益发明，则为疾不待言。而人类之衣食住行，亦缘生产技术进步，而享受特异于昔，用乃大舒。人固不当反进化，而求复上古之陋也。然董生言节欲者，用舒之乐，固随人群进化而日增。但一己自律之道，要不可过于其时群众之所享受，而穷奢极欲。故节欲之义，不以时代进化遂可废。董生所以发明《春秋》之旨者如此。固未始与《大学》有异也。详上所述，《春秋》理天下之财，以均平为不可易之定则，故在位者不得与平民争利。井田之制定，则兼并不待禁而自绝。商贾有垄断之禁，孟子深于《春秋》，而恶商贾垄断。国营事业渐兴，而百工弗病矣。驯至太平，国界种界，俱已泯灭。天下之利，归之天下之人人，而无有一夫得自私者。自然秘藏大辟，财货已富有日新，将来科学进步，对于物质界之发明，当有以备足人类生养之需要，非若现代多注意于武器也。《易》言开物成务，《论语》言足食，货无委弃，尽力以开天地之利。而不以为己，力无不尽，力，赅智力、体力二者。而不以为己。上二语，用《礼运》义，而稍变其文。天下是以至均而太和也。

《春秋》由据乱开升平，盛张民族主义，要在合诸夏，以攘夷狄。诸夏夷狄二词之义界，前文已言之。然其辞颇简，恐学者弗深究也，今更详之。原夫《春秋》之言民族，不以种类为分别，而实以文野为分别。今世以同种类者，为同一民族。其不同种类者，即为异族。此实最狭陋之观念。而与《春秋》之所以分别民族者，其意义绝无相似处也。《春秋》立乾元，为万物始。《春秋》始于元，元即《易》之乾元，前文屡言之。即天地万物本一体，奈何人类而妄有种类之见，自生畛域乎？今人误解《春秋》，以诸夏为五帝三王贵胄，即所谓汉族之目。以夷狄为诸异种之名。此其说，明与《春秋》相反。夫吴人仲雍之后也，越人夏少康之后也，楚人则文王师鬻熊之后也，姜戎是四岳裔胄，白狄鲜虞是姬姓，此皆非与诸夏为异种者。而《春秋》皆斥为夷狄何耶？须知，《春秋》言民族，本无狭陋之种界观念，种界者，妄分同种与异种，而存界域之谓。而实以文野分别之。文者，文明。野者，野蛮。文明者，非徒以其知能大进，富于政治与文化各方面优越之创造已尔，而其特长在有礼义。礼义者，仁之发也。仁者浑然与万物同体，故凡所施为必一由乎礼。礼者，理也。吾人之本心，元是万理具备，而与万物相流通，无隔阂也。故己好生，而亦知人之好生，自不忍伤之也。己欲衣食，而亦知人之欲衣食，自不忍夺之也。此即吾心自然之理也。推此而言，凡一切对人待物，而有所不忍于放肆以伤物者，皆吾心自然之理也。故理者，吾心也。而礼，即吾心之随感而发，非从外立法强行之也。故曰理者，理也。理之发现，乃自觉也，自动也。唯克去私欲之蔽，而后有此。亦必一裁以义。义者，吾心自然之制裁也。私欲起，则利己以侵人，而万事皆失其宜。然吾之本心，自能照察私欲，而制裁之。以正己，而求合乎事之宜，所谓义也，此即吾本心之自觉自动也。故夫敦礼守义，所以超越小己，而复其浑全之性，发挥绝对精神。绝对精神即是浑全之性。此唯证到天地万物一体者，乃识此精神耳。黑格尔言绝对精神，而犹有德国民族优越之私见，非真能识得绝对精神者也。希特勒辈之狂驰，亦误受其影响也。中国人庶几此境地，中国人自昔以来，便由自明自诚工夫而悟到浑全之本体。故能克己私，而有天下一家之量。不似现代诸民族咸有狭陋之种界观念。今外人之来吾国者，皆能感到吾国人对彼等毫无猜防之情。《春秋》借中国人以明升平世，礼义之民族当如此。**故称之以诸夏。夏之为言大也。大其能去己私而敦礼义也。凡有礼义之民族，即皆是文明民族，而皆谓之诸夏。若其无礼义者，虽知能甚高，而政治与文化各方面之创造力甚大，如楚人者但因其习横暴，好侵略，《春秋》犹以夷狄斥绝之，况其远下于楚人者乎？总之，《春秋》于升平世，分别民族，只依其文野，判为诸夏夷狄二类。夷狄凶狡，无人道，同之鸟兽。诸夏则隆礼义而立人极者也。夷夏之分，乃人禽之界，此不可不严也。若夫以同一种类为同一民族者，**同一种类者，即同血统之谓。**此乃极狭陋之种界观念，迷生人之性，**迷者，不解悟之谓。人皆禀乾元以为性，本无彼此之分也。**启争乱之端，**妄分同种异种，争端遂启。则不通《春秋》之过也。**

古者中国，本合诸夏、四夷而为一大联合国。当时之所谓四夷，东包括今中、苏连壤滨海之地，及今朝鲜、台湾、琉球等地，皆曰东夷。日本则外藩也。西有中亚细亚，接印度，皆曰西戎。南辖马来亚及南洋群岛，皆曰南蛮。北有西伯利亚等地，皆曰北狄。四夷之地甚远，其部落亦极多，皆统属于中国，但以其不崇礼义，故斥为夷狄，示不与同中国之意。实则，其人皆中国人。其地皆中国之地也。如吴、楚，本中国也，而《春秋》视同化外，其他可类知。故《春秋》于夷狄之进于礼义者，则复中国之。中国之者，犹云承认其为中国人而礼敬之也。《繁露·竹林》云："《春秋》之常辞也，不予夷狄，而予中国为礼。至邲之战，偏然反之，何也？**案宣十二年经，晋荀林父帅师及楚子战于邲。《传》"大夫不敌君。此其称名氏以敌楚子何？不与晋而与楚子为礼也。"注："不与晋，而反与楚子为君臣之礼者，以恶晋也。"**曰：《春秋》无通辞，从变而移。今晋变而为夷狄，楚变而为君子。君子者，中国人之称。**故移其辞，以从其事。**辞有改移，从其事实也。**夫庄王之舍郑，**庄王伐郑，已下之矣，乃得而不取，舍之而去。**有可贵之美。**不取郑国为己有，是其崇礼义，可美也。**晋人不知善，而欲击之。**庄王既舍郑而去，晋人不当复与楚挑战也。今乃不知善，而欲击庄王之师。**所救已解，如挑与之战。**晋人救郑未及也。庄王攻郑已下之，竟舍而不取，则晋之所救已解矣。乃复与楚挑战，是无义也。宣十二年《传》："既则晋师之救郑者至。曰：'请战。'庄王许诺。将军子重谏曰：'晋大国也，王师淹病矣，请勿许战。'庄王曰：'弱者吾威之，强者吾避之，是使寡人无以立于天下。'遂令还师而逆晋寇，晋军尽覆。"**此无善善之心，而轻救民之意也。**晋人所以变为夷狄。**是以贱之，而不使得与贤者为礼。"**据此，可知楚国本大中国之一部分，但以其逞侵略而斥之，既进而有君子之行，则复许为中国人。四夷皆同此例。《春秋》借此此者，谓古代中国对属地即四夷之民，无礼义则斥之。及进于礼义，则与诸夏同为中国人，一律平等。以明升平世，虽分别全地球上民族为夷、夏二类，然夷族如进而有礼义，则当与夏族同等，不可复殊外之也。殊外之，犹云斥绝之也。此升平进至太平之治也。

太平世，天下之人人，皆有天地万物一体之量。盖皆有以反己，而证悟其本有浑全之性体。故能超越小己，而冥于无待也。此等境界，绝非意想安立，乃法尔本然。法尔犹言自然，非由意想安立故。本然者，犹云本来如此。更非如赤子之浑沌，若不能分别物我者。孟子言"大人不失赤子之心"，非谓大人之心，果如婴孩之浑沌不自觉也。盖言其明觉冲湛，而不起私意，故以赤子之心形容之耳。赤子无作意故。若误解此言，将谓孟子以大人之生活，同于原始人。则铸九州铁，不足成兹大错。孟子言思诚，言明物察伦，岂谓大人之心，果如赤子耶？唯其反躬察识，即本心有自识之用。洞明自己本性，与天地万物真元，实为浑一而不可分之全体。易言之，即实证天地与我并生，万物与我为一，借用《庄子·齐物篇》语。此其与群生痛痒相关之情，自发于不容已。不容已，略有二义。同体故发不容已，真实故发不容已。明儒耿天台之学，以不容已为宗，至可玩。而一切相生相养之事，自当随时改善，以协于大中，而成其太和。《春秋》制万世法，而始于元，所谓本立而道生也。

据乱之世，善为国者务内治。然列国之君，或行独裁，以毒其民；或怀侵略野心，征战无虚日。人道之至惨也。及治进升平，人民皆自觉、自治、自主。对内，则限制君主之权力，使不得鞭笞百姓而恣意于其上。如争之不获，则不惜流血以得之。如文十八年经："莒弑其君庶其。"《传》曰："称国以弑何？称国以弑者，众弑君之辞。"何氏注曰："举国，以明失众，当坐绝也。"详此所云，盖以人民久受专制之毒，宜行革命，以争自由。穀梁氏虽未达三世义，而其尊重人民公共意力，以除暴乱，则犹承《公羊》之旨。如隐四年经："九月，卫人杀州吁于濮。"《穀梁传》曰："称人以杀，杀有罪也。"案称国人，以明众讨之也。庄九年经："春齐人杀无知。"《穀梁传》曰："称人以杀大夫，杀有罪也。"文九年经："晋人杀其大夫士穀及箕郑父。"《穀梁传》曰："称人以杀，杀有罪也。"大夫盗柄祸国，人民必共起而杀之，所以伸众讨，警独夫窃权坏法，而固民主之基也。治近升平，人民皆能自觉、自主。必不容枭桀弄权，败法乱纪，其治内既莫不详正。事无不举曰详，法无稍枉曰正。而其对外，则以讲信修睦为务，以共存共荣为志。故凡枭桀之徒，怀野心而启侵略，将煽惑民众，以供其驱役而恣其冥行者，每为有觉悟之群众所不许。今德之希特勒、倭之军人，得利用民众，以从事侵略而祸天下，以自取覆亡者，正由其民众不觉悟故耳。如宣十五年经："夏五月，宋人及楚人平。"《传》曰："外平不书。平者，和平也。外国和平之约，无关鲁国内事者，每不书。此何以书？大其平乎己也。"何氏注曰："己，二大夫。"案二大夫，谓宋华元、楚子反也。事见前。宋、楚交战，楚军粮将尽也，宋人至易子而食，战祸深矣。二国之民，何为而自毁如此，必将觉悟其为当国者逞欲所致，而有悔祸之心也。故华元、子反能以己顺从二国民意，而成平约。此《春秋》所以大之也。

《传》又曰："其称人何？贬。曷为贬？平者在下也。"何氏注："言在下者，讥二子在君侧，不先以便宜反报，归美于君。而生事专平，故贬称人。"案何注曲解《传》意。《繁露·竹林》明子反之行,不当以常礼责。《韩诗外传》嘉华元之诚。何得以轻君贬之乎?夫《传》言贬者,非贬二大夫之专平也。乃贬二国之君,未能修睦于平时耳。《传》曰:"平者在下也。"明此平约,乃二国人民之公意,而战祸实由二君开之,故言平者在下。而二君为战祸主犯不待言。以是知贬二君也。经书宋人及楚人平。人者,众辞。谓二国之民众也。此明升平世,各文明国之民众,皆尚平等互惠,贱侵略之行。而于当国者之妄启战祸,必有以抑制之,使不得逞也。凡枭桀之徒,尝利用国家为其向外侵略之工具,而驱役民众,以从其欲。及战祸一开,天地成惨毒之场,人类有毁灭之痛,竟不知其何为如此,唯民众皆能自觉、自主,而后枭桀者无所施其技。《春秋》于宋、楚之平,而书宋人楚人。明其为二国民众公共意力之表现,即隐贬二君,所以为升平示范也。《春秋》全经,皆是借事明义,已如前说。当时宋、楚之民,实不必能自觉自主,而《春秋》特借此事,以明升平世,各文明国之民众,当自觉自主耳。世近升平,近者,未进而将进之辞。各国民众,进于文明者日多。所谓文明,即指能崇礼义,不止富于知能及创造力也。他处仿此。易言之,即诸夏民族,渐有兴起。然夷狄之国,即其民众,为夷狄民族。虽有知能与相当创造力,而专趋凶狡,凶者,残酷险忍,无有仁心。狡者,变诈无耻,不顾信义。同于鸟兽。此等民族,常以侵略他国为事,而弱小国家,首蒙其祸,诸夏常有不支之势,故《春秋》治升平,有大法四:一、奖诸夏能持霸权以制夷狄;二、诛战祸罪魁;三、奖夷狄能慕礼义者,同之诸夏;四、罪弱小不自立者。

云何奖诸夏霸权?升平将进,据乱未离之际,夷狄方以凶狡横行,危害人类。诸夏之族,若非互相结合,以强大武力,制止夷狄之行,若非二字,一气贯下。则夷狄兽欲,未有餍足。人相食之祸,无已止也。故诸夏驭夷狄,不宜退让,而当持霸权,以威服之。《春秋》假齐桓、晋文之事,以伸霸权,明升平世,赖诸夏存霸统也。庄十三年经:"春,齐侯、宋人、陈人、蔡人、邾娄人会于北杏。"《传》曰："齐桓行霸,约束诸侯。尊天子,故为此会也。"案夏、商、周王朝,为诸夏与四夷,万国所共戴。王朝殆犹一大联合国然。天子,即联合国之首长。是乃统驭夷夏万国,使强无侵弱,众无暴寡,智无欺愚。故天子失其尊,即万国相争乱。齐桓尊天子,即重联合机构之权力,以便统驭。又曰："桓公时未为诸侯所信向,故使微者会也。案宋以下,均称人。盖宋及陈、蔡诸国之君,皆未亲莅,仅派微者来会。时桓公之功未著,故未为诸侯所信任归向。桓公不辞微者,欲以卑,下诸侯。言桓公愿自卑,以下于诸侯,故诸侯虽以微者来会,亦不辞也。遂成霸功也。"桓公能修礼让,卒得诸侯信向,而成霸功也。庄三十年经:"齐人伐山戎。"《传》曰:"此盖战也,何以不言战?《春秋》敌者言战,桓公之于戎狄,驱之尔。"案胡康侯以经书齐人为贬辞,足为好武功之戒。宋人奴于夷者久,其无知宜然也。夫子称管仲之仁,而曰"微管仲,吾其被发左衽"。岂以勤远略贬之耶?《传》有曰:"其称人,何? 贬。曷为贬? 子司马子曰:'盖以操之为已蹙矣。'"何注:"迫杀之甚痛。"据此,则称人者,贬其杀戮过甚。然何注迫杀之云,实无所据。且戎不重惩,终为诸夏患。子司马子之说似未符经旨。余谓:人者,众辞。经不斥言齐侯,而举士众者,盖以御侮捍患,出自国民公意,非由国君好武功也。经书齐人,大齐人之能自卫,亦以贤桓公也。僖四年经:"楚屈完来盟于师,盟于召陵。"《传》曰:"屈完者,何? 楚大夫也。何以不称使? 尊屈完也。曷为尊屈完? 以当桓公也。其言盟于师,盟于召陵,何? 师在召陵也。师在召陵,则曷为再言盟? 喜服楚也。何言乎喜服楚?楚,有王者则后服,无王者则先叛,夷狄也。而亟病中国。南夷与北狄交,中国不绝若线,桓公救中国而攘夷狄,卒怗荆。卒令荆楚怗服也。以此为王者之事也。"《汉书·韦玄成传》:"《春秋》纪齐南伐楚,北伐山戎。孔子曰:'微管仲,吾其被发左衽矣。'是故弃桓之过,而录其功,以为霸首。"如上所述,齐桓领导诸夏,以成霸功,四夷率服。诸夏之国,亡者得存,危者得安。《说苑·尊贤》云:春秋之时,众暴寡,强凌弱,南夷与北狄交侵,桓公三存亡国,一继绝世。《春秋》大其功,以为王者之事。参考《繁露·王道篇》。其寄意深远矣。夫夷狄横行,则诸夏不可不互相结合,互相振厉,以持天下之霸权。不可二字,一气贯下。齐桓先修内治,参看《国语·齐语》及《管子》。而始为北杏之会,以礼让结合诸夏之国,此桓公霸业所由立也。桓公既没,而晋文嗣霸,诸夏赖以安者数世。其后悼公嗣业,终无远略,偷以自保。悼公无能为于楚而仅争之郑,又无能为于郑,而自疲其师,于是有偷安之志,无勤远之图。霸不足以霸,而诸夏自是无霸。列国皆失其政,盗蜂起于内,郑杀三卿,卫杀縶,陈杀夏区夫,乃至蔡杀君,鲁窃宗器。八十年之中,盗横行于朝市,而诸夏之势危矣。于是夷狄起而乘之,吴、越咆哮东南。吴、越,皆夷狄之狂狡者也。以迄乎虎狼之秦,遂吞六雄。秦乃夷狄之最凶者。而诸夏盛时政俗之遗,与学术文化之优美,悉为夷狄暴力所毁灭。中国至今不振,已二千余年。霸统失,而生民之祸日亟。《春秋》所以寄意于桓、文欤?夫霸之为霸,一、修内治以勤远略。修内勤远,二者互相因也。内治不修,则不可以勤远略。无远略,亦不可以修内治。晋自悼公失霸以后,君偷而臣窃,目光不及远注,遂至分离而亡。吾国革命以来,萧墙之忧无已。人皆近视故也。二、依礼让以固盟好。霸者之志,在攘斥夷狄凶狡之行。故于诸夏列国,互修盟好。而盟好所以不渝者,则以能依礼让故也。如庄十三年,桓公与鲁侯盟于柯。鲁大夫曹子,劫桓公还鲁之失地,此要挟之盟,可背也。而桓公竟还鲁地,其崇礼让如此。今之列强,有不夺弱国之领土者否?三、重民意而整武备。如管仲治齐,地方之治最发达,人民得表达其意志,不受摧折。武备足用,恃民意耳。后世反民意,而治军以拥护个人,则乱亡而已矣。四、矫迂缓而佑法治。王道之末流,未免迂缓。迂缓则百弊丛生矣。故鲁国秉周礼而其后不振。霸治非背于王道,但以法治佑助之,救其末流之失耳。细玩《管子》书,便识此意。或曰:

"《管子》书,伪托也。"答曰:此书所载,皆本管子之行事与其思想,自是管子后学为之。五、保弱小以御侵略。王船山《春秋世论》曰:"无小国,则少数大国对立,少数大国对立,则相逼而互以相亡。故君子治三代之衰,尤为小国念也。小国之羸,则既不足以自存矣。于是因人以存,又不必因者之可怙也。求怙无补,犹免于亡。君子之所弗责。求怙而适以亡于所求者,君子之所耻。"案吾国今日,非小也,而弱也,弱而求怙于人,亦不可不慎乎。夫霸者仿道而行,以攘斥夷狄侵略为志者也。故于弱小国家,必保全之。使列国之间,大小相维,而无相侵逼。天下有文明之休矣。齐桓北伐戎,南怙楚。晋之霸也,西拒秦南亦御楚。诸夏弱小之国,皆赖以安。六、崇仁义以别鸟兽。夷狄凶残不仁,狡诈无耻,鸟兽类也。孟子称霸者假仁义,假者假藉。谓其非中心安仁,乃强行仁义之事,藉以服人,故谓之假。晚世侵略者或标美名,而务行侵略之实,则霸者所不忍为,且不屑为。故霸者存人道于几希,以自别于鸟兽,至可尚也。霸统灭,而后夷狄横行,人尽为禽,是不如天倾地覆之为快也。综上六义,霸之为道也,虽未臻乎王,王道者,仁道也。仁道如天地,无物不覆载也。其生生之德,随处充周,皆真实之极,不容已也。霸者之道,何堪语此? 而在离据乱、进升平之期,则诸夏不可不力行霸道,坚握霸权,以统驭夷狄。则诸夏三字,一气贯下。是固理有当然,势所必至。天地鬼神不能逆此理势也。孟子、董生并善《春秋》,而皆于霸抑之太甚。今古群儒,奉为定论。自汉迄今,二千余岁,天下无霸,遂长为夷狄盗贼交扰之局。汉之高、文、武、宣、光武、明、章,唐之太宗,明之太祖、成祖稍振霸权,而皆霸道不备。如前所说,民意,及法治等,最为霸道之本。汉以来全失之。然汉较盛者,则地方之治,稍有晚周列国遗意耳。民意阻遏,未若后世之甚。其兴也勃,共衰也忽。汉、唐、明之霸皆不久。而唐只太宗一代,其后藩镇之局,皆夷狄盗贼横行耳。呜呼! 霸道亡,霸统绝,而吾民族蹂躏于兽蹄鸟迹之下者,盖二千余岁矣。以此而当现代之局,欲其力足以胜之,而免于昏迷也,何可能? 何可能? 余少革命,而才非应期,卒弃党政,毕志学术。然后痛吾夫子之道亡也,六经早绝也,真儒未尝有也,《春秋》之学不传也,霸道不明也。群二千余年之学者,从孟而鄙霸,既不通其道,而遂不肯究也。余十岁趋庭,受四书。先君其相公曰:"孟子言霸,与《论语》说齐桓、管仲之意,殊不合。甚可怪。小子识之。"未久,先君弃世。不肖弗敢忘,久而后有悟,以为庶几吾父之意也。宋之治,开端已陋,远逊汉、唐。宋人眼光益拘于内,愈猜愈卑,而不足存。儒者又迂谈非霸。及其衰世,与明中叶以后之朝局略同。盖皆粪蛆之雄,偷生夷狄虎口之下,聊以臣妾自娱。犹且压抑同气,而不知其可痛。使其稍有霸者之远略与雄气,又何忍如斯耶? 宋世独有一人焉,开拓万古心胸,推倒一世智勇,能与朱子争贱霸之失,陈同父是也。同父每为迂儒所不满。明初,方正学读其书,悲其志。清世汪缙三录,稍申孙卿及同父,皆二千年中孤杰也。汪缙虽涉佛氏,而实阳明学也。其室中书,盈盈充栋。客至,检一部,《阳明集》也。又检一部,《阳明集》也。检数十部,皆《阳明集》也。客曰:子何阳明之多耶? 缙曰:多乎哉! 吾所常服膺者,吾焉往而可离阳明哉? 缙博览,他所藏书甚富,但无复本。夫霸者振耻以自强,攘夷狄,远鸟兽,晋文明,存礼义,合同类,保弱小,布公道,持大体,故常有忧天下之心,而非自为一国之计,以保守私利是务,而不虑后患者也。而非自为至此为句。夷狄鸟兽一日不绝迹于天下,即天下不可一日无霸。夷狄凶残酷忍,全无仁心。变诈狡伪,不顾信义。其贪索无餍,奔逐而不知止。其所不能明了之高深理境,则排斥不遗余力,是反人道于倮虫也。人类已进化,毕竟不是倮虫。吾昔之暴秦,今之德国希特勒辈皆夷狄也。倭人且不足道。由现代而推之将来,夷狄之风,犹未知所底。然则全世界崇礼义之民族,自当互相结合,正名诸夏,共同奋起,掌握天下霸权,以统驭夷狄,而使之渐化于礼义,驯至太平。是则《春秋》所以制万世法之密意也。

霸治之精神,要在强健不舍而已。合诸夏众同之力,以持天下之大柄。当天下险阻之冲，不可以粗有所定，而遽起偷心，谓夷狄将怗然无事也。不可至此为句。夫子于《春秋》奖霸，尊齐桓为霸首，而于《论语》曰："管仲之器小哉。"导齐桓以霸者，管仲也。小之者，非以其不足言王而已。齐桓自服楚以后，而偷心生焉。仲无以辅导之也。仲之奢靡拟邦君，情尽于宠荣，志移于享乐，殆将置天下于度外矣。仲既自偷，更无以辅桓公。僖九年《传》曰："贯泽之会，桓公有忧中国之心，不召而至者，江人黄人也。葵邱之会，桓公震而矜之。震者，亢满貌。矜者，自美大之貌，皆偷容也。无深虑与远志故也。叛者九国。"《繁露·精华》云，"齐桓挟贤相之能，用大国之资，于柯之盟见其大信，而近国之君毕至，于救邢、卫之事，僖元年，狄灭邢。二年，狄灭卫。桓公先后合齐、宋、曹诸国之师以驱狄，使邢、卫复国。见存亡继绝之义。僖十四年，徐灭杞。桓公亦复其国。闵二年，桓公使高子来鲁，时鲁二君相继被弑，旷年无君，故《传》曰："设以齐取鲁，曾不兴师徒，以言而已矣。"桓公乃使高子来鲁，立僖公而城鲁，有继绝之功。而远国之君毕至，其后矜功，振而自足。而不修德，故楚人灭弦，而志弗忧。僖五年，楚人灭弦。责陈不离"云云。僖四年，桓公既服楚。陈袁涛涂请其还师滨海而东，从之。大陷于沛泽之中。桓公执涛涂。秋，江、黄伐陈。冬，又合诸侯之师侵陈。此可见大功未竟而志已满，不复进德。管仲相齐桓，毕竟不能导之于强健，以任天下之重。偷而易盈，曾无远路。先是阳谷之会，大国如宋，小国如江、黄，盖莫敢不至。《大戴·保傅篇》称其一匡天下，时为义王。是会也，明定约法，曰无障谷，谓一国不得专水利以障川谷，使他国受害也。无贮粟，粟者，民以为命。列国有无当相通，若遏止谷糴，不通邻国，非公道也。此及前条，皆关民生，主平等互惠。无易树子，据乱世不得无君，而君主制度，必立世子，以定国本。既立而又擅易之，则其国未有不乱者。无以妾为妻。君主若惑嬖妾，其政必乱。以上四者，亦见《孟子·告子篇下》。唯《孟子》以为在葵丘之盟，据《公羊传》则在僖三年秋，阳谷之会，而葵丘实在僖九年。则《孟子》所记之年与地稍有误，陈立断从《公羊》。详上所述约法，当时诸夏列国间，实已成立一大联合之总机构,盖非漫无组织者。约法四条,博大简要。古代经济问题,以农业为本。前二条,即依平等互惠精神,解决当时国际纠纷。古代国家之内治问题,以正君德为本。修齐而后可以治国,王道之要也,而霸治亦不外是。吾故云霸治不背王道,又尝以管子本儒家,而始倡法家思想,以法治救礼治之流失也。春秋列国,多弑父与君之祸,鲜不由嬖妾与废立所致。后二条为列国内治正本之大法。此四条,具见规模宏远极切实际,虽周公复生其时,又何以过之。然而孔子讥管仲之器小者何哉?夫桓与仲当功未著时,实有忧天下之心。其于治道,确窥大体,不背乎王。独惜其躬行不逮,霸业方有绪,而偷心遽生。不复能强健以任天下之重,如何扶持诸夏,而充实联合总机构?如何实行约法?如何防御夷狄狡焉思启?经纬万端,非强健以持之,未有不功亏一篑者也。阳谷之约法,在僖三年。至九年葵丘之盟,九国首叛,唯其苟偷自满,视天下事数着可了。初不为千百年长久计,不揣复杂之变,每蕴于冥冥之中。桓与仲之偷也,唯其缺乏强健精神故也。至强至健则不偷。偷者,强健之反也。不能强健,而能审天下之势,经纶周密,任之而无所馁,行之而无不利者,古及今未尝有也。齐之倡霸,及桓与仲之身而大业已隳,失在不强健。所以难强健者,又由器量小。其中浅,则不可大受,而强健之力不生也。《春秋》于葵丘著其危,参考僖九年经传。《穀梁》则不会经意也。《论语》叹仲之器小,圣人固思霸,苟非其人,道不虚行,谈何容易哉?夫创制惟其时宜,创制,谓立法,或社会与政治各方面之结构。适时之宜,则利于行。干济资乎群力。干济者,谓凡所筹度施为,一切成办,一切皆利益天下,无过举也。此实资乎天下人之智仁勇等力,而非一人之力所致也。然必领导者富有强健之精神,足以包通万类。凡狭小自私,不能包含万物,即不能通万类之情而资其力。所以然者,由其本有之仁心,被私欲障碍,即全无精神故也。若保任仁心,不令受障,即常存得大公无畏精神在,便与万物无些子间隔。振荡当时,运育来世,夫而后干济成其久大,暂时有济,不堪久大,未足云干济也。**创制不托虚文矣。**如现代第一次大战结束，国联盟约，徒托空文，因当时各国领袖，并未克去其自私自利之邪欲，即无一毫大公无畏精神，只暂时弥缝彼此利害冲突，强者力取，弱者受害如故。盟约何足道？若桓公、管仲倡霸之初期，光明俊伟，确有忧天下之公心，固非全无精神者。惜其器量尚小，含蓄不深。才有功绪，便不能保持当初一段精神，遂不可久大。**桓与仲犹缺乏真精神，奚况于今之人？**此次世界大战结束，怀侵略之野心者，是否知戒，难言矣。**今世而有诸夏礼义之民族也，则当振厉其大公无畏之精神，结合同类，扶持弱小，共保霸权，无令夷狄狂逞，是则《春秋》之志也。**

云何诛战祸罪魁？《孟子·离娄篇》曰："故善战者，服上刑。"服，加也。上刑谓杀之。此《春秋》大义也。《繁露·竹林》云："是故战攻侵伐，虽数百起，必一二书。卢注："一二，言次第不遗也。"伤其害所重也。所重谓人民生命，战则害之。《春秋》之法，凶年不修旧，意在无苦民耳。庄二十九年经："新延厩。"《传》云："修旧也。何以书？讥。何讥尔？凶年不修。"苦民尚恶之，况伤民乎？伤民尚痛之，况杀民乎？《春秋》之所恶者，不任德而任力，驱民而残贼之也。"据此，可见《繁露》阐述《公羊》义，与《孟子》同。夫好战者，鸟兽相争相食之余习也。鸟兽之形躯，犹未能发达至可以开启其灵性生活之度。其相争相食，因无足怪。然犹不伤其类，足征鸟兽天性本仁。其至于相争相食者，乃缘形骸而后起之恶习也。人类已能超越形限，而有灵性生活，则不当复存留鸟兽相食之恶习，而以战攻为能事也。据乱之世，始由部落相争，继则列国互竞，部落进而成国家，则国与国竞。国家至奖励首功，战阵，断首级多者，功愈大。能多杀人者称雄长。哀哉斯人！同类相残，曾不鸟兽若。夫杀人者，无罪，而更尊荣，则其染恶习也深，而戕仁性也重。挽之难矣。《孟子》明春秋无义战，《繁露·竹林篇》与《孟子》之说全合。而主张以上刑，处善战者，此乃惩恶劝善之微权。微者微妙。既反对杀人矣，而于战祸罪魁，仍用杀，则以杀止杀也。故是权衡之妙。所以复人性而致太平也。

凡力战而取他国之地，或全灭其国者，皆古今为国者之所美为开强拓土，伟烈丰功，大莫与京者也。而《春秋》则正其罪，而严贬之，厉于斧钺之诛。如隐二年经："无骇帅师入极。"《传》曰："无骇者何？展无骇也。何以不氏？贬。贬者，黜也。大夫贬去氏者，言宜夺其卿位，加以上刑也。曷为贬？疾始灭也。"极，附庸小国。春秋始见无骇灭极。故于此，起贬绝之例。疾者，恶之甚也。隐八年经："冬十有二月，无骇卒。"《传》曰："此展无骇也。何以不氏？疾始灭也。故终其身不氏。"《义疏》云："《春秋》重首恶，当诛，托始于无骇。故终其身不氏，恶之深也。"《繁露·灭国上》云："隐代桓立，所谓仅存耳。使无骇帅师灭极。"然则贬无骇，亦以贬隐公也。据此，可见以力战灭国者，罪大恶极。《春秋》之法，必诛不赦也。虽不灭国，而夺取他国之地者，亦《春秋》所必诛。如隐四年经："莒人伐杞，取牟娄。"《传》曰："牟娄者何？杞之邑也。外取邑，莒国，鲁之外国也，彼夺取杞国地，则于鲁言之，是名外取邑。不书。言鲁史不必书之也。此何以书？疾始取邑也。"

世近升平。近者，未至而期至之辞。必绝战祸，使人类之智勇，奋发于最高尚之创造。若崇高之道德，或改造社会之功业，与科学或哲学上之创见等等。断不可纵容杀人灭国之罪恶，使人类戕贼其天性，至不若鸟兽，则可哀之甚也。或曰："人类能无生存竞争欤？"曰：万物无不互相比辅而后得生者，《易》之比卦已明之。奚以竞争杀伐为？且科学日进，生养之需，当可以科学方法，探究天储地产之精英，而制造以供生人之用也。故《春秋》严坐战攻之罪，为圣人经世大法，不容疑也。

《春秋》极恶战。但据乱升平之际，诸夏当控驭夷狄，使抑其兽性，夷狄贪利，好侵略，兽性也。反诸人道，故公共之战备，不可不修。公共者，谓诸夏列国之联合机构，必有战备也。春秋时，齐桓、晋文之伐山戎服荆楚，列国之师，一呼而集，皆受盟主指挥，此可法也。

云何奖夷狄慕礼义者？孔子曰："吾非斯人之徒与而谁与。"此大悲之怀，爱人之至也。夷狄亦同胞也，张子曰："民吾同胞，物吾与也。"而攘斥之者，诚有所不得已也。攘之以惩其凶狡，同时必导之以礼义。昔夏、商、周之治四夷也，曰："修其教，不易其俗。言因其民俗而教之，俗强者，不摧之令弱。但教之礼义，使强于为善。俗野者，不鄙薄之，但教以人伦，使近于礼。齐其政，不易其宜。"南蛮、北狄、东夷、西戎，各随其地之宜而布政。古圣王未尝弃四夷而不治。秦政卑陋，始筑长城以隔胡。汉人承其陋，于四夷但羁縻勿绝而已。汉史妄称三代亦如是。然则《诗》称氐羌来王，《书》言有苗来格，岂无以治之乎？诸夏不能治四夷，而夷夏之情永隔。夷狄无从脱鸟兽之习而进文明，诸夏亦以此受夷祸二千余年，迄今而不振。惟皇明之世，阳明王子治西南夷，独注意教养。仁圣之用心，上契《春秋》新王之事，斯可贵也。《春秋》治夷狄，设七等，以行进退。七等者，一曰称州，二曰称国，三曰称氏，四曰称人，五曰称名，六曰称字，七曰称爵。庄十年《传》曰："州不若国，如庄十年经："荆败蔡师于莘，以蔡侯献舞归。"《传》曰："荆者何？州名也。"楚国在荆州。此伐蔡者，实楚国也。今不言楚而曰荆者，盖斥楚为夷狄，而不屑举其国名也。《疏》云："言荆不如言楚。"经或称楚时，则是进之也。国不若氏，《疏》云："言楚，不如言潞氏、甲氏。"称氏，比称国则进之也。氏不若人，《疏》云："言潞氏、甲氏，不如言楚人。"称人，比称氏则进也。人不若名，《疏》云：言楚人，不如言介葛庐。称名，比称人则进也。名不若字，《疏》云："言介葛庐，不如言邾娄仪父。"称字，比称名则进也。字不若子。《疏》云："言邾娄仪父，不如言楚子吴子。"子者，其爵也。称爵，比称字则进之。《春秋》设此七等，以进退当时之四夷，诸夏之国，亦时依此七等，以进退之。视其行事如何，而予以某称，以示进退之大法。所谓一字之褒，荣于华衮；一辞之贬，严于斧钺是也。隐元年经："三月，公及邾娄仪父盟于眜。"《传》曰："仪父者何？邾娄之君也。案邾娄本颛顼后，附庸小国。何氏谓在春秋前失爵。微甚，盖侪于夷狄久矣。曷为称字？仪，字也。褒之也。此其为可褒奈何？渐进也。"仪父至庄公之世，实得王命为诸侯。可知当隐公时，其国之政俗已渐进。僖二十九年经："春，介葛庐来。"

《传》曰:"介葛庐者何? 夷狄之君也。杜云:介,东夷之国,葛庐者,其君之名。何以不言朝? 不能乎朝也。"何注:"不能升降揖让。"《穀梁》云:"不能行朝礼是也。"何氏注曰:"进称名者,能慕中国,明当扶勉以礼义。"夷君不能行礼,其陋如此,而《春秋》特进之,明当扶勉以礼义,则不当弃夷狄而不治也明矣。宣十五年经:"六月,癸卯,晋师灭赤狄潞氏,以潞子婴儿归。"《传》曰:"潞何以称子? 潞子之为善也,躬足以亡尔。虽然,君子不可以不记也。离于夷狄,何注:"疾夷狄之俗而去离之,故进而称子。"而未能合于中国。"未能与中国合同礼义,相亲比也,故犹系赤狄。"晋师伐之,中国不救,狄人不有,是以亡也。"何氏注曰:"以去俗归义亡,故闵伤而进之。案曰潞氏,则进之也。称子,亦进之也。日者,痛录之。案记癸卯日,痛之深,故详其见灭之日也。《通义》云:"凡灭国而以其君归者,例书日,恶其虐之甚。"此亦诛晋人也。进之者,明不当绝。"案言当复其国,《春秋》实不许晋人得灭之也。宣十六年经:"春,王正月。晋人灭赤狄甲氏,及留吁。"何氏注曰:"留吁行微,不进。"案经于留吁不称氏,盖以其未离夷狄之行,故不进之也。经云及留吁,及之一言,亦轻之之辞,明其灭不足惜也。《义疏》曰:"甲氏书氏与上年潞氏同。杜范皆以甲氏为潞之余党,盖亦欲离于夷狄,而未能合于中国者。"何注于潞氏云"明不当绝",则甲氏不当绝可知。详上所述,《春秋》于夷狄,虽极卑微如邾娄,极鄙陋如介夷,皆欲渐进之,扶勉之。使其习于自治,而进于诸夏。至潞氏、甲氏,欲离夷狄,而未能遽合于中国。则于潞与甲,皆称氏以进之。于潞君婴儿且爵之。而深恶晋人之灭其国,必欲复之。则谓潞氏、甲氏至今未亡可也。《春秋》之于吴、楚、秦,皆夷狄之。秦始夺西周之地,吞梁芮,并西戎,而犹不知止。且窥滑、郑,向三川,欲驾晋以陵周室。故僖三十三年,殽之战,《春秋》始贬秦为夷狄。吴、楚皆僭王号,侵中国故《春秋》皆夷之。凡夷狄不改其鸟兽之行者,皆《春秋》所深恶痛绝。明诸夏列国当联合,举兵讨伐,且慎重统治之,将令其向义也。其后楚进而称人,更进而称子,则以楚庄能慕礼义,终自抑其侵略之私。如侵宋而终平，及县陈而不有之类。故称其本爵，以进之也。楚之先，子爵也。吴至于柏举、黄池之行，变而反道，乃爵而不殊。反道，谓弃夷俗，而反归正道也。不殊，谓同之诸夏，不殊外之也。此《繁露·观德》之文。案定四年经："蔡侯以吴子及楚人战于柏举。"《传》曰："吴何以称子？夷狄而能忧中国也。"哀十三年经："公会晋侯及吴子于黄池。"《传》曰："吴何以称子？吴主会也。"故《春秋》之于夷狄也，苟能慕义，则进之若不及。是以知圣人无殊外夷狄之心，而爱之已厚也。夫《春秋》以七等，进退夷狄。夷狄向义，则进之。其或反于夷狄之行也，则又退之。如定四年经："庚辰，吴入楚。"则吴不称子。因吴战胜楚，而强淫楚君臣之妻，为鸟兽之行。故又降为夷狄而退之也。退之者，明当诛讨也。举此一例，余可准知。知其施治甚殷，而愿夷狄同进诸夏，驯至太平也。如汉人所谓置四夷于化外，听其自禽自兽，自生自灭，而不扶勉之以自治，渐进之于礼义，是不独非天地之公道，天无私覆，地无私载，故天地之道至公也。而于诸夏亦何利之？有汉以来，夷祸二千余年而不绝，非无故也。今世驭夷之道，必须文明诸国联合一致。有公共武力，以统制之。而尤贵以大公无私之心，示范于彼。经济问题，必求均平。教育改良，更不容缓。《孟子》曰："中也养不中，才也养不才，故人乐有贤父兄也。"诸夏驭夷狄，当若父兄之于子弟。此善言《春秋》也。自昔言《春秋》者，亦或斥夷狄为化外。此乃以其不习礼仪，而斥责之耳。非谓弃而不治也。然吾汉以后之羁縻政策，弃而不治，固为失道。若今世列强之驭殖民地，必以牛马束之，剥夺无所不至，全无人道，则又吾中国人之所不忍为，不屑为者。故以《春秋》义衡之，今之列强，亦夷狄之至贱者耳。夫以牛马驭人者，彼又贤于牛马乎？

云何罪弱小不自立者？枭桀者逞志侵略，离人道而即禽兽，此人之所易知也。弱小自暴自弃，其离人道而即禽兽，使枭桀得纵其欲，罪不下于侵略者。则论者不可不察也。夫国虽小，苟能愤发图强，内修善政，外联与国，虽有大邦，不敢启戎心也。小国而不自立，则授人以可攻之隙，罪不可逭也。若乃国大民众，而积弱不振，其群偷涣无深虑，偷者，苟偷。涣者，涣散。无深虑者，社会思想浮浅，混乱。孟子云下无学是也。其持柄者，暗而自私，专而无耻，参考《春秋世论》。则其国有危亡之祸，乃自作孽不可活，非不幸也。《春秋》亡国五十二，察其所以，皆其国人自甘暴弃。故《春秋》罪之深，而不肯宽宥之也。如僖十九年经："梁亡。"《传》曰："此未有伐者，其言梁亡何？自亡也。其自亡奈何？鱼烂而亡也。"案《史记·秦本纪》："缪公二十年，灭梁芮。"则梁本灭于秦。而经不言秦伐之，乃言梁亡者，所以罪梁人之自亡也。《繁露·仁义法》云："《春秋》不言伐梁者，而言梁亡，盖爱独及其身者也。"案国之在位者，爱独及其身，其民众亦皆然。而其国不亡，其类不殄者，未之有也。又曰："故曰仁者爱人，不在爱我，此其法也。"案爱人，则我自与人共存也。人皆爱我，则大群亡，而小我不得独存也。又《王道》云："观乎梁亡，知枉法之穷。"案吾国改革以来，亦枉法而穷也。然则《春秋》著梁亡之律，书梁亡，便是为亡国之君及臣民，定此一条律文。以治自亡者之大罪。又闵二年经："十有二月，狄入卫。"案僖二年："城楚丘。"《传》云："城卫也。楚丘，卫地。曷为不言城卫？灭也。不言城卫，因卫已灭也。孰灭之？盖狄灭之。即闵二年冬，狄入卫是也。经书狄入卫，而不言灭之。其实，狄已灭卫也。曷为不言狄灭之？为桓公讳也。为齐桓公讳。上无天子，案天子者，夷夏共戴之首长也。是时天子不能统治万国，故云无天子。下无方伯，方伯者，辅天子以治其所统属之国。使强无侵弱，众无暴寡，则其职也。是时亦无方伯。《疏》云，齐桓当"以天子治世为己任"是也。天下诸侯有相灭亡者，桓公不能救，则桓公耻之也。"当时狄势正强，桓公力未能救。故为卫人城楚丘以避狄。终当驱狄复卫也。《潜夫论·边议》云："齐桓、晋文、宋襄，衰世诸侯，犹耻天下相灭，而已不能救，亦善善从长意也。"案此言《春秋》善人之善，则从其长。齐桓以不能救卫之亡为耻，是其长也。故《春秋》不言狄灭卫，正为齐桓讳不能救之耻，是《春秋》善善从长意。详此中经意，为桓公讳，正贬当时天子丧道，衰微不振。故夷狄侵夏，无以统制之。是天子之罪也。此与梁亡之条，别是一义。推此而言，如现代第一次大战后之国联，不能制止二次战祸，其失道之罪，亦《春秋》所不赦也。又庄二十六年经："曹杀其大夫。"《传》曰："何以不名？众也。举国以杀之，是一国之人，皆欲杀之也，故曰众。曷为众杀之？不死于曹君者也。"何氏注曰："曹大夫与君皆敌戎战，曹君为戎所杀，诸大夫不伏节死义，独退求生，后嗣子立而诛之。《春秋》以为得其罪，故众。言众杀之，正其临战偷生败节之罪。略之不名。"诸大夫不名者，略之也。又定四年经："夏四月，庚辰，蔡公孙归姓帅师灭沈。以沈子嘉归杀之。"《传》曰："书以归杀之者，责不死位也。"国君战败被虏，不可降敌，宜死位，以明不屈之节，犹为人间存正气。案此与前条，为败军亡国不能死义者，正其罪。又僖三年经："徐人取舒。"《传》曰："其言取之，何？易也。"何注云："易者，犹无守御之备。"《盐铁论·险固》云："徐人灭舒，《春秋》谓之取，恶其无备，得物之易也。故君子为国，必有不可犯之难。"案此为不修军备而亡者，定其罪。僖五年经："冬，晋人执虞公。"《传》曰："虞已灭矣，其言执之何？不与灭也。曷为不与灭？灭者，亡国之善辞也。"何注云："言灭者，王者起当存之，故为善辞。"案《论语·尧曰篇》云："兴灭国。"故《春秋》书灭者，皆不许灭而当兴者也。若言梁亡，及此言执之类，皆《春秋》所绝也。案僖二年，晋人重赂虞公，假道伐郭。宫之奇谏虞公勿许。虞公爱宝，竟许假道。晋遂灭郭。至是取虞，而以虞公归。《春秋》贱之曰执，明其罪当绝。凡贪利而不救与国，卒以亡者，其罪皆视虞公也。详上数例，皆罪弱小不自立而亡者。《孟子》曰"人必自侮而后人侮之，家必自毁而后人毁之，国必自伐而后人伐之"，即申《春秋》义也。夫国于大地之上者，倘皆有以自立，虽或有枭桀之材，亦当消其野心，而归于逊顺。侵夺息，而太平之瑞至矣。唯有不自立者，而后强者肆志。故《春秋》诛侵略者，而于不求自立之弱小，亦诛而勿赦。此其用法，所以为平且明也。或曰："不自立之国，罪其上耶？抑通上下皆有罪耶？"答曰：理实上下皆有罪。然上者，民之表也。诛其上而已矣。世运将离据乱,国际有联合机构。则于不自立之弱小,必扶勉其民众之优良者,以改纪其国之政。子夏言《春秋》重民是也。

治道难言,莫如据乱升平之际。《春秋》于此,著其大法。后之作者,条理可随时求详,而大纲无可易也。《春秋》之所以为经也,常道也。

太平世,天下之人人,有士君子之行,有万物一体之量,故万化畅通,而行所无事矣。《春秋》明此境,为升平极进之效也。

讲至此,思作结束。然犹不能无一言者。《春秋》之伦理观念,常随时改造,求合于宜。如男女问题,古者贵阳贱阴。此中阳谓男,阴谓女。《春秋》明国君虽尊,不臣妻之父母。尊妇故。主男女平等也。参考僖二十五年何注。又明妾母得称夫人,以齐嫡庶。古者嫡庶过不平,亦非人道。此皆当时所谓非常异义也。又如君臣之伦,古者曰:“食其食,死其事。”参考《韩诗外传》卷八,齐崔杼弑庄公条。则是以忠为奴德,而不知有独立与自尊。且不知立德于天下者,比之效死于一人,其高下相去,不止判天渊也。《论语·宪问篇》:“子路曰:‘桓公杀公子纠。召忽死之,管仲不死。’曰:‘未仁乎?’仲与忽同事子纠。今忽死纠之难,仲独不死。故子路准古者食其食死其事之道,而疑仲之不仁也。子曰:‘桓公九合诸侯,不以兵车。桓公行义,不战而诸侯归之。因共相联合,以攘夷狄,安天下。管仲之力也。如其仁,如其仁。’孔注:言谁如管仲之仁耶? 子贡曰:‘管仲非仁者欤? 桓公杀公子纠不能死,又相之。’子曰:‘管仲相桓公,霸诸侯,一匡天下,民到如今受其赐,微管仲,吾其被发左衽矣。岂若匹夫匹妇之为谅也,自经于沟渎,而莫之知也。’”据此,可见孔子于君臣之伦,已改正其主奴关系之迷谬观念。食其食,死其事,乃妾妇之道,吾人不当以奴德为忠,而贵独立,贵自由。独立、自由,乃忠之最大也。忠于性分也。不当效死于一人,而当立功立德,以安天下人。此其道德高广,唯子路、子贡,得承斯教。宜非小智之所逮闻也。而汉以来儒者,终执奴德以为忠,事夷狄盗贼之主,亦为之死而不知耻,岂不异哉? 夫二千余年儒者,犹执据乱世之伦理,而不悟升平太平之美也,斯已奇耳。《论语》与《春秋》通,学者宜尽心焉。

已说《春秋》,今次略言《尚书》。《尚书》有今古文之分,最为纠纷难理。余于此不暇详。学者欲知其概略,可阅皮锡瑞《书经通论》。皮锡瑞谓《尚书》之确凭据,首推伏生《大传》,次则司马《史记》《白虎通德论》,皆多载今《尚书》说。治《尚书》者,不可不以此三书为依据。其说固是,而犹未窥根底也。余以为《尚书》一经之骨髓,当求之《论语》,《孟子》亦须参证。古者《书》三千二百四十篇,孔子删定,断从《帝典》始,盖以二帝三王,治起衰乱之中,辟草昧而进文明,其行事足为后世法。二帝,尧、舜,三王,夏禹、商汤、周文王、武王也。或谓二帝三王固可法。而《尚书》所载者,多有三王后嗣之行事,岂尽可法?曰:录其不可法者,所以示炯戒也。经自以二帝三王之道为宗主,而其后嗣之失,亦并存之,可以考世运盛衰之故。则二帝三王之道,为至正而不可易者自见。故《论语》盛称尧、舜、禹、汤、文、武、周公之德,《孟子》亦然。吾尝欲以《论》《孟》称尧、舜、禹、汤、文、武、周公之辞,汇录而释之。兹不暇。而《中庸》云:"仲尼祖述尧舜,举二帝,即摄禹汤。禹汤承二帝之道者也。宪章文武。"言文武,即摄周公。文武周三圣根本精神,自承禹汤。但周初世运已不同夏、商,三圣之道自有许多变通处。孔子曰:"吾从周。"其相承接较近也。则《书经》专纪二帝三王之行事,以明道统治统之传授,其极重要可知。后之人,欲寻儒家血脉,不得不注意于斯经。然儒学渊源,固当求之《书》。而散失殆尽,伪造迭出,难可追寻者,亦莫苦于《书》。《史记·儒林传》"及至秦焚书,《书》散亡益多"。至作伪者,则汉成帝时,张霸已空造百两篇,不止东晋梅颐献《古文尚书》孔安国《传》为伪也。《后汉书·杜林传》:"林于西州,得漆书《古文尚书》一卷,常宝爱之。虽遭难困,握持不离身。传之卫宏、徐巡,于是遂行。"马、郑本之以作传注。世或以漆书为杜林伪作。近人以伏生所传今文二十九篇为不伪。余谓伏生所传,是否为孔子手定之篇,犹复难知。《秦誓》，必秦时博士增入。《春秋》斥秦、楚为夷狄，何至以《秦誓》继典谟乎？今唯据《论》《孟》以求二帝三王相传心法，而后儒者所承道统治统之脉，灼然可明。孟氏后孔子百年。如今人马相伯寿至百岁，其视百年，犹刹那顷耳。邹、鲁又若比屋。孟氏专学孔子，长于《春秋》《诗》《书》。故孟子之言，最宜与《论语》参观。伏生所传诸篇，虽不必尽为孔子删定之遗文，而《尚书》一经之根底，要可于《论》《孟》抉发之也。

所谓二帝三王相传心法者何？曰：执中而已矣。《论语·尧曰篇》云："尧曰：'咨尔舜，天之历数在尔躬，允执其中。四海困穷，天禄永终。'舜亦以命禹。"案历数，是岁月日星辰运行之法。《曾子天圆篇》："圣人慎守日月之数，以察星辰之行，以序四时之顺逆，谓之历。"《中论·历数篇》："昔者圣王之造历数也，察纪律之行，观运机之动。原星辰之迭中，瘼暑景之长短，于是营仪以准之，立表以测之，下漏以考之，布算以追之。然后元首齐乎上，中朔正乎下。寒暑顺序，四时不忒。夫历数者，先王以宪杀生萌，而诏作事之节也。使万国不失其业者也。"此历数之义也。《春秋繁露·郊祭篇》引此文，释之云："言察身以知天也。"《正义》曰："董以在训察，躬训身也。在之为察，见《尔雅·释诂》。"

执中者。执，持义。中谓心也。心备万理，其通感流行，皆自然有则而不过，故谓之中。如星辰之行，皆有纪律而不过，故准诸天之历数，以察于身，则见夫吾身之动作，实内自有主，其发用皆有则而不可乱者，此即所谓心是也。古者说心为天君。天君者，言其为吾身之主也。云何为主？即以其动应万感，造起万化，皆自然有则，故说为吾身之主也。然则何不直言心？而变文言中耶？曰：言中者，则直指其发皆有则而不可乱之本心以言之也。世俗亦以乱识名为心，言中，则有以简别之也。乱识一词，系借用佛氏《唯识论》中语。乱者，迷乱。迷乱之识，即古道家云人心或私欲是也。盖吾人如不自存持吾之本心，使其主宰乎身，则此身交乎物，将为物所引，而障碍心之灵明，遂成迷乱之动。如见色思淫，见利思得，临难思免之类。

是时即乱识或人心用事,而本心无权也。中之取义,本以其有则而不过。此心动用万端,皆自然有则,毫无过差。如事亲便知孝,交友便知信,处事便知敬,格物便能析其理则。如星辰之行,自有纪律,无一毫过差,故说为中。有则而不过,亦即是不乱义。程子又以不偏言之,亦得。此心具万善,应万感,无有偏于此,而不运乎彼,或偏于彼,而不运乎此之憾。故即其不偏,而名之以中,此与有则而不过之义,可互相发明。执之为言持也。人皆有是本心,即皆有此中,但如不知所以存持之,则将有心为形役之患,云何心为形役,须细究《新唯识论》卷下《明心章》。以至天地闭,日月蚀,成大迷暗,则不能存持本心之咎也。尧语舜以执中,中谓心。执者,存持义。千古圣学之宗要,盖在乎是。旧解,中谓中道,而不知中即是心。则所谓中道者,茫然不知所据。如向事物上求中欤?舍吾心,而事物之有无,且不可言,以无认识事物者故,事物之有无,已不知,何可于事物上求中欤?如谓中在事物,而执中者心。则事物变迁无定形,即中无定在,而吾心恶从执之,又何可执之乎?须知,事物非离吾心而外在,即事物之则,本不离吾心而独存。吾心元是有则而无过差,遍涵而无偏倚,故谓之中。唯其然也,心之了别与处理乎事物,能令一一当理而不悖,合矩而不乱,则以吾心即中而已矣。此等道理,至广大,极幽微,非深心反己体认,则且疑余以臆说诬圣言也,余复何辞?

四海困穷,天禄永终者。中心无私,其视天下犹一人也。故能念四海之困穷,穷于德,思所以教。穷于养,思所以养。此念即中也。念四海困穷之念,正是本心流通不容已处,故云即中也。天禄永终者,言享天禄,能终竟之也。天禄,《正义》云:言天子禄食自天予之,故云天禄。执中,即量周四海,为群生所托命,故终天禄。

舜亦命禹者,言舜亦以执中之道授禹。

舜亦以命禹句下紧接云:"曰:'予小子履,履,汤名。称小子者,时汤将伐桀而告天,自谦之辞也。敢用玄牡,敢昭告于皇皇后帝。皇,大也。后,君也。

此尊天帝为君也。古代有天帝之观念，与耶教似相近。然玩其大旨，则天帝毕竟非离自心而独在，终与宗教家不必同。有罪不敢赦。顺天奉法，有罪者不敢擅赦。帝臣不蔽，简在帝心。古者以天子为天帝之臣，此言夏王桀，居帝臣之位，其罪过不可隐蔽，以其简在天心故。朕躬有罪，无以万方。汤云：己有罪，于万方无干预也。万方有罪，罪在朕躬。'"汤云：若万方有罪，实皆我身之罪也。案此节之首，曰字上当有脱简。此节承舜亦命禹而起，盖明汤亦绍明执中之道。其曰万方有罪，罪在朕躬，颇同释迦我不入地狱，谁入地狱之怀。基督为众生担荷罪恶，亦符此意。此正显汤能执中，故德量之宏若此。证以《孟子·离娄下》云："汤执中。"此文或在此节之首，后虽脱落，而孟子犹能志之，则汤绍执中之传，确不容疑。

文王演《易》，《史记》有明文。武王、周公，并承家学，《中庸》称孔子宪章文武，则孔子之《易》学，必受文、周影响，断无可疑。《易》建太极为本，太极为万有之本体。郑玄云："极，中也。"详《洪范·皇极》注。则文、周远承二帝及禹、汤相传之中道。中即是道，曰中道。展转以至于孔子，脉络分明。在孔子前者，周室刘康公有曰："吾闻之，民受天地之中以生，所谓命也。案刘子言天地之中者，即《易》之所谓太极也。朱子言万物统体一太极，一物各具一太极云云。实则，一物各具之极，即是万物统体之极，本非判而二之也。详玩《新唯识论》大海水与众沤喻，此理不难解。是以有动作礼义威仪之则，以定命也。"案人受天地之中即太极以生，从所受言，则谓之命。然人既生矣，则形气乘权，易为物引。而动违其则，如目接淫色而情移，耳接奸声而心荡之类，老氏呵以聋盲，佛氏伤夫惑染，此皆丧其命者也。故人生欲全其本命，必须有定之之功。动作礼义威仪之则，皆本乎所受天地之中，而自然不容已之节文也。故能保持此动作礼义威仪之则者，即有以凝定其本命，而不受形气之累，不为物欲所引，故曰以定命也。刘子之言，极高明，道中庸；致广大，尽精微。上承文、周，下启孔子。学者不可以其言之简，而或忽之也。刘子语见《左传·成十三年》。

文、武、周三圣,承尧、舜、禹、汤相传之中道,至春秋之世,而刘子犹精阐之若此。孔子作《易》,又盛宏其义,广大悉备。《系辞传》言《易》之为书,广大悉备。天道,人事,物理,无所不包含,无所不通贯也。至子思后学,括《大易》之要最,而为《中庸》一书。庸者,常义。中者,万化之源也,常道也。万物由之而成,故言常也。其在于人,则本心是已。心之德,恒清净明觉,不受染污,故言常也。文约义丰,与佛家龙树《中论》,可云异曲同工。宋世,新儒学肇兴,犹宗斯典。大哉中道,永为中华哲学思想界之柱石,盖二帝之贻谋远矣。夫子删定《尚书》,断自尧舜,迄三王之事。《论语》称二帝三王之德者,颇有多处。而《尧曰篇》明执中之传,即群圣心法相授之征。晚世后生以疑古为名高,有疑《尧曰篇》或由逸书窜入者。此乃无端妄议。郑玄曾云《尧曰篇》知命一章,《鲁论》所无,盖从《齐》《古》校补周本。古简脱漏盖有之,然《齐》《古》可征也。且《鲁论》所缺者,仅知命章耳。《诗》《书》执礼,皆夫子所雅言。《尧曰篇》,皆夫子述及《尚书》之语,何得疑为窜入。儒家道统、治统,相承不绝。其开基实自二帝,观《尧曰篇》所称,而《书》始唐虞之意,昭然可见。伪孔《古文尚书》"人心惟危"四句,见伪《大禹谟》。为宋儒所宗。宋儒虽已疑其伪,而卒不肯直斥之。清人始明断其伪,遂谓宋学所宗者已失其据。不知伪书依执中一词,而采道书之言,以相发挥。《荀子·解蔽篇》引道书曰:"人心之危,道心之微。"此伪书所本也,然义实相通。中,即道心。执中,即道心常存。不能执中,即私意私欲起,而谓之人心矣。辞有增入,而义无诬妄也。伪书其可轻排乎? 佛家大乘经,本非佛说,而以不背释迦教义故,皆得视为佛说。凡伪书名言法语,以为出自古圣贤,无不可也。

　　《尚书》既残缺,二帝三王之行事,虽时见于诸子书,然罕得其要。法家更捏造诬诋之辞,最卑鄙。常谓吾民族过复杂,高明者极其高明,劣下者极其劣下。而劣下者毕竟居大多数,故一般人之知解与道德,每觉缺憾过多。自昔以来,每逢衰世,则士人思想之浮浅混乱,无可形容。适以表见其下劣而已。如《韩非·忠孝篇》云:"瞽瞍为舜父,而舜放之。象为舜弟,而杀之。放父杀弟,不可谓仁。妻帝二女而取天下,不可谓义。仁义无有,不可谓明。《诗》云'普天之下,莫非王土。率土之滨,莫非王臣'。信若《诗》之言也,是舜出则臣其君,入则臣其父,妾其母,妻其主女也。"此段文字,纯以邪妄无知之心,诬诋先圣。舜受尧禅,岂得云臣其君。子为天子何可谓臣其父,妾其母?后世如汉高即位,而其父太公犹存。唐高祖禅位太宗,此等事,后世犹有行之者。将谓汉高唐太,皆是臣其父,妾其母乎?主女不可妻,则自古帝王之女,皆不可下嫁人臣,必终其身为怨女,有是理乎?据此种种大无道之诬辞,则放父杀象之说,必不可信。当以《孟子》书所述舜事为定据。昔孔子言夏、殷之礼,而伤文献不足征。又以史阙文为贵。又曰:"知之为知之,不知为不知,是知也。"可见孔子治学态度,最极谨严。七十子后学,皆守孔子家法。诸子述古事者,必折中于儒,而后不惑于邪谈也。孔子当《春秋》时,曰:吾犹及史之阙文也,今亡矣夫。此当是晚年之叹。可见当时言史事者,已不守阙文,而有造伪之习。至战国时,则造伪之风极盛,而其言之鄙薄邪妄,至不可形容。如《韩非·忠孝篇》之辞,特一端耳。又如魏晋佛徒之诋毁儒道,皆于六经及老庄学,全无所窥。其辞殊不足一哂。清人之诋宋明儒亦然。今后生薄其固有,而习为种种浮妄混乱之谈,以诳青年,诱流俗,使民智日趋卑下,尤有族类危亡之惧也。余尝言:战国时期,学术思想虽号为极盛,但至末期,秦与六国之竞争日烈,则其时社会之下劣分子,乘权狂逞。孟子所谓诐淫邪遁之辞盈天下,民智日塞,民德日偷。吕政遂得以昏狂,而临宇内,奴亿兆。文化衰绝,迄今不振。论古至战国末期,吾有感焉。若夫曹丕云:"舜、禹之事吾知之矣。"则以狗盗之心,而欲上诬先圣。罪通于天,无可逭也。伏生传《书》既不全,学者求尧舜之道,与三王之义,必以《论》《孟》为据。宋刘氏之《圣传论》,虽参禅义,而于古圣贤心事,颇有体会,吾常欲取《论》《孟》述二帝三王诸文,汇集成编,并为注释,附以《圣传论》而加之评正,合为一册,名曰《书经要略》。庶几《尚书》一经之微旨,犹可钻研。孔子删定之《书》,与未删之《书》自有别。孔子之《书》,经而非史,盖推明二帝三王相传心要,以为后世法也。其未删之《书》,则史而非经。古所称三千二百四十篇,当与孔子之《书》并行,汉初或有存者。张霸造伪,必有所取材。伏生所传,是否不杂未删之《书》,亦复难知。老当衰乱,所欲造述者多,而中怀伤感,无可与语,则亦付之无言而已矣。

　　附识:旧与人书,谈执中义,有可与此处相参证者。其文云:中和、中庸,本一义而异其名耳。大文有云:尧授舜,允执其中,舜亦以命禹。汤执中。盖圣人南面而治天下,一出于中正,而无所偏倚焉尔。原其初义,第言其宅心至公,无所偏私。详大文之意似有当,而或未究其真也。夫云宅心至公,此公,为即心耶?为在物耶?此公若在物,则是向事物两端之间求之也。向外找中,将以何为标准?如所云燕、越之中,可以尺度求也。而一切事物多属无形,不必如燕、越之有地段也。无形之事物,亦不能用有形之尺度,以计其距离也。然则凭何尺度以求中欤?故向外找中,不通之论也。若所云公者,即此心耶?则吾平生主张明体之学,固远有端绪。非吾之私见,而尧舜以来,传授心法,固如是也。心体自是至公,自无偏私。其于事物之至,自不会持一端之见。如俗所云知其一而不知其二,或厚于己而薄于人也。人我,两端也。彼此,两端也。同异,两端也。是非,两端也。凡失其本心者,于两端之中,常执其一而遗其一。知有我而不知有人,则执我而遗人矣。拘于此则不见彼,是执此而遗彼矣。党同而伐异,是执同而遗异矣。是其所是,非其所非,则执是而遗非矣。天下皆两端也。而人则恒执其一端,而莫或执两,此人情之通患也。《中庸》称舜执其两端,用其中于民,此舜之所以为舜也。天下皆两端,而吾双执之,则吾不堕两端之中,而游于两端之外矣。游于两端之外,则至公之心体,恒超然遍照,是之谓中和。无偏端之碍,故云和。无所偏倚,故云中。中即和也,和亦中也。有二事乎?《中庸》之中,即中和之中。其以庸言之者,庸,常也。不随物迁,故言常。此义深远。或以庸训用,作用中解者,失其旨矣。中庸、中和,俱是形容一中,元无别体。中也者,本心也。本心无待也,无待,故无所不覆载。天下皆两端,私意起,则执一端而有对碍,未能无待而无不覆载也。克治私意,执两而超于其外,故无待之体显,而能用其大中以覆载天下之民也。用之云者,取诸己所固有而用之也。《中庸》曰:"执其两端,用其中于民。"盖显执两,则能自用其中。不执两,则私意为碍,而中体已放失,不得而用也。细玩文义,此中,明明不在事物两端之间。而吾子引此文,乃曰:孔子之后,儒者言中道,必有以为在事物两端之中者,已与舜、汤之执中异趣。此乃误解经义,又多为前儒恍惚之谈所误。此义迷离千载,非独吾子今日也。夫向事物两端之间求中,事物不必如燕、越地土之有形也。有形之尺度,又不得而量之也。当知事物之中,实即吾内在之中,用于事事物物,而令事事物物莫不得其中也。天地闭,日月食,万物皆暗。私意守其一端,本心丧,内在之中亡,则万事万物皆失其理。此义,非训诂可释,非空洞理论可持,反身实体之,而后可得也。《中庸》言诚,从天命之性上立脚。《荀子》以气质为性,详《新唯识论》附录。其言养心莫善于诚,《不苟篇》则其所谓伪者是也,由外铄也。此与《中庸》言诚,奚止异以天渊,而吾子乃谓《中庸》有承于荀卿。是以紫乱朱,郑声乱雅乐,恶莠乱嘉禾也。余义不获一一详论,唯贤者察之。

《书经》不暇详说,《诗》《礼》《乐》诸经,或疑《乐经》亡失,然《礼记》中《乐记》一篇,则《乐经》也。旧说汉武帝时,河间献王好博古,与诸生等,共采《周官》及诸子言乐事者,以作《乐经》,此说不足据。《乐记》义旨深远,决非杂凑之文。此必孔子传授,七十子后学记载。颇思创通大义,然世事如斯,吾意绪极不佳,未欲续讲。国人昏偷无耻,吾宁抱遗经,以独立于危峰苍柏之间,圣灵其默佑一线之延欤?

《诗经》难读,非有大智慧,虽读之,与不读等。吾举《论语》言《诗》者四章,以示后生,愿思之终身,无妄谓易解。夫惟知圣言不易索解也,而后可求真解,而后可与言《诗》。

《论语·为政篇》云:"子曰:'《诗》三百,一言以蔽之,曰:思无邪。'"

《八佾篇》云:"子曰:'《关雎》,乐而不淫,哀而不伤。'"

《阳货篇》云:"子曰:'小子何莫学夫《诗》?《诗》可以兴,可以观,可以群,可以怨。迩之事父,远之事君。案古言事君,犹今言治国平天下之道。多识于鸟兽草木之名。'"

"子谓伯鱼曰:'女为《周南》《召南》矣乎? 人而不为《周南》《召南》,其犹正墙面而立也欤?'"

《三百篇》,蔽以思无邪一言。此是何等见地,而作是言。若就每首诗看去,焉得曰皆无邪耶? 后儒以善者足劝,恶者可戒为言。虽于义无失,但圣意或不如斯拘促。须知,圣人此语,通论全经,即彻会文学之全面。文学元是表现人生。光明黑暗,虽复重重,然通会之,则其启人哀黑暗向光明之幽思,自有不知所以然者。故曰思无邪也。非于人生领悟极深,何堪语此? 呜呼! 难言矣。

《关雎》古今人谁不读,孰有体会到乐不淫,哀不伤者。情不失其中和,仁体全显也。仁者,万化之本源,人生之真性也。吾人常役于形,染于物欲,而情荡而失其性。乐至于淫,哀至于伤,皆由锢于小己之私,以至物化,而失其大化周流之真体,此人生悲剧也。夫子于《关雎》,直领会到仁体流行,其妙如此。从来哲学家几曾识得此意。凡今之人,慎勿轻言《诗》也。读《诗》不易,读文亦然。今人论古书真伪,辄曰辨抉其文,何言之易乎?胸无义解与容蓄者,眼光浮短,焉得上下古今,论文章得失乎?海上逐臭,其不以金玉为瓦釜者希矣。

《诗》有功能,兴观群怨。人生真感,时代狂潮,政俗极敝,读《三百篇》,而犹可兴可观可群可怨。《骚经》犹足嗣响,后此,而《诗》亡矣。

不为二《南》,其犹正墙面而立。面墙者,一物无所见,一步不能行。二《南》于人生之启示,若是重要。夫子训伯鱼以此。试问二《南》是甚境界,后人欲究夫子作人精神,与其思想渊源,必不可不求之二《南》,何得轻心放过。

《礼经》有三:《周官》《礼记》《仪礼》。三礼之中,《仪礼》自是周代旧典,不必为夫子所删定。但为孔门之所传习则无疑。今传之篇章,亦不完。朱子《仪礼经传通解》从十七篇为主,取大小《戴》及他书传所载,系于礼者附之。仅成家乡邦国王朝礼而殁,丧祭二礼未就,黄榦续成之。此为治《仪礼》者所不可不读。江永《礼经纲目》、秦蕙田《五礼通考》,皆本之。大小《戴记》当有战国及汉初儒者增窜之说。然其中大义微言,必出夫子传授。七十子后学相承未坠,最可宝贵。余以为孔子之《礼》说,当于大小《戴记》求之。但后儒增窜,不可不辨。余尝有意抉择,卒鲜斯暇。窃谓礼之本,在以性帅情。情从性,则情亦性也。率性,即明通公溥,而万物咸遂其生。礼教之流失,至于情胜任私。如亲属,则主恩掩义。中国家庭,百病丛生。不独养成子弟依赖等恶根性,而害尤甚者,即只私其家属,以及姻娅,而不知有社会与国家。反不若尚法者之以纪律束其民,使之习守于公共规律之中,各循其分而不敢犯。反不若三字,一气贯下。孙卿已豫防后儒重私恩与情胜之弊,而特明人生在群、群贵有分之义。分者,人在群中,各有其应尽之责任,而不可相诿也,各有其应得之权益,百不可相侵也。此则以礼治兼融法治,为据乱升平之际所宜取则。孔子于

《春秋》张三世义。据乱世,固宜导民以礼,然民质未优,亦须齐之以法。升平世犹然。至太平世,则天下之人人,皆有士君子之行,而可专言礼治矣。大凡礼制以随时更张为贵,中国礼教之流于情胜任私,则以大家庭制之积久而不更故也。此中有千言万语,兹不暇详。《春秋》本有集体农场之规,见前讲《春秋》井田制。即以有规律之社会生活,而救家庭间恩掩义之种种流弊。孙卿主张群与分之意,适与之合。惜后儒不能究明而实行之。余以为孙卿书,当与大小《戴记》,并称《礼经》。而于二《戴记》中,寻孔子说礼之本原处,别集为一篇。其大小戴所集后儒说,或不必合于孔子之旨者,亦别集成编。孙卿之义,条举其纲要,而别为篇。如是,总为一书,附于大小《戴记》及孙卿书之后,使言礼治者,足资考正焉。老当昏世,恐难竟此愿也。

《周礼》一经,以职官为经,事义为纬。其于治理,直是穷天极地,无所不包通。此经有同于《易》《春秋》者,亦是义在言外。其表面只有若干条文,并不铺陈理论,而条文中却蕴藏无限理论。此经决是孔子之政治思想,七十子承受口义,转相传授。不知何时始著竹帛,但战国时儒者,当有增窜。然若以为刘歆伪托,则是知见太短,未足窥此经之蕴,遂推崇刘歆,而不自知其陷于愚妄也。

《周礼》首言建国。其国家之组织,只欲其成为一文化团体。对内无阶级,对外泯除国界。非如今世列强,直是以国家为斗争之工具。至其所谓辨方正位,即斟酌地理与民性关系,而为其团体生活之宜,以划分领域,故不容一国家对他国家有侵略之行为。

《周礼》政治,是多元主义。各种职掌或业务,无小无大,一一平列之。欲今平均发达,决不以一种最高权力断制一切。此种政治理想,极高深广远。余此时无暇发挥,俟之异日。

《周礼》主张治起于下。此义昔儒已多见到。

《周礼》主张世界经济问题,宜一依均平之原则而解决之。与《论语》言"患不均"及《大学》以理财归之平天下，同一意思。其于生产事业，尤所注重。

《周礼》主张德治与礼治。其社会教育，力求普遍周挚。必使天下无一人不受德与礼之训育者。明儒方正学先生，有为万世开太平之志，尝欲本《周礼》之法，以施诸行事。王阳明先生行乡约于西南夷，亦此意。